500円で覚える
エクセル&ワード
超お得ワザ全部!

ワイツープロジェクト

宝島
SUGOI
文庫

宝島社

この本の使い方

タイトルが「やりたいこと」「知りたいこと」になっています。目次と索引から探してお使いください。効率アップに欠かせない「ショートカットキー一覧」もきっとお役に立つことと思います。

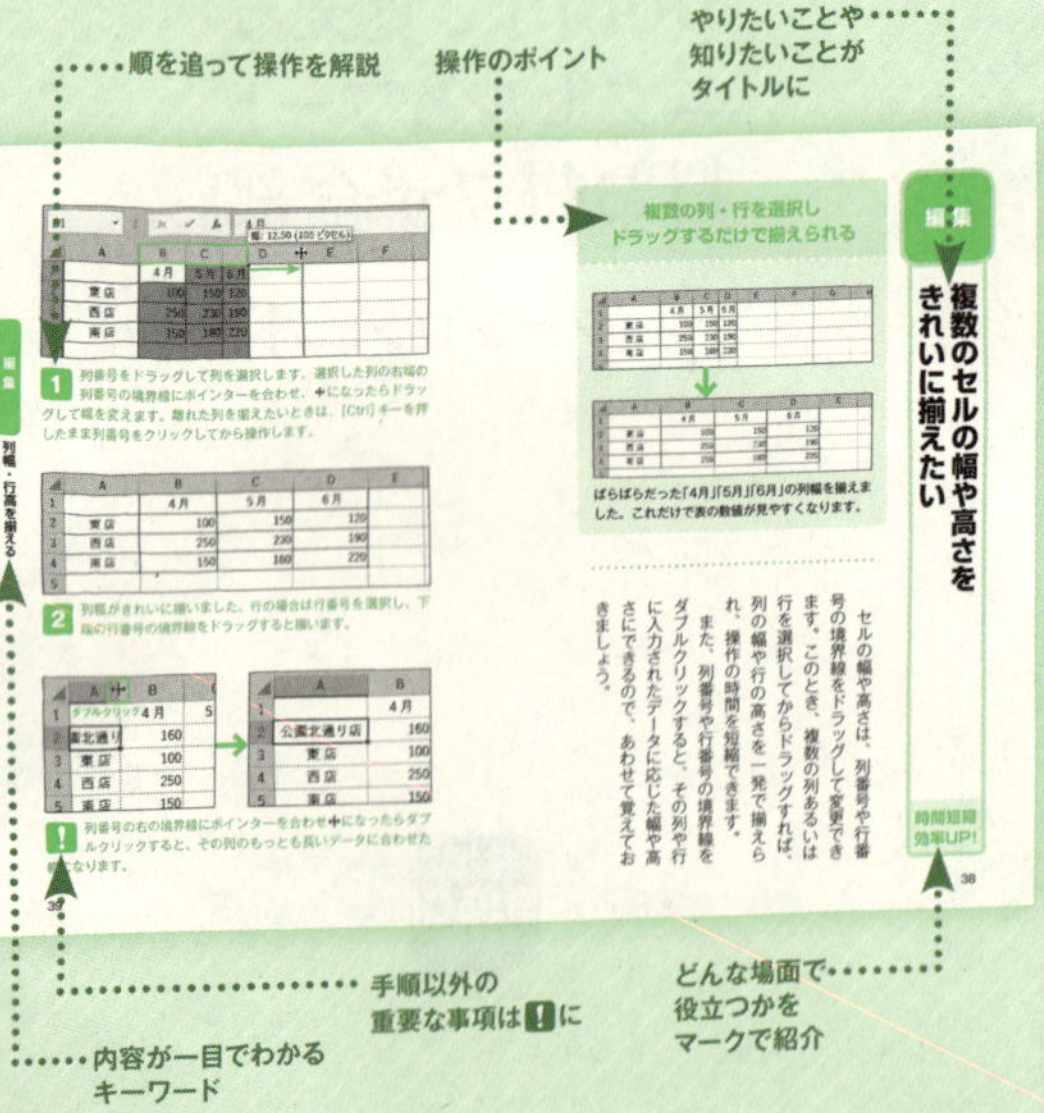

宝島SUGOI文庫
500円で覚える エクセル&ワード 超お得ワザ全部!

Part1 エクセルの超お得ワザ!

入力

編集

書式

Part2 ワードの超お得ワザ!

新規作成・保存

入力

入力トラブル

編集

Part1

エクセルの超お得ワザ！

入力

編集

書式

抽出・並べ替え

集計

グラフ

印刷

入力

曜日を一気に入力する

時間短縮
効率UP!

先頭の曜日を入力してドラッグする

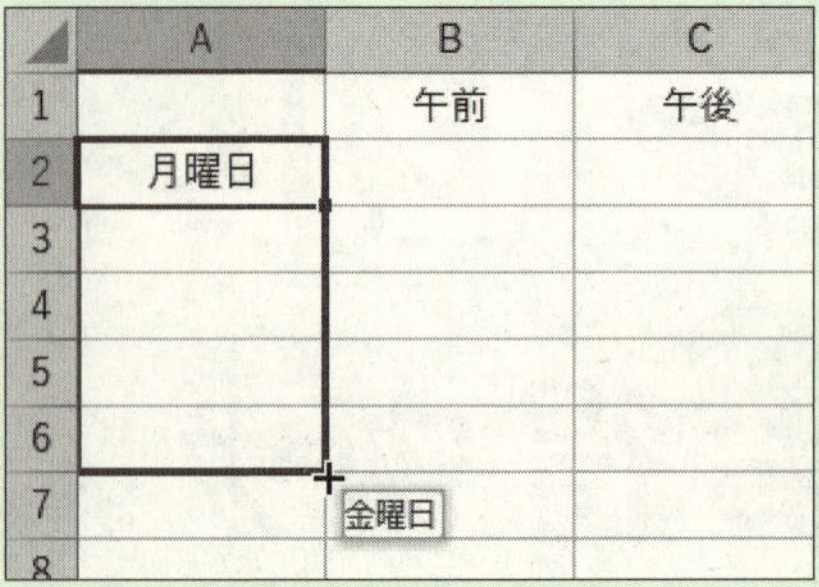

曜日や月名、干支などは先頭のデータだけ入力すれば、ドラッグで続きを自動入力できます。このようなデータを「連続データ」といいます。

数字もドラッグで入力できます。この場合は最初に「1」「2」のように規則性のわかるデータを複数入力し、その範囲を選択してドラッグしてください。「5」「10」のように入力すれば、「5」「10」「15」のような連続データも入力できます。

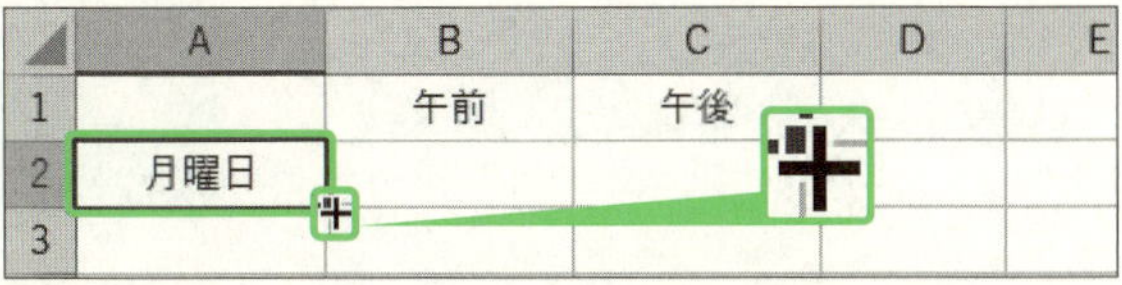

1 「月曜日」と入力し、そのセルを選択します。セルの右下にポインターを合わせ、＋になったことを確認します。

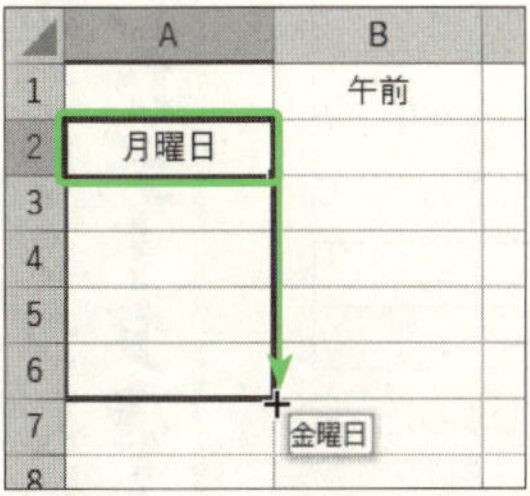

2 入力する最後のセルまでドラッグします。

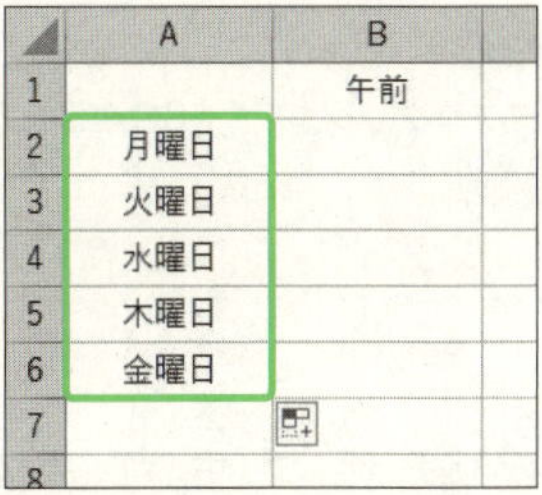

3 曜日が連続で入力できます。

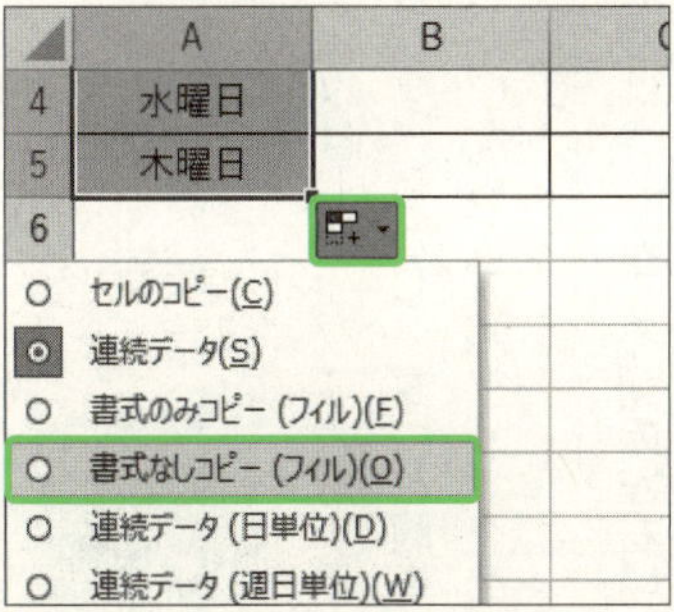

4 この方法では、先頭のセルの書式もコピーされます。罫線やセルの色などをコピーしたくなければ、ドラッグ後に現れる右下の[オートフィルオプション]をクリックして、[書式なしコピー(フィル)]を選択してください。

入力

ダブルクリックだけで連続したデータを入力する

これは便利！

**セルの右下でダブルクリック。
連続データが一気に入力できる！**

	A	B	C	
1	番号	氏名	郵便番号	
2	1	青木　翔太		
3	2	伊藤　美咲		
4	3	大野　大輝		
5	4	加藤　拓海		
6	5	木村　優香		
7	6	小林　智也		
8				

ダブルクリックで1～6の連番を入力しました。

連続データはドラッグで入力するのが定番です。しかし、もっと簡単に入力したいならダブルクリックを使いましょう。

この方法は、入力する列の左右いずれかにデータが入っていれば、使えます。左右両方の列にデータが入っていたら、行数の多いほうに合わせて入力されます。

曜日や月名は、1つだけ入力してダブルクリックすれば入ります。

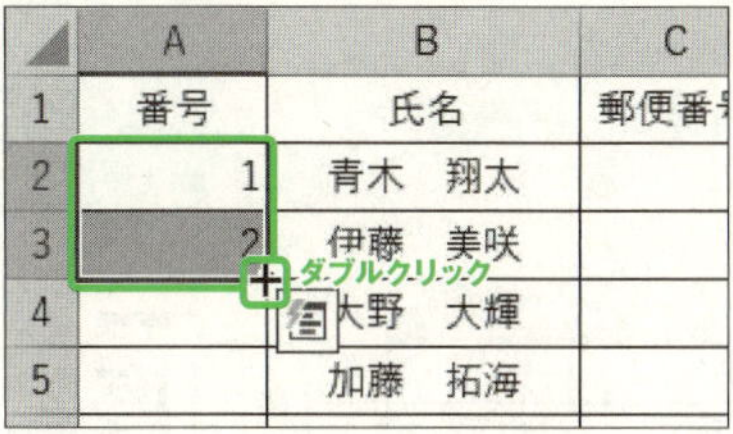

1 規則性のあるデータを入力して選択します。選択範囲の右下にポインターを合わせ、**+**になったらダブルクリックします。

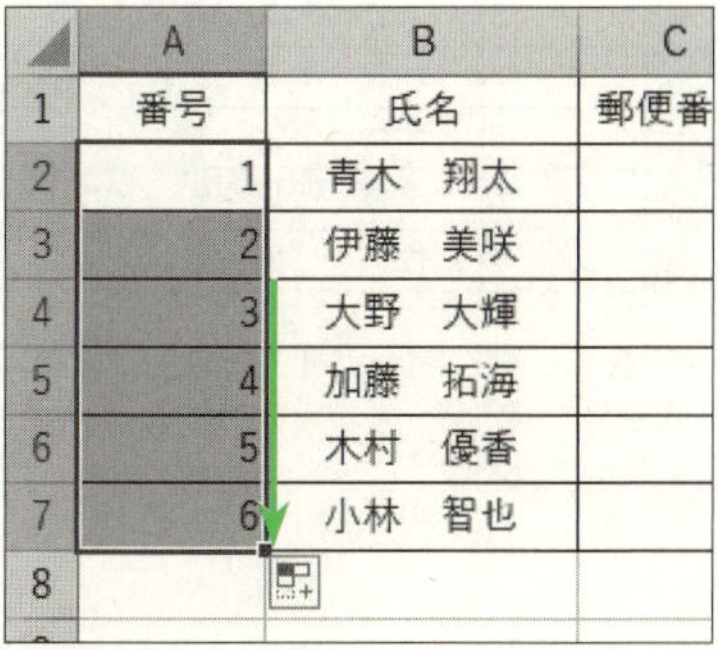

2 連続したデータを一気に入力できます。

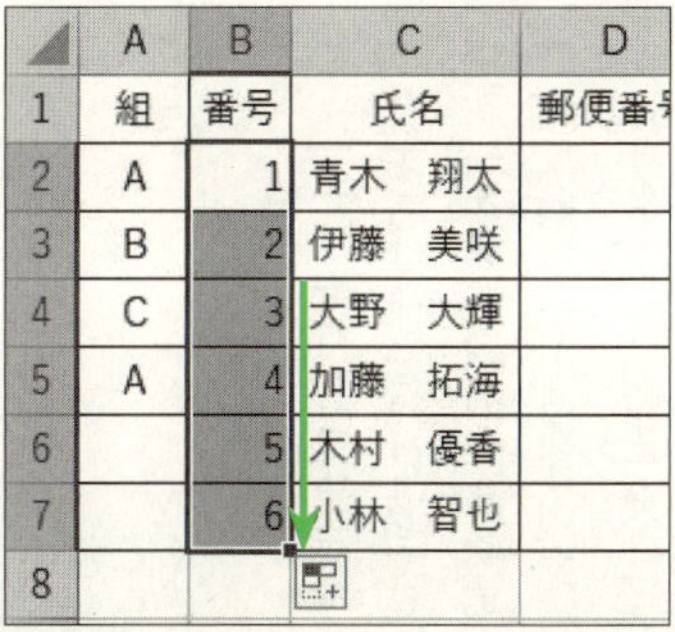

3 「番号」をダブルクリックで入力しました。左右両方の列にデータが入っていると、行数の多い列（図では「氏名」の列）と同じ行まで連続データが入ります。

入力

複数のセルに同じデータを一度に入力する

これは便利！

入力セルを選択して［Ctrl］＋［Enter］で確定

	A	B	C
1	番号	氏名	出欠
2	1	青木　翔太	出席
3	2	伊藤　美咲	欠席
4	3	大野　大輝	出席
5	4	加藤　拓海	欠席
6	5	木村　優香	出席
7	6	小林　智也	欠席
8	7	佐々木　楓	出席

空欄をまとめて選択し、「欠席」と入力しました。

「Ｃｔｒｌ」キーを押したままセルをクリックする操作を繰り返すと、離れた場所にある複数のセルを選べます。この状態でデータを入力し、「Ｃｔｒｌ」＋「Ｅｎｔｅｒ」キーで確定すれば、選択中のセルに同じデータを一気に入力できます。

入力を確定後、セルの色のような書式を設定すると、一度に反映させられて便利です。「欠席」などを目立たせるのに活用しましょう。

	A	B	C	D	E
1	番号	氏名	出欠		
2	1	青木　翔太	出席		
3	2	伊藤　美咲		クリック	
4	3	大野　大輝	出席		
5	4	加藤　拓海		Ctrl + クリック	
6	5	木村　優香	出席		
7	6	小林　智也		Ctrl + クリック	
8	7	佐々木　楓	出席		

1 データを入力するセルを選択します。[Ctrl] キーを押したままセルをクリックすると、離れたセルを選べます。

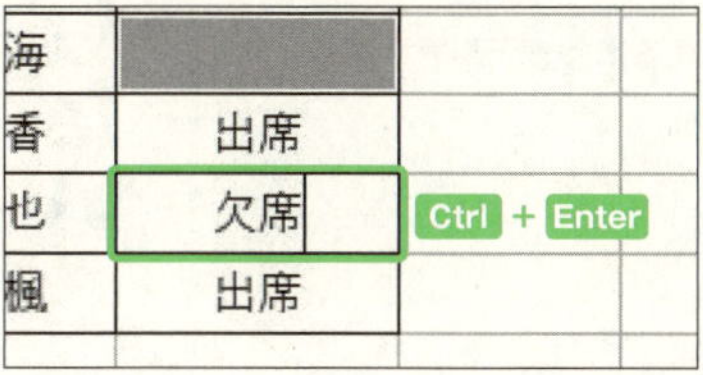

2 データを入力します。文字は変換を確定しておきます。[Ctrl] キーを押したまま [Enter] キーを押して入力を確定します。

	A	B	C	D	E
1	番号	氏名	出欠		
2	1	青木　翔太	出席		
3	2	伊藤　美咲	欠席		
4	3	大野　大輝	出席		
5	4	加藤　拓海	欠席		
6	5	木村　優香	出席		
7	6	小林　智也	欠席		
8	7	佐々木　楓	出席		

3 選択中のセルに同じデータが入力できます。この状態から一度に書式を設定することもできます。

入力

「01」と入力したい

基本のキホン

[セルの書式設定]で
表示桁数を指定して入力する

	A	B	C
1	店番号	支店名	住
2	01	千葉	千葉市中央区青葉
3	02	埼玉	川口市新井町０－
4	03	栃木	宇都宮市今泉町０
5	04	群馬	高崎市鍛冶町０－
6	05	神奈川	横浜市西区霞ヶ丘
7			

「1」と入力すれば「01」になるよう表示形式を設定します。

　エクセルで「０１」と入力すると、数値として認識されて「１」と表示されてしまいます。「０１」のように表示したいときは、事前に表示桁数を指定します。この設定にすると「１」と入力するだけで「０１」と表示されるようになります。

　このほか、先頭に「'」（アポストロフィー）を付けて「'０１」と入力しても「０１」と表示できます。この場合は左揃えで表示されます。

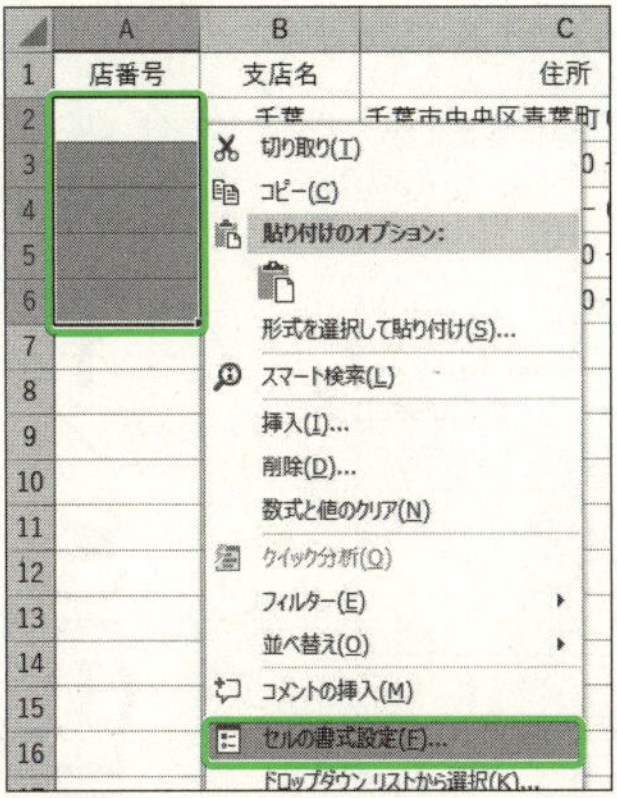

1 数字を入力する前に表示形式を指定します。「0」から始まる数字を入力するセルを選択して右クリックし、[セルの書式設定]を選びます。

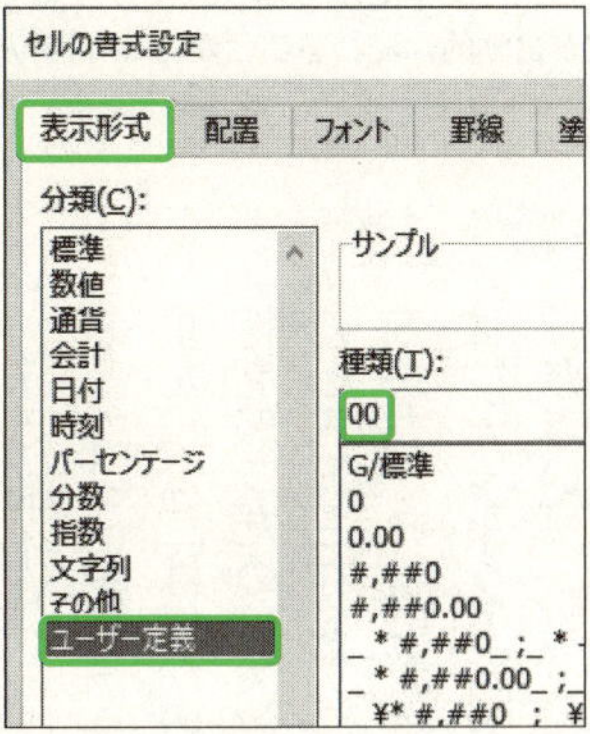

2 [表示形式]タブを開き、[分類]欄で[ユーザー定義]を選びます。[種類]欄に表示する桁数だけキーボードから「0」を入力します。「00」なら「01」、「000」なら「001」になります。設定ができたら[OK]をクリックします。

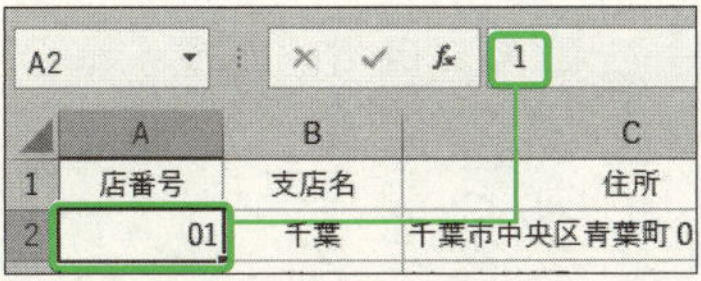

3 「1」と入力すると「01」と表示されます。

入力

「1／2」「(1)」「@100」と入力したい

基本のキホン

先頭に「'」を付ければ入力どおりに表示できる

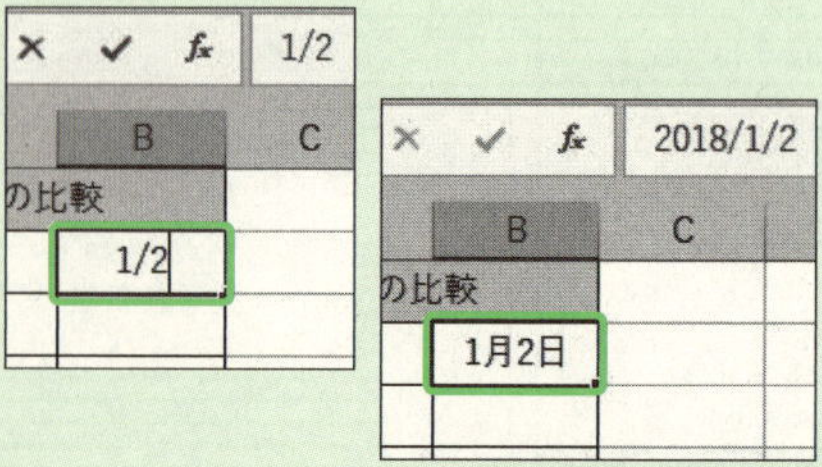

「1/2」と入力したら、「1月2日」になってしまいました。エクセルでは、入力した文字によって表示が自動的に変わることがあって困ります。

エクセルには、入力されたデータを認識して、表示形式を自動で設定する機能があります。「1／2」と入力すると「1月2日」、「(1)」と入力すると「-1」になるのはこのためです。また、「@」はほかのアプリとの互換性を保つために関数の入力を示すものと解釈されます。

入力どおりに表示するには、先頭に「'」(アポストロフィー)を入れてください。

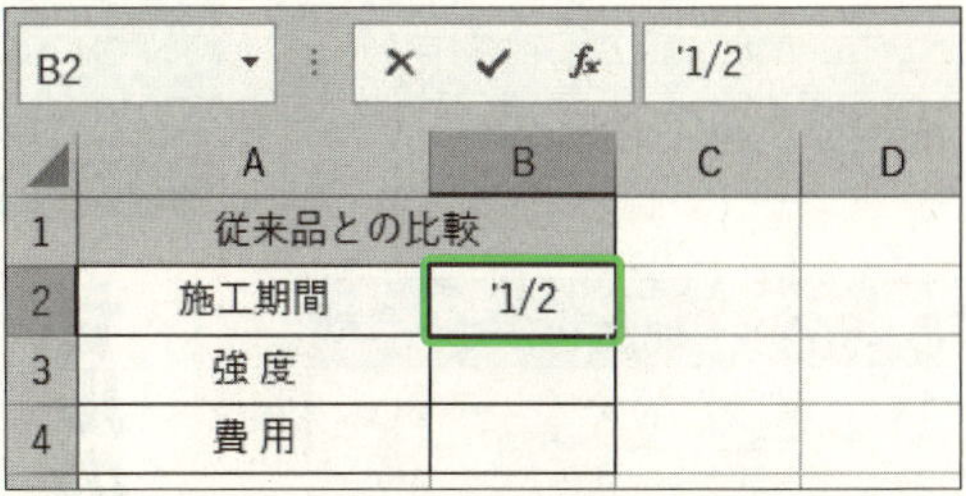

1 「'」に続けて「1/2」と入力します。「'」は全角でも半角でもかまいません。カッコ付きの数字なら「'（1）」、@からはじまる数字なら「'@100」のように入力します。

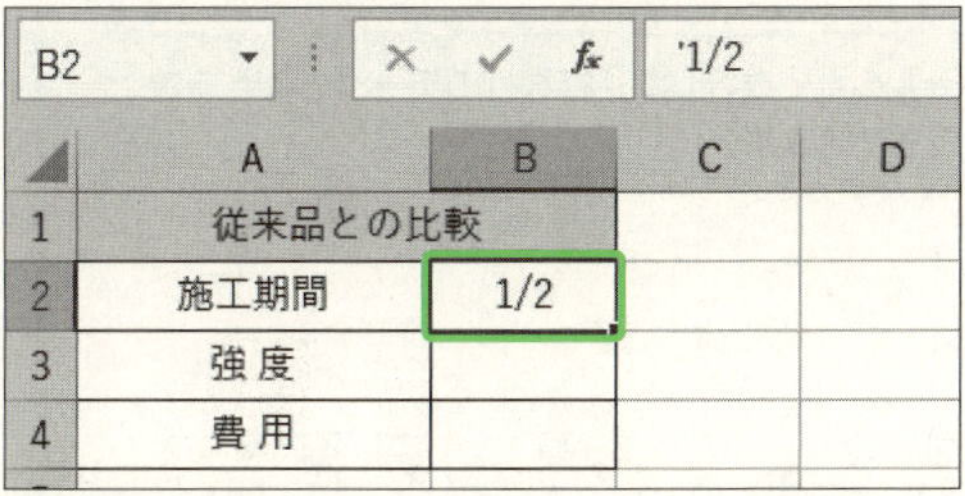

2 [Enter] キーを押して確定すると、分数がそのまま表示できます。ただし、このように入力した数字は計算に使えないので注意してください。

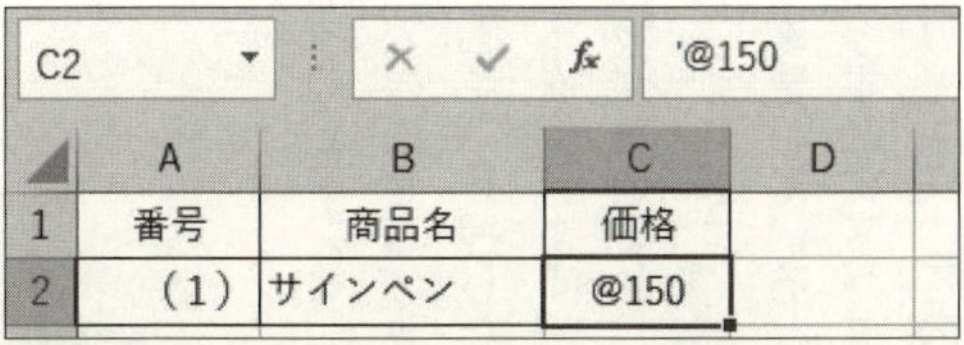

3 カッコ付きの数字や@からはじまる数字もそのまま表示されます。

入力

セルの中で改行する

改行は[Alt]＋[Enter]で

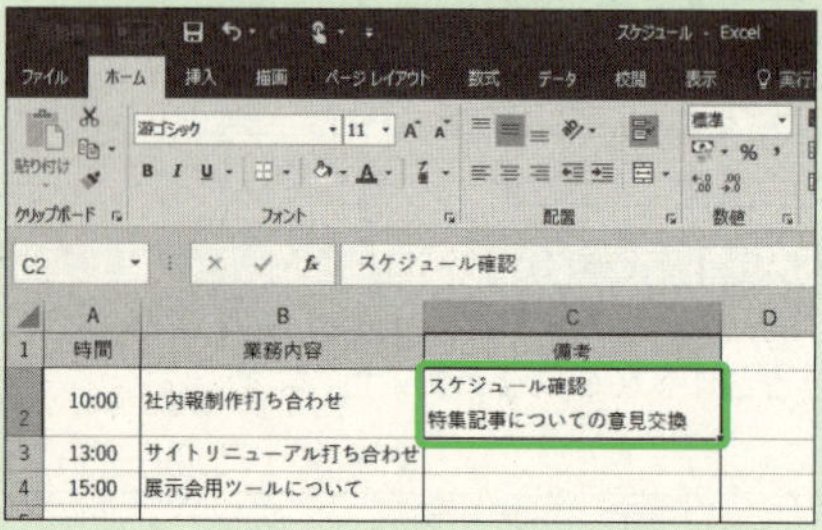

セルの中で改行して、複数行のデータを入れることもできます。

セルの中では、「Enter」キーを押しても改行できません。改行するには、「Alt」キーを押したまま「Enter」キーを押します。

改行により行数が増えると、行の高さも自動的に広がります。ドラッグなどで高さを変更していると、この調節機能が働かずに文字が欠けてしまうこともありますが、このようなときはP42の方法で調整してください。

基本のキホン

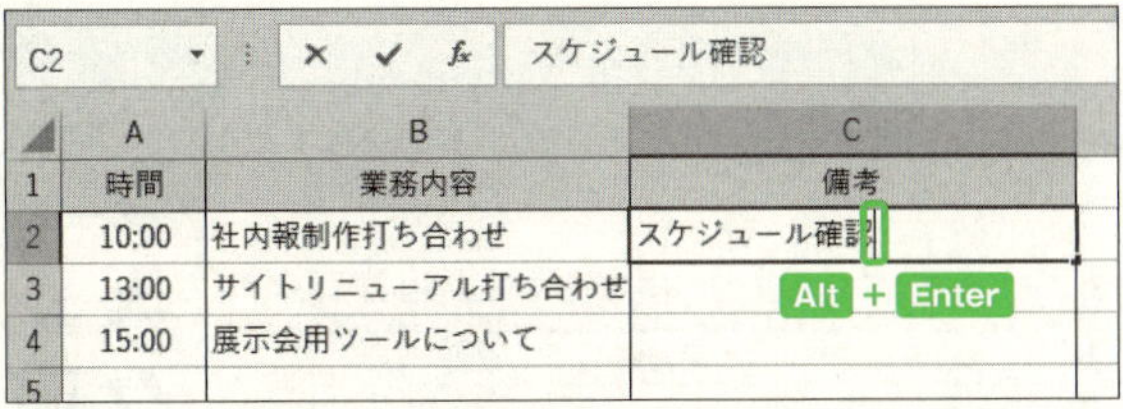

1 改行する位置まで文字を入力し、[Alt] キーを押したまま[Enter]キーを押します。

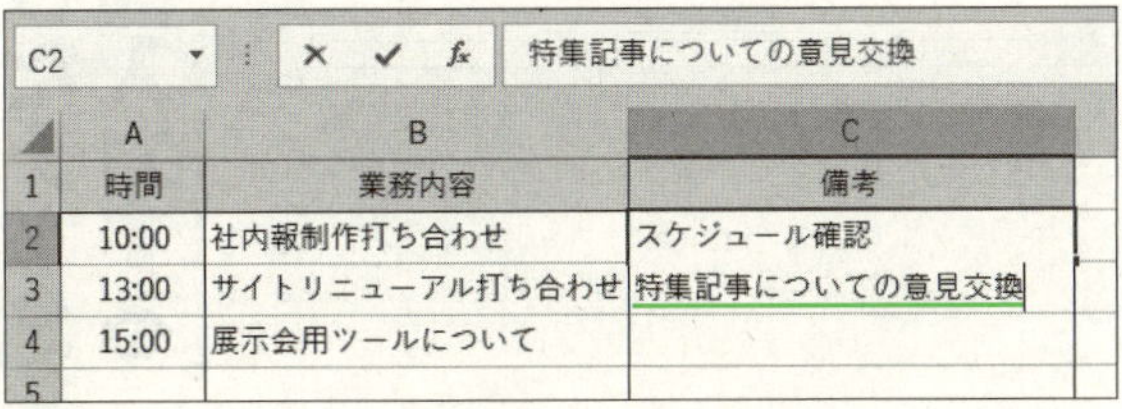

2 次の行にカーソルが移動するので、続きの文字を入力します。

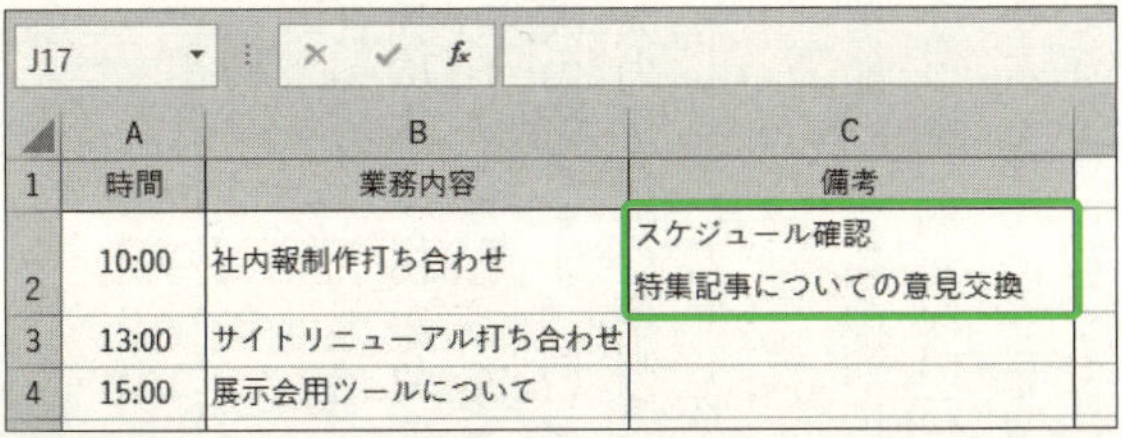

3 [Enter] キーで確定すると、1つのセルに複数行を入力できます。

入力

一度入力したデータをラクして再入力する

時間短縮
効率UP!

[Alt]+[↓]で 再入力する文字を選べる

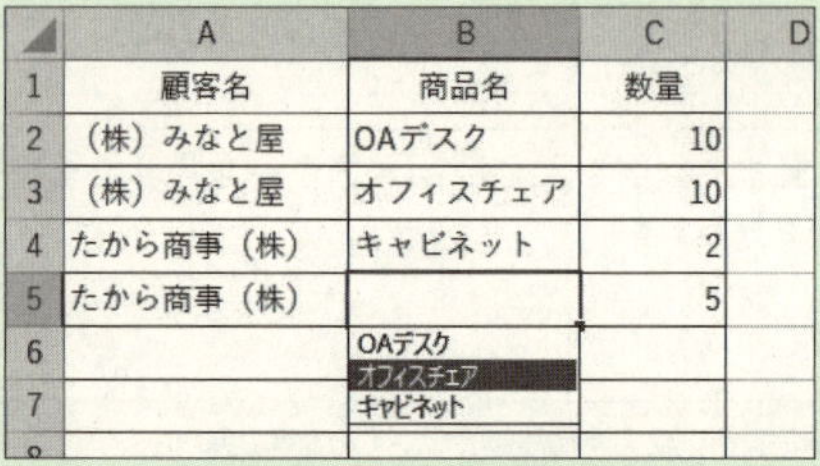

	A	B	C	D
1	顧客名	商品名	数量	
2	（株）みなと屋	OAデスク	10	
3	（株）みなと屋	オフィスチェア	10	
4	たから商事（株）	キャビネット	2	
5	たから商事（株）		5	
6				
7				

入力済みの文字をリストにすれば、ラクにミスなく入力できます。

入力しようとしている文字がすでにその列に入っていたら、既存の文字のリストを表示し、そこから選ぶだけで入力できます。同じデータを素早く入力するのに便利です。リストは［Alt］＋［↓］キーで表示できます。

この機能は、対象の列に空白セルがあるとうまく働かないことがあります。また、数値や数式はリストに表示されないので気をつけてください。

	A	B	C	D	E
1	顧客名	商品名	数量		
2	（株）みなと屋	OAデスク	10		
3	（株）みなと屋	オフィスチェア	10		
4	たから商事（株）	キャビネット	2		
5	たから商事（株）		Alt + ⬇		
6					

1 入力するセルを選択し、[Alt] キーを押したまま [↓] キーを押します。

	A	B	C	D	E
1	顧客名	商品名	数量		
2	（株）みなと屋	OAデスク	10		
3	（株）みなと屋	オフィスチェア	10		
4	たから商事（株）	キャビネット	2		
5	たから商事（株）		5		
6		OAデスク オフィスチェア			
7		キャビネット			

2 同じ列に入力されている文字のリストが表示されるので、上下の矢印キーで入力する文字を選び、[Enter] キーを押します。

	A	B	C	D	E
1	顧客名	商品名	数量		
2	（株）みなと屋	OAデスク	10		
3	（株）みなと屋	オフィスチェア	10		
4	たから商事（株）	キャビネット	2		
5	たから商事（株）	オフィスチェア	5		
6					

3 選択した文字が入力できます。

入力

繰り返し入力するデータをリストからラクラク入力する

時間短縮
効率UP!

[データの入力規則]で入力データを登録する

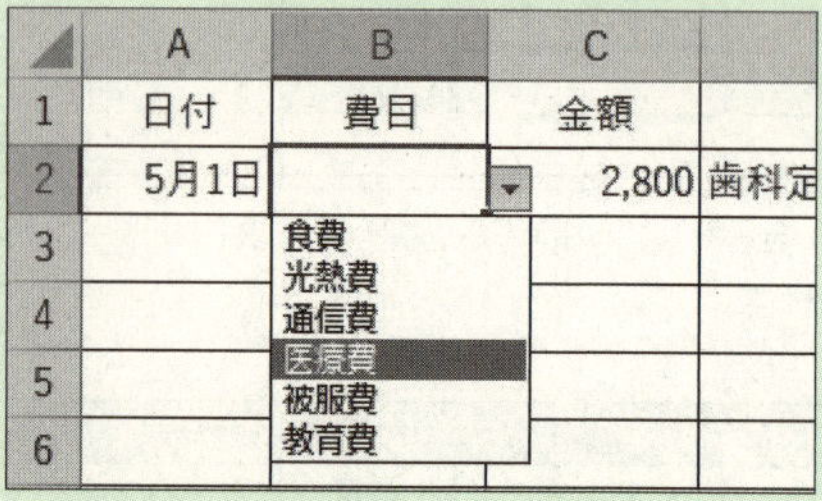

リストから選ぶだけでデータを入力できるように設定してあります。

費目や商品名など同じデータを繰り返し入力する場合は、事前にデータを登録して、選択するだけで入力できるようにすると時短を図れます。

同じ列のデータをリスト表示する方法もありますが(P22参照)、事前に登録しておけば、はじめからリストに表示できます。この設定をしたセルには、リストのデータ以外は入れられないので入力ミスの防止にもなります。

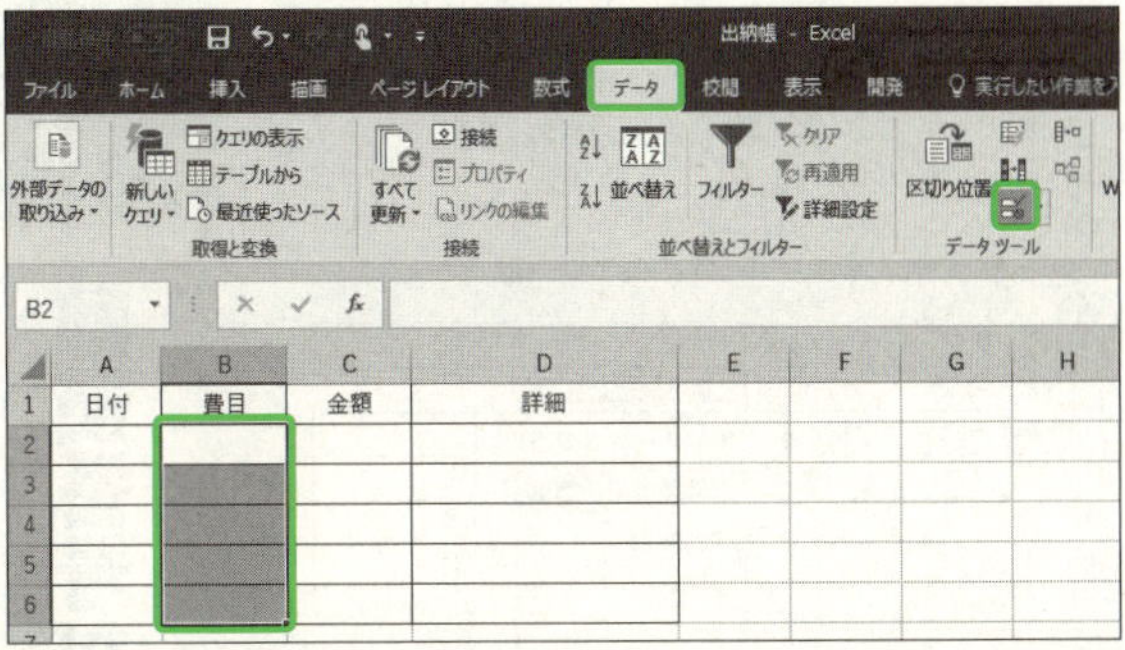

1 リストから選んで入力できるようにするセルを選択します。[データ]タブを開いて[データツール]グループ→[データの入力規則]をクリックします。

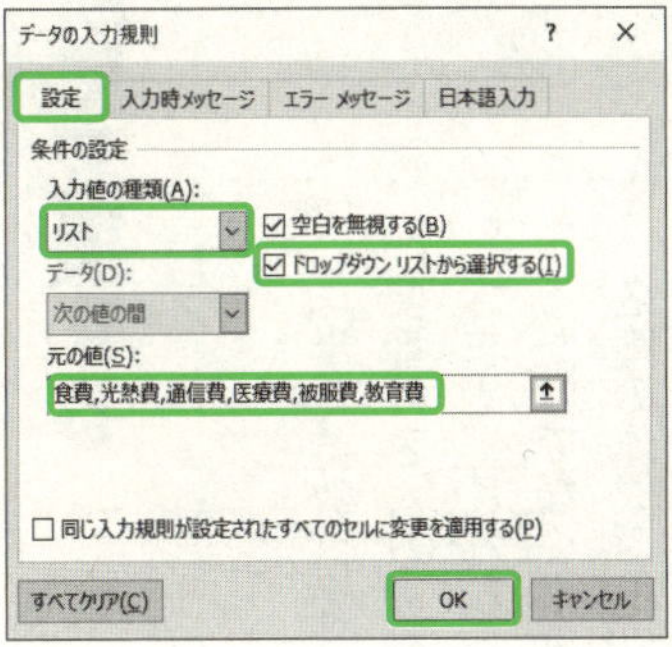

2 [設定]タブを開きます。[入力値の種類]欄で[リスト]を選択します。[ドロップダウンリストから選択する]が☑になっていることを確認します。[元の値]欄にリストとして表示するデータを半角のカンマで区切りながら入力し、[OK]をクリックします。

3 ❶で選択したセルを選ぶと▼が現れ、クリックするとリストが表示されます。データをクリックすると入力できます。

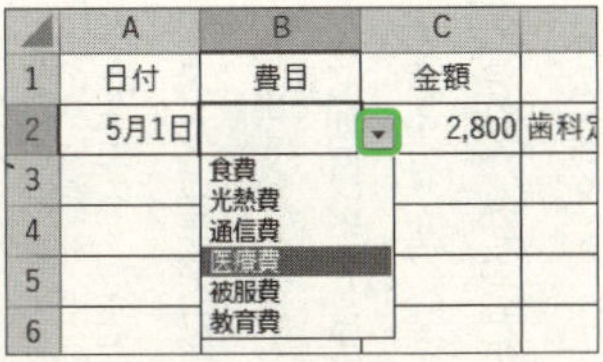

入力

郵便番号から住所に変換する

これは便利！

[半角英数]以外の入力モードで郵便番号を入力すると、住所に変換できます。これなら入力の手間が省けるだけでなく、入力ミスも防げます。名簿の作成で役立つ機能です。ただし、変換できるのは町名などまでなので、続きは手入力します。また、大きな建物や企業などに割り当てられた郵便番号も変換できません。変換候補に住所が表示されなかったら、個別に入力してください。

変換候補から住所を選択する

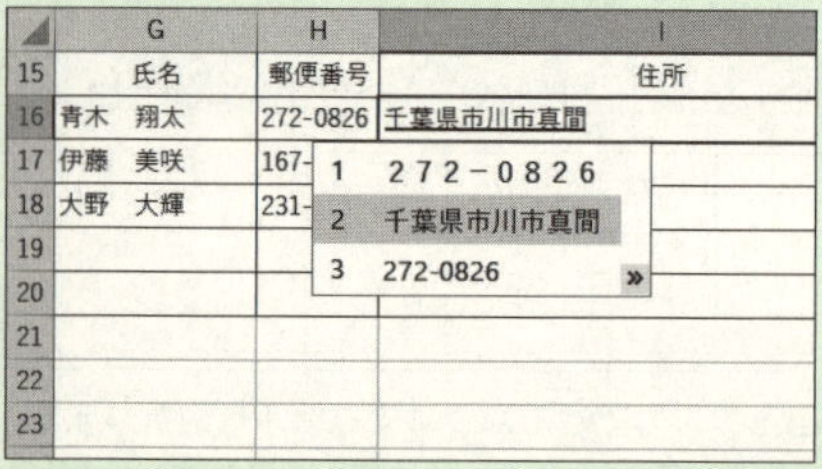

郵便番号を入力して変換すると、変換候補に住所が表示されます。

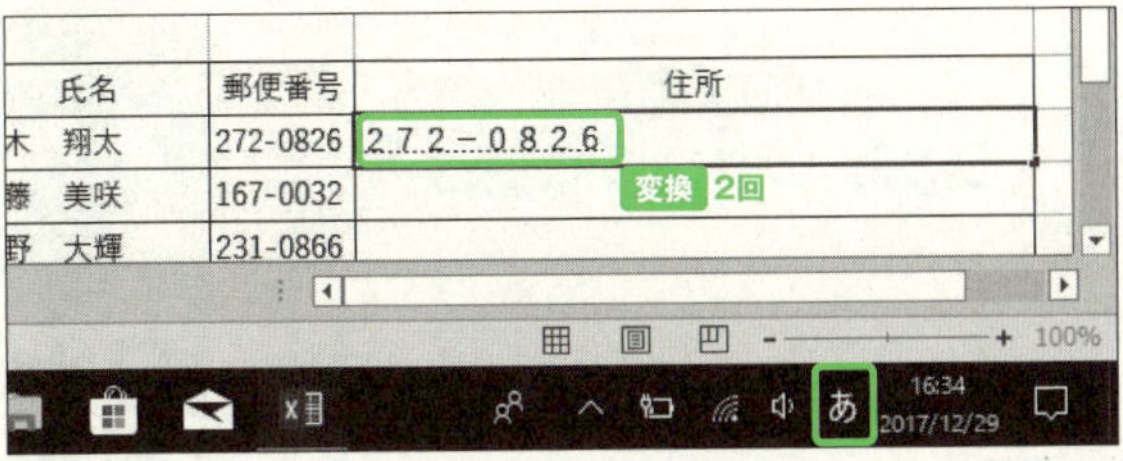

1 入力モードを［半角英数］以外にします（IME2010では［言語バー］で確認します）。住所に変換する郵便番号を入力し、［変換］キーを２回押します。

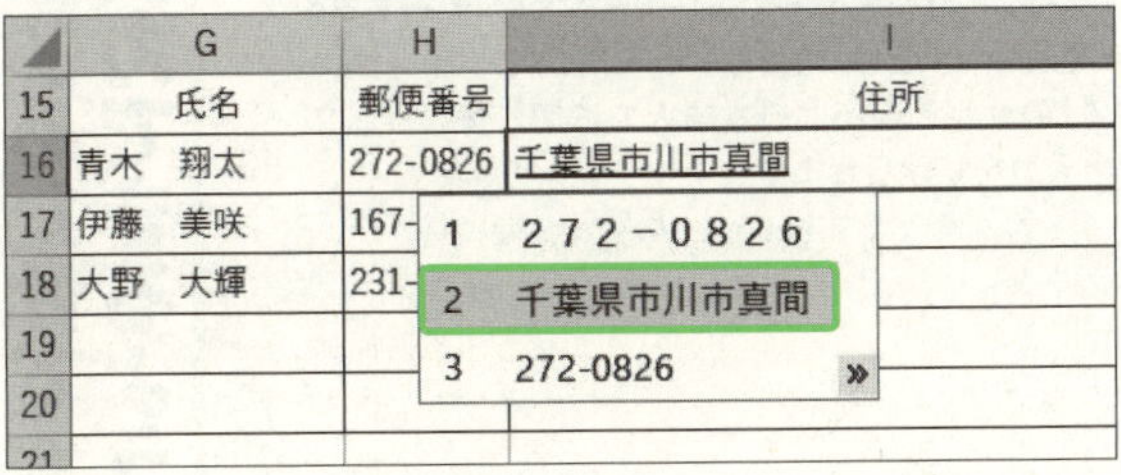

2 変換候補から住所を選択して、［Enter］キーを押します。IME2010では変換候補から住所を選び、次に表示される変換候補でも住所を選んで［Enter］キーを押します。

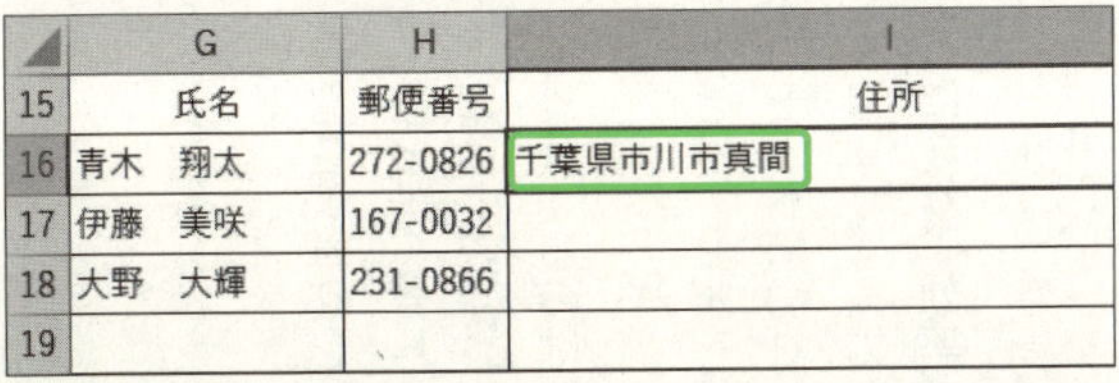

3 住所に変換されます。

入力

セルを選択するだけで日本語を入力できるようにする

時間短縮
効率UP!

商品番号、商品名、単価を順に入力するというようなときに、入力モードを［半角英数］→［ひらがな］→［半角英数］と切り替えるのは煩わしく、非効率です。

このようなときは、セルを選択すると適切な入力モードに切り替わるように設定しましょう。入力だけに集中できるようになり、効率がアップします。

［データの入力規則］で日本語入力をオンに設定

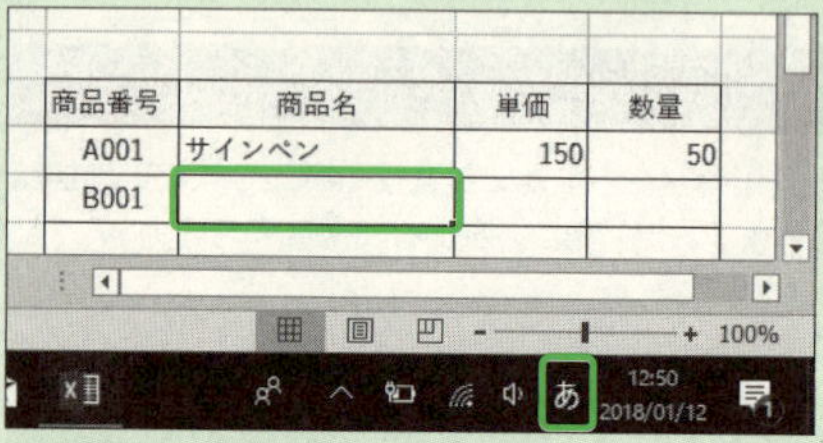

「商品番号」を［半角英数］モードで入力後、「商品名」のセルを選ぶと日本語入力に切り替わり、文字入力を続けられます。

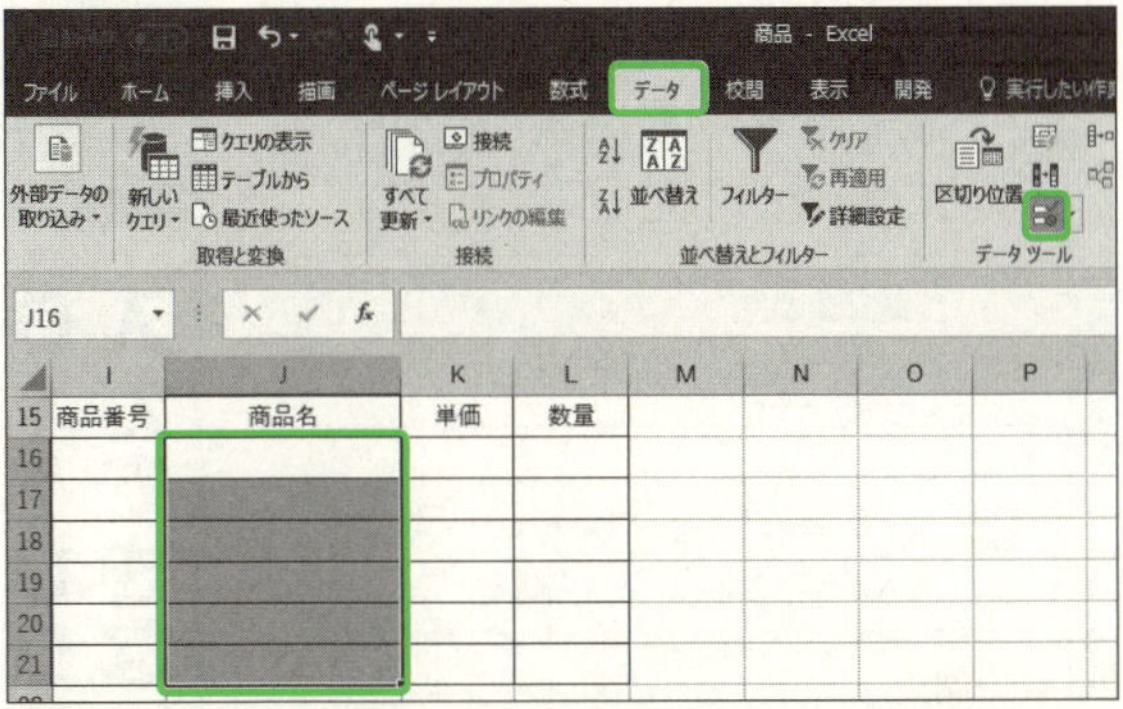

1 入力モードを設定する範囲を選択し、[データ] タブを開きます。[データツール] グループ→[データの入力規則] をクリックします。

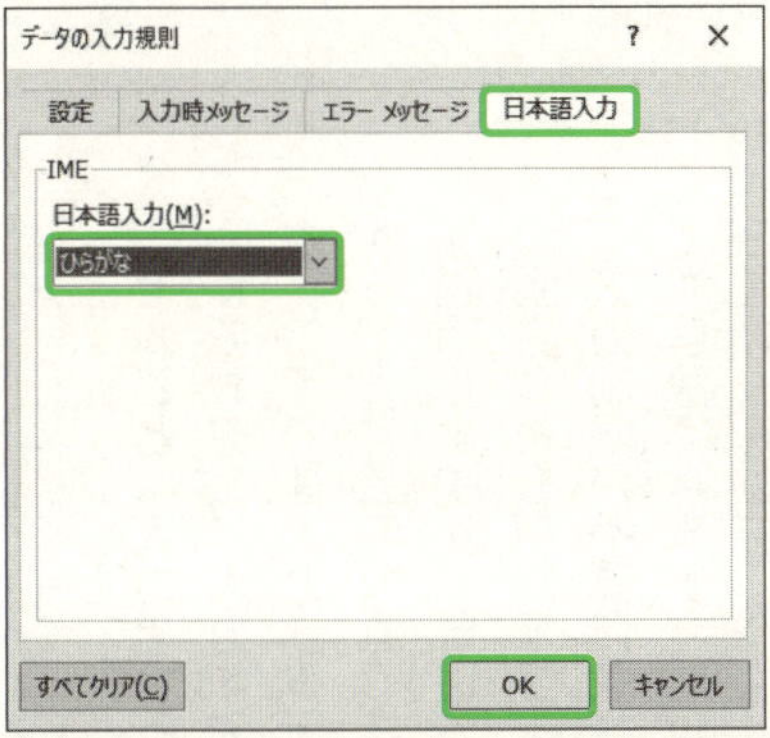

2 [日本語入力] タブを開きます。[日本語入力] 欄のをクリックして [ひらがな] を選択し、[OK] をクリックします。ここで [オフ (英語モード)] を選択すると、日本語入力がオフになり、[半角英数] モードになります。

入力

0〜100しか入力できないようにする

これは便利！

[データの入力規則]で入力できる値を制限する

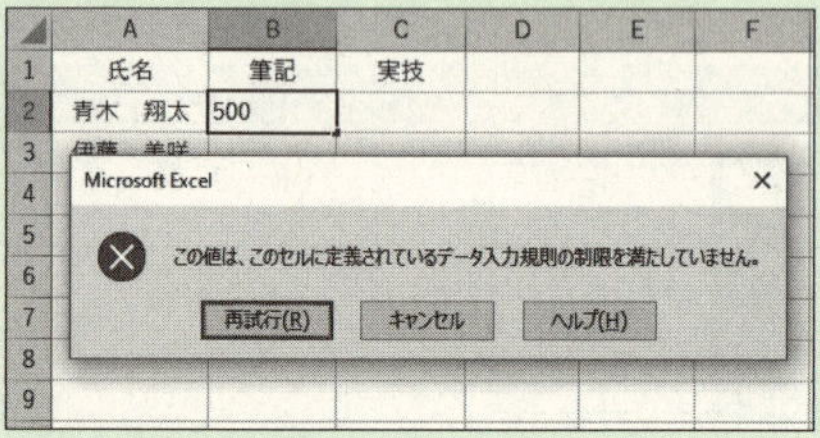

指定外の値を入力しようとするとエラーメッセージが現れ、入力が確定できないように設定します。

セルごとに入力できるデータを制限しておくと、入力ミスを減らせます。ここでは入力するデータを「0」から「100」の数値で指定する方法を説明しますが、日付の範囲や文字の長さなども制限できます。

　入力制限が不要になったら、いつでも解除できます。対象とする範囲を選択して、[データの入力規則]画面を開き、[入力値の種類]欄を[すべての値]に戻してください。

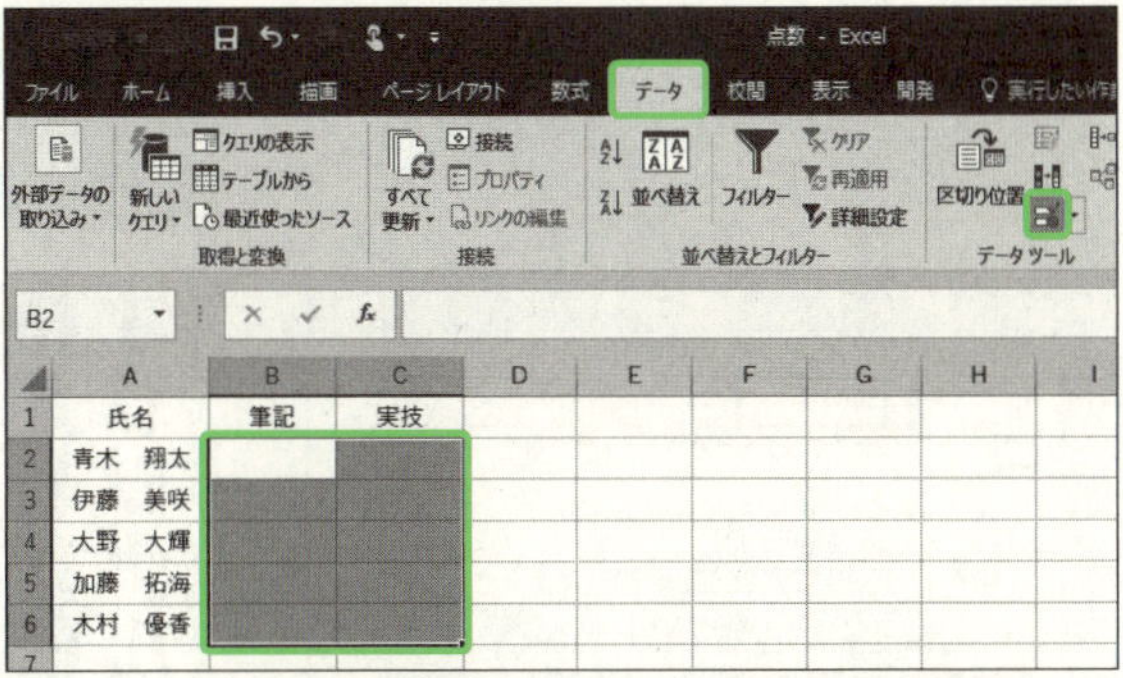

1 入力規則を設定する範囲を選択し、[データ]タブを開きます。[データツール]グループ→[データの入力規則]をクリックします。

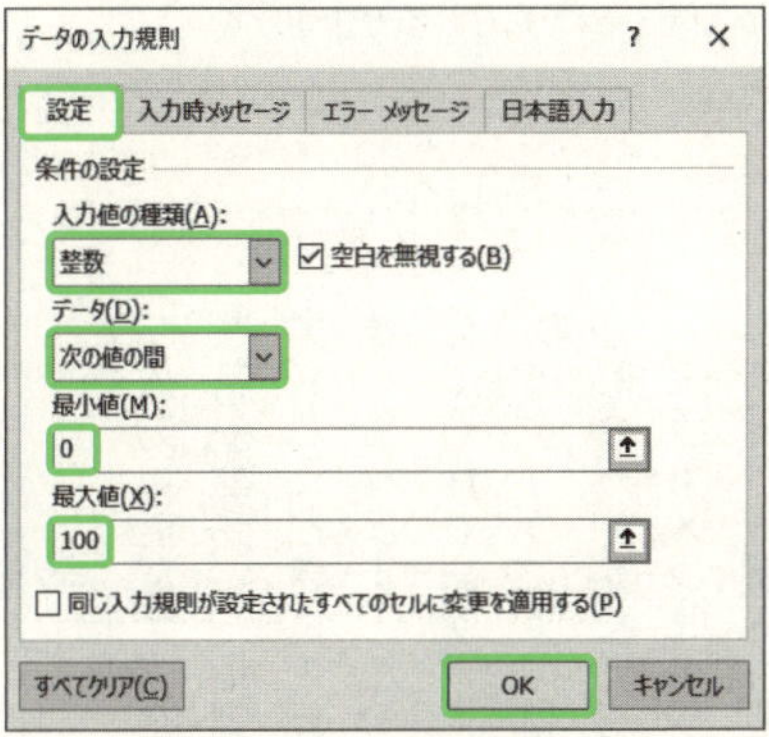

2 [設定]タブを開きます。[入力値の種類]欄のをクリックして[整数]を選択し、[データ]欄のをクリックして[次の値の間]を選択します。[最小値]欄に「0」、[最大値]欄に「100」と入力して[OK]をクリックします。指定以外のデータを入力しようとすると、エラーメッセージが表示されるようになります。このメッセージはオリジナルのものに変更できます(P32参照)。

入力

指定した値以外が入力されたらオリジナルのメッセージを表示する

これは便利！

[データの入力規則]でエラーメッセージを作る

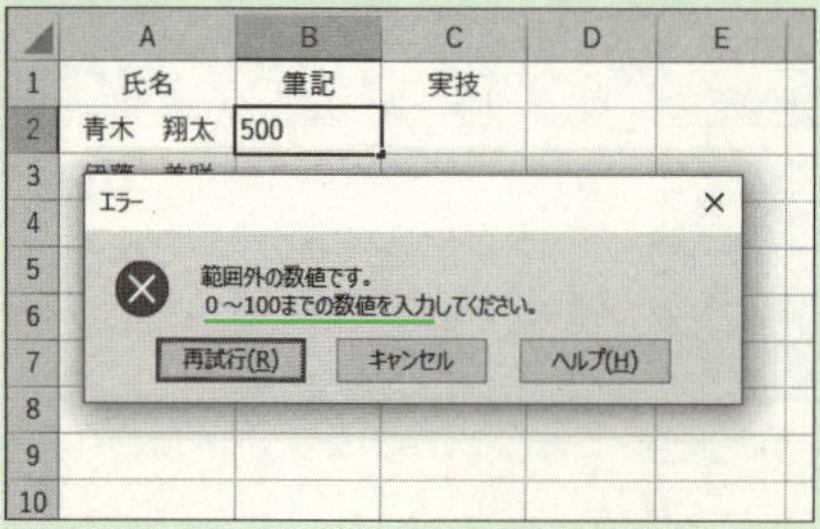

入力制限を設定したら、その値を入力できない理由をエラーメッセージで知らせると親切です。

入力可能なデータを制限していると(P30参照)、指定外のデータが入力されたときにエラーメッセージが表示されます。このメッセージは自分でも作れます。入力規則に応じたメッセージにすれば、エラーの原因がわかりやすくなります。

エラーメッセージは、入力データの制限が設定されていないと表示されません。設定を行ってからエラーメッセージを作ってください。

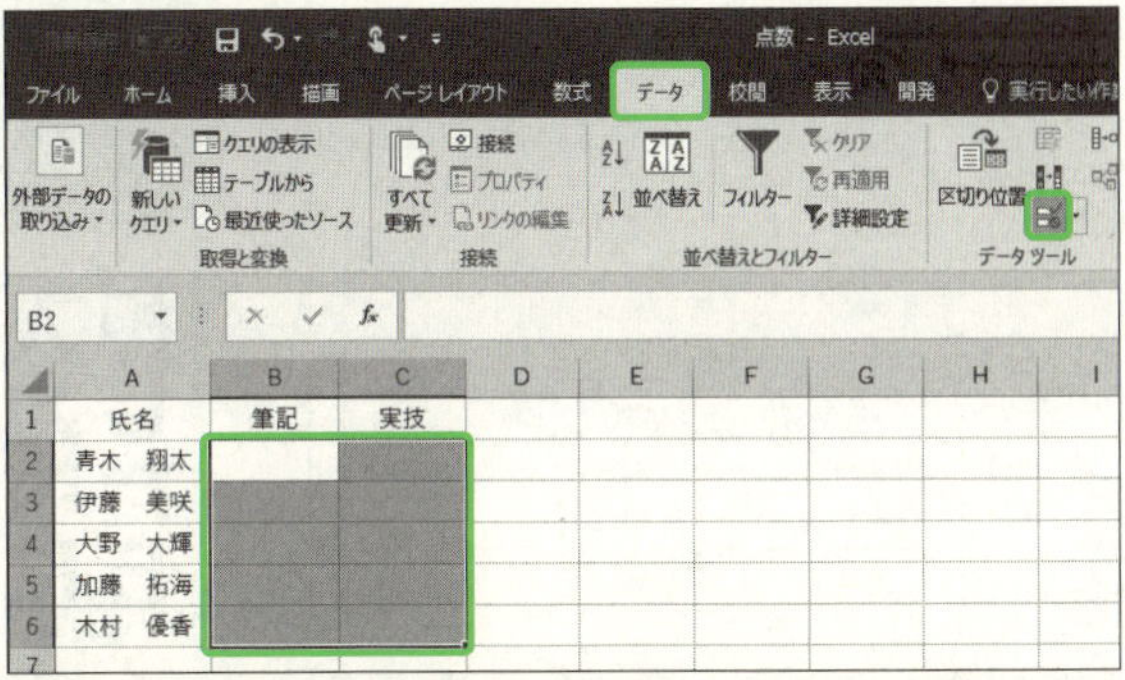

1 選択範囲には、[データの入力規則] で入力できる値をすでに設定してあります(P30参照)。[データ] タブを開き、[データツール] グループ→[データの入力規則]をクリックします。

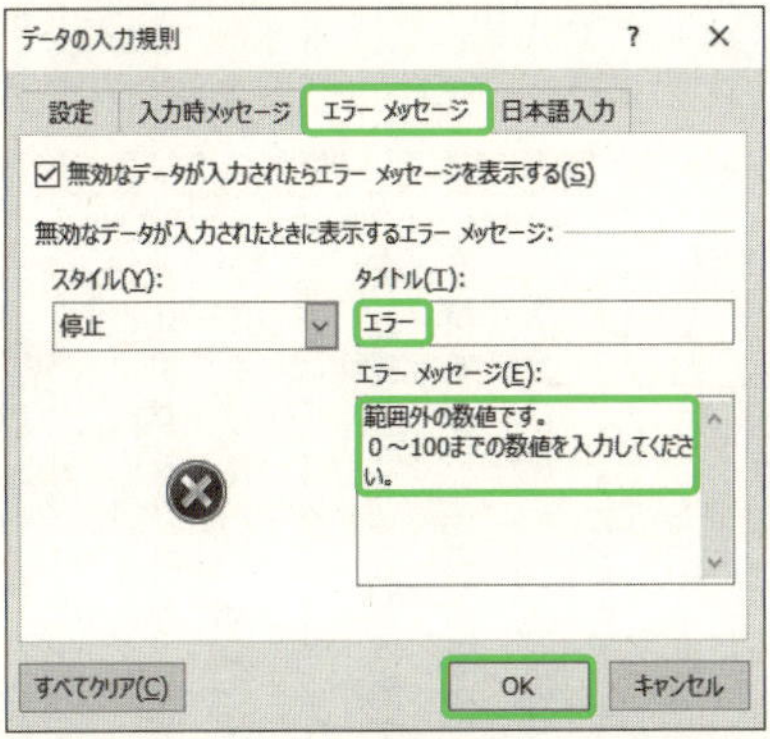

2 [エラーメッセージ] タブを開きます。[タイトル] 欄にエラー画面のタイトルを入力します。[エラーメッセージ] 欄にエラーのメッセージを入力し、[OK] をクリックします。設定以外のデータを入力しようとすると、作成したエラーメッセージが表示されるようになります。

入力

入力中に1文字戻ろうと矢印キーを押したら、左のセルが選択された！

イライラ解消

入力中の文字は[F2]キーを押してから修正する

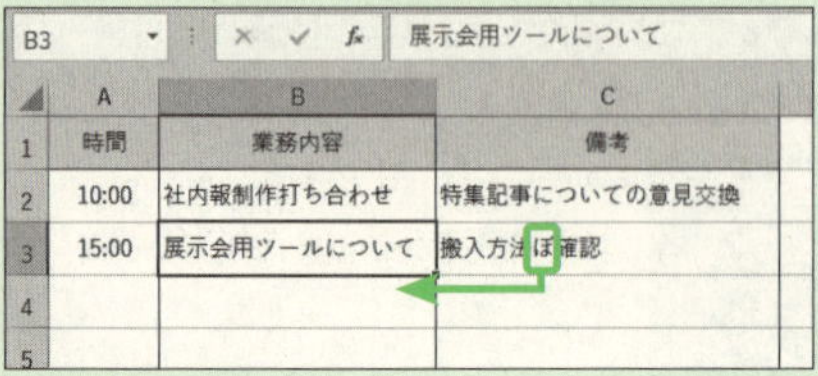

「ぼ」を「の」に修正しようと矢印キーを押したら、左のセルに移動してしまいました。このままでは文字の修正ができずに困ってしまいます。

セル内のカーソルを矢印キーで移動できるのは、その文字を変換中、またはワークシートが「編集」の状態のときです。これ以外では、矢印キーを押すと、選択は隣に移動します。

入力中のセルを「編集」状態にするには、[F2]キーを押します。こうしておけば矢印キーでカーソルを移動できます。ワークシートの状態は画面左下に表示されるので、確認してから矢印キーを押しましょう。

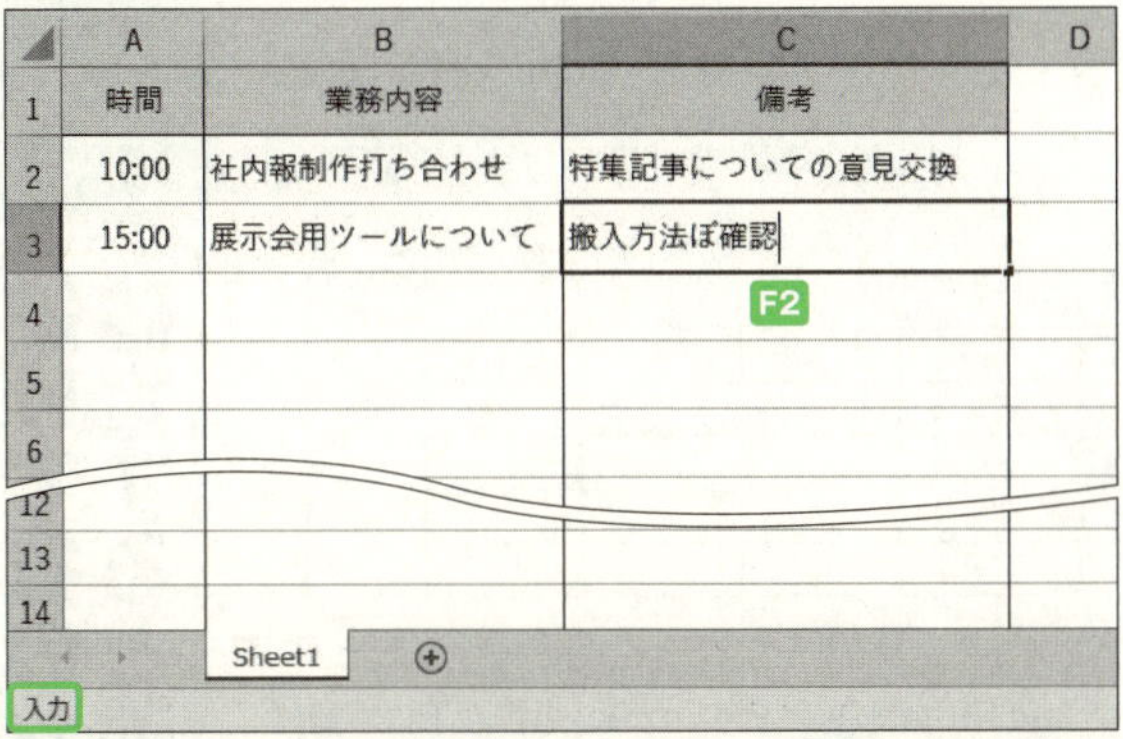

1 文字や数値の入力中は、画面左下に「入力」と表示されています。「編集」にするために[F2]キーを押します。

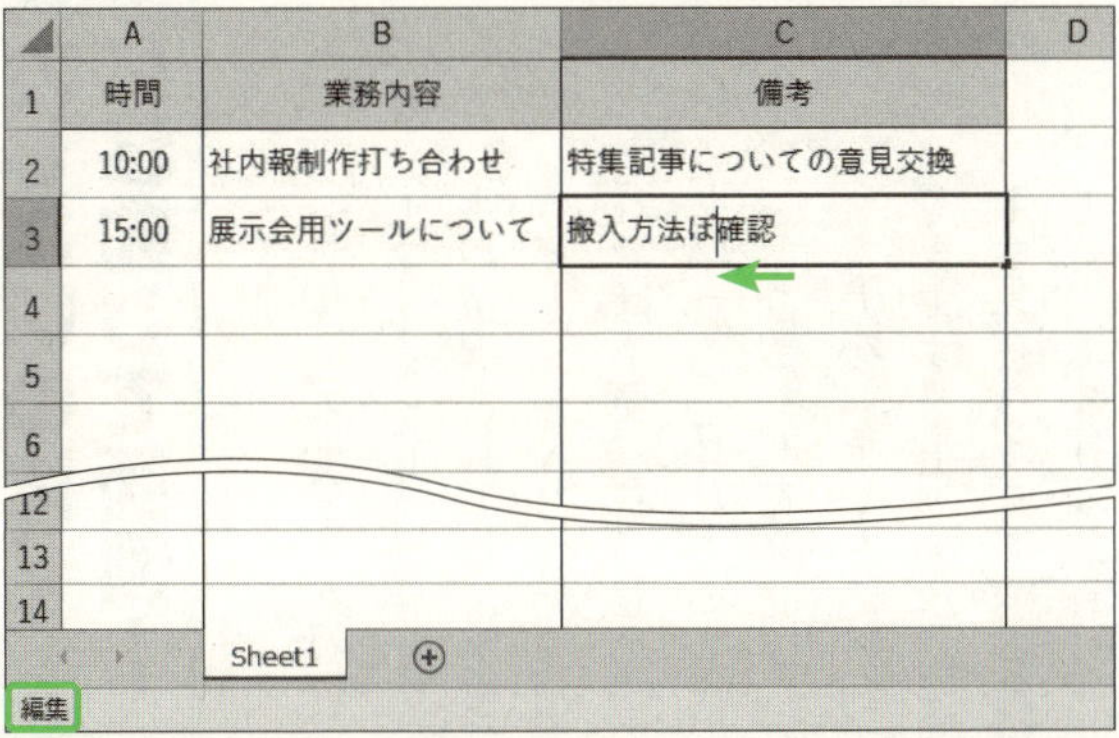

2 「編集」になると矢印キーでカーソルを移動でき、入力中の文字が修正できます。

入力

続けて右のセルに入力したいのに、確定すると選択が下に移動して面倒！

イライラ解消

右方向への移動には[Tab]キーを使う

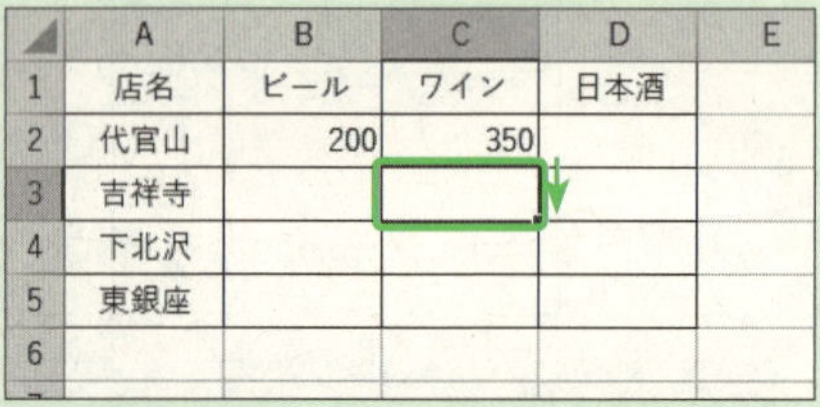

	A	B	C	D	E
1	店名	ビール	ワイン	日本酒	
2	代官山	200	350		
3	吉祥寺				
4	下北沢				
5	東銀座				
6					

入力後[Enter]キーを押したら、選択が下に移動してしまいました。続けて右のセルに入力したいときは不便です。

セルにデータを入力し、「Enter」キーを押して確定すると、下のセルが選択されてしまいます。右方向へデータを入力したいときには、これでは不便。右のセルに入力を続けたいなら「Enter」の代わりに「Tab」キーで確定してください。

入力後、上や左に移動することもできます。上への移動は「Shift」+「Enter」、左は「Shift」+「Tab」です。

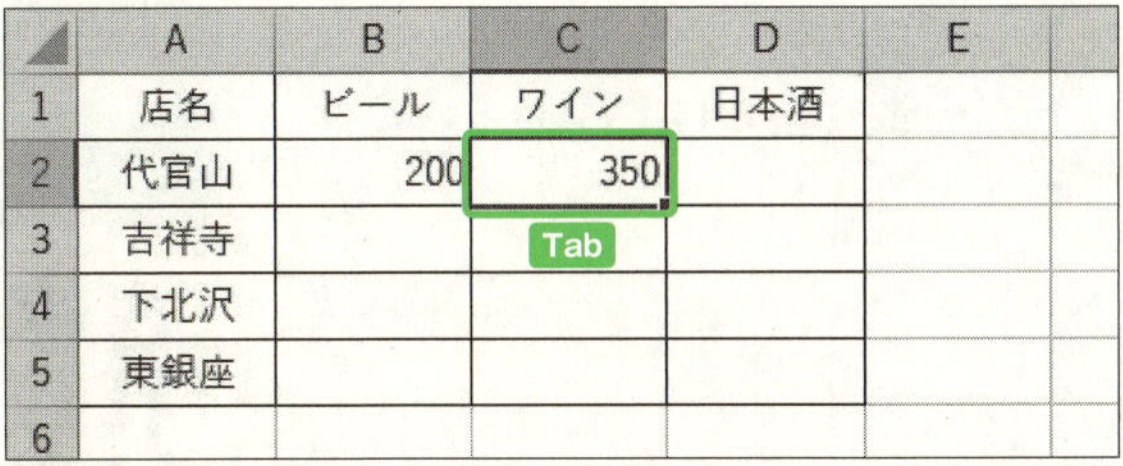

	A	B	C	D	E
1	店名	ビール	ワイン	日本酒	
2	代官山	200	350		
3	吉祥寺				
4	下北沢				
5	東銀座				
6					

1 [半角英数] モードで数値を入力し [Tab] キーを押します。文字を入力したときは、変換を確定してから [Tab] キーを押してください。

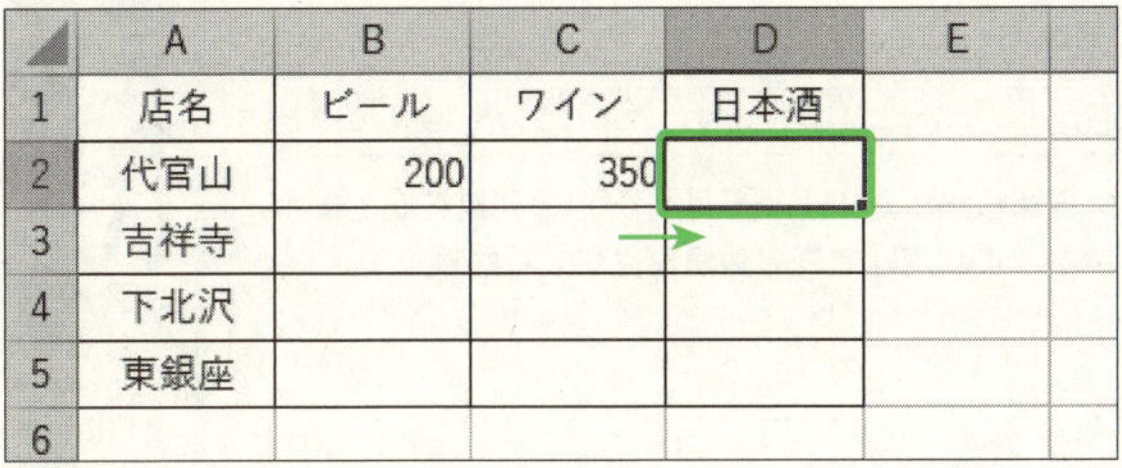

	A	B	C	D	E
1	店名	ビール	ワイン	日本酒	
2	代官山	200	350		
3	吉祥寺				
4	下北沢				
5	東銀座				
6					

2 右隣のセルが選択され、右方向に入力を続けられます。

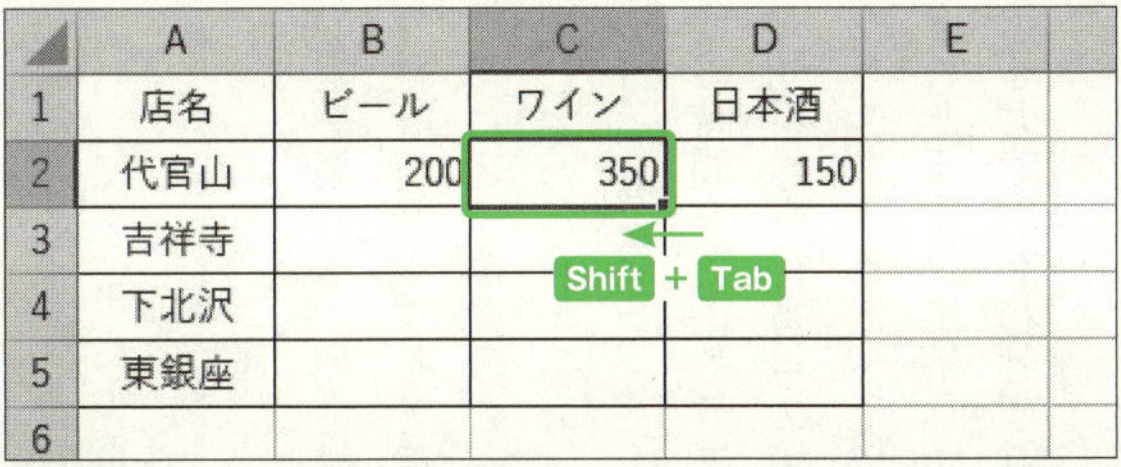

	A	B	C	D	E
1	店名	ビール	ワイン	日本酒	
2	代官山	200	350	150	
3	吉祥寺				
4	下北沢				
5	東銀座				
6					

3 [Shift] + [Tab] キーを押すと、左隣のセルに戻ることもできます。

編集

複数のセルの幅や高さをきれいに揃えたい

時間短縮
効率UP!

複数の列・行を選択し ドラッグするだけで揃えられる

	A	B	C	D	E	F	G	H
1		4月	5月	6月				
2	東店	100	150	120				
3	西店	250	230	190				
4	南店	150	180	220				
5								

↓

	A	B	C	D	E
1		4月	5月	6月	
2	東店	100	150	120	
3	西店	250	230	190	
4	南店	150	180	220	
5					

ばらばらだった「4月」「5月」「6月」の列幅を揃えました。これだけで表の数値が見やすくなります。

セルの幅や高さは、列番号や行番号の境界線をドラッグして変更できます。このとき、複数の列あるいは行を選択してからドラッグすれば、列の幅や行の高さを一発で揃えられ、操作の時間を短縮できます。

また、列番号や行番号の境界線をダブルクリックすると、その列や行に入力されたデータに応じた幅や高さにできるので、あわせて覚えておきましょう。

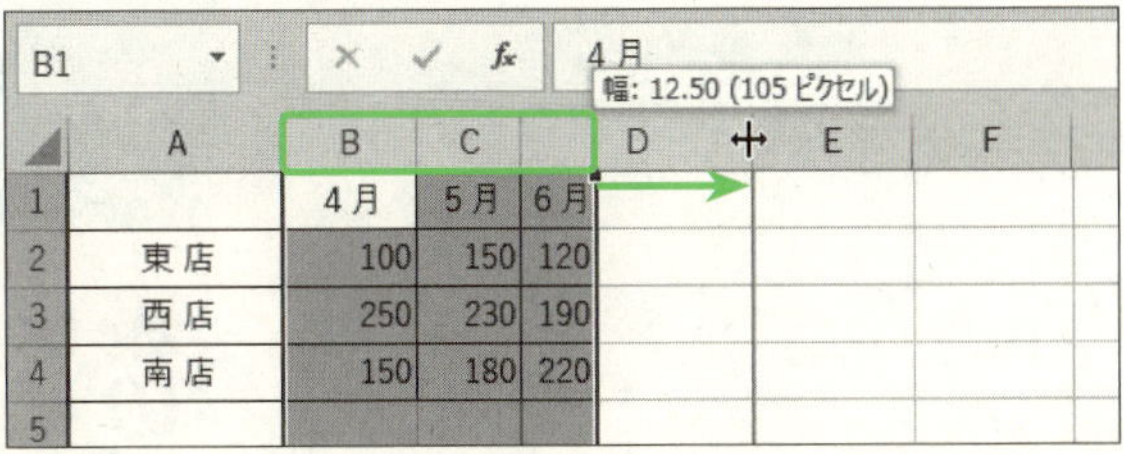

1 列番号をドラッグして列を選択します。選択した列の右端の列番号の境界線にポインターを合わせ、✛になったらドラッグして幅を変えます。離れた列を揃えたいときは、[Ctrl] キーを押したまま列番号をクリックしてから操作します。

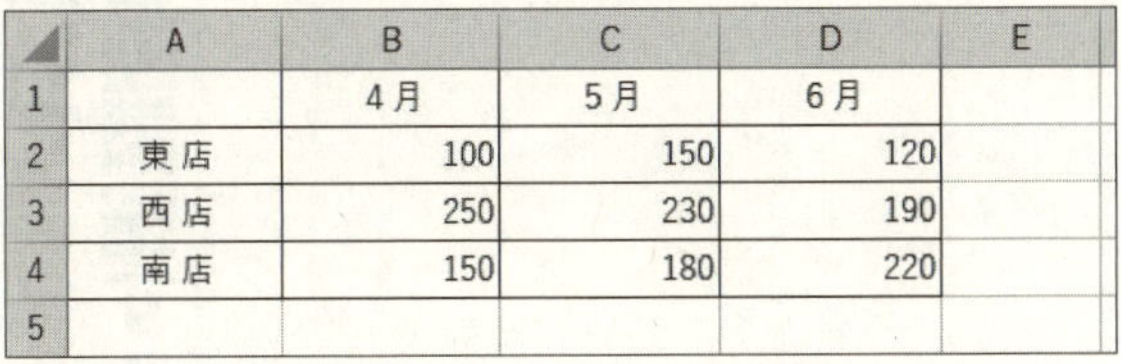

2 列幅がきれいに揃いました。行の場合は行番号を選択し、下端の行番号の境界線をドラッグすると揃います。

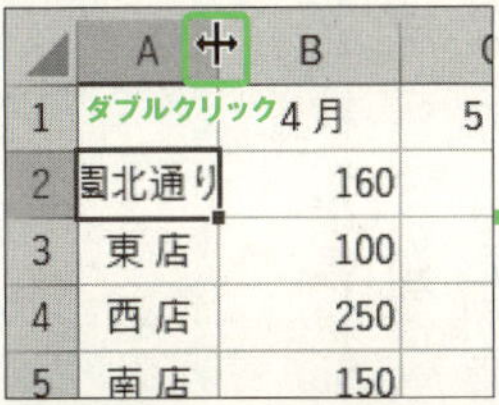

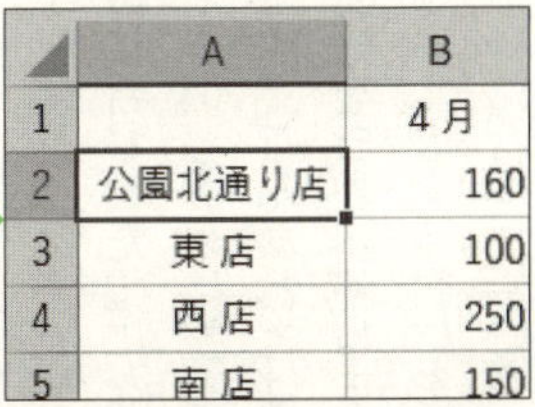

! 列番号の右の境界線にポインターを合わせ✛になったらダブルクリックすると、その列のもっとも長いデータに合わせた幅になります。

編集

タイトルを除いて表の列幅を自動調整する

これは便利！

表を選択して[列の幅の自動調整]をする

	A	B	C	D
1	参加できるオプショナルツアー			
2	ツアー名	催行日		
3	ジャングルツアー	毎日		
4	ヘリコプター遊覧飛行	土曜を除く		
5	サーフィンレッスン	日曜・祝日を除く		
6	ディナー&夜景	毎日		
7				
8				

「A列」の幅を自動調整したら、タイトル文字に合わせて幅が広がりすぎて困りました。これを解決します。

列番号の右の境界線をダブルクリックすると、その列のもっとも長いデータに合わせた列幅になります。表のタイトルが長い場合に、この方法で列幅を揃えると、タイトルの文字数に合わせた幅になってしまい、表が思いどおりに整わないことがあります。こんなときは、表を選択して列幅を自動調整します。これならタイトルの文字数に影響されずに、データに合った幅になります。

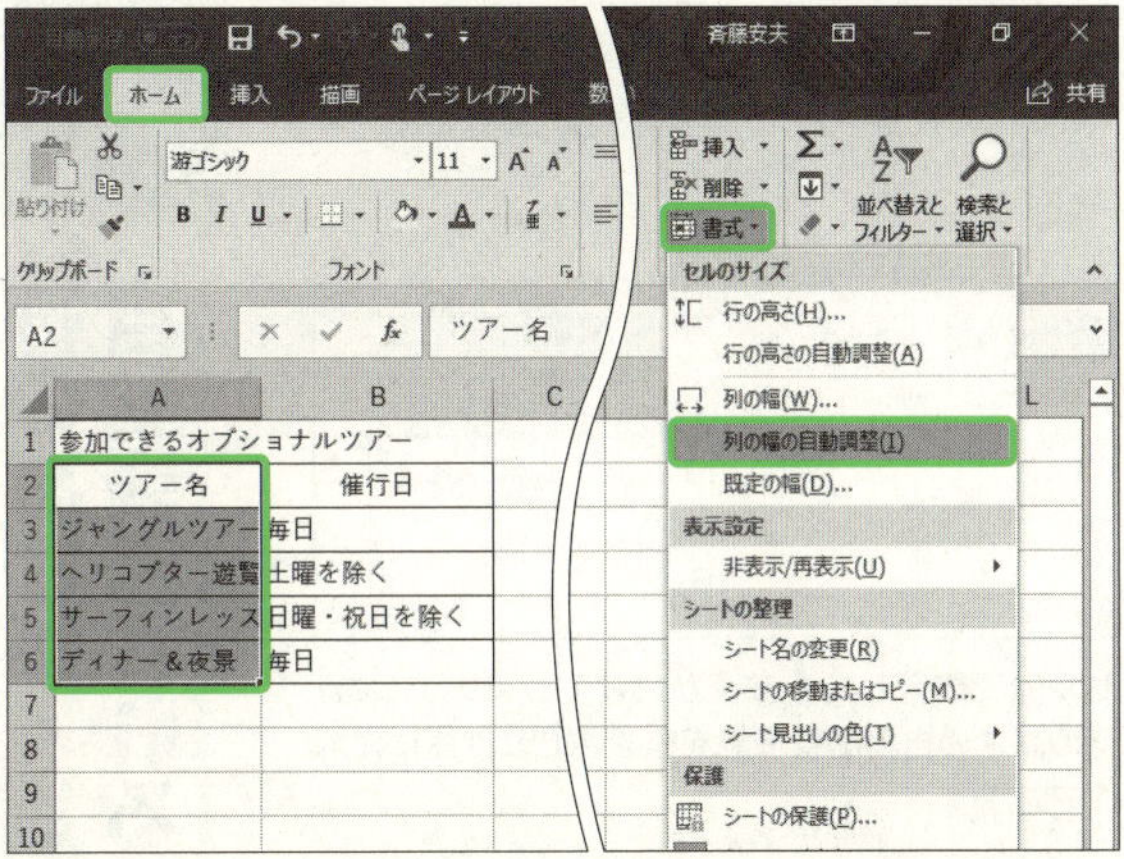

1 幅を揃える表の中の列を選択します。[ホーム]タブを開き、[セル]グループ→[書式]→[列の幅の自動調整]を選びます。

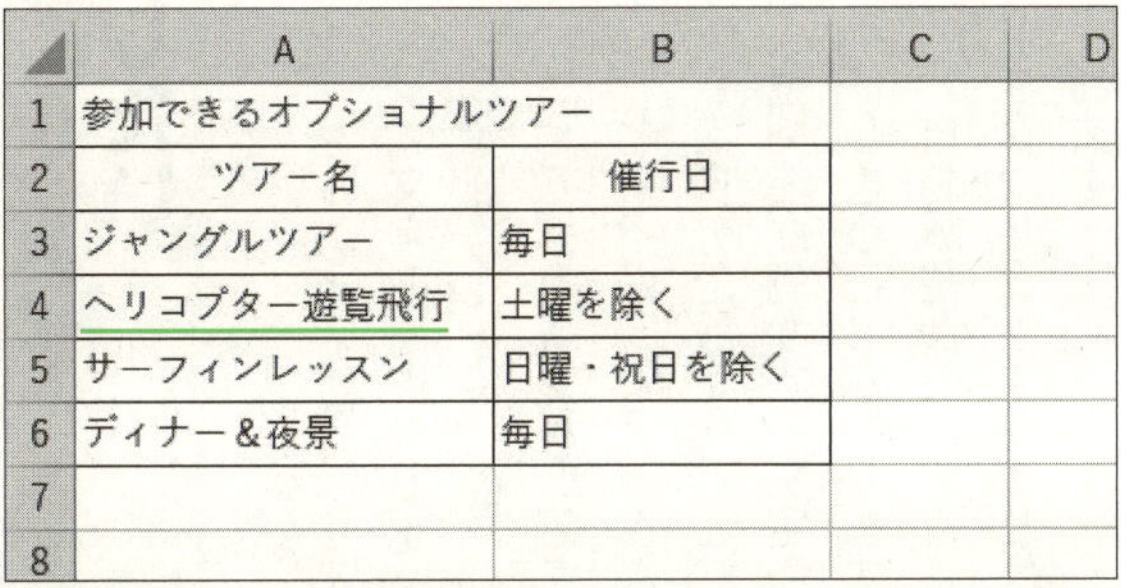

	A	B	C	D
1	参加できるオプショナルツアー			
2	ツアー名	催行日		
3	ジャングルツアー	毎日		
4	ヘリコプター遊覧飛行	土曜を除く		
5	サーフィンレッスン	日曜・祝日を除く		
6	ディナー&夜景	毎日		
7				
8				

2 表のもっとも文字数の多いデータに応じた列幅になります。この方法では、表に入力された文字数が少ないと列幅が狭くなりすぎることがあります。思いどおりの列幅にならない場合は、列番号の境界線をドラッグして幅を変えてください。

編集

行の高さが自動調整されるようにしたい

これは便利！

行番号の境界線をダブルクリックするだけでOK

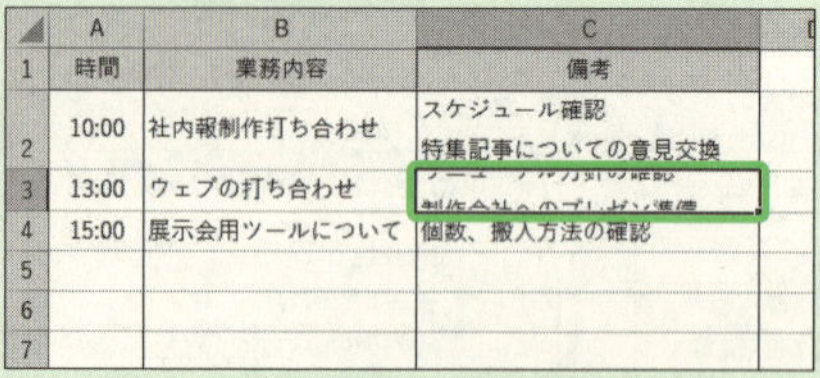

	A	B	C
1	時間	業務内容	備考
2	10:00	社内報制作打ち合わせ	スケジュール確認 特集記事についての意見交換
3	13:00	ウェブの打ち合わせ	[illegible]
4	15:00	展示会用ツールについて	個数、搬入方法の確認
5			
6			
7			

セル内で改行したら文字が欠けてしまいました。行の高さの自動調整機能を復活させれば簡単に解決できます。

セルの中で改行（Ｐ20参照）したり、文字列を折り返す設定（Ｐ１０６参照）にしたりすると、文字に合わせて行の高さが調節されます。

ところが、ドラッグなどで行の高さを自分で設定すると、この自動調整機能が働かず、文字の一部が欠けてしまうことがあります。

自動調整機能は、行番号の境界線をダブルクリックすれば復活させられます。

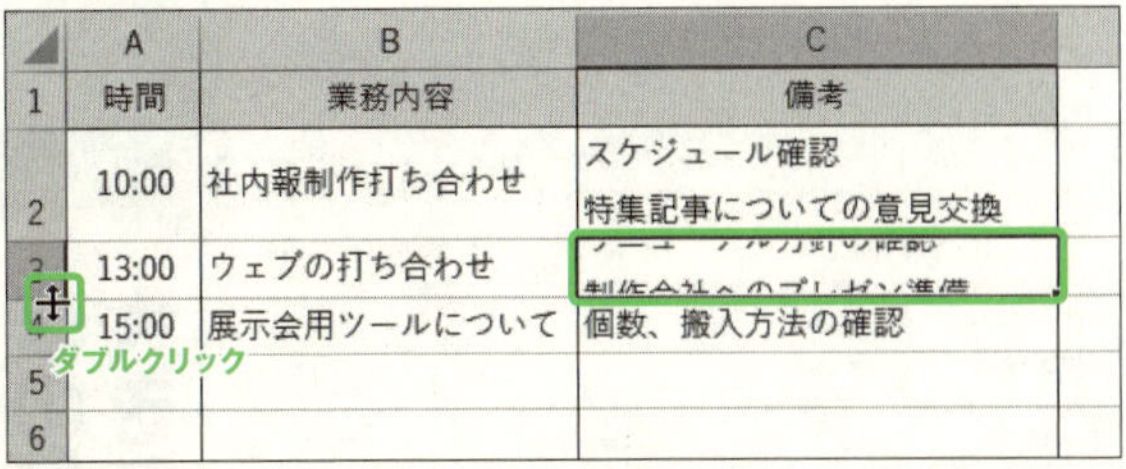

1 高さを合わせる行の行番号の下端にポインターを合わせ、✚になったらダブルクリックします。

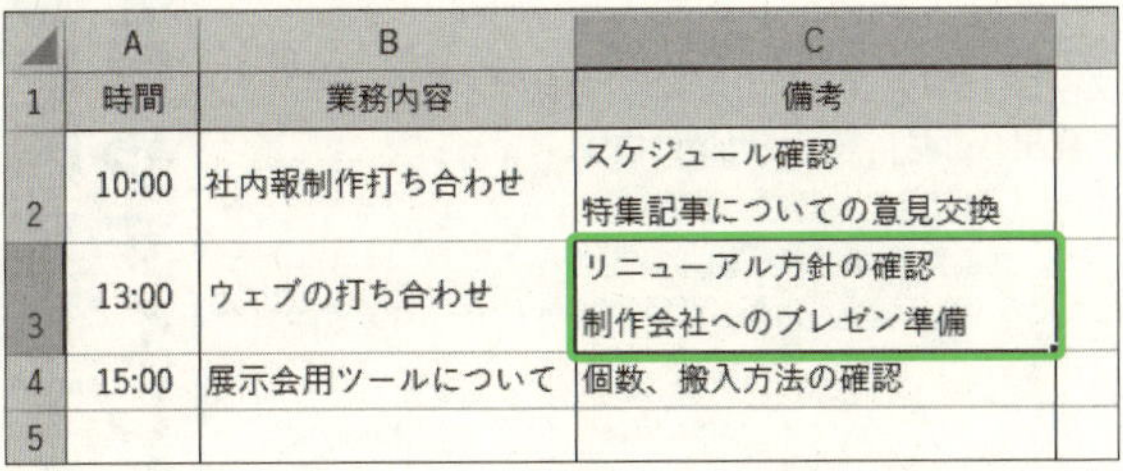

2 行に入力されているデータに合わせて、高さが調整されます。

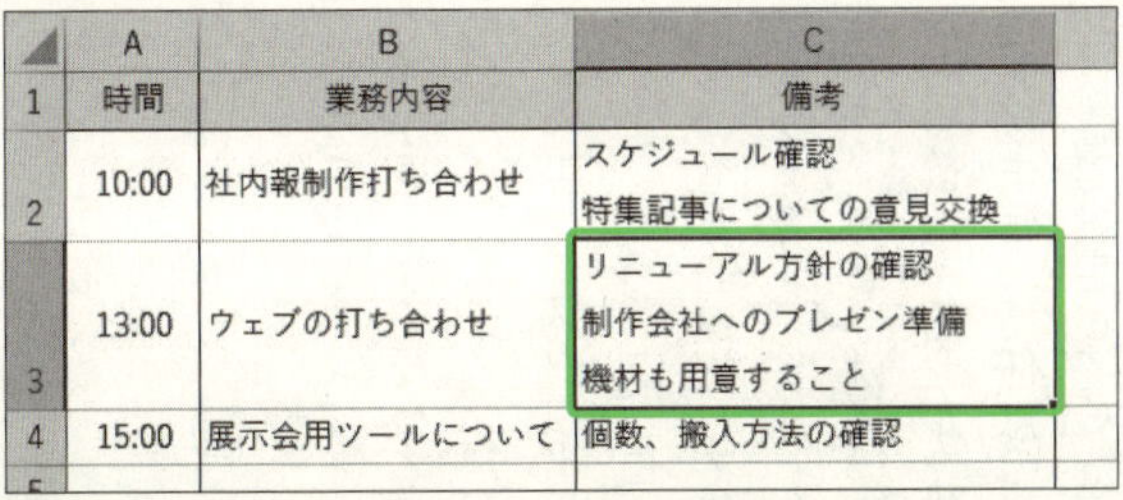

3 これ以降、改行するとデータ量に応じて行の高さが自動で調整されます。

編集

表の見出しを固定して大きな表を見やすくしたい

これは便利！

[ウィンドウ枠の固定]で見出しは動かないようにできる

	A	N	O	P	Q	R
1	都道府県名	平成26年				
2		住民票消除数				増減数(A)-(B)
3		転出者数（計）	死亡者数	その他（計）	計（B）	
30	大阪府	401,579	83,083	12,540	497,202	-9,824
31	兵庫県	217,404	54,821	5,260	277,485	-17,023
32	奈良県	49,670	13,892	1,189	64,751	-7,386
33	和歌山県	27,929	12,750	512	41,191	-8,506
34	鳥取県	17,867	7,128	426	25,421	-3,716
35	島根県	21,260	9,334	566	31,160	-5,166
36	岡山県	70,140	21,232	2,422	93,794	-5,486
37	広島県	118,164	29,585	4,884	152,633	-7,141

スクロールしても「都道府県名」の列と３行目までの見出しは常に表示されています。

大きな表をスクロールすると、見出し行や列が見えなくなって不便です。こんなときは「ウィンドウ枠の固定」で、見出しがスクロールしないようにしましょう。スクロールさせる左上端のセルを選択して設定するのがポイントです。

先頭行だけ、あるいは先頭列だけの固定なら、選択するセルを気にする必要はありません。任意のセルを選択した状態で設定してください。

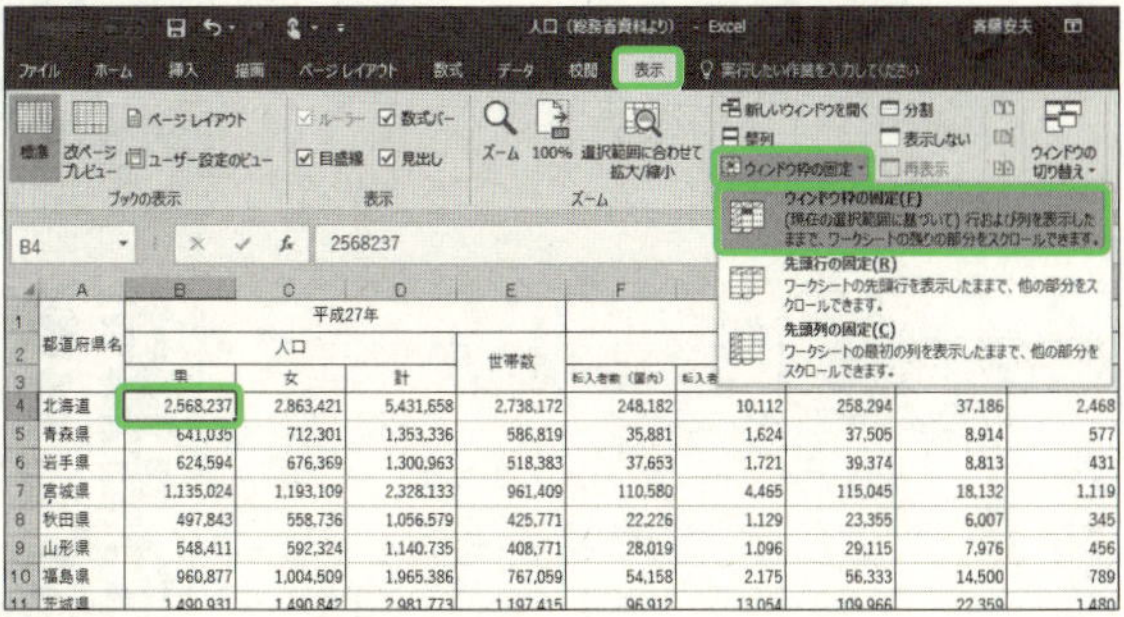

1 スクロールさせる範囲の左上端のセルを選択して、[表示] タブを開きます。[ウィンドウ] グループ→[ウィンドウ枠の固定]→[ウィンドウ枠の固定] を選択すると、選択したセルから下の行と右の列がスクロールするようになります。先頭行 (列) だけ固定するのなら[先頭行の固定]([先頭列の固定]) を選んでください。

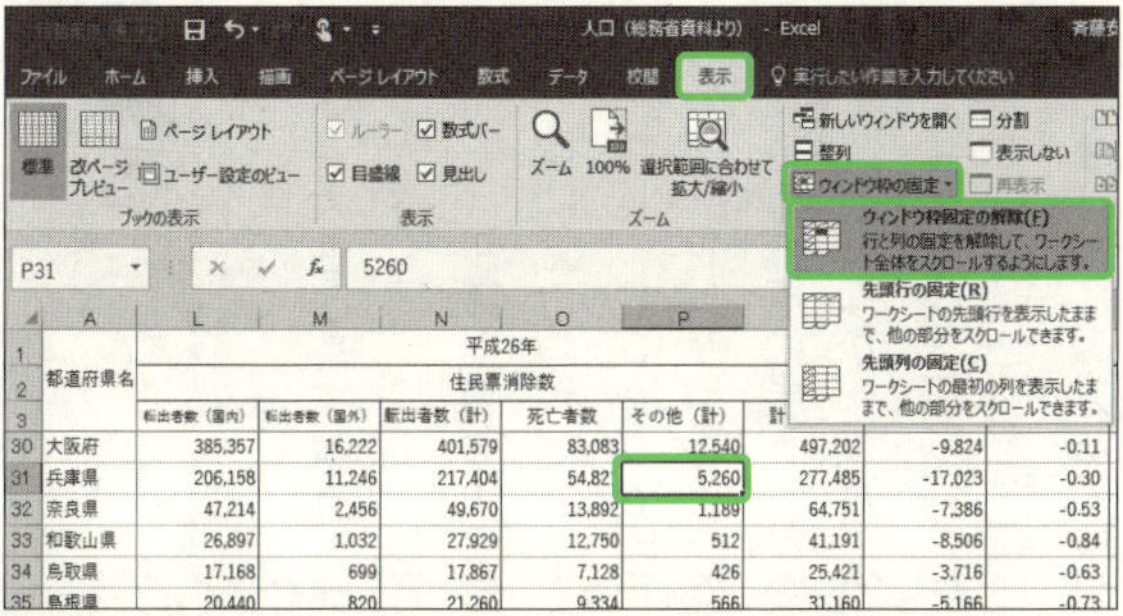

! ウィンドウ枠の固定を解除するには、任意のセルを選択して、[表示] タブを開きます。[ウィンドウ] グループ→[ウィンドウ枠の固定]→[ウィンドウ枠固定の解除] を選ぶと解除できます。

編集

表をスクロールしても、作業中のセルに一瞬で戻る

イライラ解消

[Ctrl]＋[Back Space]キーで選択中のセルに戻れる！

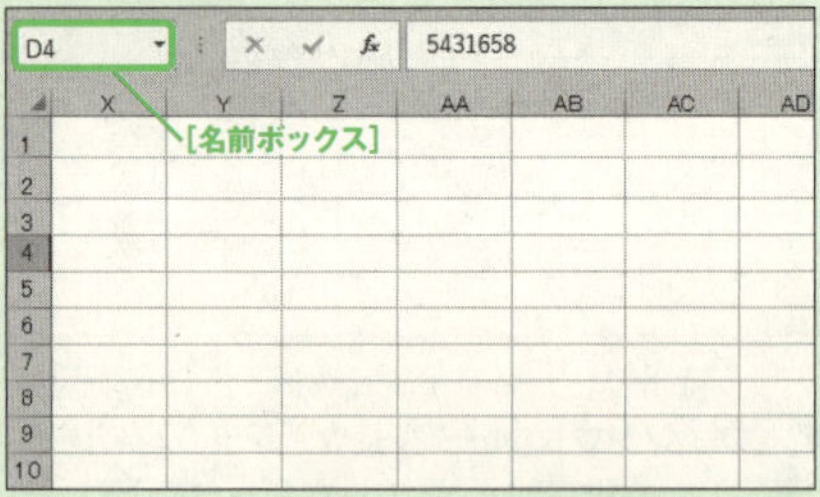

スクロールしたら作業中のセルを見失ってしまいました。元のセルは［名前ボックス］でわかりますが、再びスクロールして探すのは面倒です。

大きな表で離れた部分を見たり、大きくスクロールしてしまったりして、作業中のセルを見失ったときに役に立つのが、［Ｃｔｒｌ］＋［Ｂａｃｋ Ｓｐａｃｅ］キーです。ワークシートのどこからでも作業中のセルに一気に戻ることができます。

　このほか、［名前ボックス］でセル番号を指定して戻ることもできます。選択セルを移動してしまった場合は、この方法で戻りましょう。

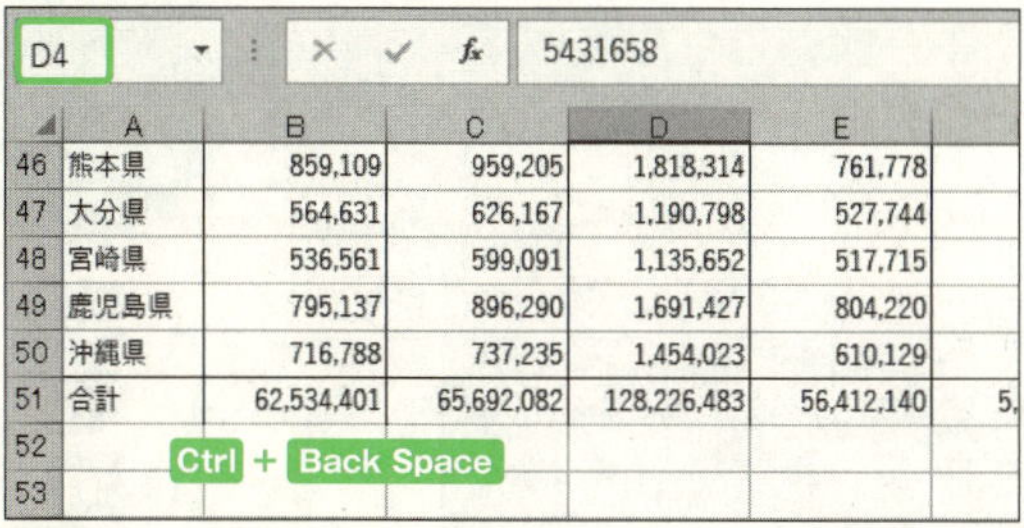

	A	B	C	D	E
46	熊本県	859,109	959,205	1,818,314	761,778
47	大分県	564,631	626,167	1,190,798	527,744
48	宮崎県	536,561	599,091	1,135,652	517,715
49	鹿児島県	795,137	896,290	1,691,427	804,220
50	沖縄県	716,788	737,235	1,454,023	610,129
51	合計	62,534,401	65,692,082	128,226,483	56,412,140
52					
53					

1 「D4」を選択したまま画面をスクロールしました。選択したままにしておかないと戻れなくなるので注意してください。[Ctrl]キーを押したまま[Back Space]キーを押します。

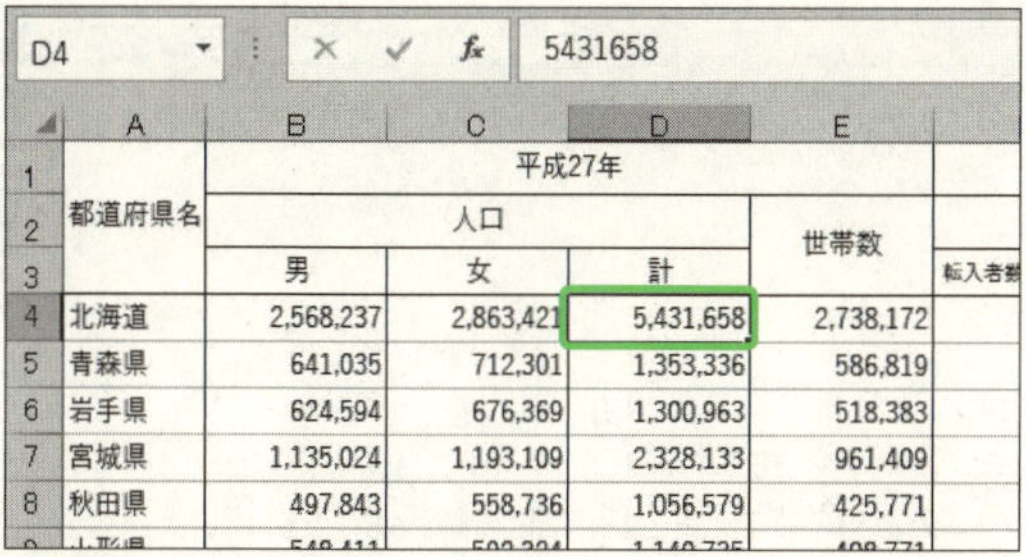

	A	B	C	D	E
1	都道府県名	平成27年			
2		人口			世帯数
3		男	女	計	
4	北海道	2,568,237	2,863,421	5,431,658	2,738,172
5	青森県	641,035	712,301	1,353,336	586,819
6	岩手県	624,594	676,369	1,300,963	518,383
7	宮城県	1,135,024	1,193,109	2,328,133	961,409
8	秋田県	497,843	558,736	1,056,579	425,771

2 「D4」のセルが再表示できます。

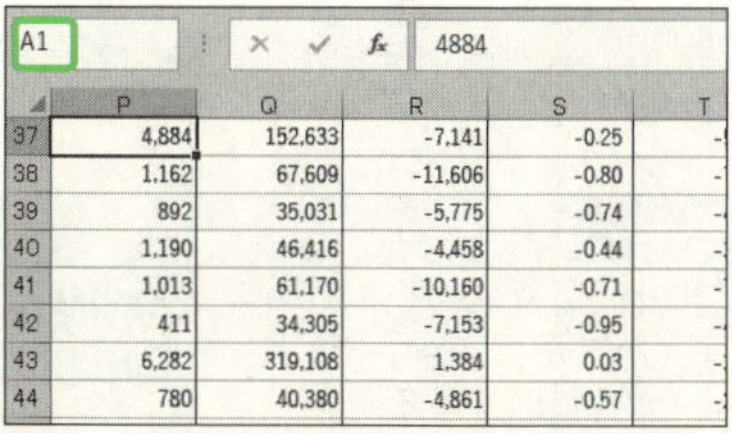

	P	Q	R	S
37	4,884	152,633	-7,141	-0.25
38	1,162	67,609	-11,606	-0.80
39	892	35,031	-5,775	-0.74
40	1,190	46,416	-4,458	-0.44
41	1,013	61,170	-10,160	-0.71
42	411	34,305	-7,153	-0.95
43	6,282	319,108	1,384	0.03
44	780	40,380	-4,861	-0.57

! [名前ボックス]にセル番号を入力し、[Enter]キーを押すと指定したセルが表示されます。「A1」と入力すればシートの先頭に戻れます。

編集

表を効率よく選択する

時間短縮
効率UP!

キー操作でセルを選択。
[Ctrl]と[Shift]が操作のポイント

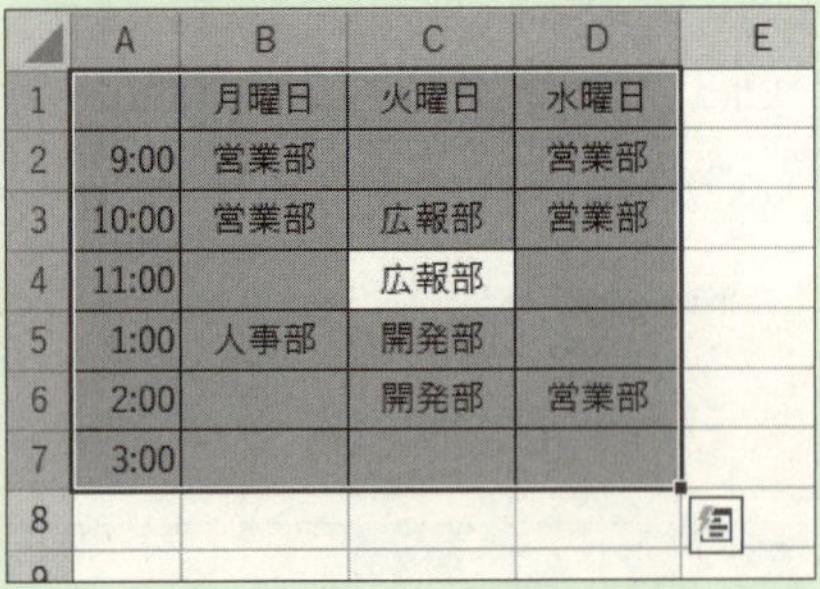

	A	B	C	D	E
1		月曜日	火曜日	水曜日	
2	9:00	営業部		営業部	
3	10:00	営業部	広報部	営業部	
4	11:00		広報部		
5	1:00	人事部	開発部		
6	2:00		開発部	営業部	
7	3:00				
8					

[Ctrl]＋[A]で表全体が一気に選択できます。

範囲選択はドラッグで行うのが普通ですが、キー操作なら手早く行えて便利です。

［Ctrl］＋［Shift］＋矢印キーを押すとデータが入力された範囲の選択に、［Ctrl］＋［A］キーを押すと表全体の選択になります。

また、［Ctrl］＋矢印キーを押すと、セルの移動ができます。データの入ったセルに素早く移動したいときに役立つ操作です。

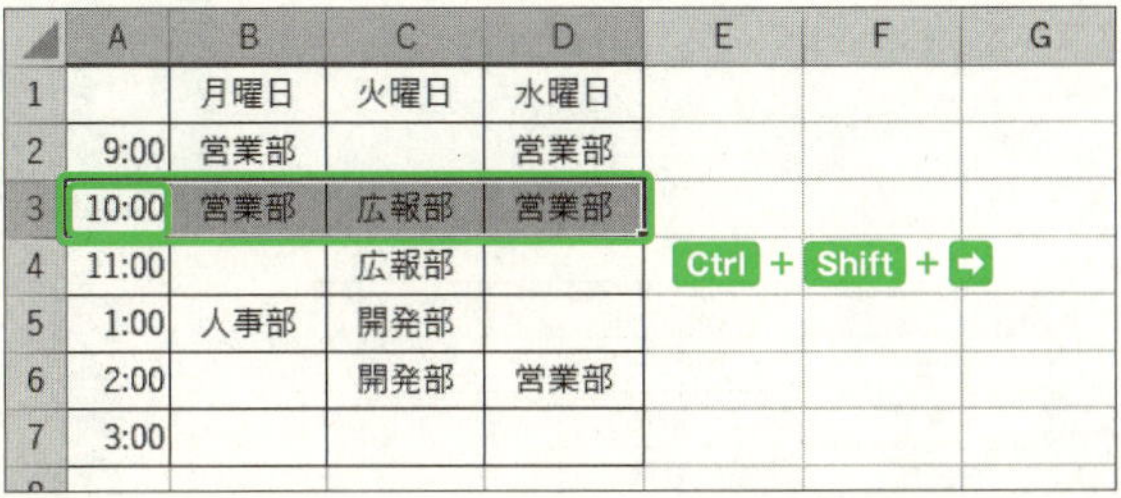

1 セルを選択して[Ctrl]＋[Shift]＋[→]キーを押すと、同じ行の連続して入力された右端のセルまでが一気に選択できます。[←][↑][↓]を使えば、それぞれの方向の連続して入力されたセルが選択できます。最初に選んだセルが空白、あるいは隣のセルが空白だと、次にデータが入力してあるセルまでが選べます。

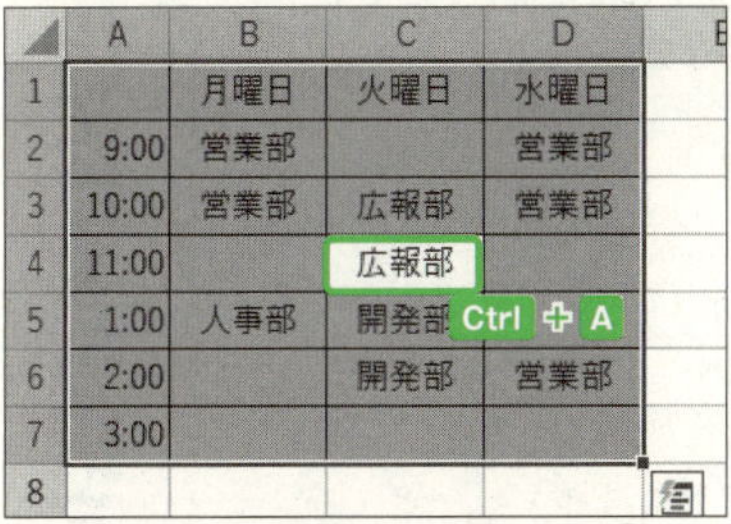

2 表の中のセルを選択して[Ctrl]＋[A]キーを押すと、表全体が選択できます。

3 [Ctrl]＋[→]キーではセルの移動になります。これなら瞬時に動けます。

編集

中身の異なるセルだけを選択する

これは便利!

[条件を選択してジャンプ]でセル選択の条件を指定する

	A	B	C	D
1	部署	氏名		
2	人事部	秋山　和美		
3	営業部	伊藤　志乃		
4	技術部	池田　太郎		
5	営業部	尾形　由香里		
6	開発部	加藤　裕也		
7	経理部	木村　大介		
8	営業部	倉田　真美		
9				

「部署」が「営業部」以外のセルを選択しています。このあと一気にセルの色を変更できます。

「部署」欄で「営業部」以外のセルを選択するというように、指定したセルとは中身の異なるセルを選び出すには[条件を選択してジャンプ]を使います。指定した条件に一致するセルへ飛ぶわけです。設定によっては空白セルや数値のセル(P70参照)を選ぶこともできます。

　このようにしてセルを選択したあとは、フォントやセルの色を変えるなどの方法で利用しましょう。

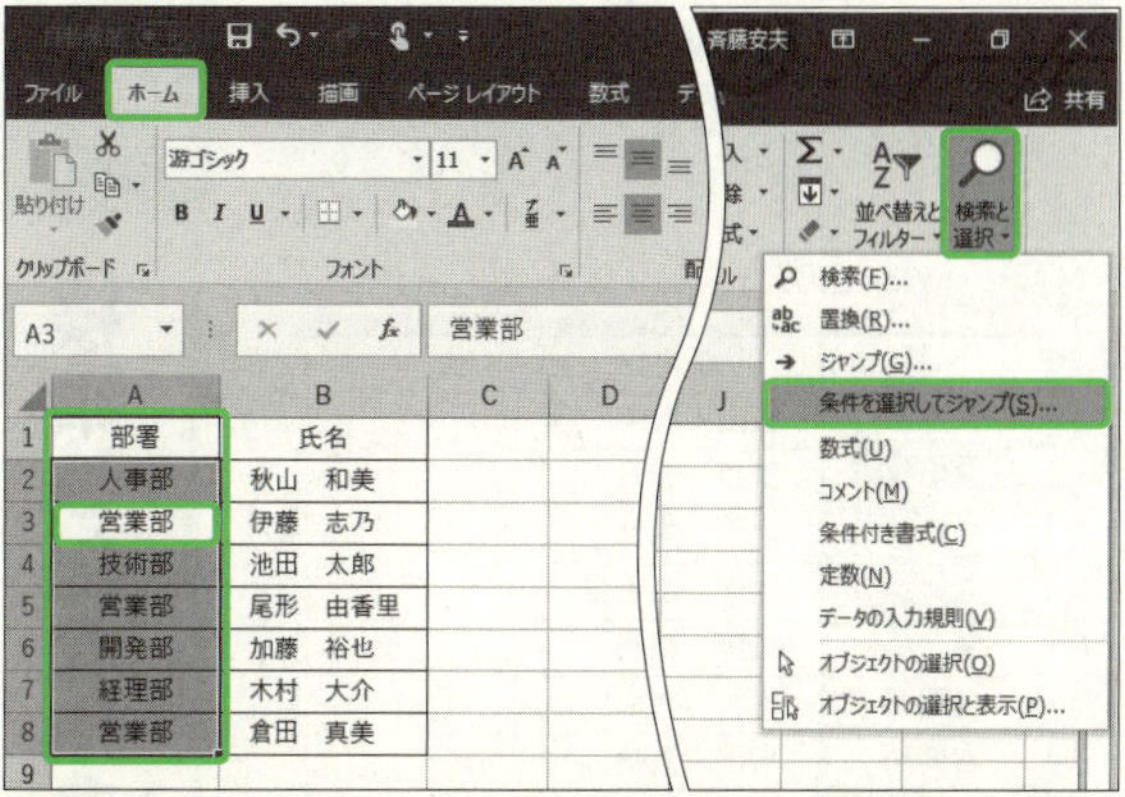

1 選択範囲を選択します。[Enter] キーを何度か押して、選択しない内容のセルを選びます。[ホーム] タブを開き、[編集] グループ→[検索と選択]→[条件を選択してジャンプ]を選択します。

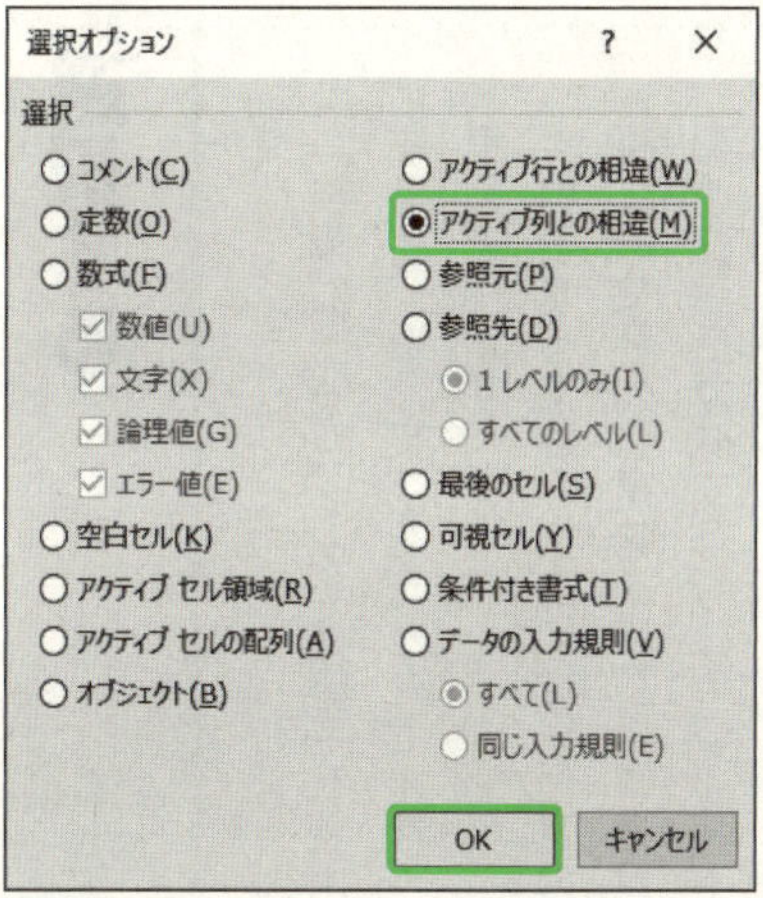

2 [アクティブ列との相違] をクリックして◉にし、[OK]をクリックすると、❶で選択したセルとは中身の異なるセルが選択できます。選択範囲が行方向なら、[アクティブ行との相違] を選びます。

編集

検索したセルを一度に選択する

これは便利！

［検索］機能の［すべて検索］を利用すると、ある文字を含んだセルを一度に選べます。

検索する文字の指定には、任意の長さの文字列を意味する「＊」や任意の1文字を意味する「？」のワイルドカードも使えます。

検索結果を選択した状態で、まとめてセルの色を変えたり、一気に上書きする（P14参照）などの使い方ができます。

[Ctrl]＋[A]キーで検索結果をまとめて選択

	A	B	C
1	部署	氏名	
2	人事部	秋山　和美	
3	営業部	伊藤　志乃	
4	技術部	池田　太郎	
5	営業部	尾形　由香里	
6	開発部	加藤　裕也	
7	経理部	木村　大介	
8	営業部	倉田　真美	
9			

「営業部」で検索し、一致したセルを一度に選択しています。

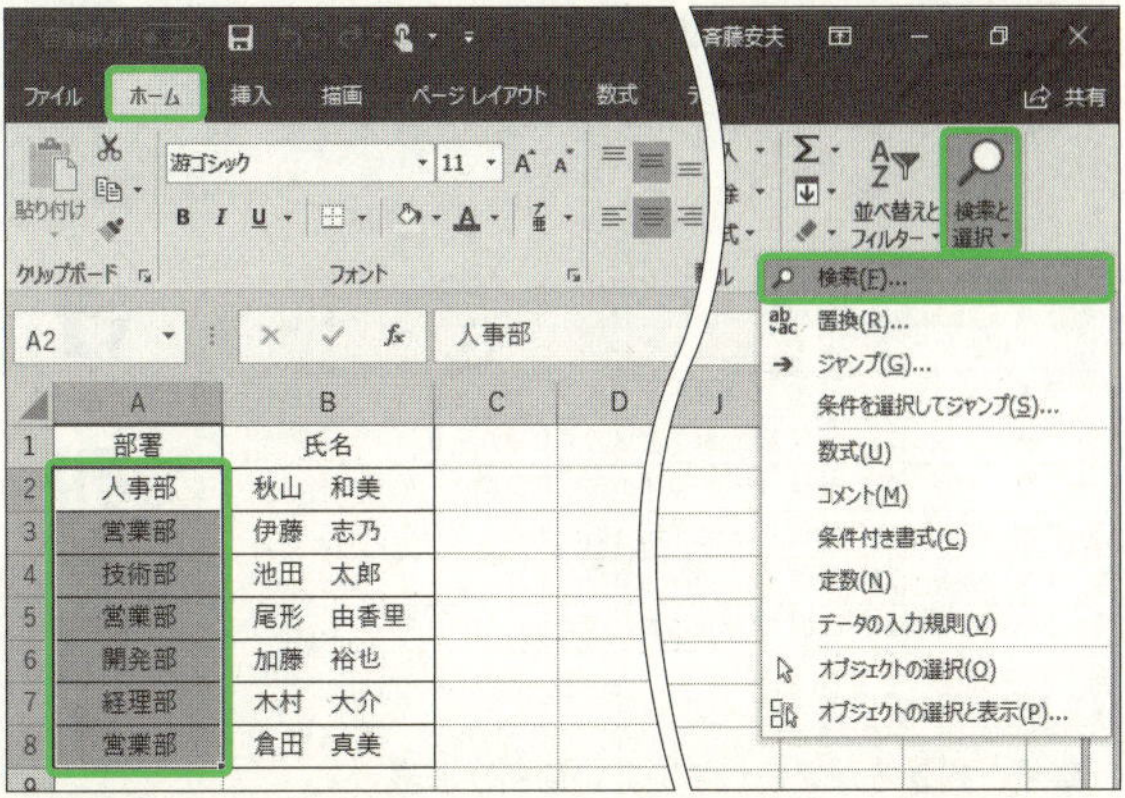

1 検索する範囲を選択し、[ホーム] タブを開きます。[編集] グループ→[検索と選択]→[検索]を選択します。

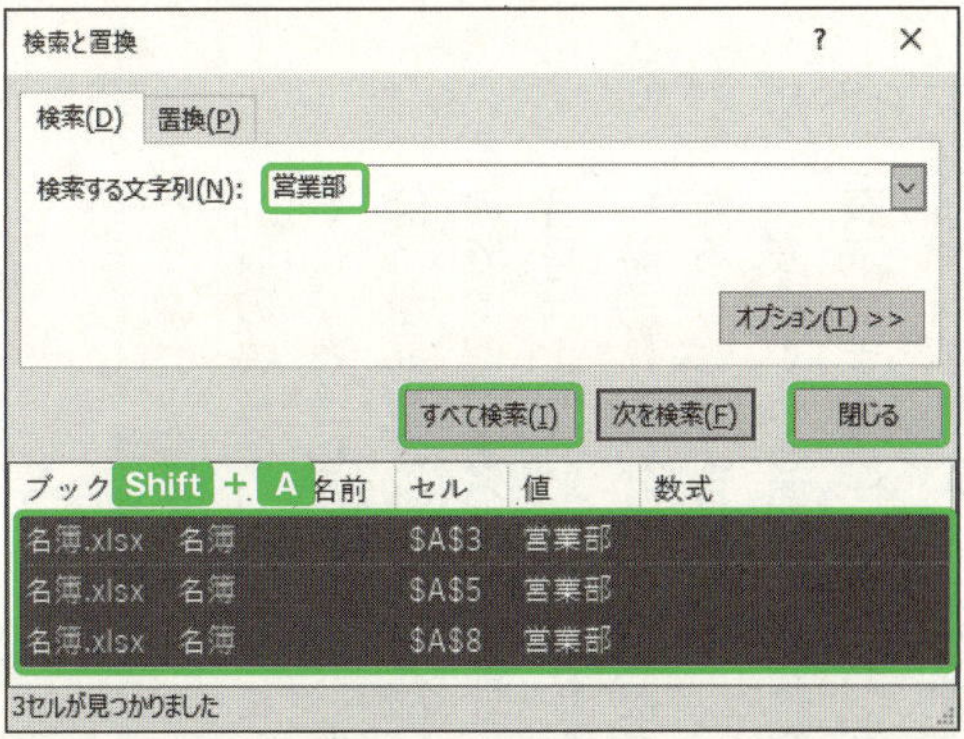

2 [検索する文字列]欄に検索する文字を入力し、[すべて検索]をクリックすると、指定した文字が入力されているセルのリストが表示されます。[Ctrl] + [A] キーを押してリストの内容をすべて選択して[閉じる]をクリックすると、検索したセルが選択されます。

編集

行・列を隠す

基本のキホン

行番号・列番号を右クリック→[非表示]で隠す

	A	D	E
1	氏名	郵便番号	住所
2	青木　翔太	272-0826	千葉県市川市真間０－０－０
3	伊藤　美咲	167-0032	東京都杉並区天沼０－０－０
4	大野　大輝	231-0866	神奈川県横浜市中区柏葉０－０－０
5	加藤　拓海	154-0011	東京都世田谷区上馬０－０－０
6	木村　優香	351-0005	埼玉県朝霞市根岸台０－０－０
7	小林　智也	152-0004	東京都目黒区鷹番０－０－０
8			
9			

行番号、列番号が連続していない箇所が非表示です。図では「B」「C」列が非表示になっています。

表の中には、データとしては必要でも、表示したくない、表示しないほうが見やすいという部分があるものです。名簿の「ふりがな」や「電話番号」、あるいは計算に必要な値を一時的に入力した欄などがこれにあたることがあります。

　表示する必要のない行や列は、非表示にすると一覧性がよくなります。非表示にした行や列はいつでも再表示できます。

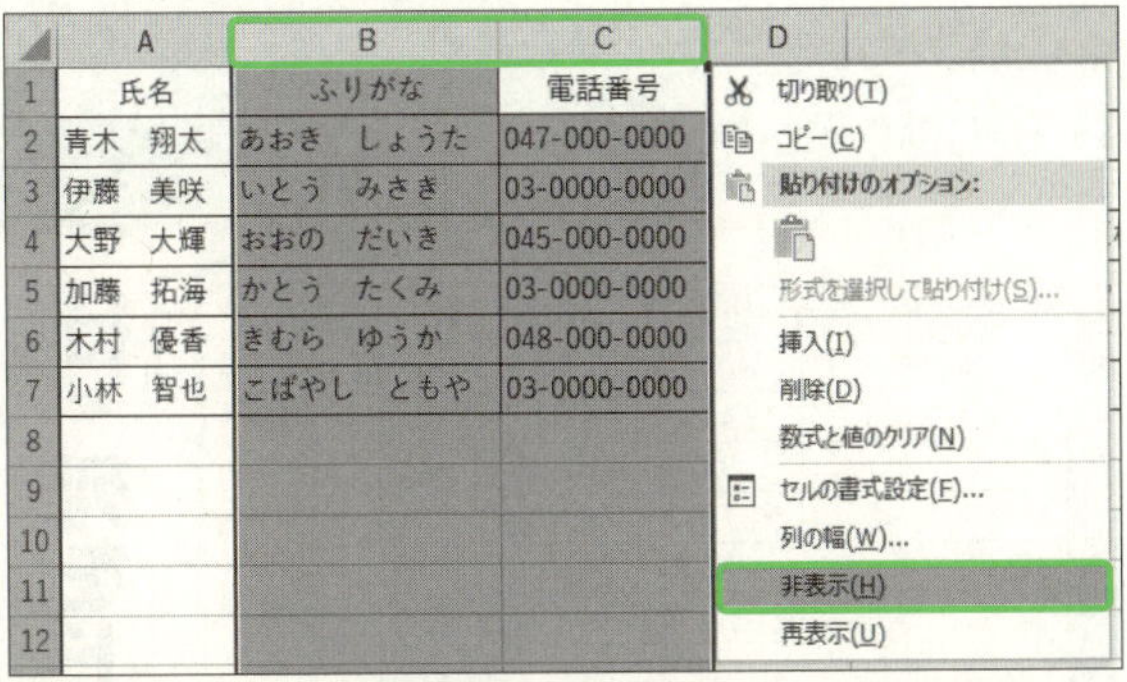

1 非表示にする列の列番号を選択したら右クリックし、[非表示]を選択します。離れた列（行）を選ぶには、[Ctrl] キーを押したまま列（行）番号をクリックします。

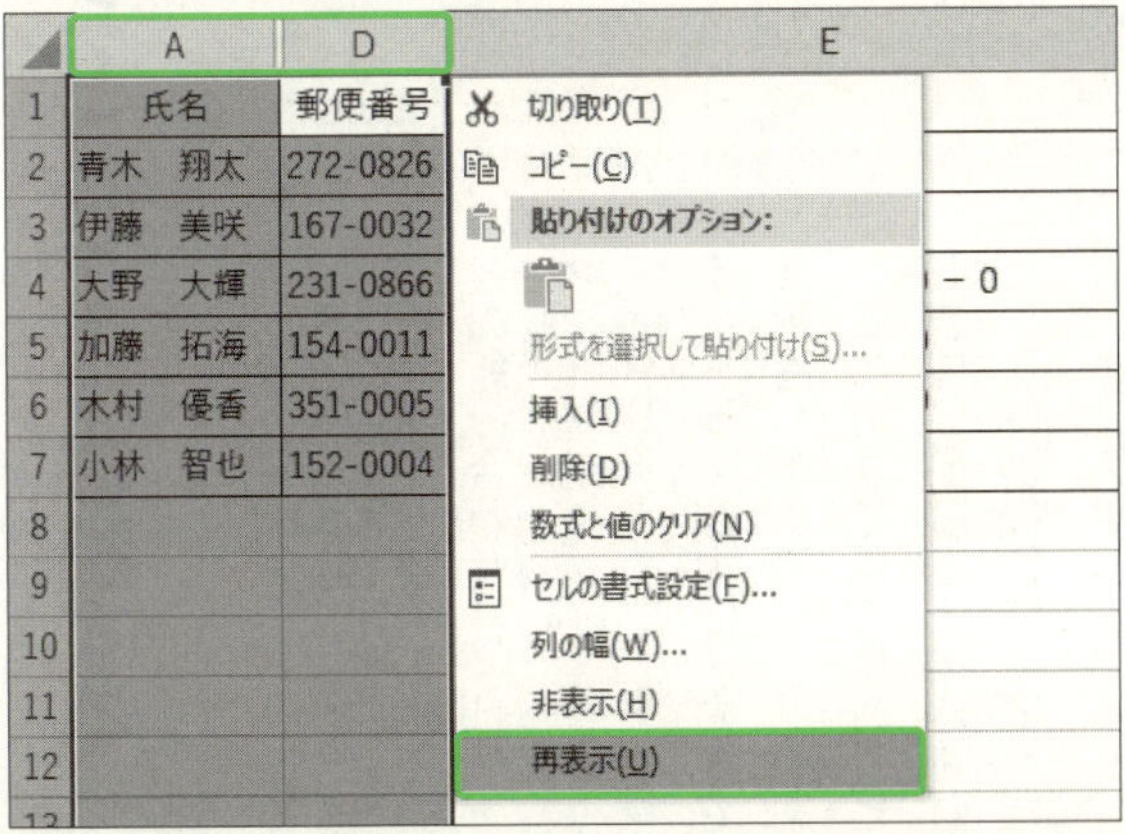

! 非表示の列の両隣の列番号をドラッグして右クリックし、[再表示] を選択すると列が再表示できます。行の場合は、非表示の行の上下の行番号を選びます。

行・列をドラッグでコピー・移動する

[Shift]＋ドラッグで移動
[Ctrl]＋[Shift]＋ドラッグでコピー

	A	B	C:C	D
1	商品名	定価	2割引	1割引
2	テーブルクロス	4,000	3,200	3,600
3	トレイ	3,780	3,024	3,402
4	スパイスラック	7,800	6,240	7,020
5	耐熱ガラスポット	3,500	2,800	3,150
6				
7				

ドラッグでD列をB列とC列の間に移動しています。

行・列の移動、コピーはドラッグで行えます。操作のポイントはキーとの組み合わせ。［Ｓｈｉｆｔ］キーを押しながらなら移動、［Ｃｔｒｌ］＋［Ｓｈｉｆｔ］キーならコピーです。ドラッグ中は、太線で挿入位置が示されます。

　この方法では罫線もコピー・移動します。罫線が上書きされたら、コピー・移動後に整えてください。

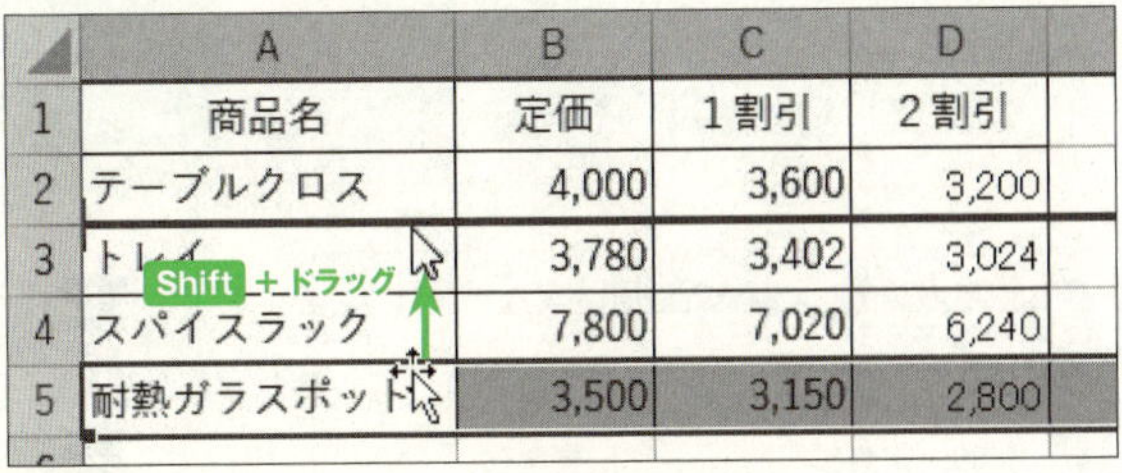

	A	B	C	D
1	商品名	定価	1割引	2割引
2	テーブルクロス	4,000	3,600	3,200
3	トレイ	3,780	3,402	3,024
4	スパイスラック	7,800	7,020	6,240
5	耐熱ガラスポット	3,500	3,150	2,800

1 移動する行番号をクリックし、選択範囲の外枠にポインターを合わせます。になったら、[Shift]キーを押したままドラッグします。コピーの場合は[Ctrl]＋[Shift]キーを押したままドラッグします。

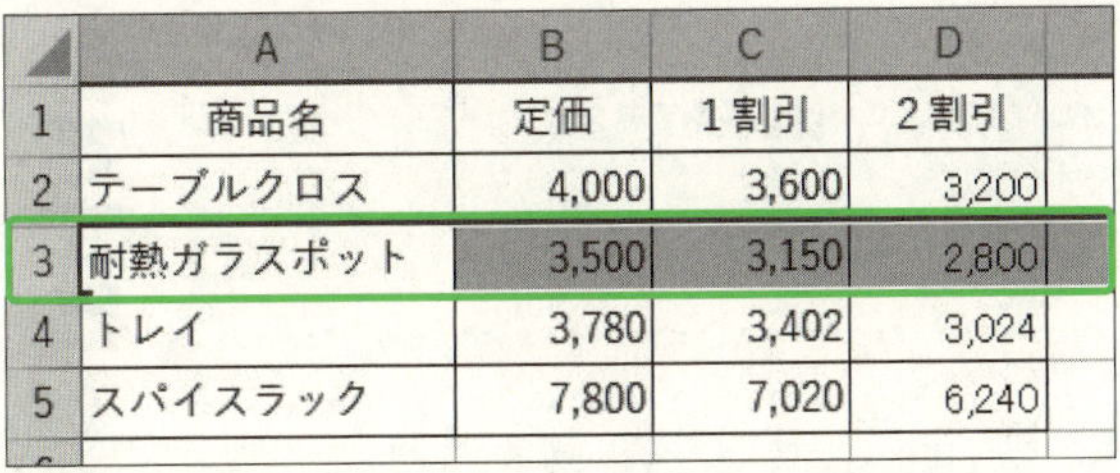

	A	B	C	D
1	商品名	定価	1割引	2割引
2	テーブルクロス	4,000	3,600	3,200
3	耐熱ガラスポット	3,500	3,150	2,800
4	トレイ	3,780	3,402	3,024
5	スパイスラック	7,800	7,020	6,240

2 キーを押したままマウスのボタンを離すと、移動（コピー）した行が挿入されます。数式を設定してある表で行・列を移動すると、計算範囲の再設定が必要になることもあります。

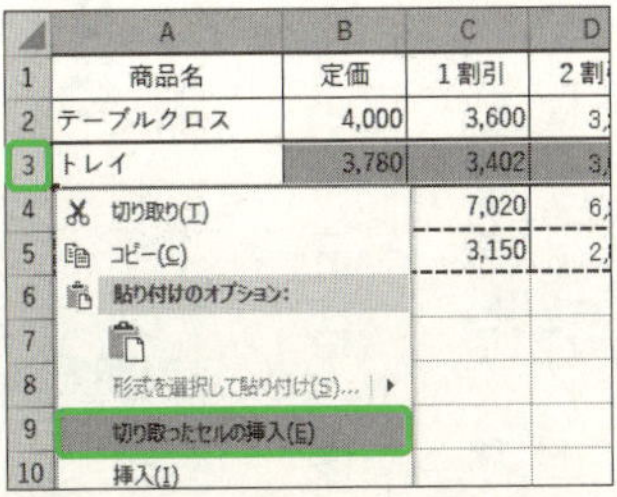

! 行（列）番号を右クリック→[切り取り]（[コピー]）を行ってから、挿入先の行（列）番号を右クリック→[切り取ったセルの挿入]（[コピーしたセルの挿入]）でも移動やコピーができます。

編集

セルをドラッグでコピー・移動する

時間短縮
効率UP!

枠線にポインターを合わせれば ドラッグでコピー・移動できる

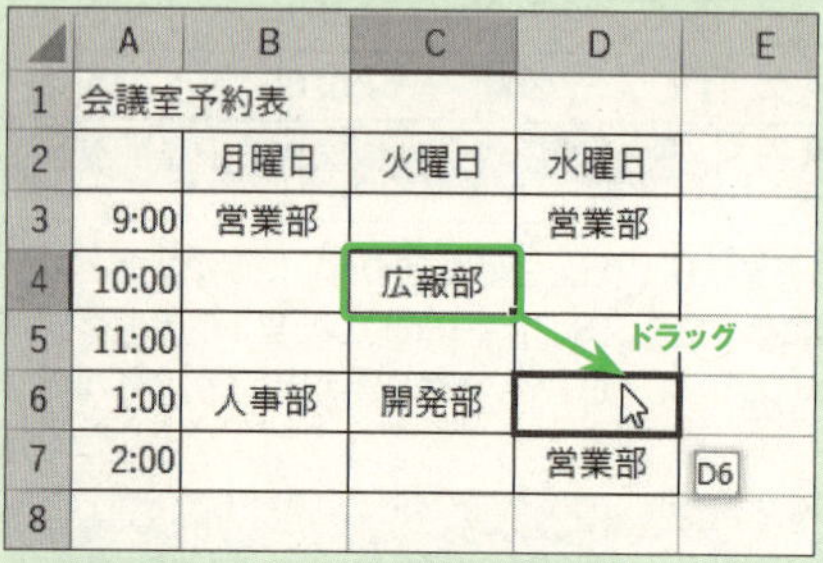

	A	B	C	D	E
1	会議室予約表				
2		月曜日	火曜日	水曜日	
3	9:00	営業部		営業部	
4	10:00		広報部		
5	11:00			ドラッグ	
6	1:00	人事部	開発部		
7	2:00			営業部	D6
8					

セルはドラッグだけで移動できます。

セルをドラッグするとコピー・移動ができます。

この操作では、罫線もコピー・移動の対象です。罫線が消えたり、上書きされたりしたら、あとで整えてください。また、罫線を引いてからセルを表外に移動すると、表が崩れて見えるので注意が必要です。数式を設定してある表では、コピーや移動に伴って計算範囲の再設定が必要になることもあります。

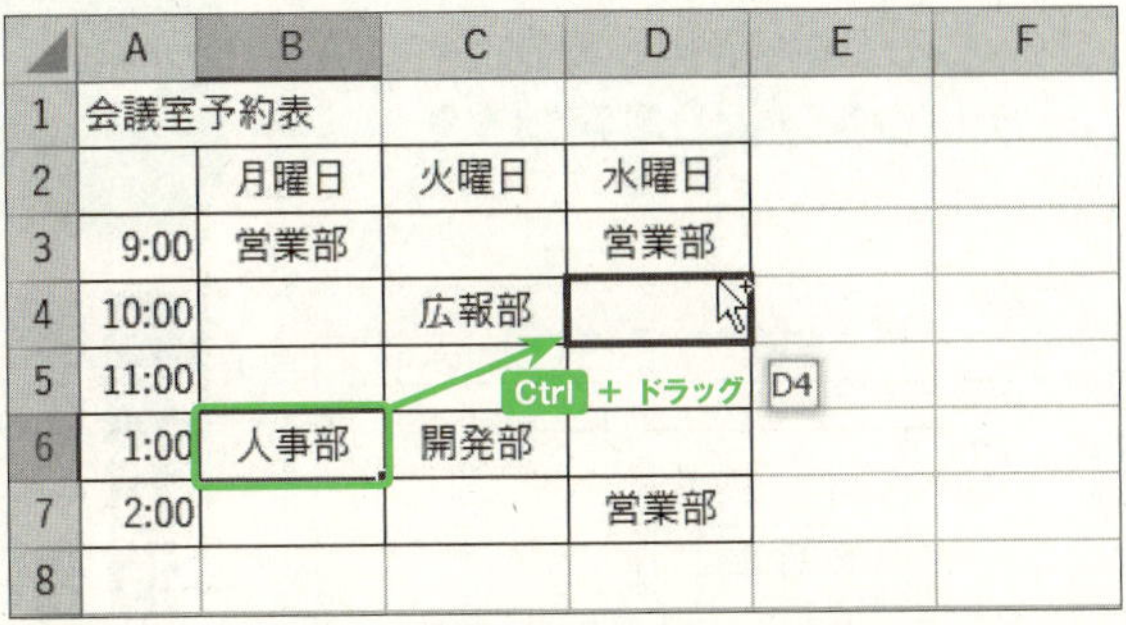

1 ここではセルをコピーします。セルを選択したら、選択範囲の外枠にポインターを合わせて✥になったことを確認してください。[Ctrl] キーを押したままドラッグします。移動の場合はドラッグだけです。コピー・移動先は緑（グレー）の四角い線で示されます。

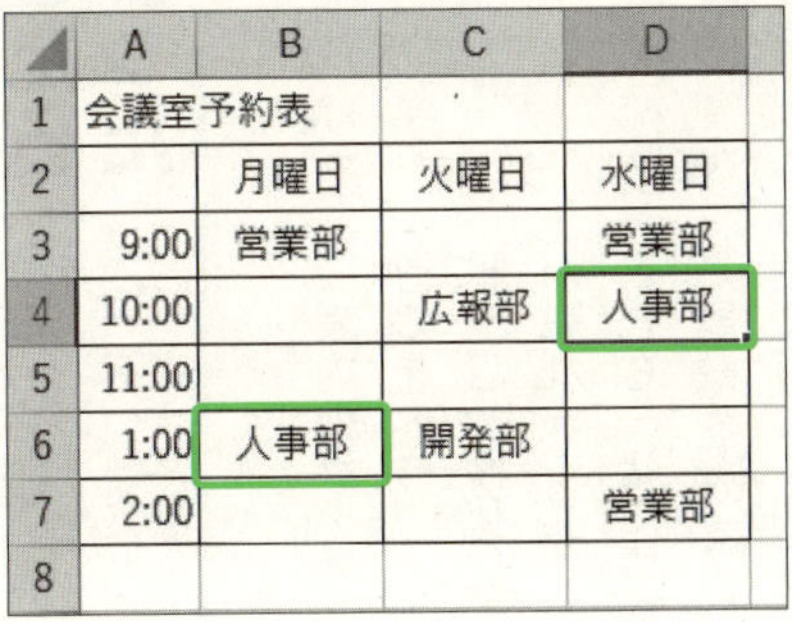

2 キーを押したままマウスのボタンを離すと、セルがコピーされます。

3 移動先にデータが入っていると内容の置き換えを確認する画面が表示されます。[OK] をクリックすると上書きされます。

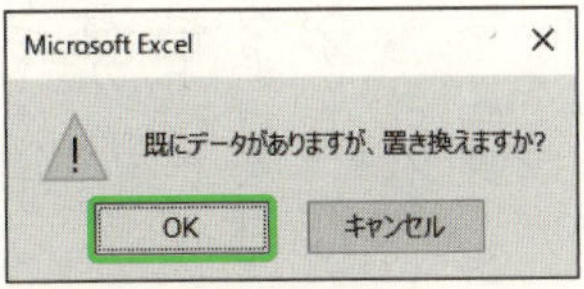

編集

表の一部を移動したら罫線が消えてしまった

[F2]キーを押してから データを選択して移動する

	A	B	C	D	
1	商品コード	商品名		品切れ中	
2	TC001	テーブルクロス		トレイ	
3	TC002				
4	TC003	スパイスラック			
5	TC004	耐熱ガラスポット			
6					
7					

「B3」のセルのデータを移動したかったのに、罫線も移動して表の外枠が欠けてしまいました。移動先に不要な罫線が付いたのも困りものです。

　表内のデータを移動しようとして、セルをドラッグすると（P58参照）、罫線ごと移動して、上図のように表が崩れます。セルをドラッグすると、書式も一緒に移動するからです。

　罫線を残すには、［F2］キーを使ってセル内のデータだけを選択します。［F2］キーを押すとセルは「編集」の状態になります。それからセル内をドラッグすれば、中身のデータだけを選べます。

トラブル退治

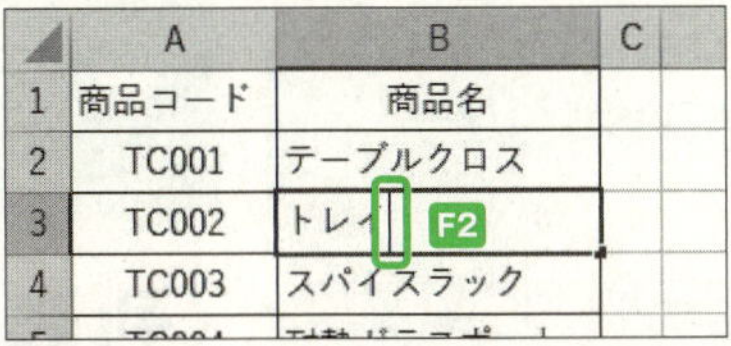

1 データを移動するセルをクリックし、[F2] キーを押します。セル内にカーソルが表示されます。

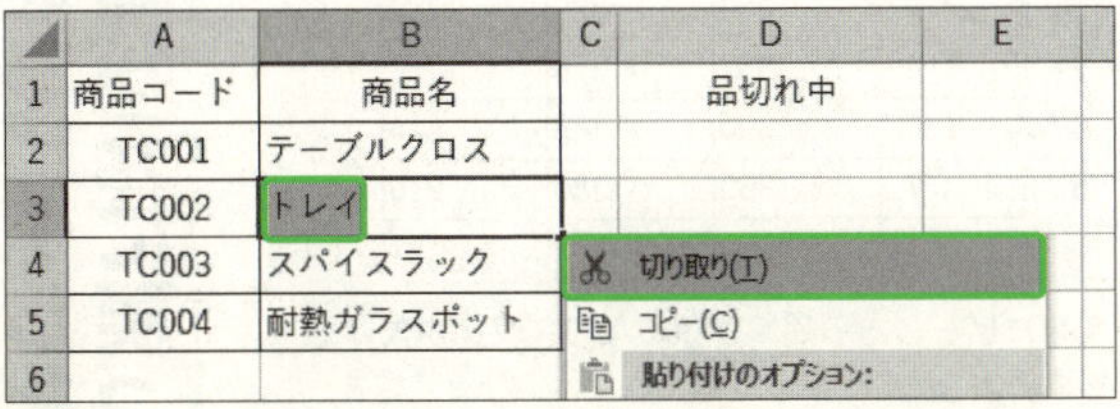

2 データを選択して右クリックし、[切り取り]を選択します。

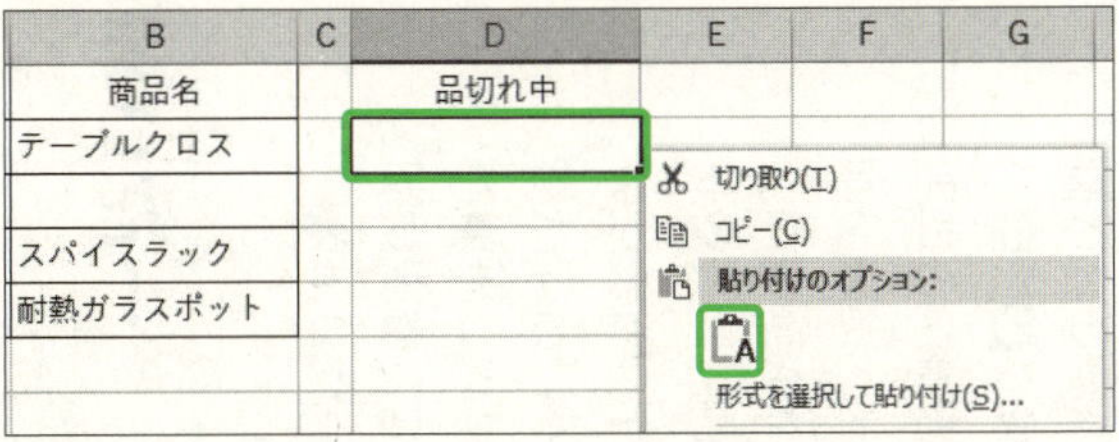

3 貼り付け先のセルを右クリックし、[貼り付けのオプション]の[テキストのみ保持]をクリックします。

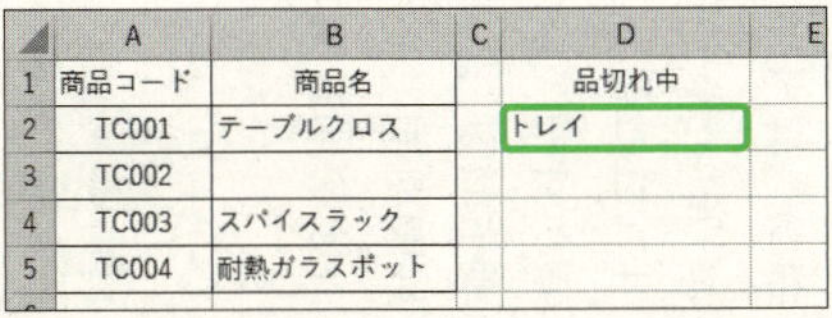

4 データだけが移動できます。

編集

表をコピーしたら列幅が元に戻ってしまった！

トラブル退治

[貼り付けオプション]ボタンで列幅をあとから貼り付ける

	A	B	C	D
1	商品名	4月	5月	6月
2	テーブルク	400	320	280
3	トレイ	567	378	756
4	スパイスラ	390	468	624
5	耐熱ガラス	350	280	210
6				

表をコピーしたら列幅が狭くなり、文字が欠けてしまいました。

表をコピーしただけでは元の表と同じ列幅にはなりません。形を整えた表をコピーする場合は、内容や罫線だけでなく、列幅をコピーする操作が必要です。列幅は「貼り付けオプション」ボタンでコピーできます。

行の高さを設定した表では、行番号を選択して行全体をコピーし、1列目の任意のセルを貼り付け先として**1**と**2**の操作をします。これで列幅と行の高さをコピーできます。

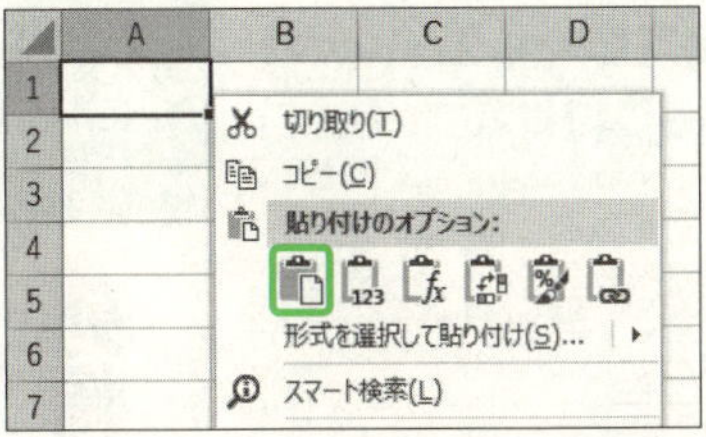

1 表を選択して右クリックし、[コピー]を選択します。貼り付け先のセルを右クリックして、[貼り付けのオプション]の[貼り付け]をクリックします。

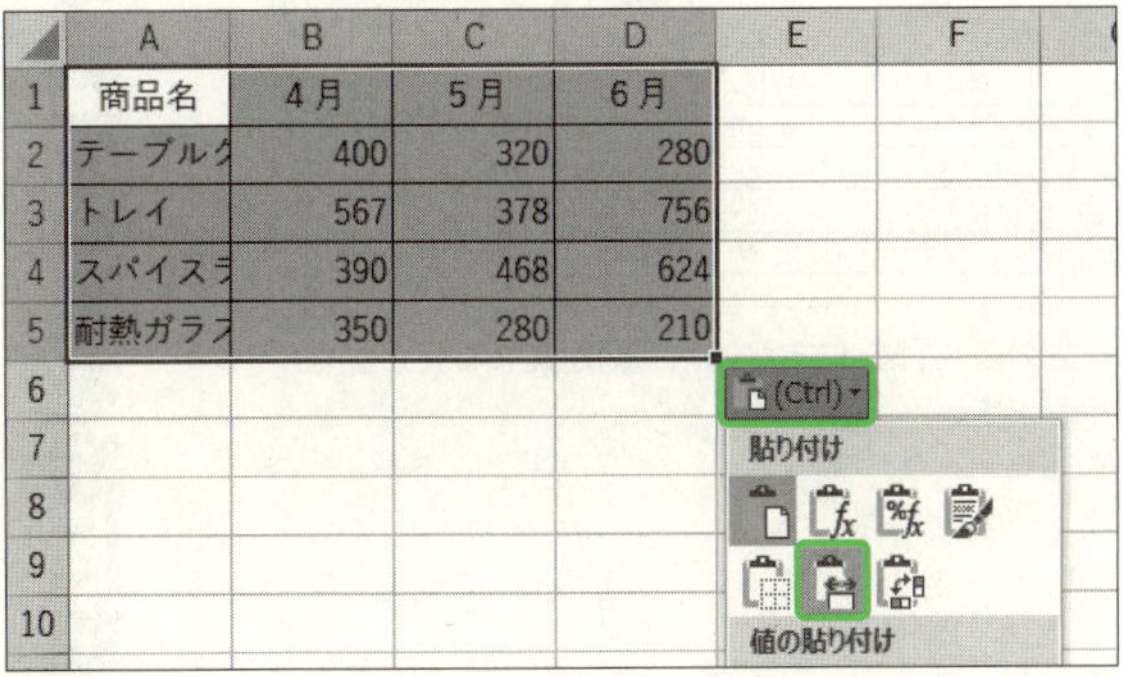

2 貼り付けられた表の右下に表示される[貼り付けオプション]ボタンをクリックして、[貼り付け]の[元の列幅を保持]をクリックします。

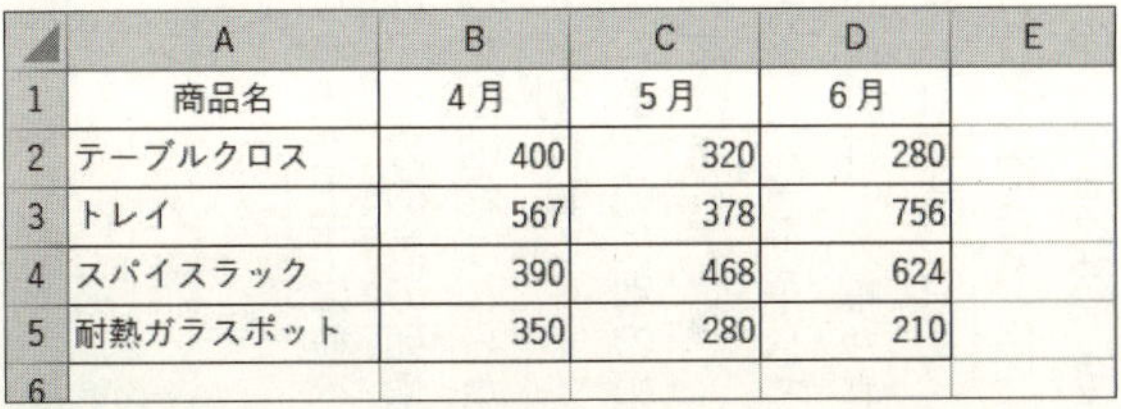

	A	B	C	D	E
1	商品名	4月	5月	6月	
2	テーブルクロス	400	320	280	
3	トレイ	567	378	756	
4	スパイスラック	390	468	624	
5	耐熱ガラスポット	350	280	210	
6					

3 列幅もコピーされ、欠けていた文字が表示されます。

編集

列幅の異なる表を縦に並べる

これは便利！

列幅の異なる表を上下に並べようとするときは、一方の表の列幅にもう一方を合わせなければならないと考えがちです。列幅はシートを通して同じなので、部分的に別の幅にすることができないからです。

しかし、一方の表をコピーして「図」として貼り付ければ、列幅が異なる表を縦に並べられます。また、貼り付けるときに「リンクされた図」を選べば、元の表の変更も反映できます。

下にする表をコピーして「図」として貼り付ける

	A	B	C	D	E	F
1	商品コード	商品名	定価			
2	TC001	テーブルクロス	4,000			
3	TC002	トレイ	3,780			
4	TC003	スパイスラック	7,800			
5	TC004	耐熱ガラスポット	3,500			
6						

	商品名	4月	5月	6月
7	商品名	4月	5月	6月
8	テーブルクロス	400	320	280
9	トレイ	567	378	756
10	スパイスラック	390	468	624
11	耐熱ガラスポット	350	280	210
12				

一方の表を「図」にすれば、列幅が異なる表も並べられます。

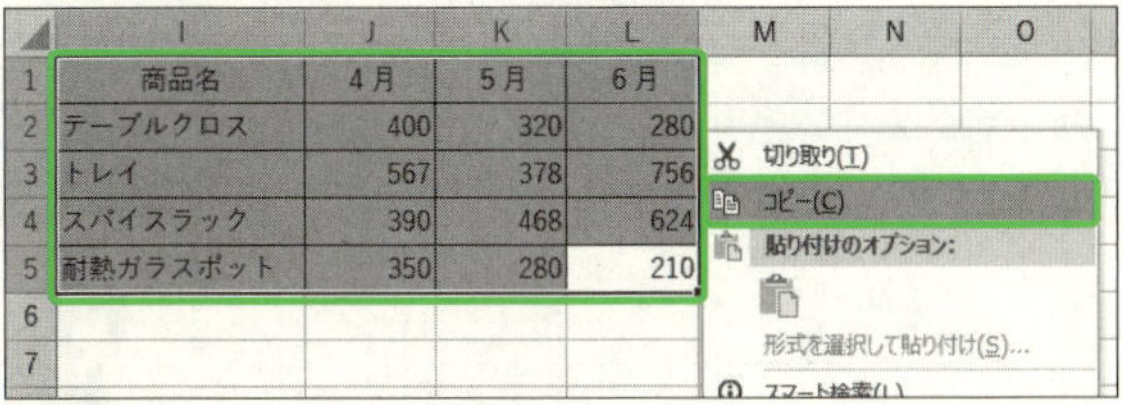

	I	J	K	L
1	商品名	4月	5月	6月
2	テーブルクロス	400	320	280
3	トレイ	567	378	756
4	スパイスラック	390	468	624
5	耐熱ガラスポット	350	280	210

1 下に配置する表を選択して右クリックし、[コピー]を選択します。

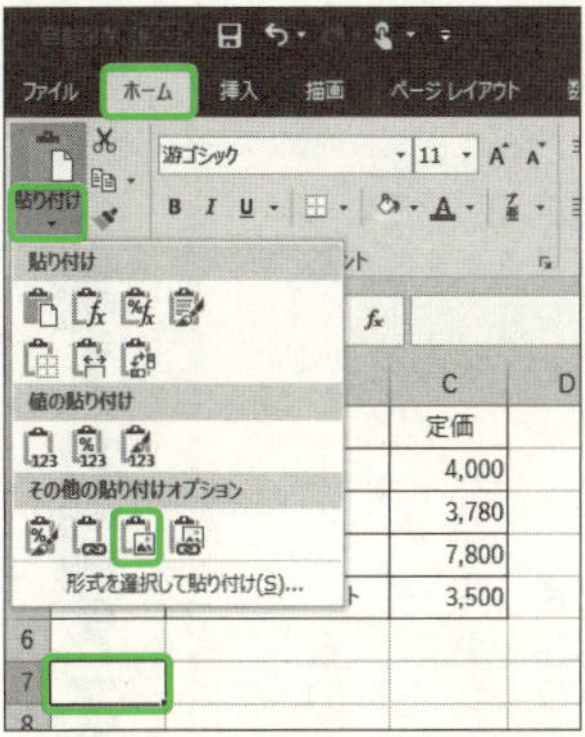

2 貼り付け先のセルを選択します。[ホーム]タブを開き、[クリップボード]グループ→[貼り付け]の▼→[図]をクリックします。元の表の変更を反映させたければ、ここで[リンクされた図]をクリックします。

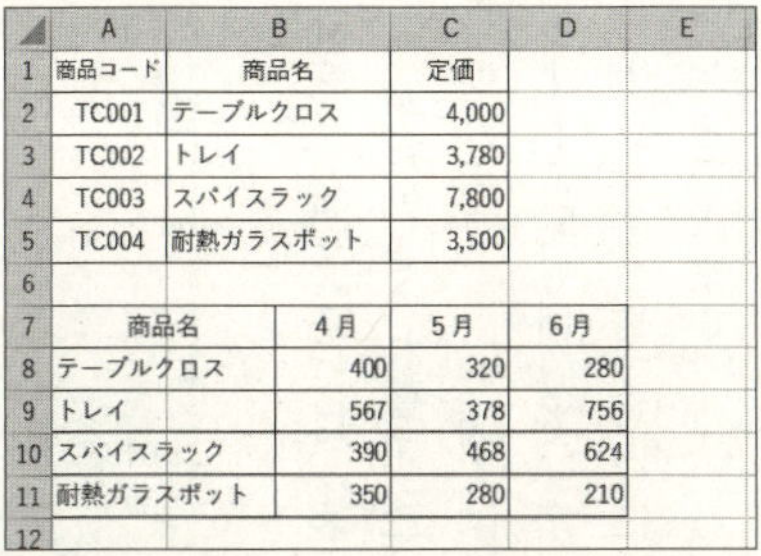

	A	B	C	D	E
1	商品コード	商品名	定価		
2	TC001	テーブルクロス	4,000		
3	TC002	トレイ	3,780		
4	TC003	スパイスラック	7,800		
5	TC004	耐熱ガラスポット	3,500		
6					
7	商品名		4月	5月	6月
8	テーブルクロス		400	320	280
9	トレイ		567	378	756
10	スパイスラック		390	468	624
11	耐熱ガラスポット		350	280	210
12					

3 表が「図」として貼り付けられるため、幅の違う表を上下に並べられます。

編集

行と列のデータを入れ替える

基本のキホン

表の行と列を入れ替えるには、表をコピーして、［行列を入れ替える］を使って貼り付けます。上の図では同じワークシートに貼り付けていますが、別のワークシートやブックに貼り付けることもできます。

行と列の入れ替えに伴って罫線も入れ替わります。複数の線種を使っていると入り混じってしまうので、必要に応じて罫線を引きなおしてください。

コピーした表を［行列を入れ替える］で貼り付ける

	A	B	C	D	E
1	商品名	4月	5月	6月	
2	テーブルクロス	400	320	280	
3	トレイ	567	378	756	
4	スパイスラック	390	468	624	
5					
6	商品名	テーブルクロス	トレイ	スパイスラック	
7	4月	400	567	390	
8	5月	320	378	468	
9	6月	280	756	624	
10					

下の表は上の表の行列を入れ替えたものです。行列を替えたくなったからといって表を新しく作る必要はありません。

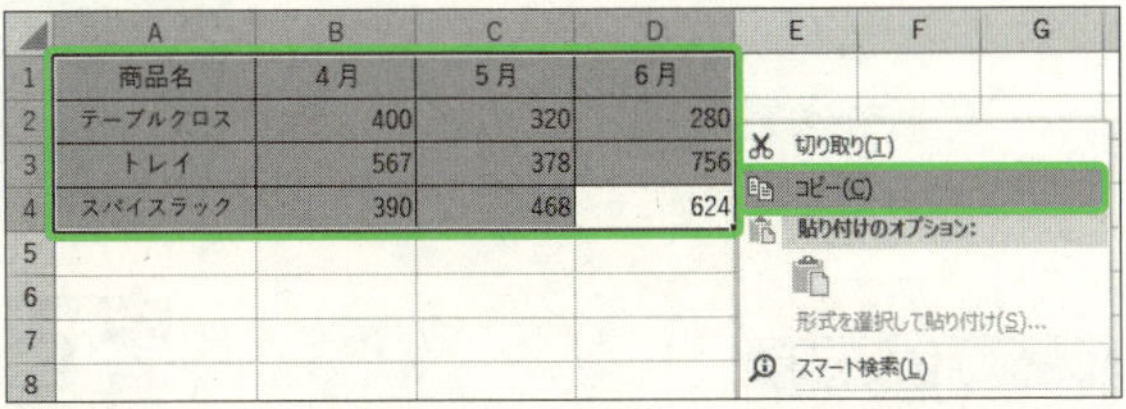

	A	B	C	D	E	F	G
1	商品名	4月	5月	6月			
2	テーブルクロス	400	320	280			
3	トレイ	567	378	756			
4	スパイスラック	390	468	624			

1 行と列を入れ替える表を選択し、右クリックして［コピー］を選択します。

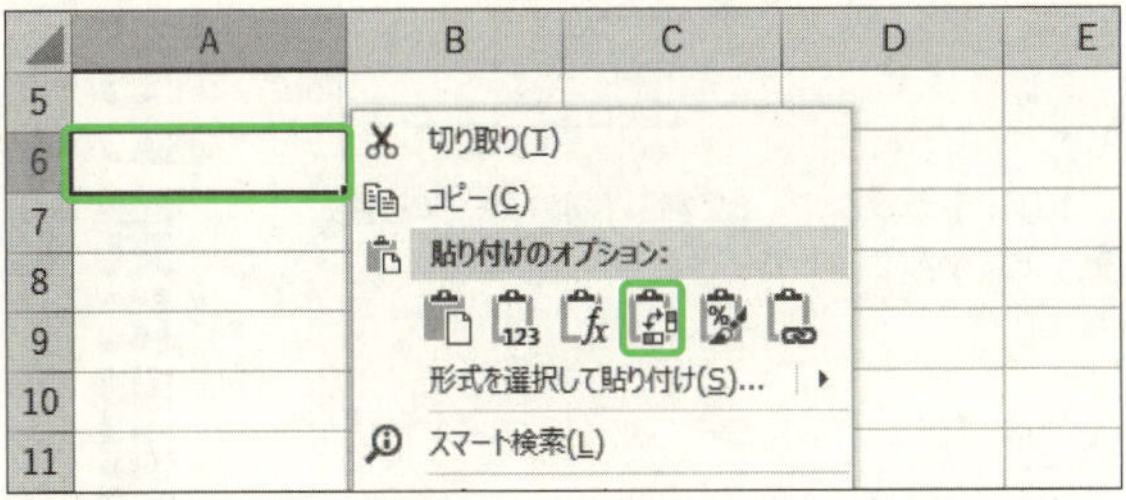

2 貼り付け先の左上端となるセルを右クリックし、［貼り付けのオプション］の［行列を入れ替える］をクリックします。

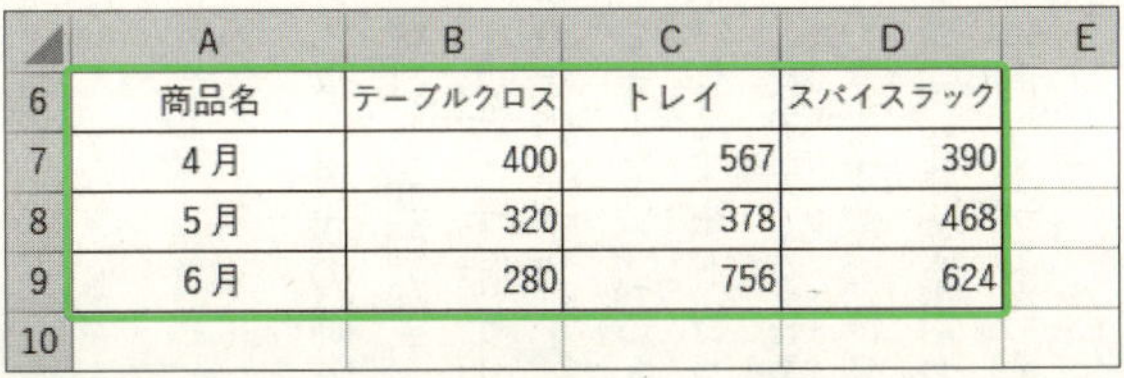

	A	B	C	D	E
6	商品名	テーブルクロス	トレイ	スパイスラック	
7	4月	400	567	390	
8	5月	320	378	468	
9	6月	280	756	624	
10					

3 行と列が入れ替わった表が貼り付けられます。列幅が足りないときは、幅を調整してください(P38参照)。

編集

【Ctrl】キーで中身も書式も一気に削除

時間短縮
効率UP!

[Ctrl]＋ドラッグで
文字も書式も削除できる

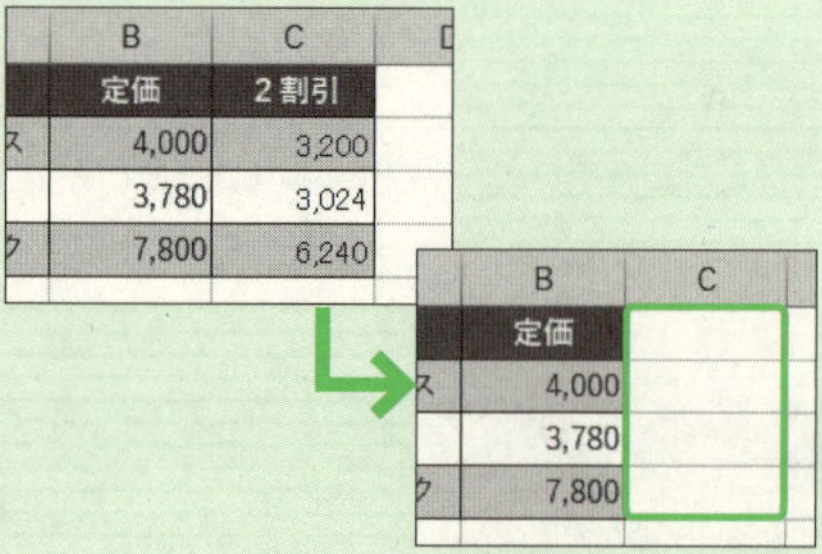

[Ctrl]＋ドラッグで、「2割引」欄のデータと書式を一気に削除しました。

セルのデータと書式の両方を削除するのは、意外と面倒なものです。［Delete］キーではデータしか削除できないためです。

そこでおすすめなのが、［Ctrl］キーを押したままドラッグする方法です。これでデータも書式もまとめて削除できます。操作のコツはドラッグの方向。範囲を選択したら、上または左に向かってドラッグしてください。

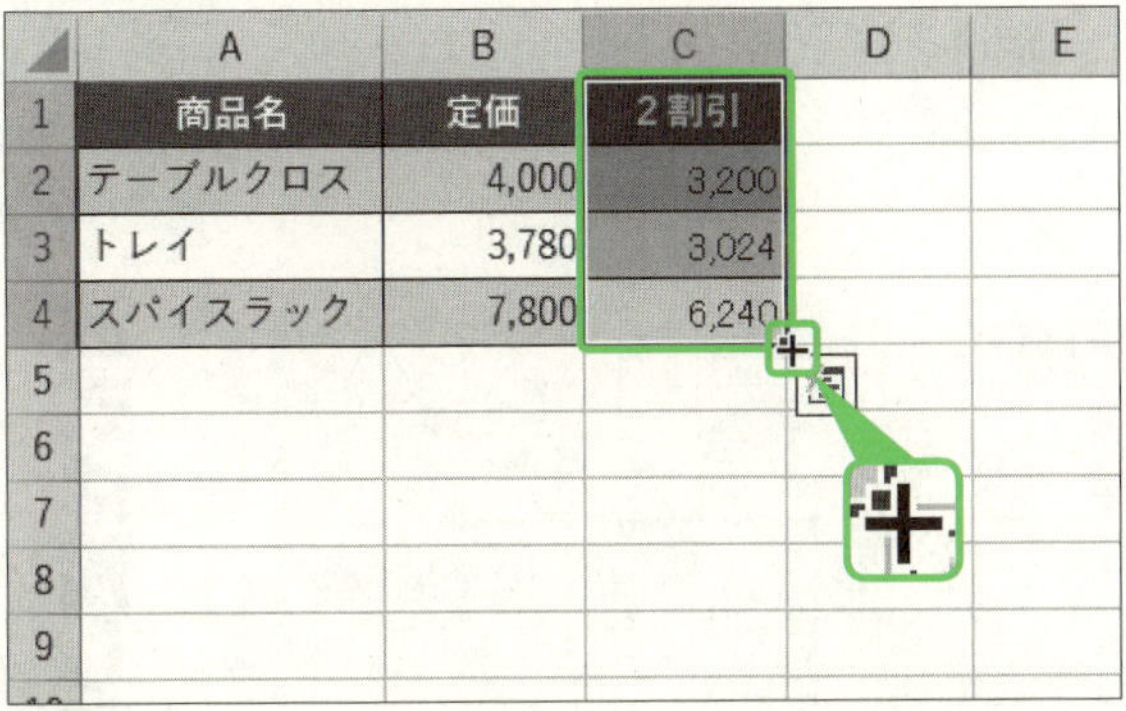

1 データを削除する範囲を選択します。選択範囲の右下にポインターを合わせると＋になります。

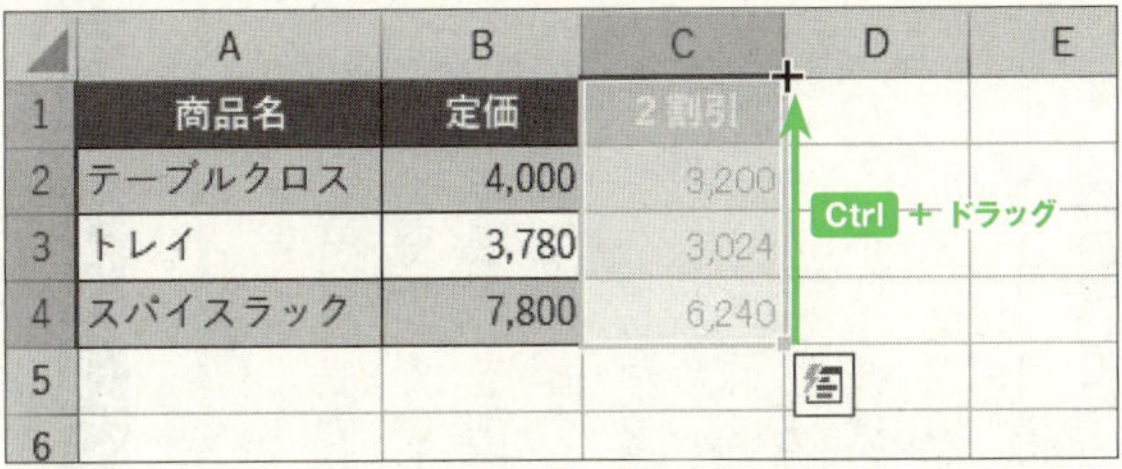

2 [Ctrl] キーを押したまま、上端へ向かってドラッグします。行を対象とする場合は、選択範囲の左端に向かってドラッグします。マウスのボタンを離すと、データと書式が削除されます。選択範囲を超えてドラッグすると、データと書式がコピーされてしまうので注意してください。

編集

数式は残し数値だけを一気に削除する

これは便利！

既存の表の数値を入れ替えて新しい表にしたいときは、数式は残して数値だけを削除します。これなら数式を作り直す手間が省けます。

入力した数値は、［条件を選択してジャンプ］で選択し、続いて［Delete］キーを押せば削除できます。［条件を選択してジャンプ］は、指定した条件に一致するセルを選ぶ機能です。中身の異なるセル（P50参照）の選択にも使います。

［条件を選択してジャンプ］なら数値だけまとめて選択できる

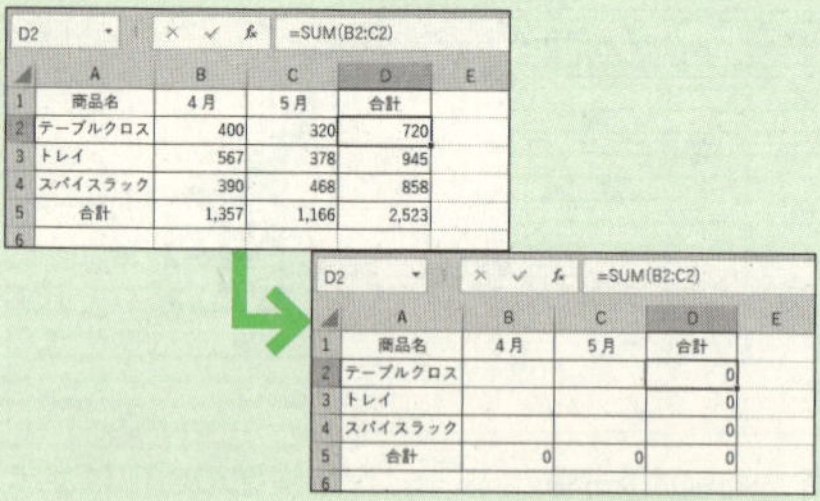

	A	B	C	D	E
1	商品名	4月	5月	合計	
2	テーブルクロス	400	320	720	
3	トレイ	567	378	945	
4	スパイスラック	390	468	858	
5	合計	1,357	1,166	2,523	

	A	B	C	D	E
1	商品名	4月	5月	合計	
2	テーブルクロス			0	
3	トレイ			0	
4	スパイスラック			0	
5	合計	0	0	0	

数値だけをエクセルに選んでもらって削除しました。式は残っているので「合計」欄が「0」になっています。

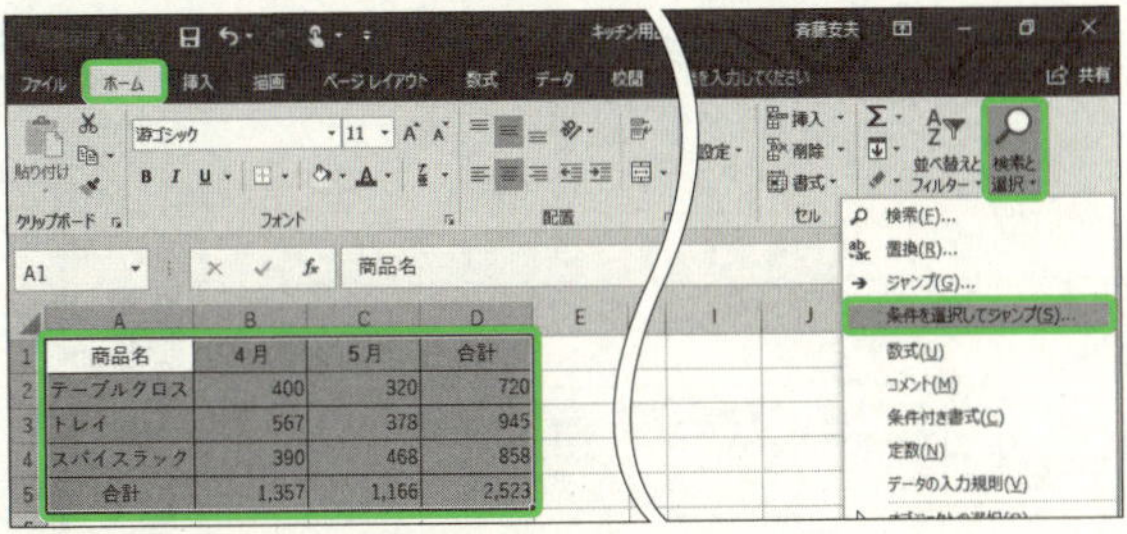

1 数値を削除する範囲を選択します。[ホーム] タブを開き、[編集] グループ→[検索と選択]→[条件を選択してジャンプ] を選択します。

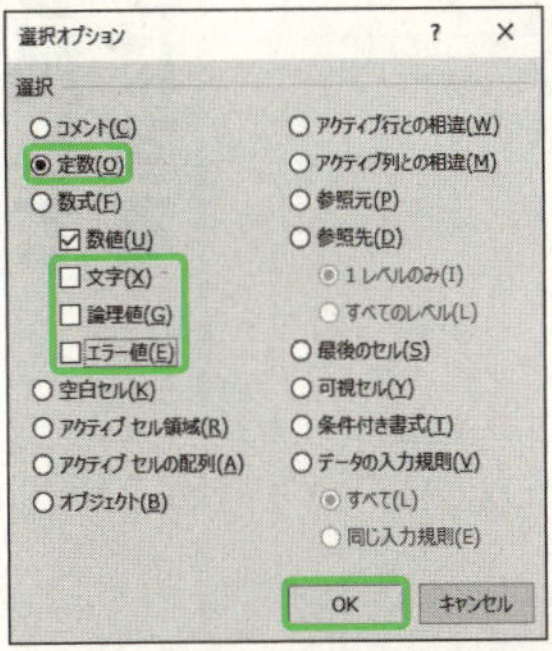

2 [定数] をクリックして◉にし、[文字] [論理値] [エラー値] をそれぞれ□にして、[OK] をクリックします。

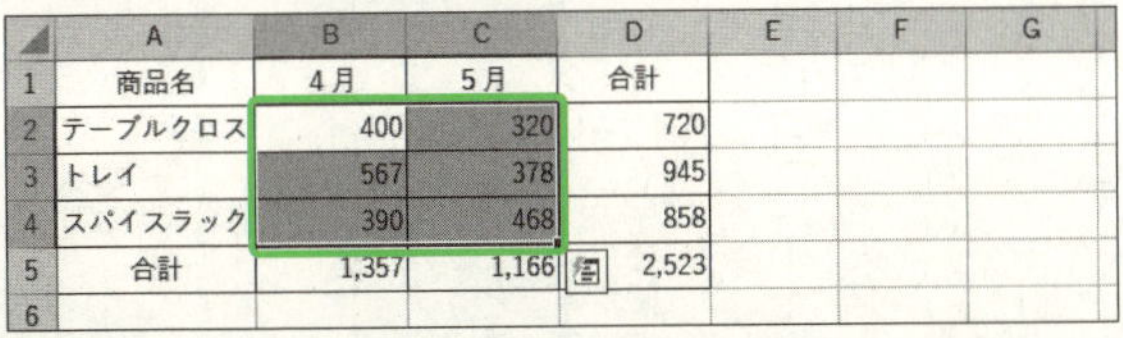

	A	B	C	D	E	F	G
1	商品名	4月	5月	合計			
2	テーブルクロス	400	320	720			
3	トレイ	567	378	945			
4	スパイスラック	390	468	858			
5	合計	1,357	1,166	2,523			
6							

3 直接入力された数値だけが選択されるので、[Delete] キーを押して削除します。数式は残っているので、新たに数値を入力するだけで計算が行われます。

編集

シートを取り出して新しいブックにする

基本のキホン

シートを[新しいブック]にコピーする

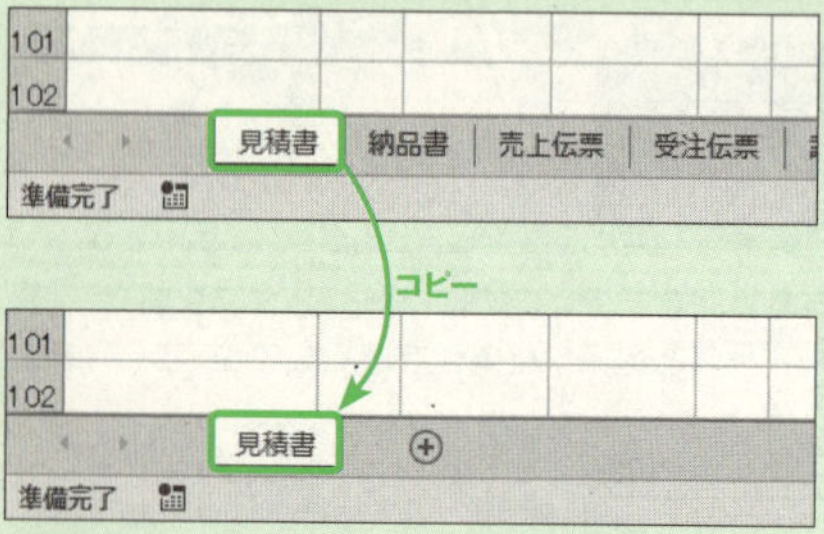

シートをコピーして使い回せば、時間短縮につながります。

シートは同一ブック内でコピー・移動することはもちろん、別のブックにコピー・移動することもできます。関連データのシートを1つのブックにまとめたいときに便利な操作です。

既存のブックにコピー・移動する場合は、事前にそのブックを開いておいてください。[新しいブック]にコピー・移動すれば、シートを独立させることもできます。

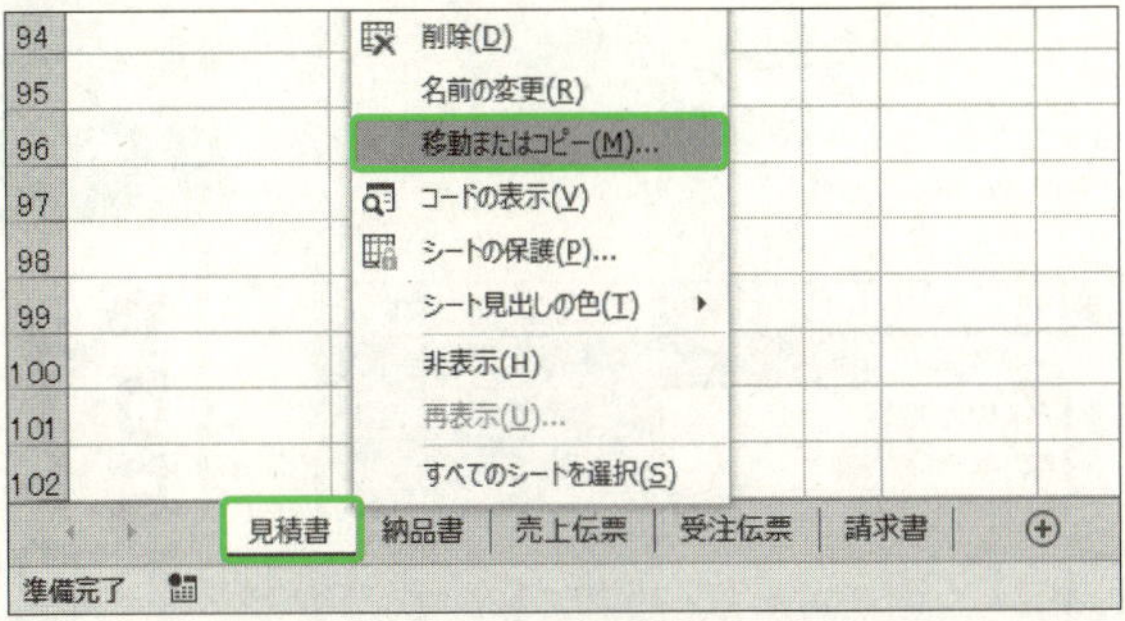

1 既存のブックにコピー・移動する場合は、事前にそのブックを開いておきます。

コピー・移動するシートのシート見出しを右クリックし、［移動またはコピー］を選択します。複数のシートを移動・コピーするには、[Ctrl] キーを押したまま対象のシート見出しをクリックして選択してから右クリックします。

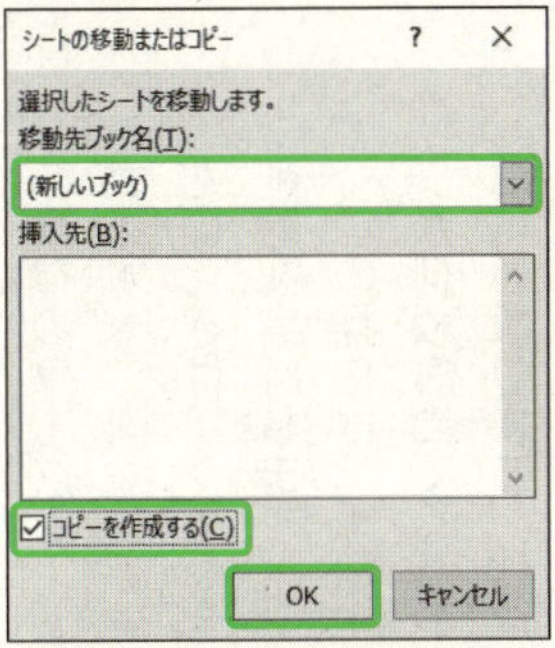

2 ［移動先ブック名］欄でコピー（移動）先のブックを指定します。新しいブックに独立させるには、［（新しいブック）］を選びます。コピーする場合は［コピーを作成する］をクリックして☑にしてください。［OK］をクリックすると、指定したブックにシートがコピー（移動）できます。

編集

シートの内容を白紙に戻してやりなおしたい

これは便利！

シート全体を選択して[削除]する

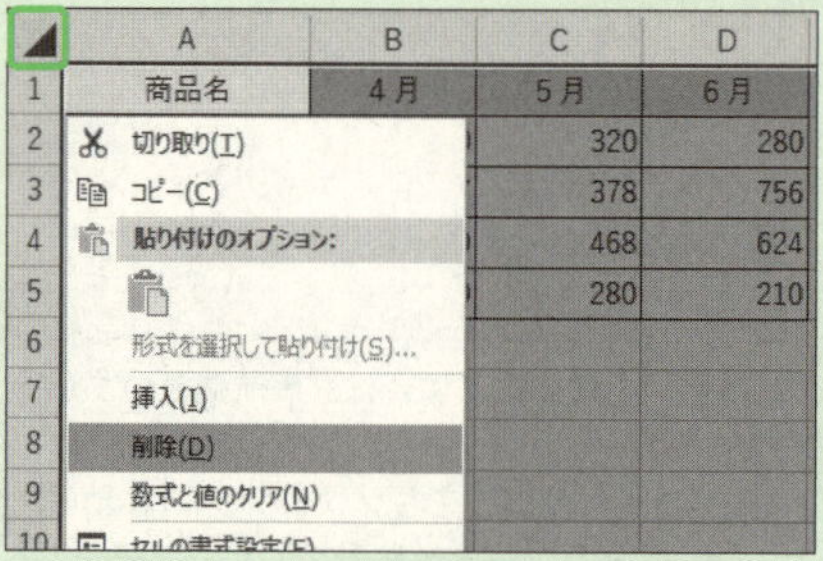

[すべて選択]をクリックしてシート全体を選ぶと、シートのすべてのデータや書式を削除できます。

既存のワークシートのデータ、書式をすべて削除して表を作りなおしたいときは、シート全体を選択して削除を実行します。

この操作は、印刷すると空白ページが何枚も出てくるトラブルの解決法にもなります。作成してある表をいったん別のワークシートにコピーしてから、シートの内容をすべて削除し、白紙になったところへ表を戻してください。

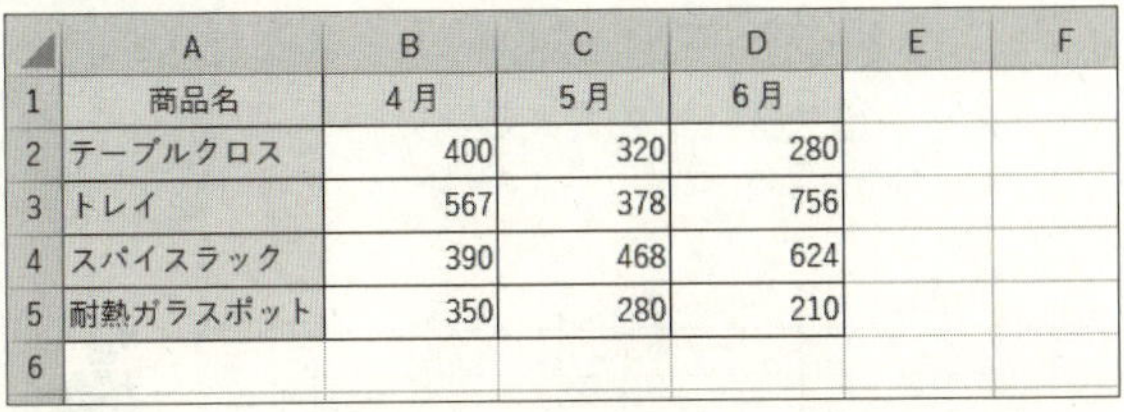

	A	B	C	D	E	F
1	商品名	4月	5月	6月		
2	テーブルクロス	400	320	280		
3	トレイ	567	378	756		
4	スパイスラック	390	468	624		
5	耐熱ガラスポット	350	280	210		
6						

1 ワークシートに表を作成してあります。セルの色や罫線、列の幅も設定しています。画面の隠れたところにも、別の表が作成してあり、その表にも書式が設定されています。これらをすべて削除します。

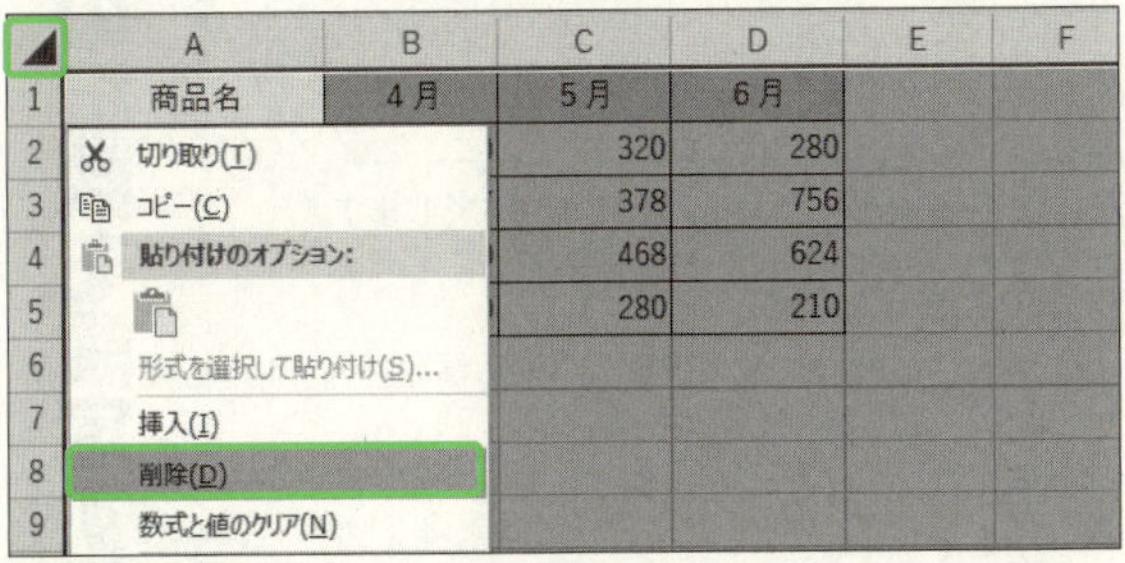

2 列番号「A」の左隣の◢「すべて選択」を右クリックし、［削除］を選択します。

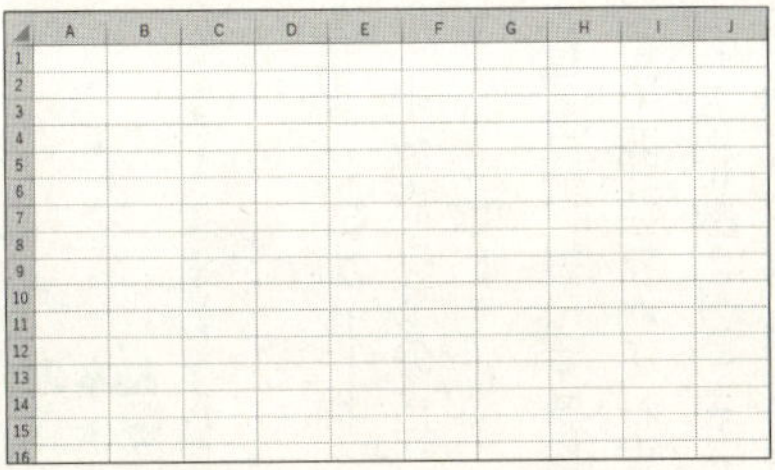

3 ワークシート内のデータや書式、数式、行の高さ、列幅の設定などすべてが削除され、新しいワークシートと同じ状態になります。

書式

小数点以下の桁数を設定する

基本のキホン

小数点以下の桁数はクリックだけで増減できる

1	商品名	前年同月比(%)		
2	テーブルクロス	120.877		
3	トレイ	85.237		
4	スパイスラック	100		
5	耐熱ガラスポット	90.65		
6				

↓

1	商品名	前年同月比(%)		
2	テーブルクロス	120.88		
3	トレイ	85.24		
4	スパイスラック	100.00		
5	耐熱ガラスポット	90.65		
6				

小数点以下の桁数を揃えて、数値を見やすくします。

小数点以下の桁数は入力後に揃えましょう。←.0 .00 は小数点以下の桁数を増やし、.00 →.0 は減らします。

桁数を減らす場合は、表示する桁より1つ下の桁で四捨五入されます。また、入力した桁数よりも表示桁数を増やすと「0」が補われます。

このように見た目は自由に変えられますが、表示を変えているにすぎません。入力した数値はそのまま保存されています。

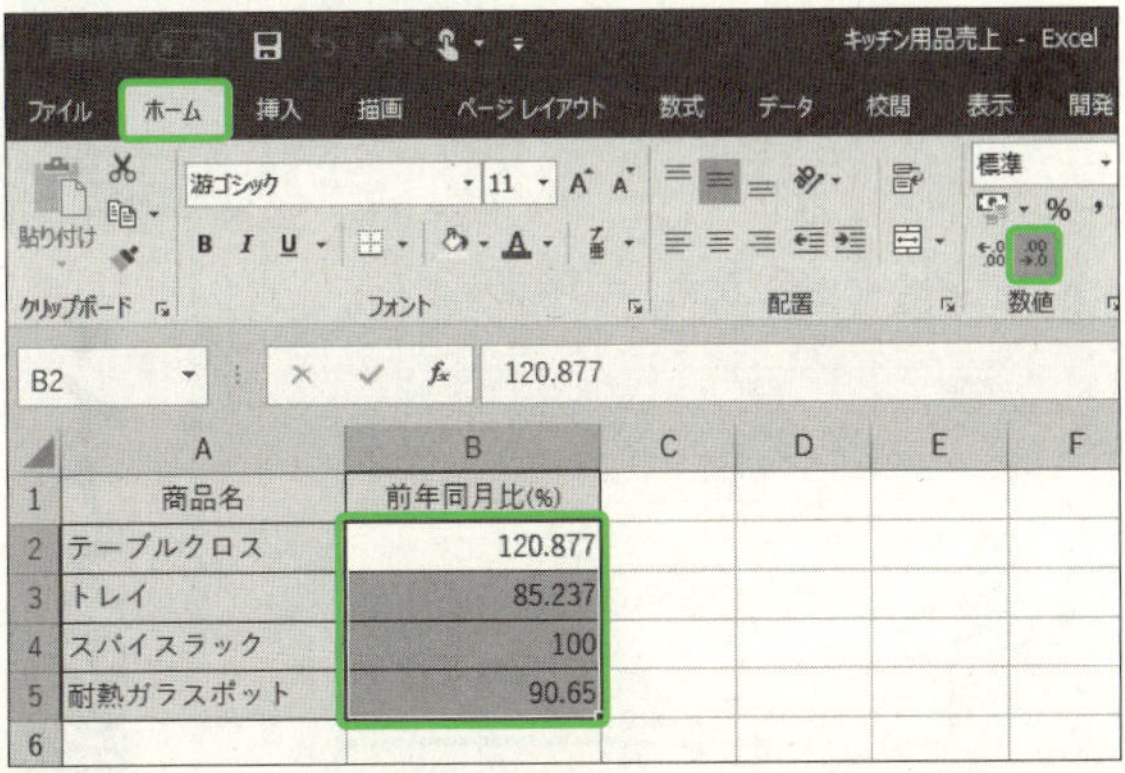

1 小数点以下の桁数を設定する範囲を選択します。［ホーム］タブを開き、［数値］グループ→をクリックします。1回クリックするごとに小数点以下の桁数が 1 桁減ります。基準となるのは、アクティブセル（選択範囲の背景色が反転していないセル）の数値です。ここでは「テーブルクロス」の「前年同月比」の数値になります。桁数を増やす場合はをクリックしてください。

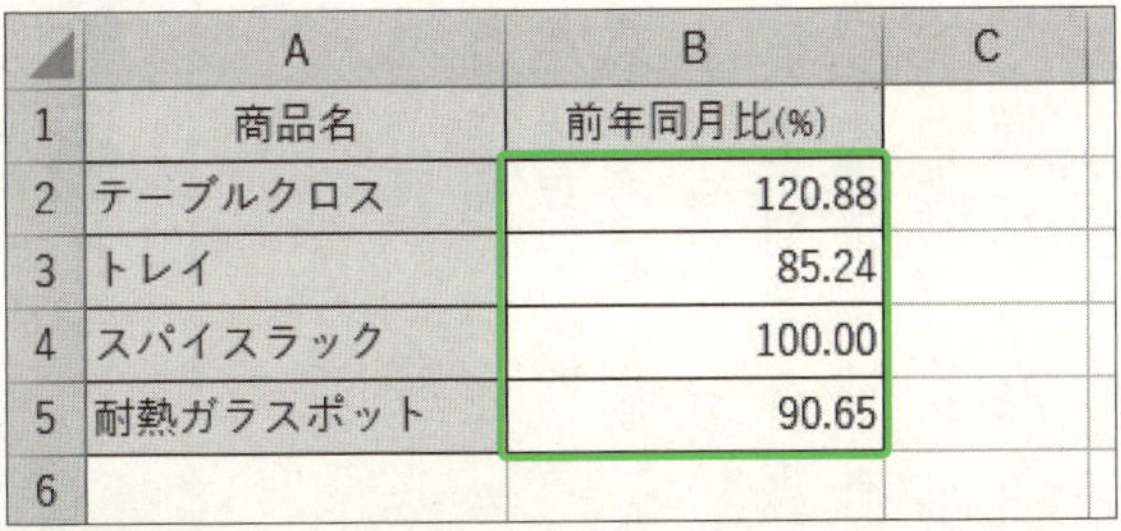

2 小数点以下の桁数が揃います。

書式

マイナスの数値だけを赤で表示する

[表示形式]を[数値]にして マイナスを自動で色分け

	A	B	C	D
1		4月	5月	6月
2	前年	350	380	250
3	当年	400	320	280
4	増減	50	-60	30
5				

	A	B	C	D
1		4月	5月	6月
2	前年	350	380	300
3	当年	400	320	280
4	増減	50	-60	-20
5				

マイナスの数値の文字色だけ自動で「赤」になるように設定しました。

マイナスの数値は赤色で目立たせると効果的です。［表示形式］の分類で［数値］を選ぶと、正の数を黒色、負の数を赤色に自動的に色分けして表示できます。値に変化があれば文字色も変わるので、いちいち色を設定しなおす手間もかかりません。

負の数の表示形式は、▲付きの黒色、カッコを付けた赤色などもあります。場面に応じて使い分けてください。

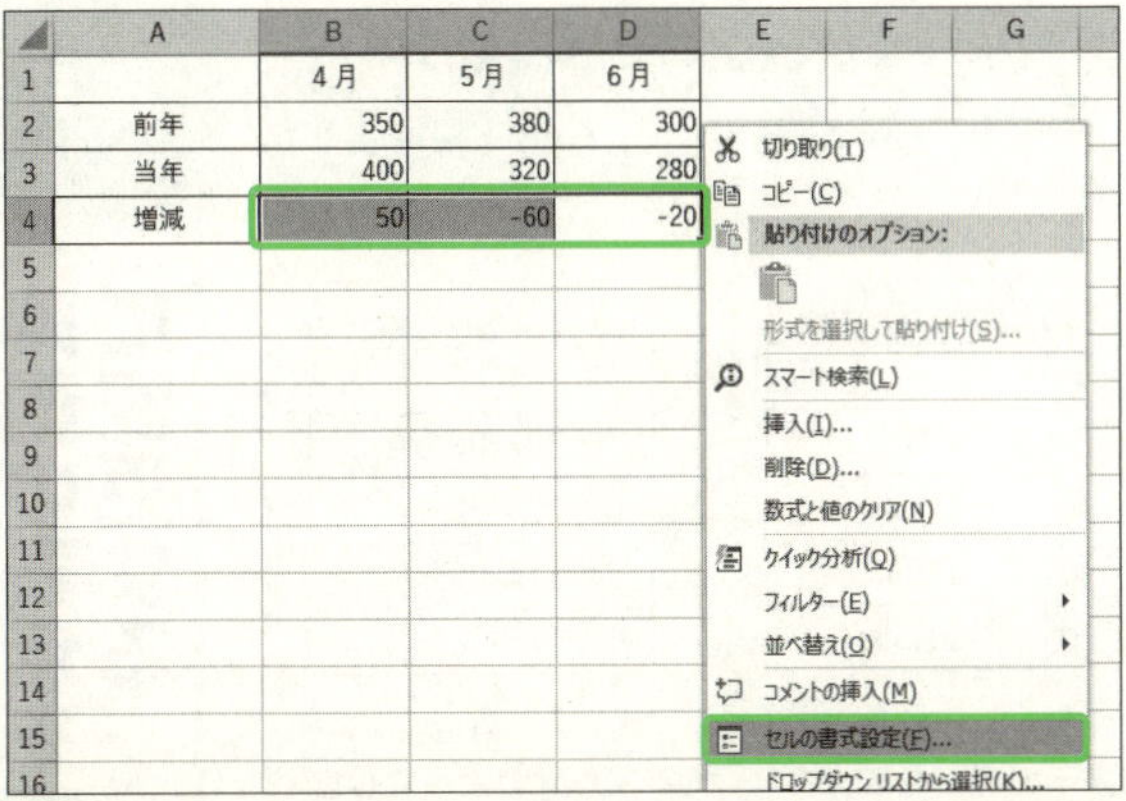

1 表示を設定するセルを選択して右クリックし、[セルの書式設定]を選択します。

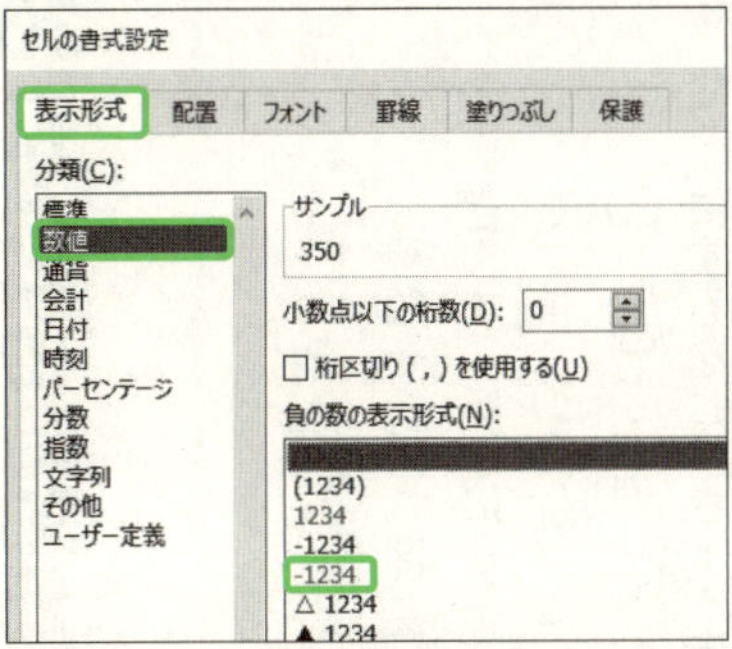

2 [表示形式]タブを開きます。[分類]欄で[数値]を選択し、[負の数の表示形式]欄でマイナス記号の付いた赤色の表示例をクリックして、[OK]をクリックします。

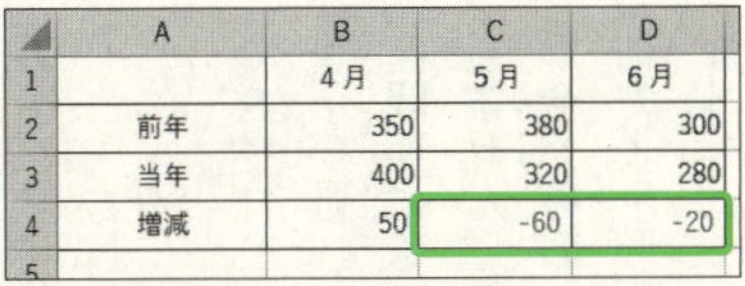

3 負の数が赤で表示されます。

書式

時刻の表示を「10：30」から「10時30分」に変更する

基本のキホン

表示形式から種類を選ぶだけで「○時○分」も「○：○PM」もOK

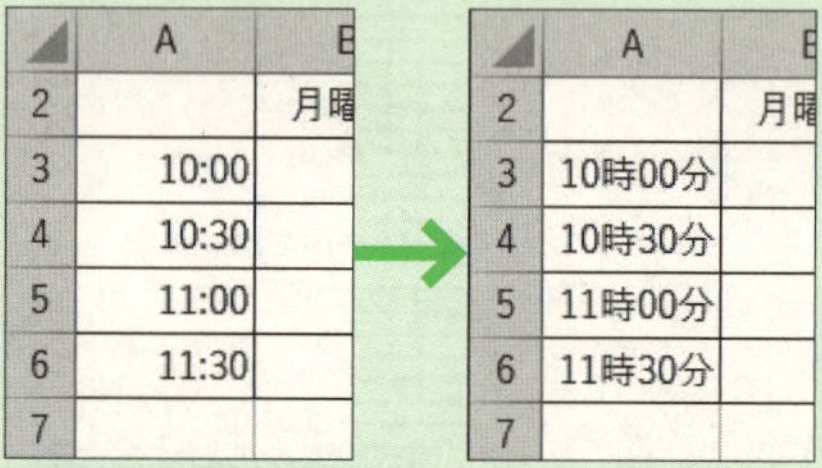

	A	B
2		月曜
3	10:00	
4	10:30	
5	11:00	
6	11:30	
7		

	A	B
2		月曜
3	10時00分	
4	10時30分	
5	11時00分	
6	11時30分	
7		

表示の種類を変えて、「10時30分」のようにしました。

「10：30」と入力した時刻は、表示の種類を変えれば、「10時30分」にできます。ほかにも「15：30」と入力して「3：30ＰＭ」にしたり、「10：30：50」と入力して「10時30分50秒」にするなど、さまざまな表示が選べるので、時刻の入力方法を間違えても、入力し直す必要はありません。

　また、時間を計算した場合、その結果は、計算に使った時刻の表示形式と同じ形式が適用されます。

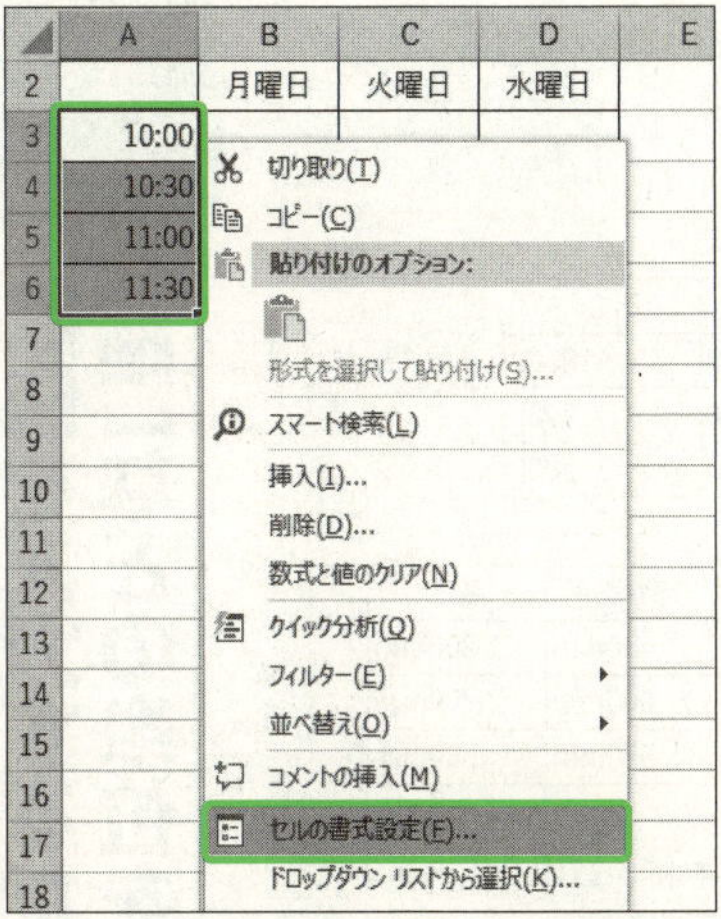

1 時刻の表示を変更するセルを選択して右クリックし、[セルの書式設定]を選びます。

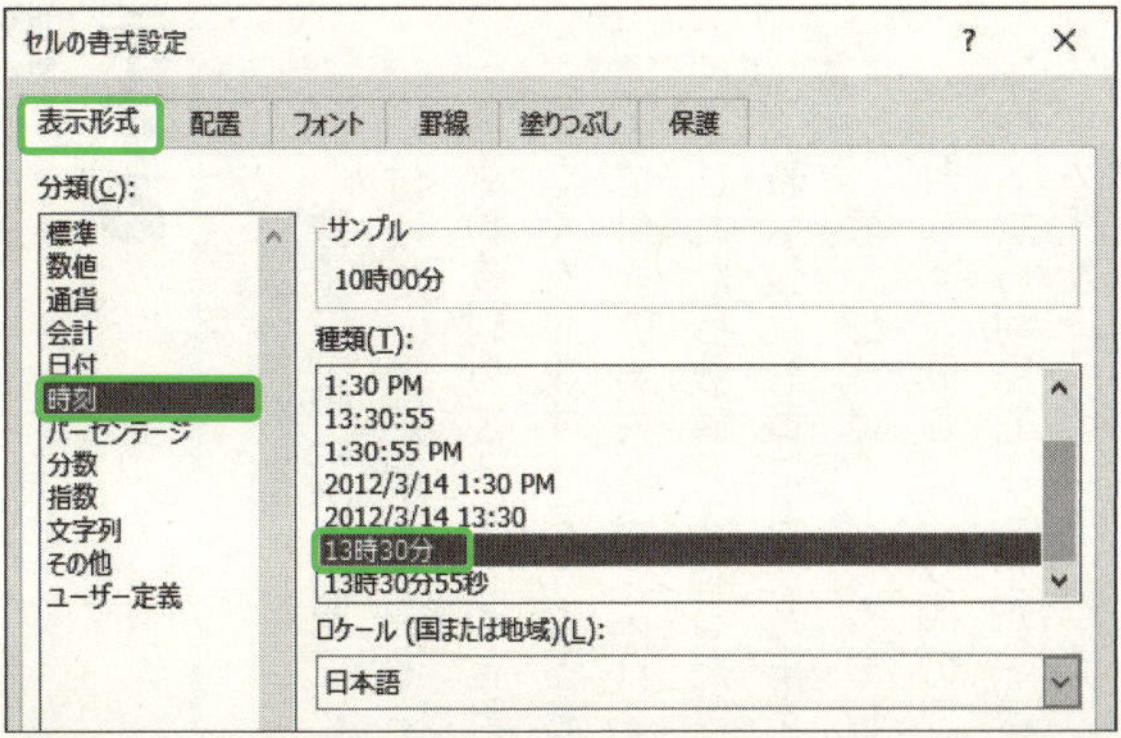

2 [表示形式]タブを開き、[分類]欄で[時刻]を選びます。[種類]欄で表示する形式を選択し[OK]をクリックすると、時刻の表示形式が変わります。

書式

数値を入力するだけで「㎜」などの単位を表示する

これは便利！

表示形式の[ユーザー定義]で単位付きの形式を作る

1	幅	奥行	高さ	
2	1280	550	1800	
3	1600	800	700	
4	420	570	580	
5				

↓

1	幅	奥行	高さ	
2	1,280mm	550mm	1,800mm	
3	1,600mm	800mm	700mm	
4	420mm	570mm	580mm	
5				

単位付きの表示形式を作れば、数値を入力するだけで自動的に単位を表示できます。

数値に「㎜」「㎝」「個」などの単位を付けたいことがあります。しかし、単位を付けて入力すると計算に使えなくなります。こんなときには、単位付きの表示形式を作りましょう。これなら数値を入れるだけで単位を表示し、計算にも使えます。

表示形式は、ブック単位で保存されます。同じブック内のワークシートなら利用できますが、ほかのブックでは、あらたに登録してください。

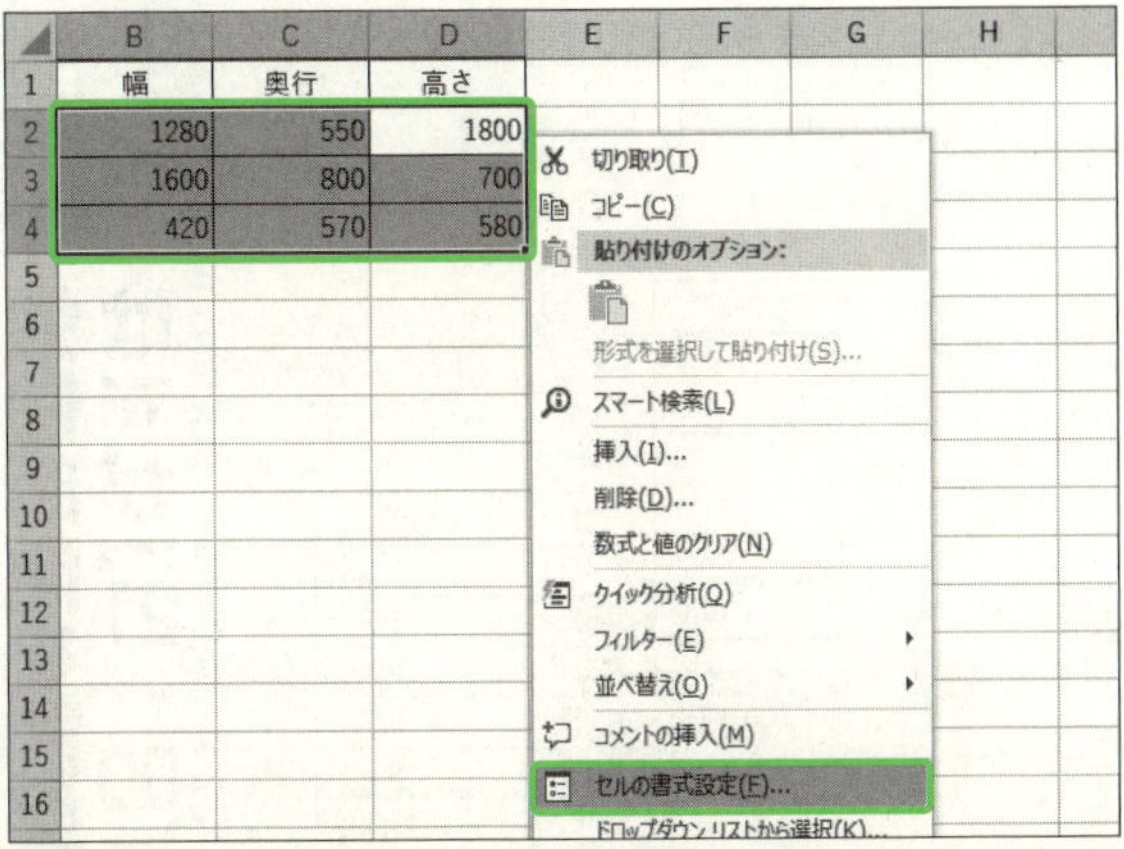

1 数値に単位を付けて表示するセルを選択して右クリックし、[セルの書式設定]を選びます。

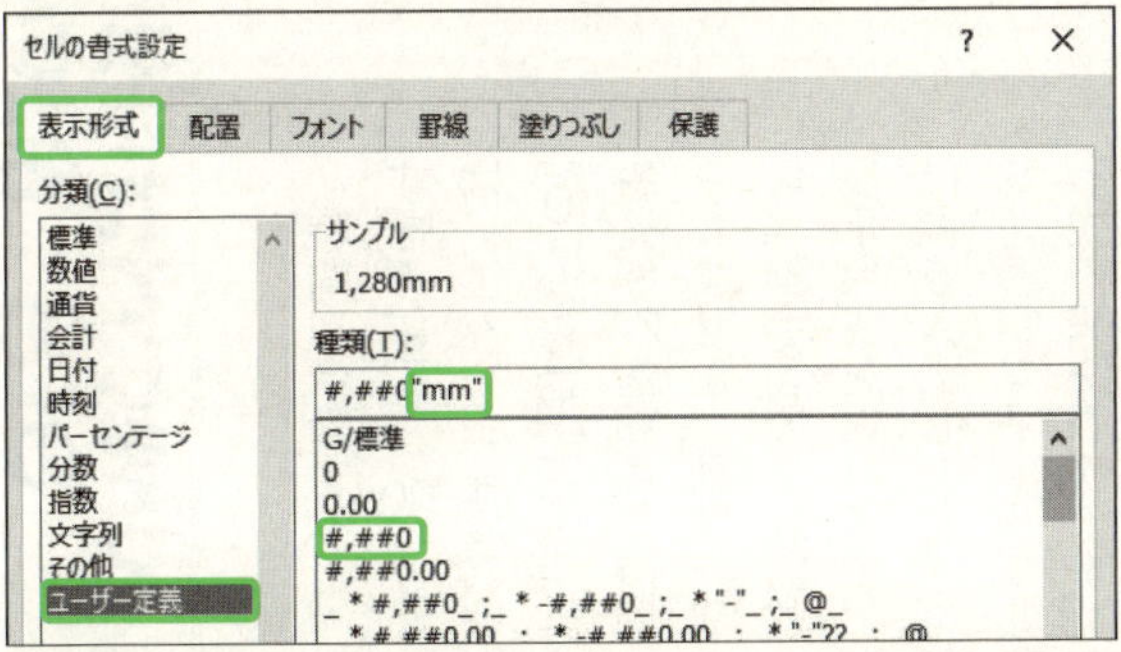

2 [表示形式]タブを開き、[分類]欄で[ユーザー定義]を選びます。[種類]欄で[#,##0]を選択し、単位を「"」(ダブルクォーテーション)で囲って入力します。[OK]をクリックすると数値に単位が付きます。次からは、[分類]欄で[ユーザー定義]を選び、[種類]欄で作成した表示方法を選べます。

書式

労働時間を計算したら「45：00」のはずが「21：00」と表示されてしまう

トラブル退治

「24」を超える経過時間は表示形式を作って解決

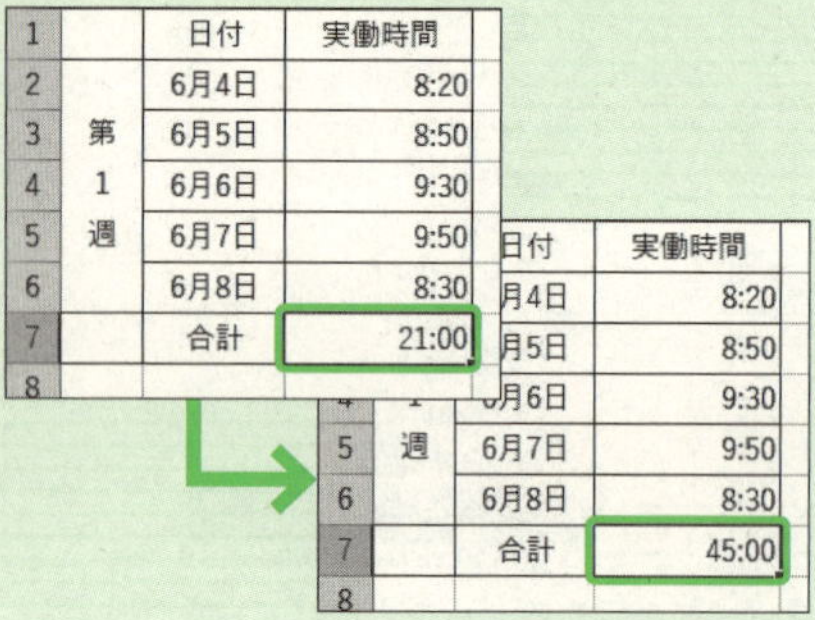

表示形式を作れば、合計時間が正しく表示できます。

時間を合計すると、「45：00」のはずなのに「21：00」となってしまうのは、エクセルが時間の計算結果を「0」から「24」未満で表すためです。答えが24を超える時間は正しく表示されません。勤務時間の集計のように、「24」を超えた時間を扱う場合は、表示形式を作ります。「24」を超える時間を入力したときに「45：00：00」のようになるトラブルも、この表示形式で解決できます。

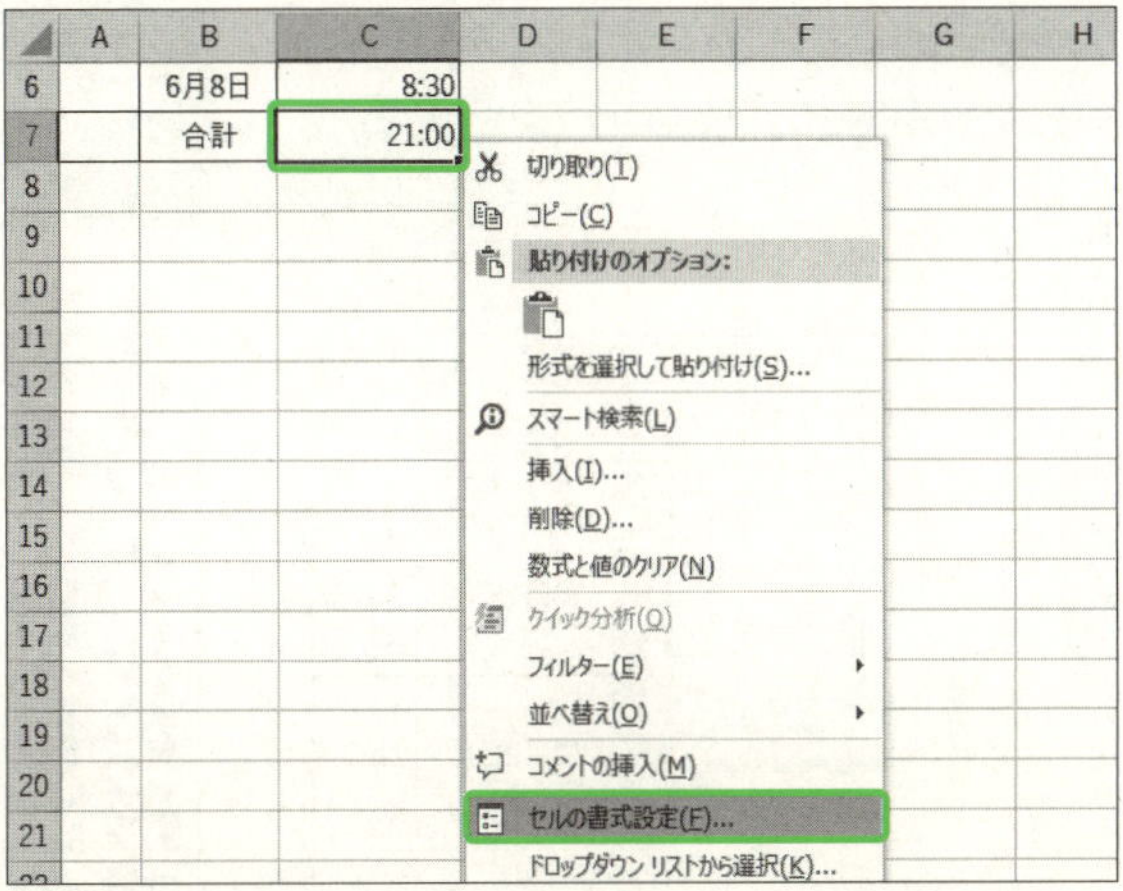

1 経過時間のセルを選択して右クリックし、[セルの書式設定]を選びます。

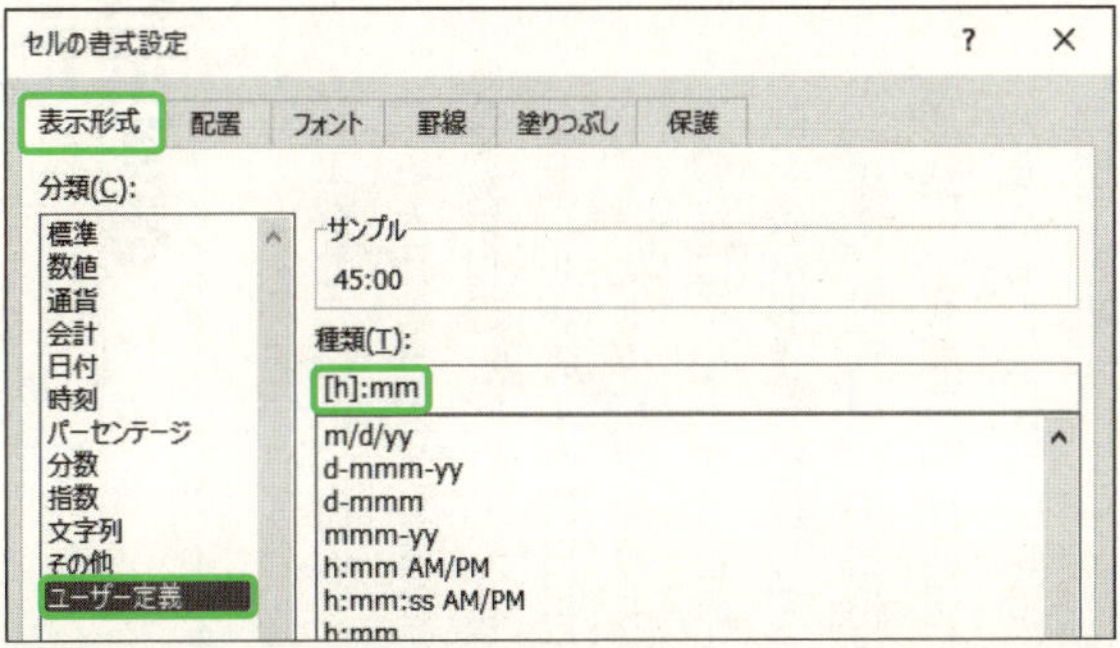

2 [表示形式]タブを開き、[分類]欄で[ユーザー定義]を選びます。[種類]欄に「[h]:mm」と入力し、[OK]をクリックすると、時間の計算結果が正しく表示されます。[ユーザー定義]で使う記号については、P89も参考にしてください。

書式

「10月1日(月)」のように オリジナルの形式で表示する

仕上がりキレイ

表示形式の[ユーザー定義]で 日付の形式に「(aaa)」を加える

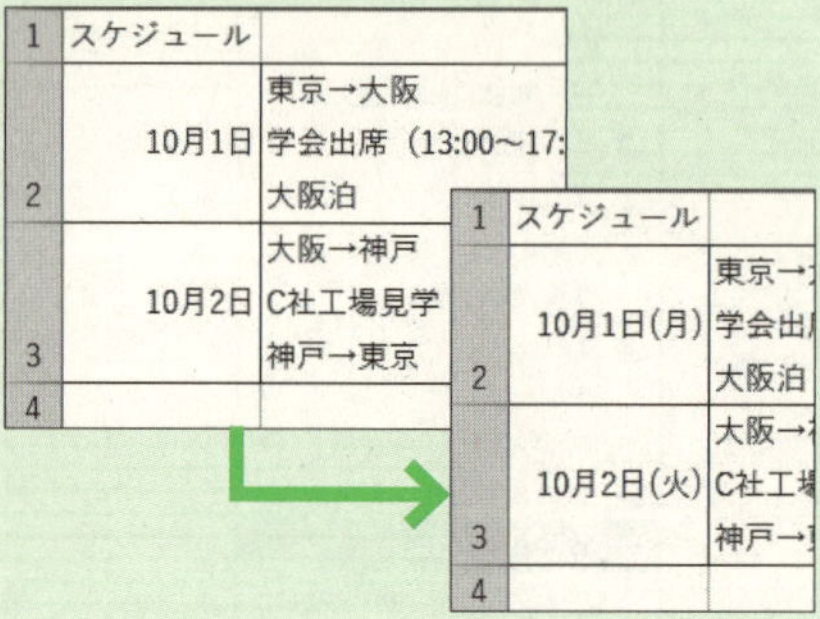

表示形式を変えると日付に曜日を付けられます。

エクセルには日付の表示形式がたくさん用意されていますが、曜日を含む日付の形式はありません。スケジュール表のように日付に曜日が付いていたほうが都合のよい書類を作るのには不便です。このようなときは、表示形式を登録して曜日を表示します。曜日付きの日付は、既存の形式に手を加えれば簡単に作れます。

　追加した表示形式は同一ブックで利用できます。

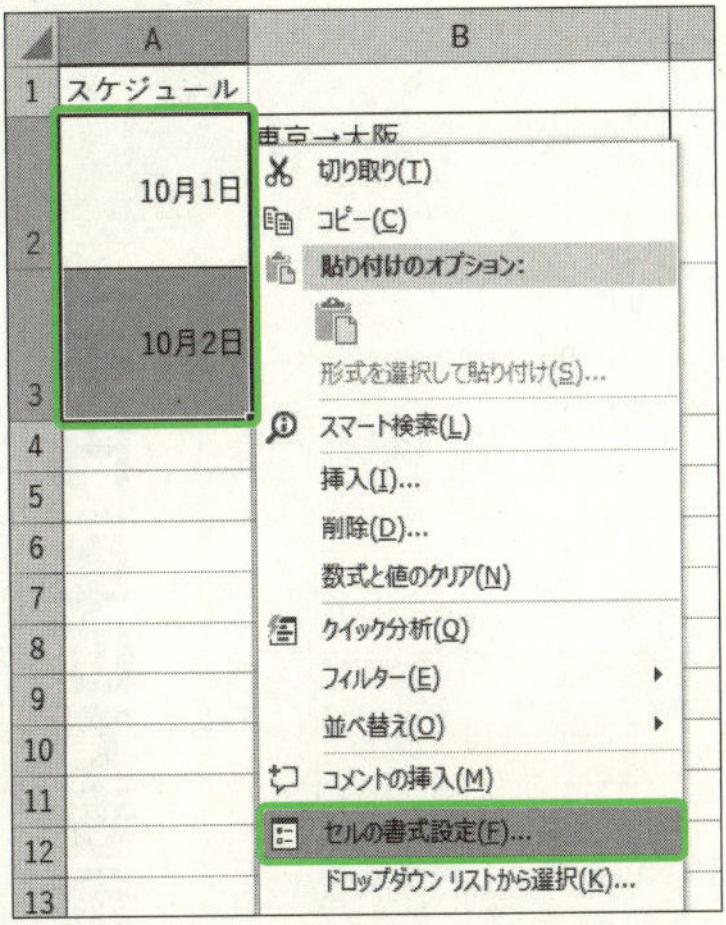

1 日付に曜日を追加するセルを選択して右クリックし、[セルの書式設定]を選びます。

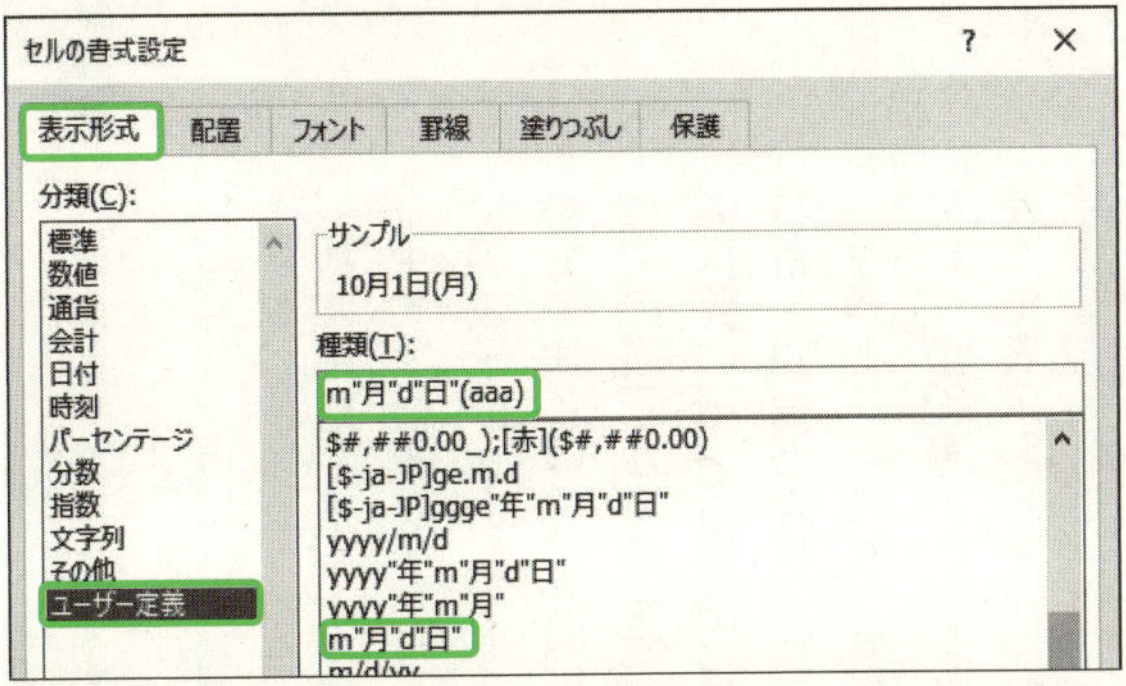

2 [表示形式]タブを開き、[分類]欄で[ユーザー定義]が選択されていることを確認します。[種類]欄で「m"月"d"日"」が選択されているのを確認し、「m"月"d"日"(aaa)」に修正します。「月曜日」のようにしたければ「m"月"d"日"(aaaa)」とします。[OK]をクリックすると、曜日が表示されます。

書式

「千円」単位で表示する

仕上がりキレイ

表示形式の[ユーザー定義]で「千円」単位の形式を作る

2		7月	8月	
3	リビング家具	9,460,000	7,640,000	
4	キッチン収納	6,500,000	5,600,000	
5	書斎家具	3,400,000	3,100,100	
6				

1			(単位：千円)	
2		7月	8月	
3	リビング家具	9,460	7,640	
4	キッチン収納	6,500	5,600	
5	書斎家具	3,400	3,100	

桁数の多い数字は、「千円」単位にすると見やすくなります。

数字は桁が増えると読みにくくなります。桁数が多かったら「千円」単位の表示にしましょう。表示形式を自分で作れば、「千円」や「百万円」単位での表示ができます。「千円」単位では百の桁、「百万円」単位では十万の桁を四捨五入して表示します。

左ページの表は、表示形式を作るのに使う記号です。P86でも記号を使って表示形式を作っているので参考にしてください。

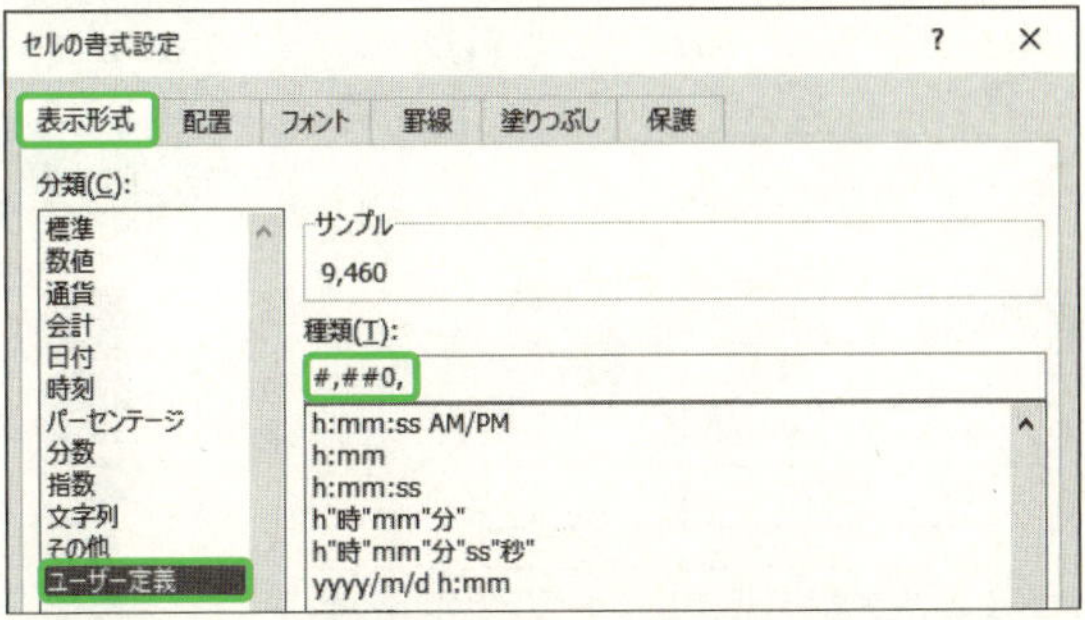

1 千円単位で表示するセルを選択して右クリックし、[セルの書式設定]を選択します。

[表示形式]タブを開き、[分類]欄で[ユーザー定義]を選びます。[種類]欄に「#,##0,」と入力します。「百万円」単位にしたければ「#,##0,,」にします。[OK]をクリックすると千円単位で表示されます。

[表示形式]で使う記号

記号	意味
0	位取り記号。桁数が指定された0の数より多い場合はそのまま表示し、少ない場合は0を補って表示する
?	位取り記号。桁数が指定よりも多い場合はそのまま表示し、桁数が指定より少ない場合にはスペースで補う
#	位取り記号。桁数が指定よりも多い場合はそのまま表示し、桁数が指定よりも少ない場合には0もスペースも補わずに表示する。「#,###」のようにして桁区切りの指定もできる
,(カンマ)	桁区切り記号。「#,###」なら3桁ごとに「,」が付く。また「#,」なら1000未満、「#,,」なら100万未満、「#,,,」なら10億未満の桁が四捨五入され、それぞれの桁未満は表示されない
.(ピリオド)	小数点。数値の整数部と小数部の桁数を指定する。「#.#」なら小数点以下第1位まで表示する
d	先頭にゼロの付かない日付(例　5)。
dd	先頭にゼロが付く日付(例　05)。
aaa	省略した日本語の曜日(例　月)
aaaa	省略しない日本語の曜日(例　月曜日)
m	先頭にゼロの付かない月名(例　4)
mm	先頭にゼロの付く月名(例　04)
mmmm	英語の月名(例　April)
yyyy	西暦を4桁で表示

書式

数値を入力したら通貨記号が付いた！

トラブル退治

表示形式を[標準]にすれば入力どおりに表示できる

	H	I	J
1		数量	単価
2	茶碗	¥200	
3	皿		

↓

	H	I	J
1		数量	単価
2	茶碗	200	
3	皿		

「数量」欄に「200」を入力したら「¥200」となってしまいました。これを「200」に戻します。

エクセルでは、セルを選択して「Delete」キーを押すとデータだけが削除されます。書式はそのまま残るわけです。しかも書式が残っていても、それを見分けられないこともあります。数値を入力したら通貨記号が付いたり、小数点以下の桁数が入力と違ったりするのは、書式が設定されているためです。表示形式を[標準]にすると通貨記号などが解除されます。

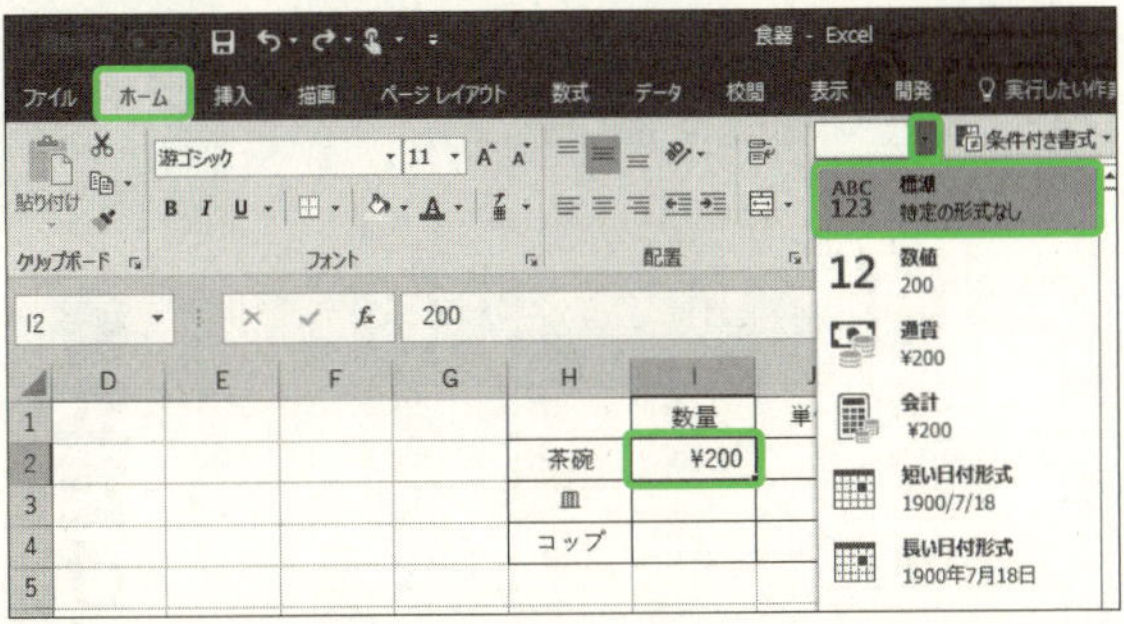

1 表示形式を変更するセルを選択します。[ホーム]タブを開き、[数値]グループ→[数値の書式]の▾をクリックして[標準]を選択します。

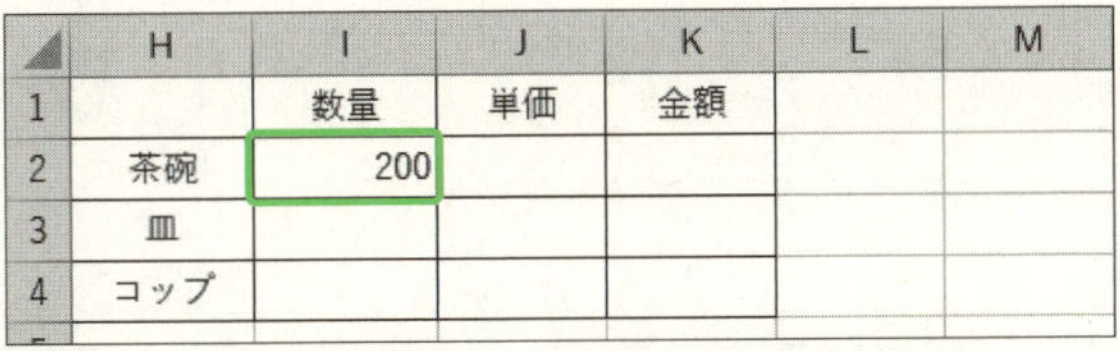

2 通貨の表示形式が解除され、数値だけが表示されます。

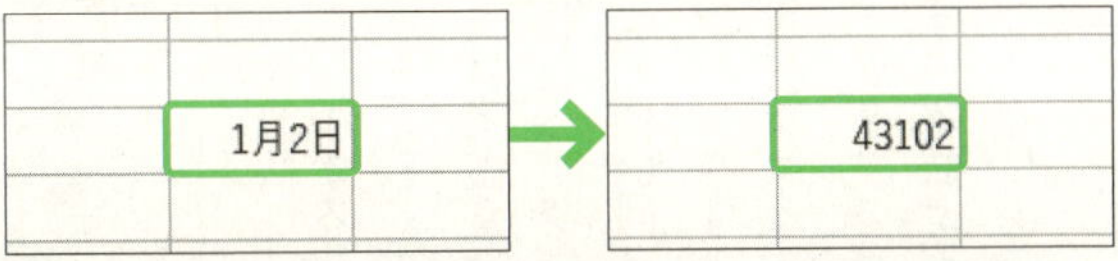

! 「1/2」と入力して「1月2日」と表示された場合に表示形式を[標準]にすると、日付を表す数値(シリアル値)になります。このときは、「'1/2」(P18参照)のように上書きしてください。

書式

書式だけコピーする

これは便利！

セルを単にコピーすると、データと書式の両方がコピーされますが、ボタンを使えば書式だけをコピーできます。これならすでに設定済みの書式を効率よく使い回せます。ボタンはクリックすると書式をコピーして1回貼り付けられ、ダブルクリックすると書式を繰り返し貼り付けられます。書式は別のワークシート、別のブックにもコピーできます。

[書式のコピー／貼り付け]ボタンでセルの書式を使い回す

	A	B	C	D
1		4月	5月	6月
2	トレイ	567	378	756
3	テーブルクロス	400	320	280
4	スパイスラック	390	468	624
5	耐熱ガラスポット	350	280	210
6				

書式のコピー中はマウスポインターの形が変わります。このポインターのときにクリックやドラッグすると書式が貼り付けられます。

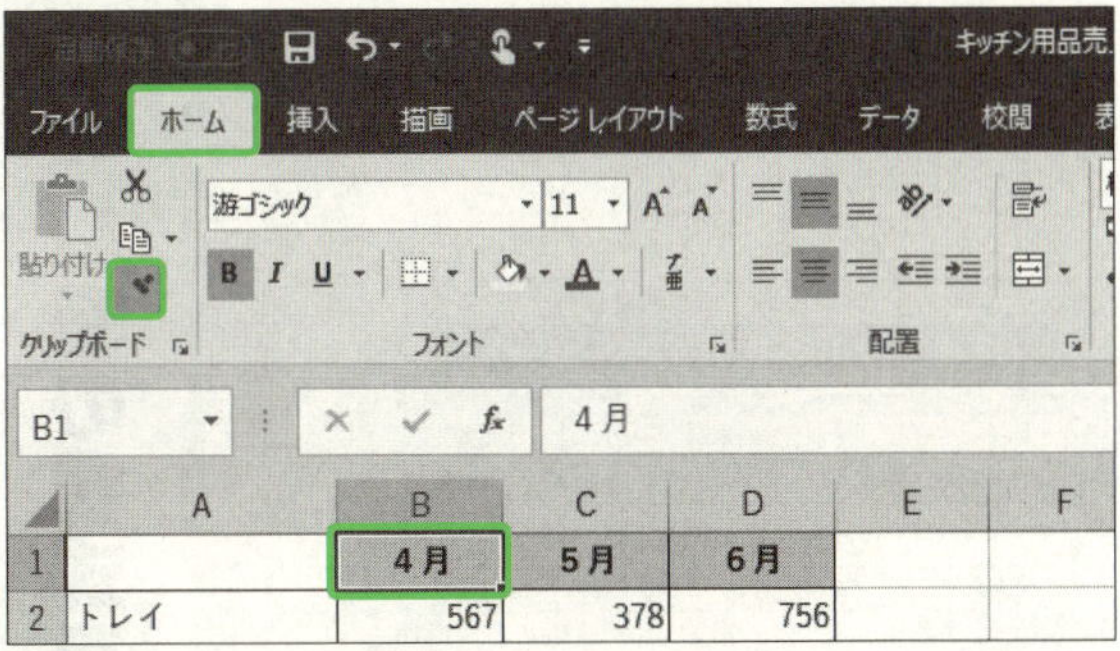

1 書式のコピー元のセルを選択します。[ホーム]タブを開き、[クリップボード]グループ→[書式のコピー／貼り付け]をクリックします。繰り返し貼り付ける場合はダブルクリックします。

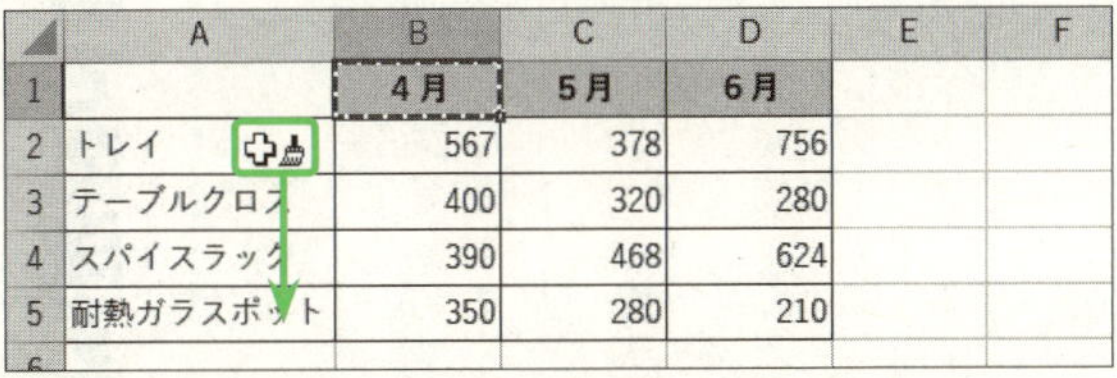

2 ポインターがになったら貼り付け先をクリックまたはドラッグします。

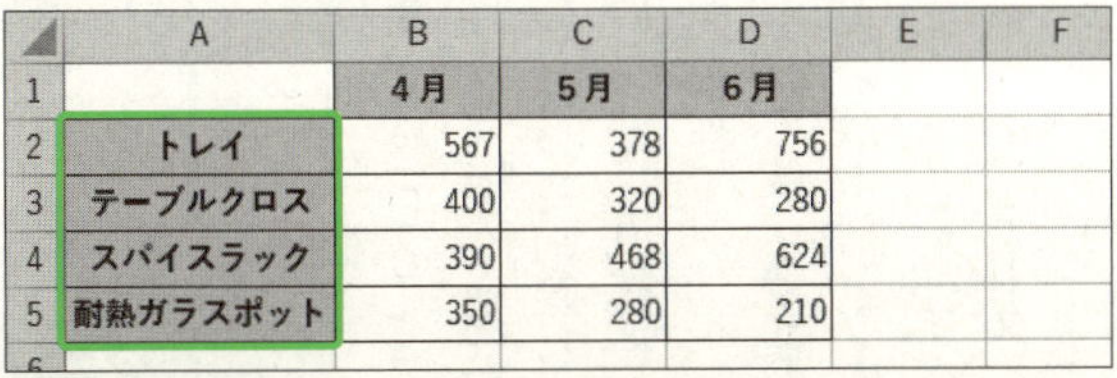

3 書式がコピーされます。をダブルクリックした場合は、[Esc]キーを押すと作業が終了します。

書式

表の書式をまとめて削除する

これは便利！

［クリア］ボタンなら対象を選んで削除できる

	A	B	C	D
1	商品名	定価	2割引	1割引
2	テーブルクロス	4,000	3,200	3,600
3	トレイ	3,780	3,024	3,402
4	スパイスラック	7,800	6,240	7,020
5				

	A	B	C	D
1	商品名	定価	2割引	1割引
2	テーブルクロス	4000	3200	3600
3	トレイ	3780	3024	3402
4	スパイスラック	7800	6240	7020
5				

セルの色や配置などの書式が設定された表から書式だけ削除しました。データは残っています。

セルの色やデータの配置、罫線、太字などの書式は［Delete］キーでは削除できません。書式は［クリア］ボタンを使って削除します。書式が不要になったり再設定したいときに役に立つ操作です。

［クリア］ボタンでは、書式のほかにコメントやハイパーリンクの削除なども選べます。そして［すべてクリア］を選択すれば、データと書式をまとめて削除できます。

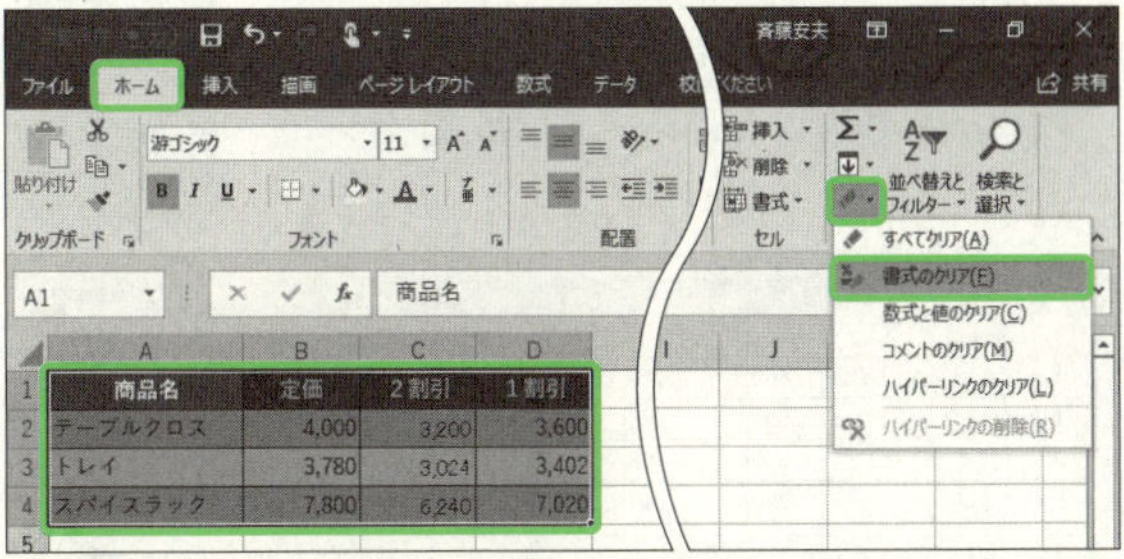

1 書式を削除する表を選択します。[ホーム]タブを開き、[編集]グループ→[クリア]をクリックして[書式のクリア]を選択します。

	A	B	C	D	E	F	G
1	商品名	定価	2割引	1割引			
2	テーブルクロス	4000	3200	3600			
3	トレイ	3780	3024	3402			
4	スパイスラック	7800	6240	7020			
5							

2 表のデータは残り、書式だけが削除されます。罫線、セルや文字の色、配置、桁区切りなどの書式はすべて削除されています。

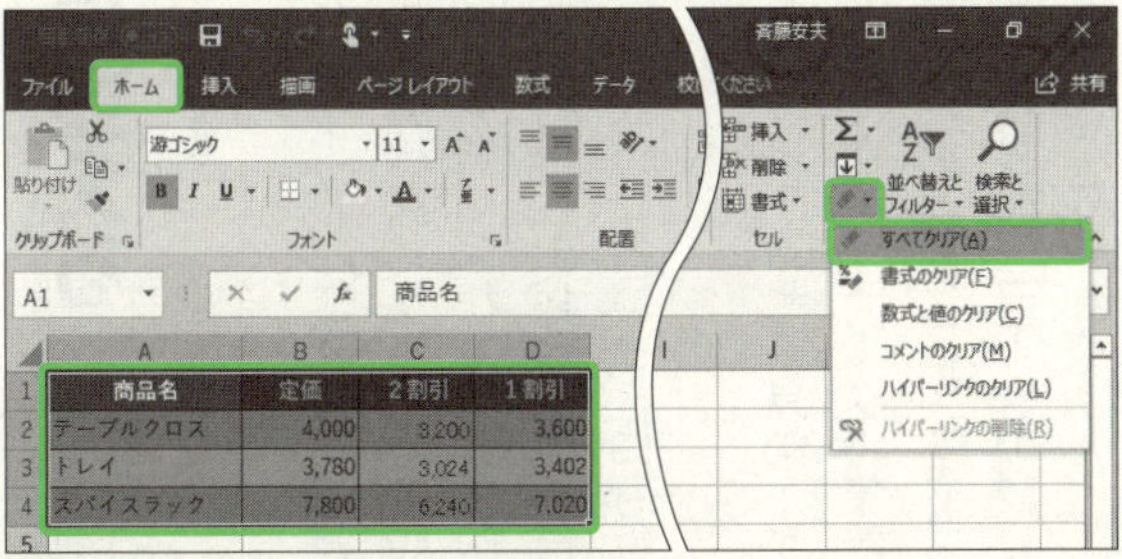

! 表を選択して[クリア]→[すべてクリア]を選ぶと、データと書式の両方が削除されます。

書式

「テーブル」として表を一気に整える

仕上がりキレイ

表をテーブルにするだけで書式が設定されて見栄えがよくなる!

	A	B	C	D	E
1	商品名	4月	5月	6月	
2	テーブルクロス	400	320	280	
3	トレイ	567	378	756	
4	スパイスラック	390	468	624	
5	耐熱ガラスポット	350	280	210	

	A	B	C	D	E
1	商品名	4月	5月	6月	
2	テーブルクロス	400	320	280	
3	トレイ	567	378	756	
4	スパイスラック	390	468	624	
5	耐熱ガラスポット	350	280	210	

表をテーブルにすると、セルや文字の色が設定されて一発で体裁が整います。

表を「テーブル」に変換すると、セルの色や罫線などをまとめて設定できます。手早くきれいな表を作りたいときに利用しましょう。一行おきに行に色を付けたいときにも役立つ方法です。

テーブルにすると、見栄えがよくなるだけでなく、データの集計や絞りこみなどの機能も追加されます。集計方法はP98、データの絞り込みはP132にあります。

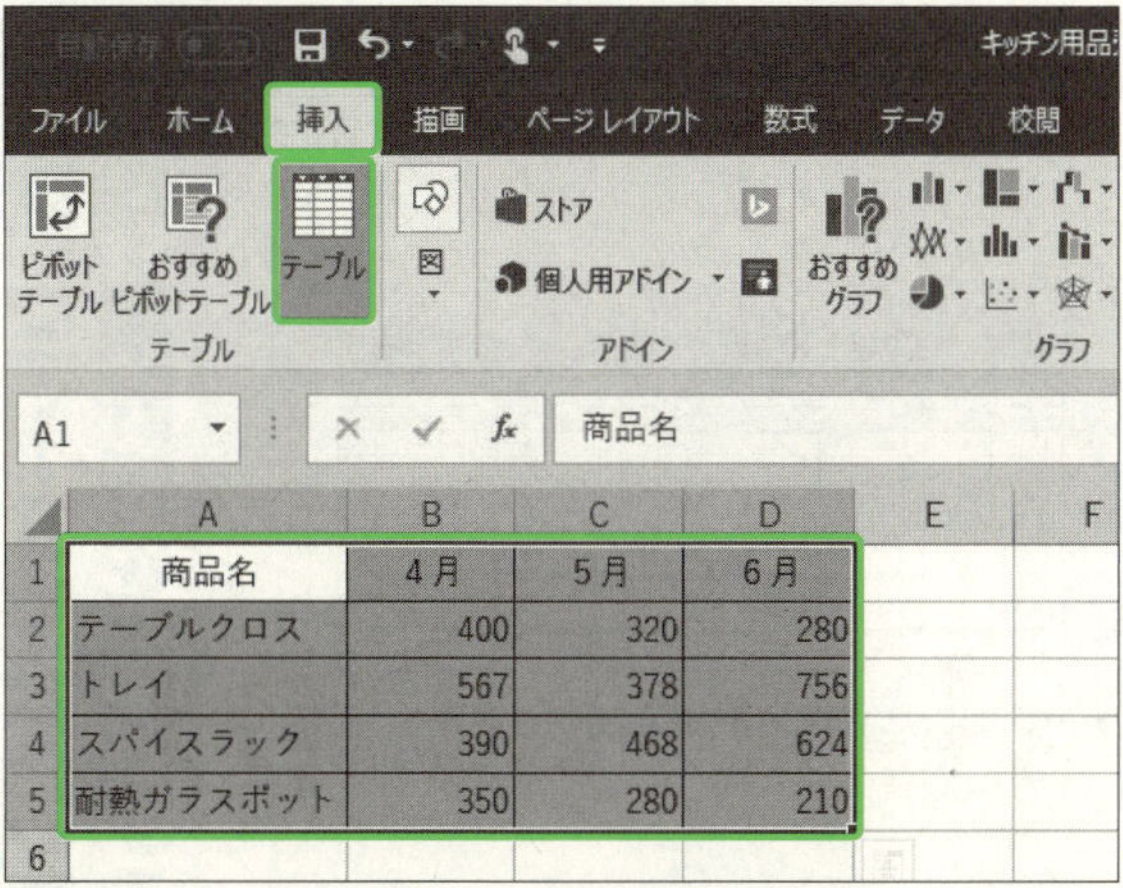

1 対象とする表を選択し、[挿入] タブを開きます。[テーブル] グループ→[テーブル]をクリックします。

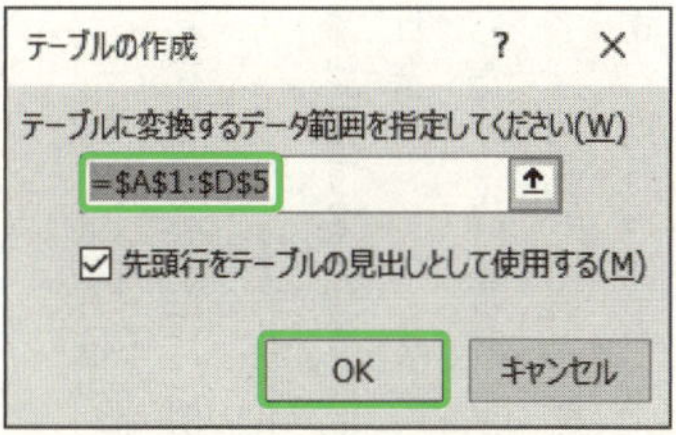

2 表の範囲が選択されていることを確認します。範囲が違っていたらドラッグで修正できます。[OK]をクリックすると表がテーブルに変換され、スタイルも適用されます。テーブルにすると、データを集計したり分析したりする機能も備わります。この点が普通の表とテーブルの違いです。

書式

「テーブル」にした表に集計行を追加する

データを活かす

テーブル（P96参照）は単に表の体裁を整えるだけの機能ではありません。テーブルに変換すると、データを活用するためのしかけも組み込まれます。

たとえば集計行を追加するだけで、自動的に計算結果が表示されます。集計行の表示／非表示は自由に変えられます。また、合計以外にも、平均や最大値、最小値なども求められます。

[デザイン]タブで[集計行]をオンにすれば自動で計算

	A	B	C	D
1	商品名	4月	5月	合計
2	テーブルクロス	400	320	720
3	トレイ	567	378	945
4	スパイスラック	390	468	858
5	耐熱ガラスポット	350	280	630
6	集計			3,153
7				

テーブルにはいつでも集計行を追加できます。

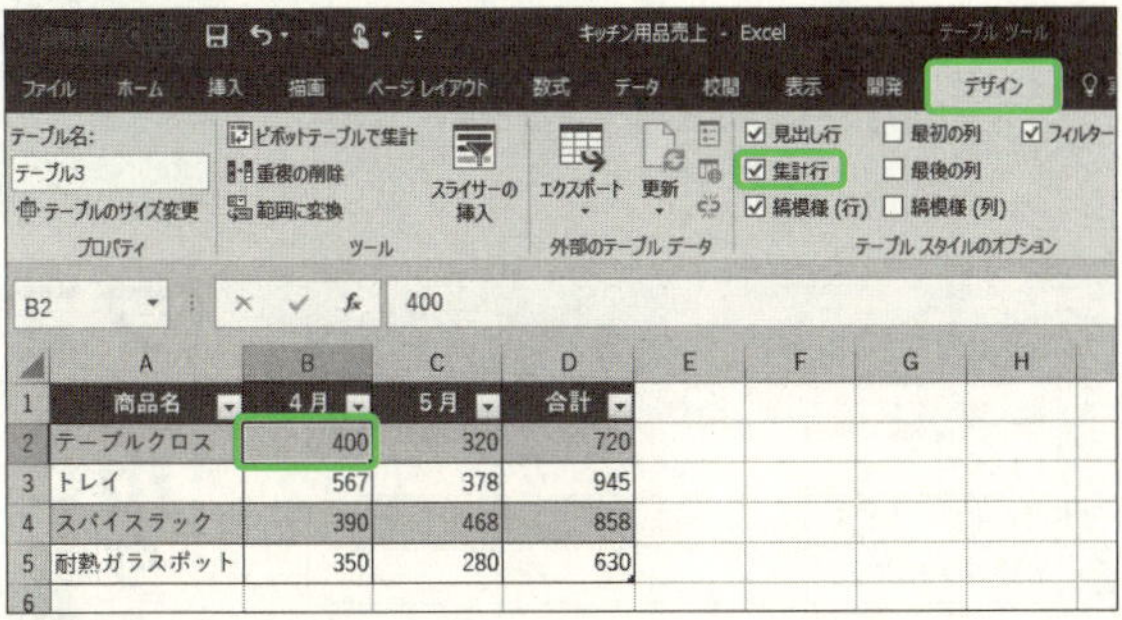

キッチン用品売上 - Excel
テーブル ツール
ファイル
ホーム
挿入
描画
ページレイアウト
数式
データ
校閲
表示
開発
デザイン
テーブル名:
テーブル3
テーブルのサイズ変更
プロパティ
ピボットテーブルで集計
重複の削除
範囲に変換
スライサーの挿入
ツール
エクスポート
更新
外部のテーブル データ
見出し行
集計行
縞模様 (行)
最初の列
最後の列
縞模様 (列)
フィルター
テーブル スタイルのオプション
B2
400
商品名 4月 5月 合計
テーブルクロス 400 320 720
トレイ 567 378 945
スパイスラック 390 468 858
耐熱ガラスポット 350 280 630

1 テーブル内の任意のセルをクリックします。[テーブルツール]の[デザイン]タブを開き、[テーブルスタイルのオプション]グループ→[集計行]をクリックして☑にします。集計行が不要になったら、[集計行]を□にしてください。

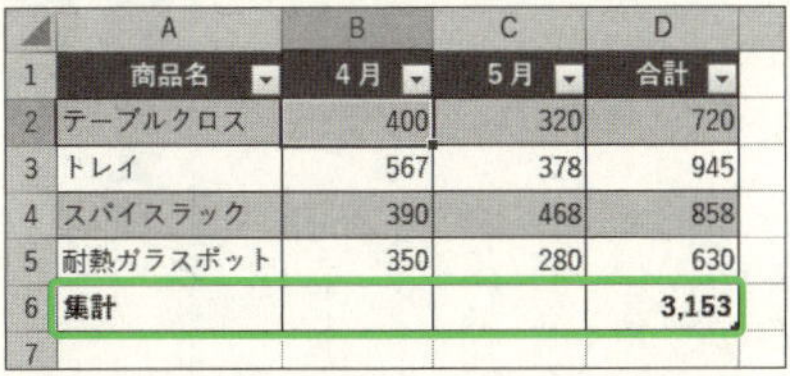

商品名 4月 5月 合計
テーブルクロス 400 320 720
トレイ 567 378 945
スパイスラック 390 468 858
耐熱ガラスポット 350 280 630
集計 3,153

2 集計行が追加され合計が表示されます。

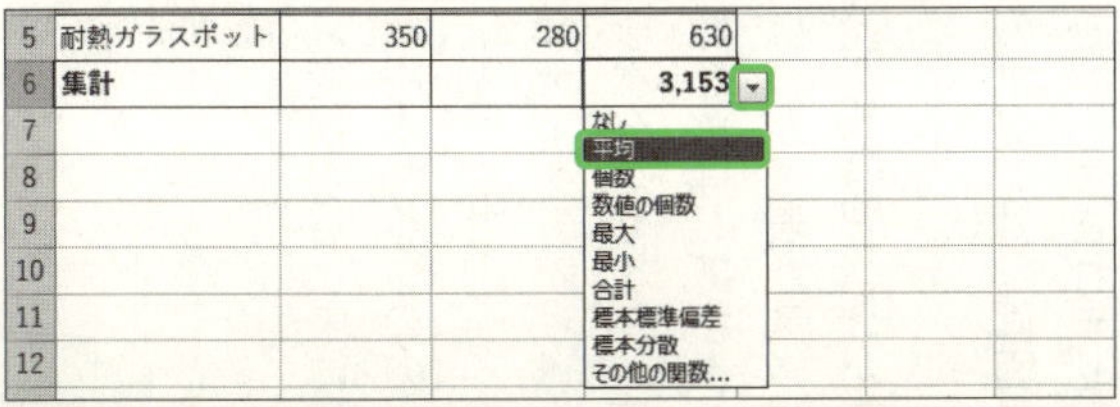

耐熱ガラスポット 350 280 630
集計 3,153
なし
平均
個数
数値の個数
最大
最小
合計
標本標準偏差
標本分散
その他の関数...

! 集計行の計算結果のセルをクリックすると現れる▼をクリックすると、平均や最大値などに変えられます。

書式

「テーブル」にした表のフィルターのみ解除する

仕上がりキレイ

テーブルに変換すると表に整ったスタイルが適用されるものの、見出し行の▼が邪魔になることがあります。これはデータの絞り込みや並べ替えに使うボタンですが、使わないのなら機能を解除してボタンを非表示にしたほうが、表がスッキリします。この機能を解除しても集計(P98参照)は行えます。

なお、このボタンは、画面に表示されていても印刷はされません。

[フィルター]ボタンで見出しの邪魔なボタンは消せる

	A	B	C	D
1	商品名	4月	5月	6月
2	テーブルクロス	400	320	280
3	トレイ	567	378	756
4	スパイスラック	390	468	624
5	耐熱ガラスポット	350	280	210
6				

フィルターを解除すると、テーブルのスタイルを残したまま見出しのボタンが非表示になります。

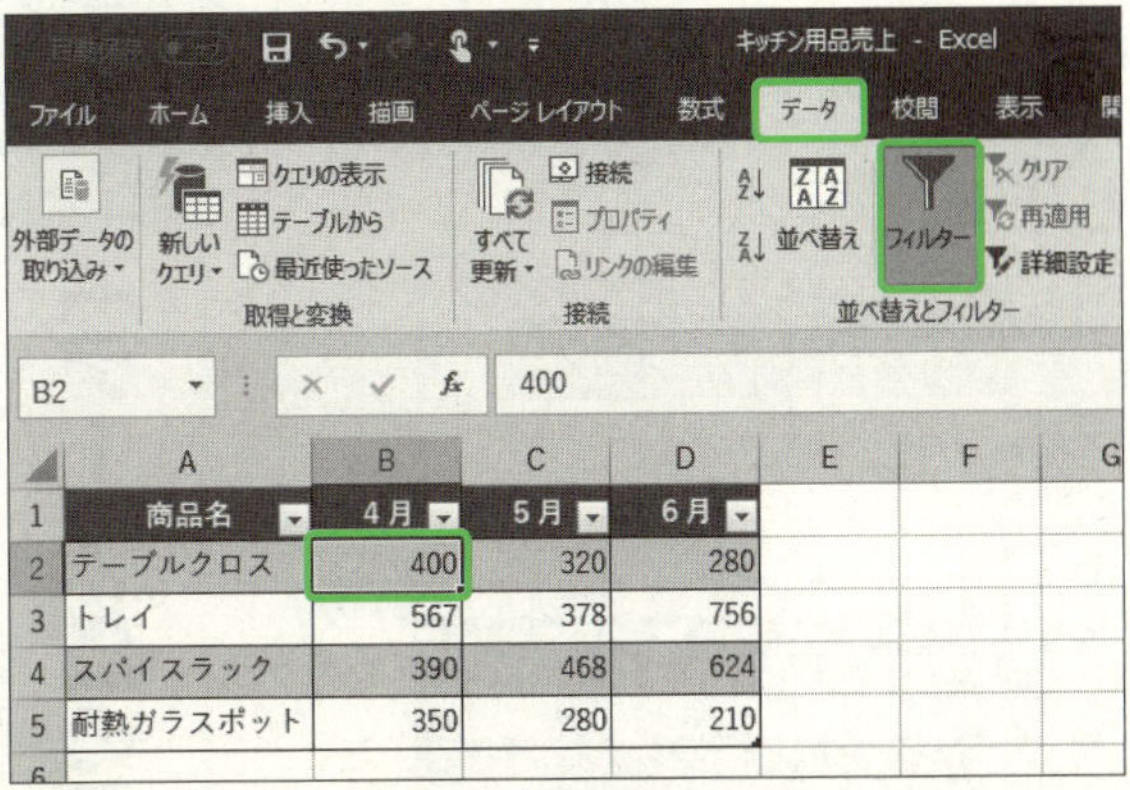

1 テーブル内の任意のセルをクリックします。[データ] タブを開き、[並べ替えとフィルター] グループ→ [フィルター] をクリックすると、見出し行のボタンが非表示になります。この手順を繰り返すと再表示できます。

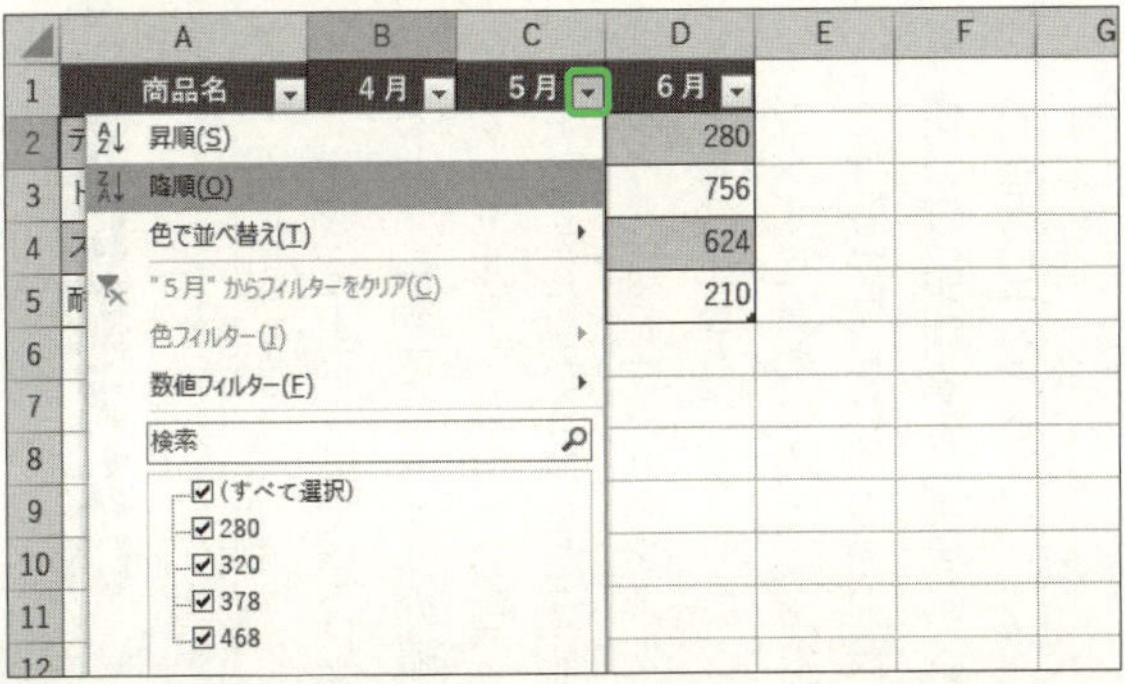

! テーブルの見出しに付いていた▼は「フィルター」機能のボタンです。これを使うとデータの絞り込みや並べ替えができます。フィルターについてはP132～139を参考にしてください。

書式

「テーブル」の雰囲気を一気に変えたい

仕上がりキレイ

[テーブルスタイル]から選ぶだけ

	A	B	C	D	E
1	商品名	4月	5月	6月	
2	テーブルクロス	400	320	280	
3	トレイ	567	378	756	
4	スパイスラック	390	468	624	
5	耐熱ガラスポット	350	280	210	
6					

	A	B	C	D	E
1	商品名	4月	5月	6月	
2	テーブルクロス	400	320	280	
3	トレイ	567	378	756	
4	スパイスラック	390	468	624	
5	耐熱ガラスポット	350	280	210	
6					

テーブルなら、表のスタイルを簡単に変えられます。

表をテーブルに変換（P96参照）すると、自動でスタイルが適用されます。セルやフォントの色、太字の設定などを組み合わせたテーブルのスタイルは、一覧から選ぶだけでいつでも変えられます。サンプルにポインターを合わせると、それを適用した状態が見られるので、表の内容や使い方（印刷するか否かなど）に応じて選択しましょう。

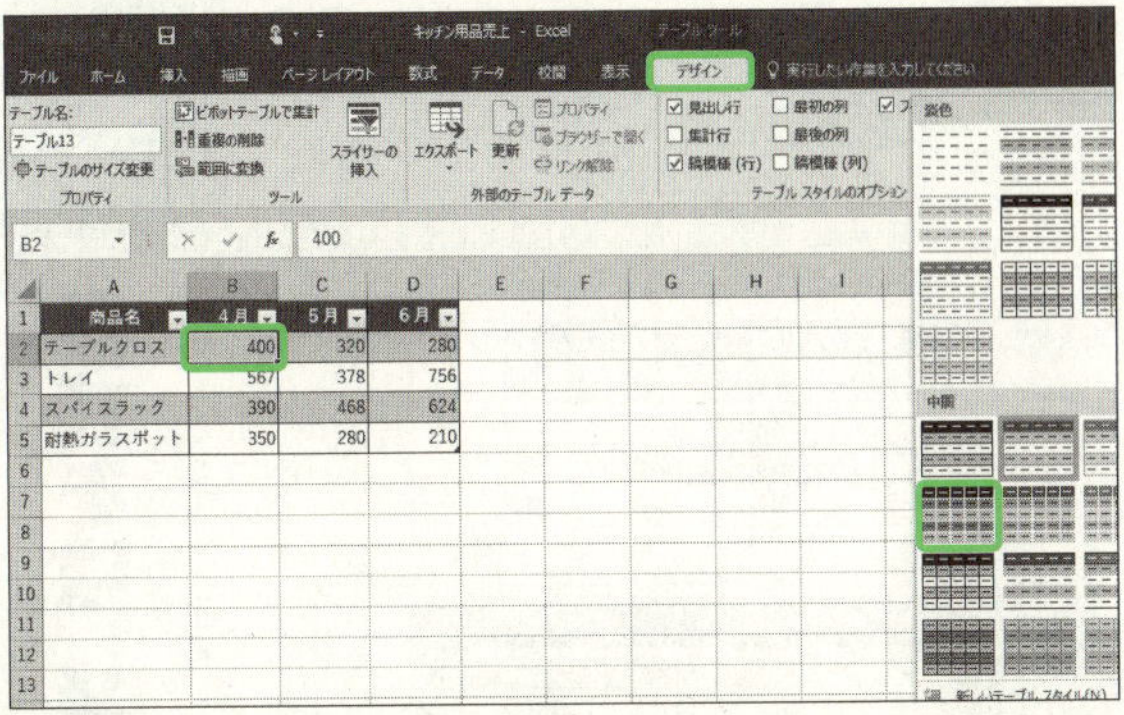

1 テーブル内の任意のセルをクリックします。[テーブルツール]の[デザイン]タブを開き、[テーブルスタイル]グループの[その他]をクリックします。使用するスタイル（デザイン）を選ぶと、セルや文字の色などが変わります。

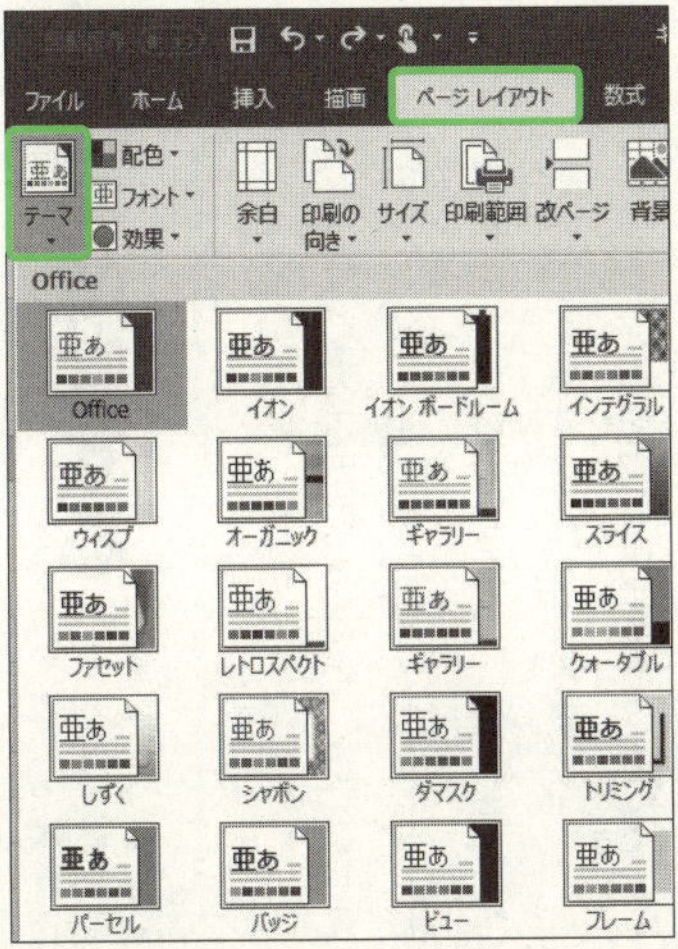

! フォントの種類や色などの組み合わせを[テーマ]と呼びます。ワークシートでは初期値として[Office]というテーマが使われ、テーブルのスタイルにも適用されています。テーマを変えると、フォントや色などを一度に変えられます。テーマを変更するには、[ページレイアウト]タブを開き、[テーマ]グループ→[テーマ]をクリックして、使用するテーマを選んでください。

書式

書式を残して「テーブル」を解除する

これは便利！

テーブルを解除すると、並べ替えやデータを抽出するフィルター、集計行の機能はなくなり、表のデザインだけを残すことができます。

テーブルを解除しても、隣接するセルにデータを入力すると、テーブルの書式が引き継がれることがあります。これは既存の表の書式を拡張する設定になっているためです。書式が設定されてしまったら、P94の方法で解除してください。

[デザイン]タブの[範囲に変換]で解除

	A	B	C	D	E
1	商品名 ▼	4月 ▼	5月 ▼	6月 ▼	
2	テーブルクロス	400	320	280	
3	トレイ	567	378	756	
4	スパイスラック	390	468	624	
5	耐熱ガラスポット	350	280	210	

↓

	A	B	C	D	E
1	商品名	4月	5月	6月	
2	テーブルクロス	400	320	280	
3	トレイ	567	378	756	
4	スパイスラック	390	468	624	
5	耐熱ガラスポット	350	280	210	

テーブルを解除しても、罫線やセルの色などは残ります。

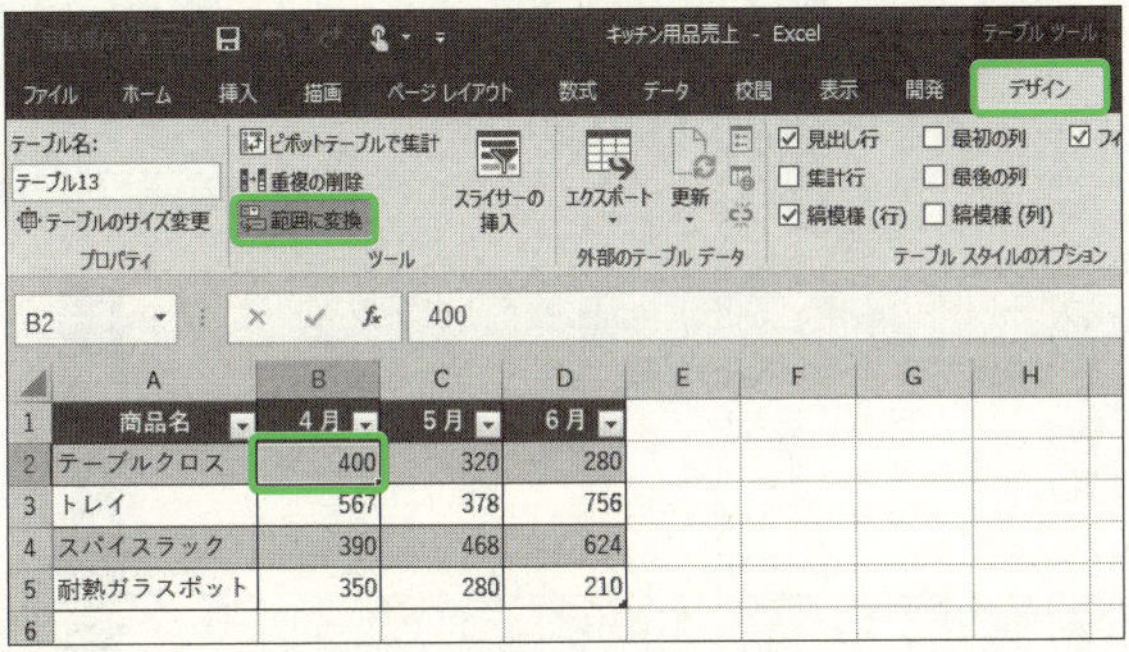

1 テーブル内の任意のセルをクリックします。[テーブルツール]の[デザイン]タブを開き、[ツール]グループ→[範囲に変換]をクリックします。

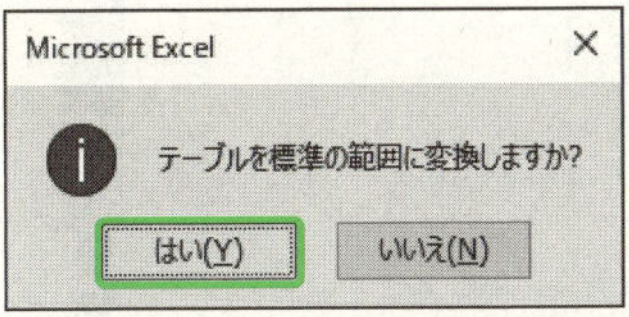

2 [はい]をクリックします。

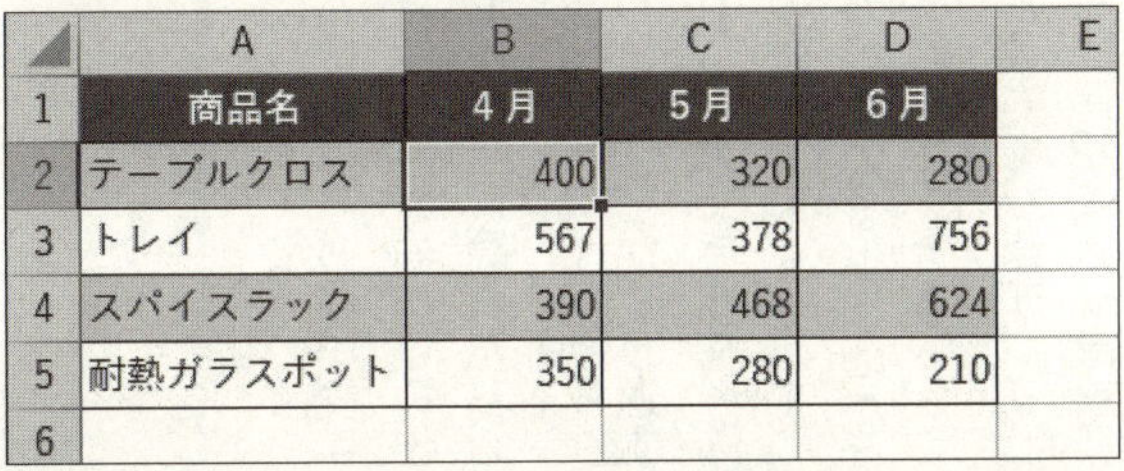

3 テーブル機能(集計やフィルター)は解除されますが、書式は残ります。

書式

長い文章をセルに表示する

[折り返して全体を表示する]ではみ出しを解消する

	A	B	C
1	特集記事についての意見交換		
2			

	A	B	C
1	特集記事についての 意見交換		

セルの幅に合わせて折り返す設定にすれば、長い文章でも1つのセルに入ります。

セルの幅よりも長い文字列を入力すると、文字が右にはみ出たり、右隣のセルの下に隠れたりします。

このようなトラブルは、セルの幅に合わせて文字が折り返すように設定すれば解消できます。

この設定をすると、1つのセルに複数の行が入るようになりますが、セルの高さが足りなくて、文字が欠けることもあります。これを解消する方法はP42にあります。

基本のキホン

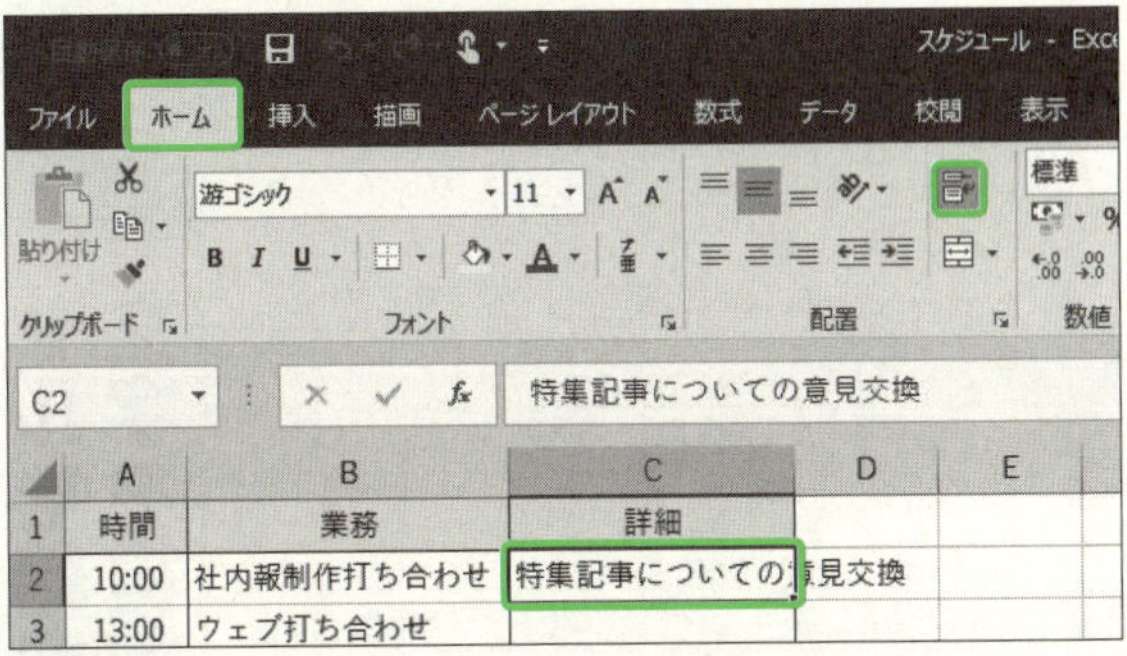

1 文字を折り返して表示するセルを選択します。[ホーム]タブを開き、[配置]グループ→[折り返して全体を表示する]をクリックします。

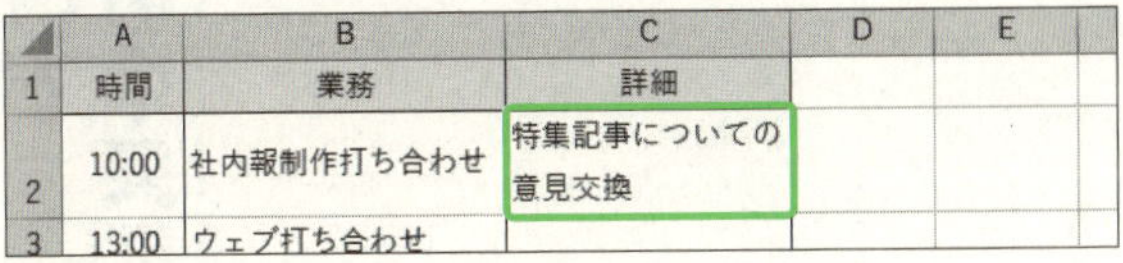

2 セルの幅に合わせて文字が折り返して表示されます。

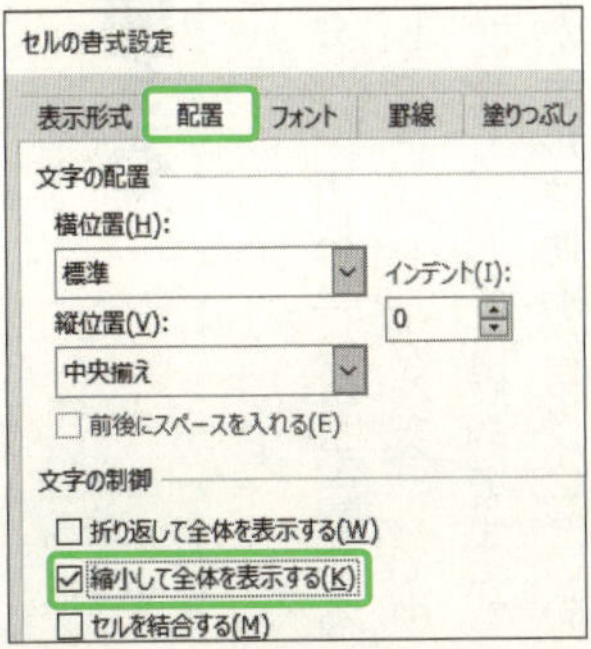

! セルからはみ出ている文字が数文字程度なら、縮小して収める方法もあります。対象とするセルを右クリックして[セルの書式設定]を選び、[配置]タブを開いて、[縮小して全体を表示する]を☑にしてください。

書式

セルを結合しないで文字を複数セルの中央に配置する

これは便利！

複数セルの中央に文字を配置する方法としては、［セルを結合して中央揃え］にするのが一般的ですが、結合したセルは個別に扱えないので、あとから編集するには不便です。［選択範囲内で中央］を使って文字を配置すると、個々のセルを独立して扱えます。一部のセルに色をつけたり、列の移動ができるなど、結合するのと比べて編集の自由度が格段にアップします。

［選択範囲内で中央］にすれば中央に配置され、列移動も可能

	A	B	C	D	E
1	会議室／応接室予約表				
2					
3		会議室A	会議室B	応接室	
4	9:00			○	

↓

	A	B	C	D	E
1		会議室／応接室予約表			
2					
3		会議室A	会議室B	応接室	
4	9:00			○	

表のタイトルを「A1」から「D1」の中央に配置しました。

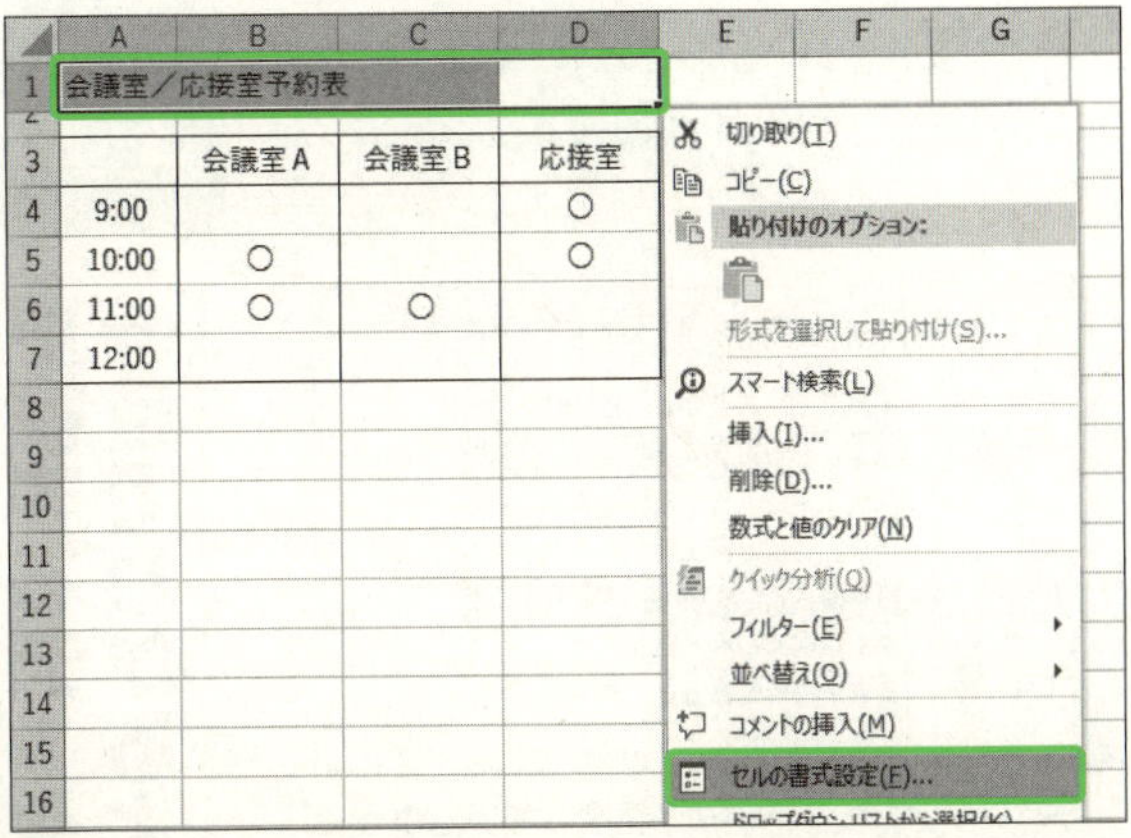

1 文字を配置する複数のセルを選択して右クリックし、[セルの書式設定]を選びます。

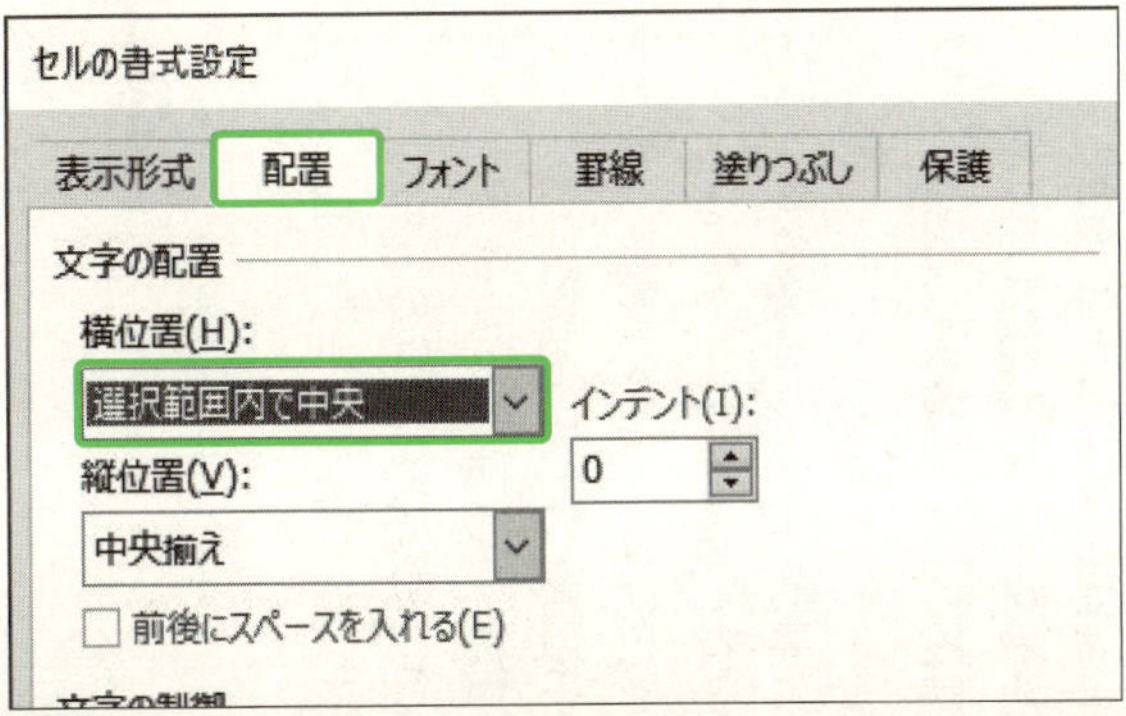

2 [配置]タブを開き、[横位置]欄の▽をクリックして[選択範囲内で中央]を選び、[OK]をクリックすると選択したセルの中央に文字が配置されます。この方法は横方向にのみ有効です。

重複するデータを一目でわかるようにする

［条件付き書式］を使えば重複データは自動でわかる

	A	B	C
1	氏名	住所	
2	青木　翔太	千葉県市川市真間０－０－０	
3	伊藤　美咲	東京都杉並区天沼０－０－０	
4	大野　大輝	神奈川県横浜市中区柏葉０－０－０	
5	加藤　拓海	東京都世田谷区上馬０－０－０	
6	伊藤　美咲	東京都杉並区天沼０－０－０	
7	木村　優香	埼玉県朝霞市根岸台０－０－０	
8	小林　智也	東京都目黒区鷹番０－０－０	
9			

「伊藤 美咲」さんのデータが重複しているようです。「氏名」と「住所」が重複しているので同一人物だとわかります。

同じデータを繰り返して入力してしまうのは、誰にでもあることです。こんなミスを防ぐのに役立つのが［条件付き書式］の［重複する値］です。重複するデータに色を付けてくれるので、一目で見分けられます。内容を確認したら、必要に応じて削除しましょう。

また、入力前にこの設定をしておくと、重複したデータの入力と同時に色が付き、注意を促せます。

これは便利！

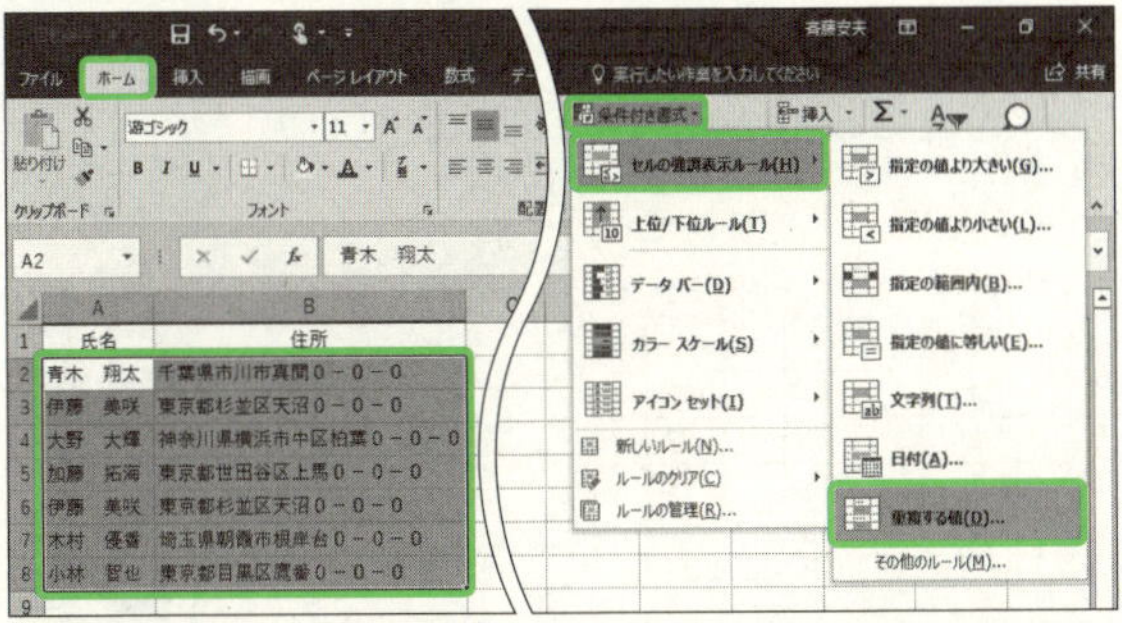

1 重複するデータの有無を調べる範囲を選択し、[ホーム] タブを開きます。[スタイル] グループ→[条件付き書式]→[セルの強調表示ルール]→[重複する値] を選択します。

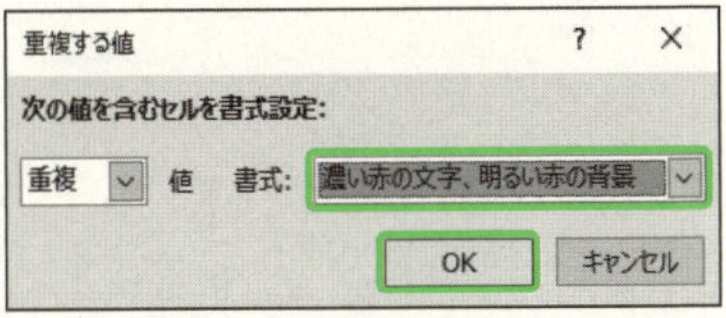

2 [書式] 欄の ▼ をクリックして重複データのセルに付ける書式を選択し、[OK]をクリックします。

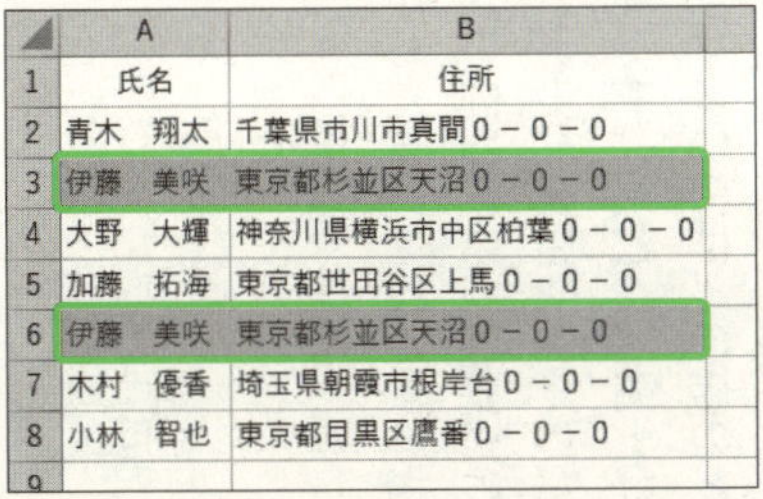

	A	B
1	氏名	住所
2	青木　翔太	千葉県市川市真間０－０－０
3	伊藤　美咲	東京都杉並区天沼０－０－０
4	大野　大輝	神奈川県横浜市中区柏葉０－０－０
5	加藤　拓海	東京都世田谷区上馬０－０－０
6	伊藤　美咲	東京都杉並区天沼０－０－０
7	木村　優香	埼玉県朝霞市根岸台０－０－０
8	小林　智也	東京都目黒区鷹番０－０－０
9		

3 重複データがあると、❷で指定した書式が適用されます。

目標に達した数値のセルに自動で色付けする

[セルの強調ルール]で色を付ける条件を設定する

	A	B	C
1		4月	5月
2	東店	100	150
3	西店	250	230
4	南店	150	180
5	北店	160	170

		B	C
1		4月	5月
2	東店	100	150
3	西店	250	230
4	南店	150	180
5	北店	160	170

「170」より大きい数値に色が付くように設定しました。

[条件付き書式]は、条件に一致したセルに指定した書式を設定する機能です。セルの内容によって書式に変化を付け、データを見やすくしたいときに便利です。たとえば売上げが「170」より多いのはどの店のどの月かを知りたいといったシチュエーションで使います。

条件をさらに追加すれば、データをより細かく分析するのにも役立ちます。

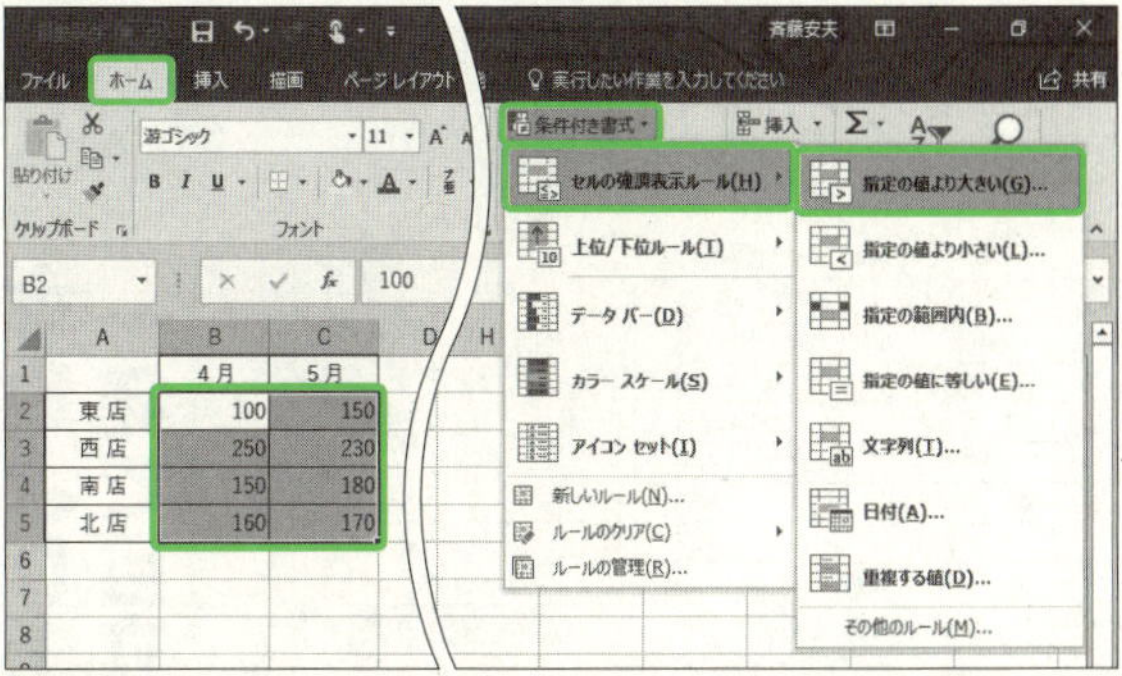

1 条件に応じてセルに色を付ける範囲を選択し、[ホーム] タブを開きます。[スタイル] グループ→[条件付き書式]→[セルの強調表示ルール]→[指定の値より大きい] を選びます。ルールは条件に応じて選択してください。

2 左の欄に条件とする数値を入力します。最初から数値が入っていたら削除してください。[書式] 欄の⌄をクリックして、条件に一致したセルに適用する書式を選び、[OK]をクリックします。

	A	B	C
1		4月	5月
2	東店	100	150
3	西店	250	230
4	南店	150	180
5	北店	160	170
6			

3 条件に合ったデータの書式が変わります。❶❷を繰り返せば条件を追加できます。

抽出・並べ替え

平均より上の数値を一発で目立たせる

データを活かす

［上位／下位ルール］で［平均より上］を選ぶ

	A	B
1	担当者	売上金額（千円）
2	石井　英人	4,600
3	川口　翔	2,500
4	木村　美鈴	3,010
5	本間　亮太	2,800
6	見村　愛実	4,300

	A	B
1	担当者	売上金額（千円）
2	石井　英人	4,600
3	川口　翔	2,500
4	木村　美鈴	3,010
5	本間　亮太	2,800
6	見村　愛実	4,300

平均より大きい金額のセルに背景の色と文字色が付くように設定すると、一目で見分けられます。

売上を集計した表から「平均より上」の金額を抜き出すには、まず平均額を計算して、その結果と個々の数値を比べるという作業が必要になります。

この手間を大幅に省いてくれるのが、［条件付き書式］です。［上位／下位ルール］で［平均より上］を選ぶだけで、平均より上の数値のセルに書式が設定されます。平均を計算する必要はありません。

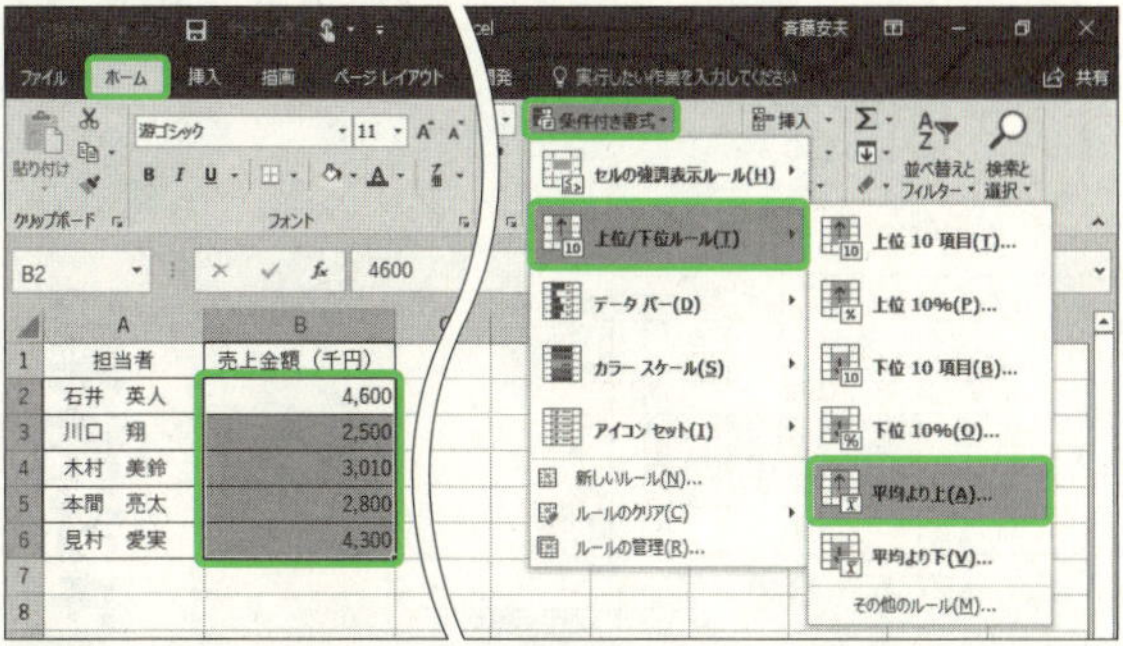

1 条件に応じて色を付ける範囲を選択し、[ホーム]タブを開きます。[スタイル]グループ→[条件付き書式]→[上位／下位ルール]→[平均より上]を選びます。

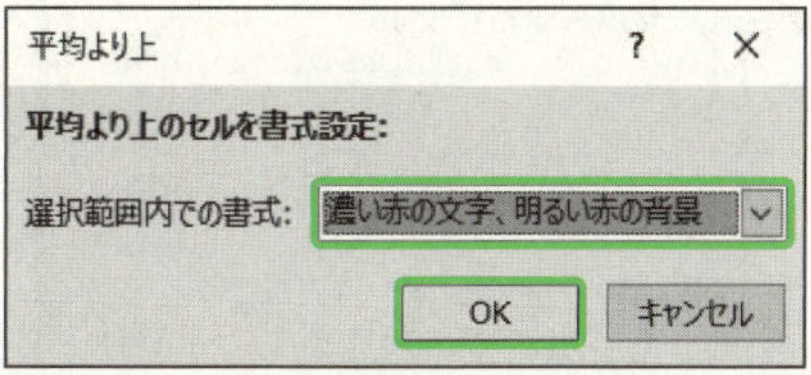

2 [選択範囲内での書式]欄の⌄をクリックして、条件に一致したセルに適用する書式を選び、[OK]をクリックします。

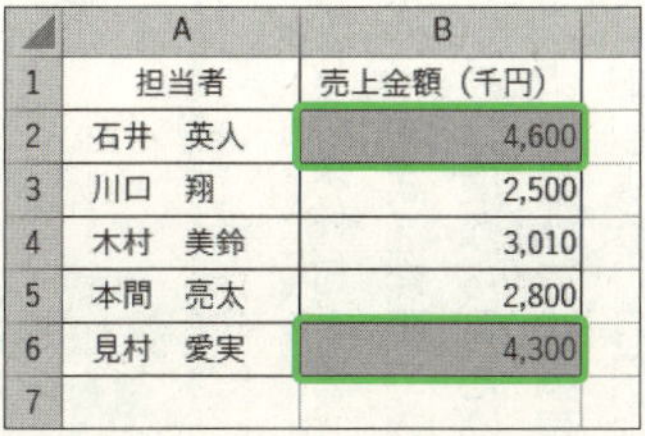

3 平均より上のデータが入ったセルの書式が変わります。

［条件付き書式］の条件を変更する

［ルールの管理］で条件や書式を変える

	A	B	C
1		4月	5月
2	東店	100	150
3	西店	250	230
4	南店	150	180
5	北店	160	170

	A	B	C
1		4月	5月
2	東店	100	150
3	西店	250	230
4	南店	150	180
5	北店	160	170

「170より大きい」という条件を「170以下」に変えると、強調されるセルも変わります。

いったん設定した条件付き書式は、あとから条件や書式を変更できます。データを別の角度から見たいときには、［ルールの管理］で強調表示する条件を変えましょう。

［ルールの管理］は条件の削除にも使います。複数の条件があったら、削除するものを選ぶこともできます。不要な条件は削除しておかないと、データを入力したときに思わぬ書式が現れるトラブルになります。

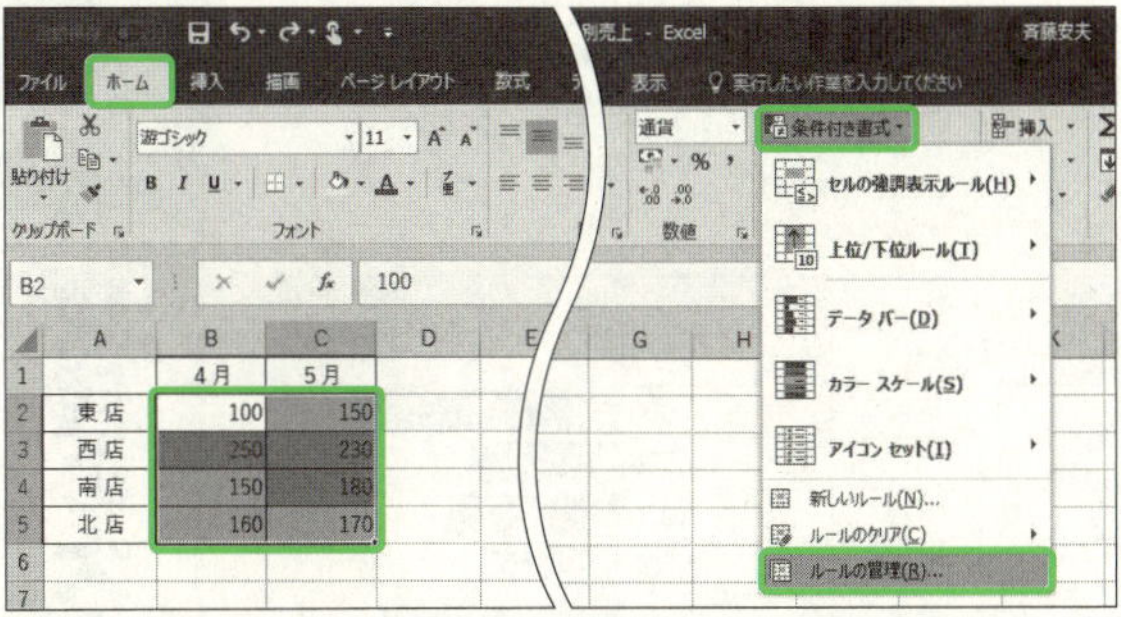

1 条件付き書式を設定してある範囲を選択し、[ホーム]タブを開きます。[スタイル]グループ→[条件付き書式]→[ルールの管理]を選びます。

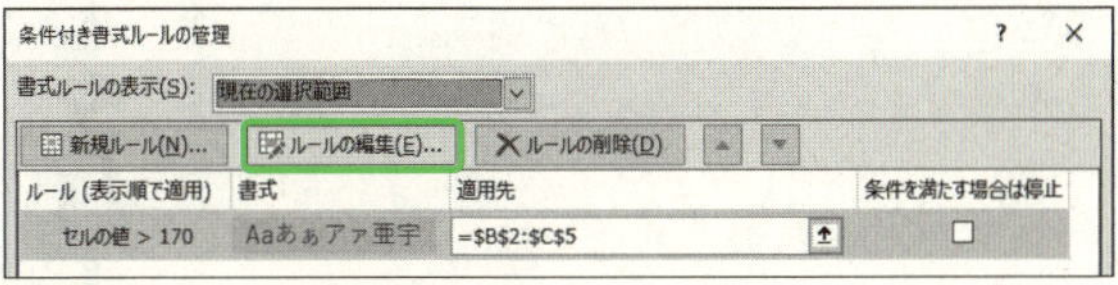

2 [ルールの編集]をクリックします。複数の条件があったら、変更する条件を選んでからクリックします。また、ここで条件を選んで[ルールの削除]をクリックすれば、条件を削除できます。

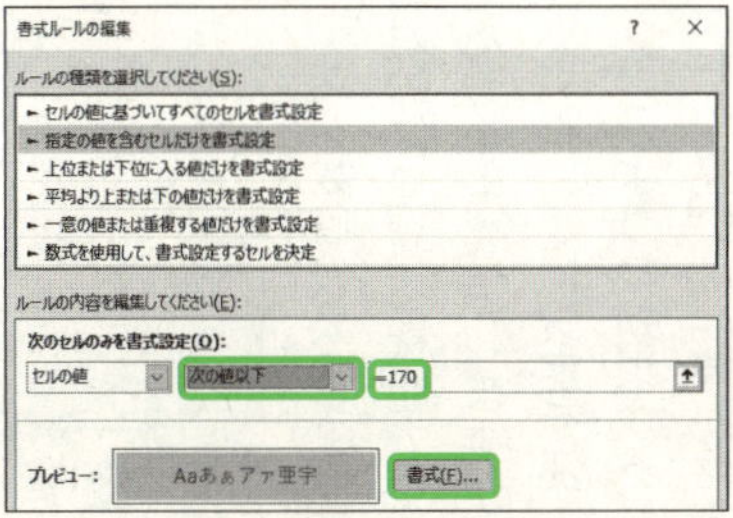

3 [次のセルのみを書式設定]欄で判定方法や基準となる数値を変更します。[書式]をクリックすればセルに適用する書式も変えられます。変更が終わったら[OK]をクリックします。

数値の大小をデータバーで表す

[棒のみ表示]で数値の隣にデータバーだけを表示する

	A	B	C
1	担当者	売上（千円）	
2	石井　英人	4,600	
3	川口　翔	2,500	
4	木村　美鈴	3,010	
5	本間　亮太	2,800	
6	見村　愛実	4,300	
7			

数値の隣にデータバーを表示すると、データの大小を一目でつかめます。

データバーは、数値の大きさを棒の長さで相対的に見せる機能です。数値が入ったセルに表示しますが、棒だけを表示するように設定を変えれば、棒グラフのような効果があります。グラフとの違いは、棒がセルに表示されることです。このため、グラフのように表との位置合わせをする必要がありません。表の一部として棒グラフのように使いたいときにおすすめです。

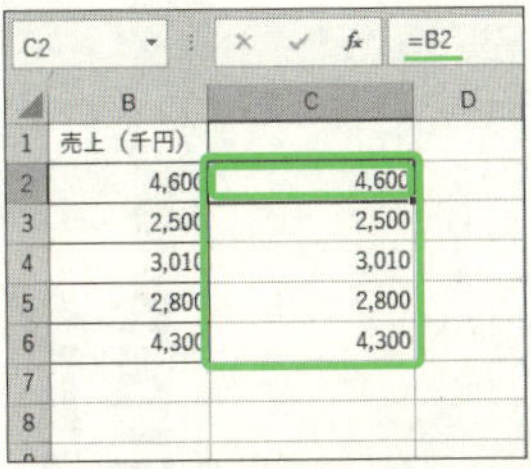

1 データバーを表示するセルをクリックし、データバーにする数値を参照します。参照は「=」を入力して対象のセルをクリックし、[Enter]キーを押せば設定できます。図では「C2」に「B2」への参照を設定してあります。「C3」~「C6」も同様に左隣のセルを参照します。

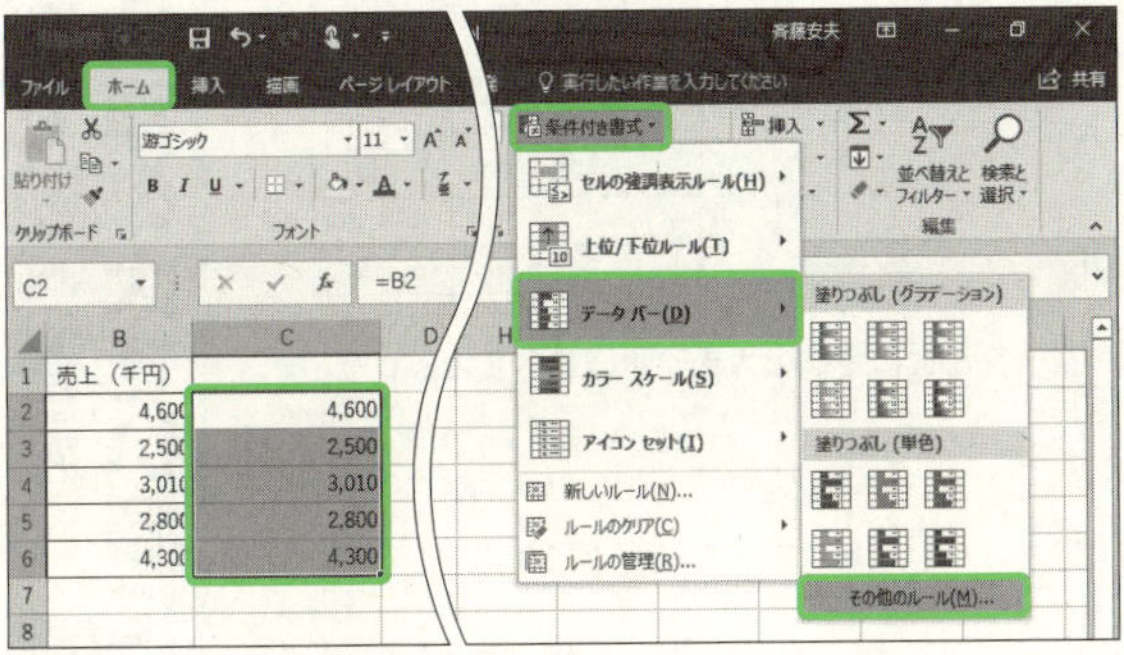

2 データバーで表示する範囲を選択します。[ホーム]タブを開き、[スタイル]グループ→[条件付き書式]→[データバー]→[その他のルール]を選択します。

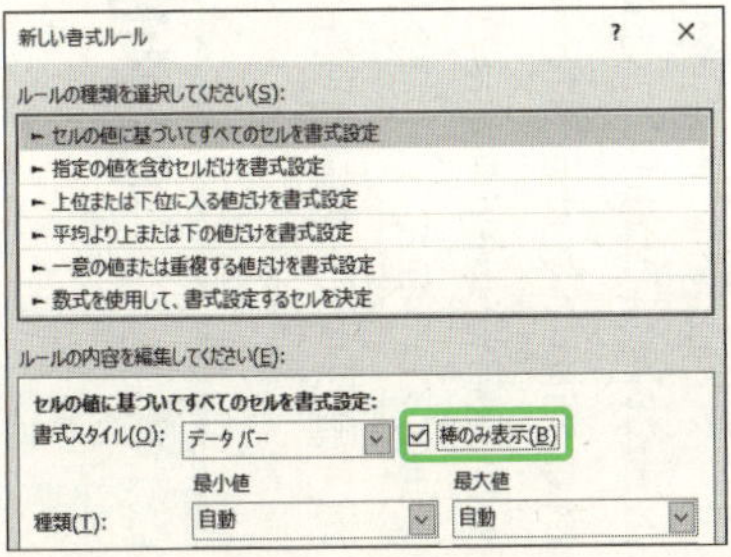

3 [棒のみ表示]をクリックして☑にします。[OK]をクリックすると❷の範囲にデータバーのみが表示されます。

抽出・並べ替え

グループで並べ替え、さらに金額の大きい順に並べ替える

データを活かす

[並べ替え]画面なら複数の条件で並べ替えられる

	A	B	C	D
1	グループ	担当者	金額	
2	A	石井	4,600	
3	B	川口	2,500	
4	A	木村	3,010	
5	A	本間	2,800	
6	B	見村	4,300	

	A	B	C
1	グループ	担当者	金額
2	A	石井	4,600
3	A	木村	3,010
4	A	本間	2,800
5	B	見村	4,300
6	B	川口	2,500

グループごとに金額の大きい順に並べ替えました。

データを大きい順や小さい順、五十音順に並べ替えるには[並べ替え]を使います。並べ替える条件が1つなら、基準の列のセルを選択して[データ]タブにあるAZ↓またはZA↓をクリックするだけです。「グループ名順でさらに金額の多い順」という具合に複数の条件なら、[並べ替え]画面を呼び出して設定します。

並べ替えの「昇順」は小さい順、「降順」は大きい順のことです。

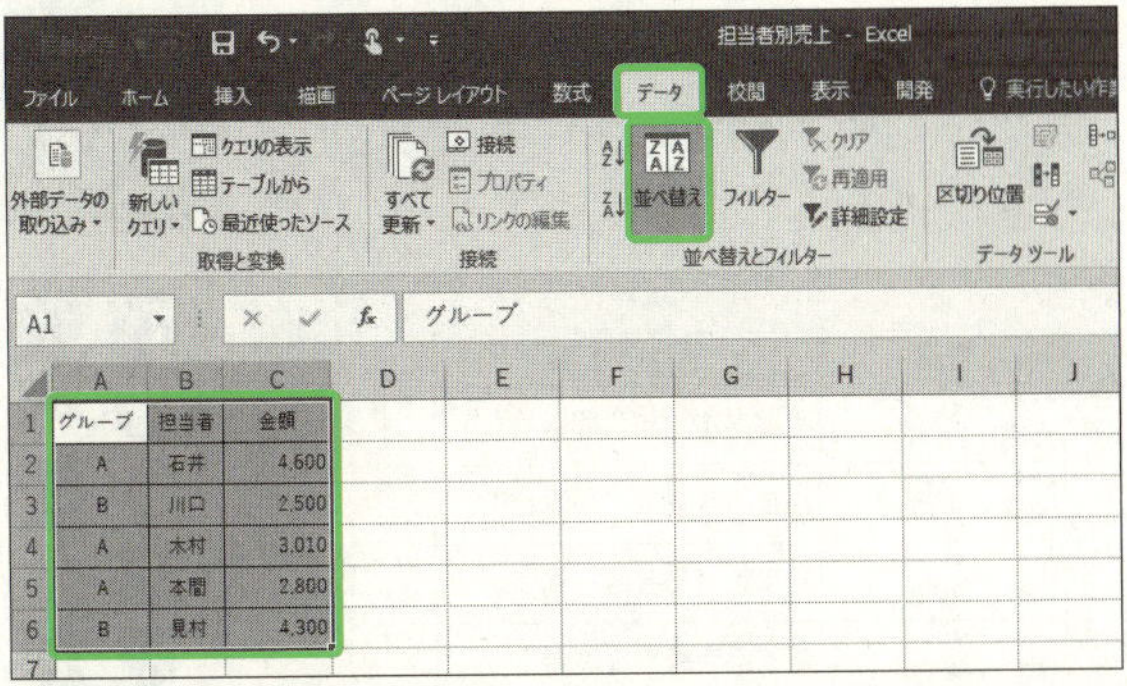

1 データを並べ替える範囲を選択し、[データ]タブを開きます。[並べ替えとフィルター]グループ→[並べ替え]をクリックします。

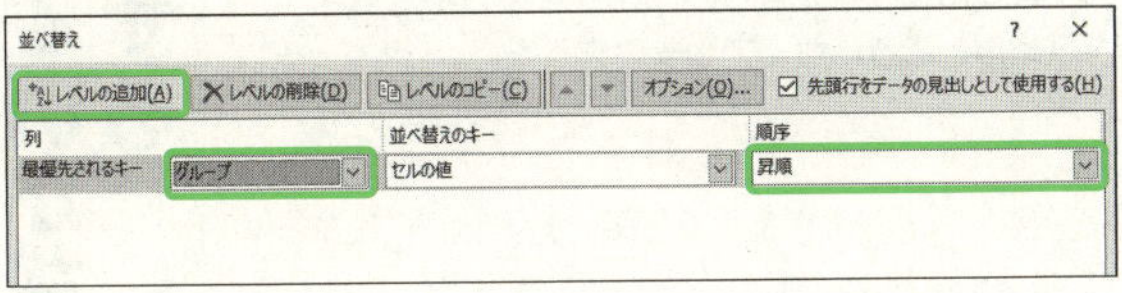

2 [最優先されるキー]欄の▼をクリックして、並べ替えの1つ目の基準を選びます。[順序]欄の▼をクリックして並べ替えの順序を選びます。並べ替えの基準を追加するために[レベルの追加]をクリックします。

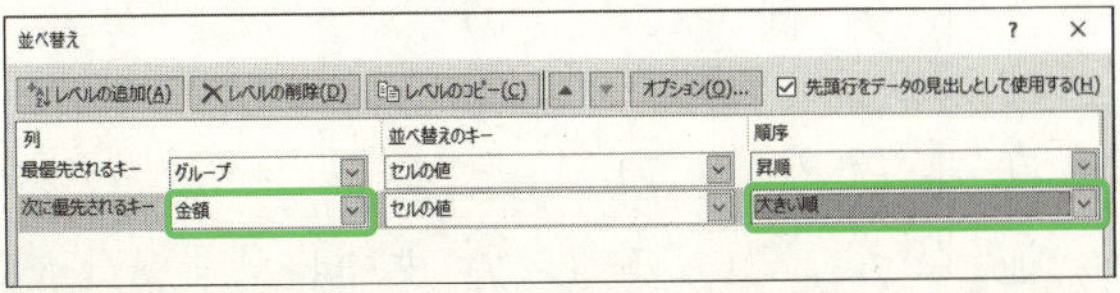

3 ❷と同様にして、[次に優先されるキー]欄で並べ替えの次の基準を選びます。[OK]をクリックすると、データが並べ替わります。

抽出・並べ替え

並べ替えがうまくいかない！ ふりがなを変更する

トラブル退治

「ふりがな」を修正して並べ替えなおす

	A	B	C
1	氏名	住所1	
2	青木《アオキ》 翔太《ショウタ》	千葉県市川市真間	
3	大野《オオノ》 大輝《ダイキ》	神奈川県横浜市中区柏葉	
4	加藤《カトウ》 拓海《タクミ》	東京都世田谷区上馬	
5	木村《キムラ》 優香《ユウカ》	埼玉県朝霞市根岸台	
6	飯川《メシカワ》 健一《ケンイチ》	東京都東五反田	
7			

五十音順に並べ替えたら、「飯川（イイカワ）」さんが思わぬところに並んでしまいました。

文字の並べ替えは、初期設定ではふりがなによって行われます。ふりがなには、その文字を入力したときの「読み」が使われます。しかし、いつも正しい読みで入力するとは限りません。名簿を五十音順に並べ替えたのに正しい順にならないというトラブルは、入力時の読みが適切でなかったために起こります。これは、ふりがなを修正してから並べ替えれば解決できます。

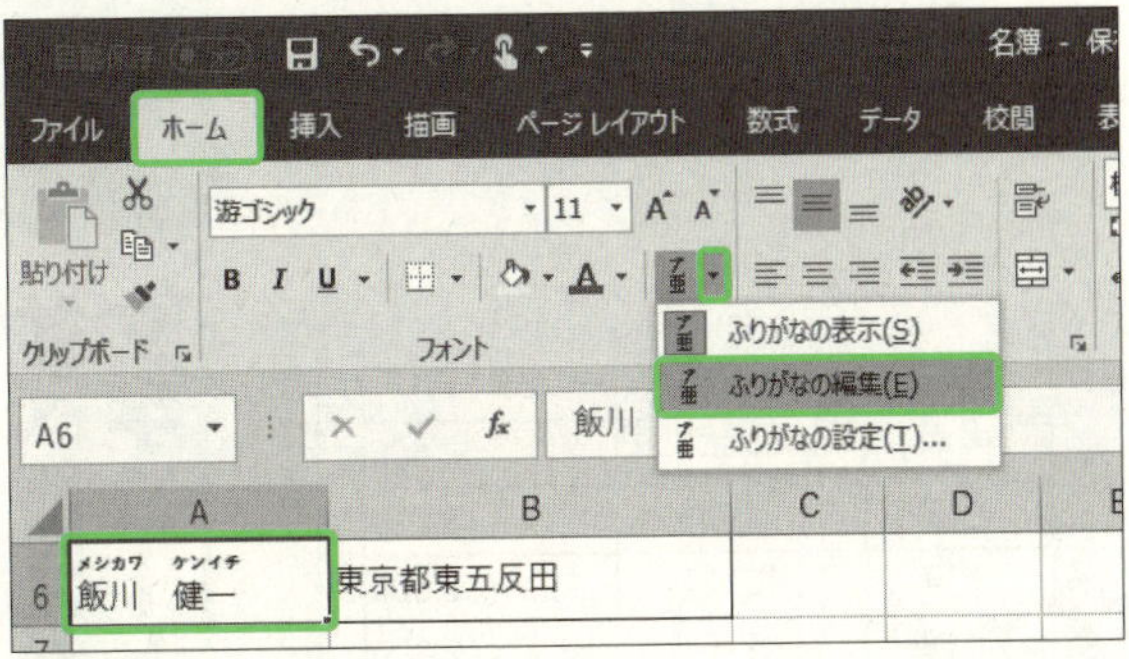

1 ふりがなを修正するセルを選択し、[ホーム] タブを開きます。[フォント]グループのの▾をクリックし、[ふりがなの編集] を選択します。図ではわかりやすいよう、ふりがなを表示しています。

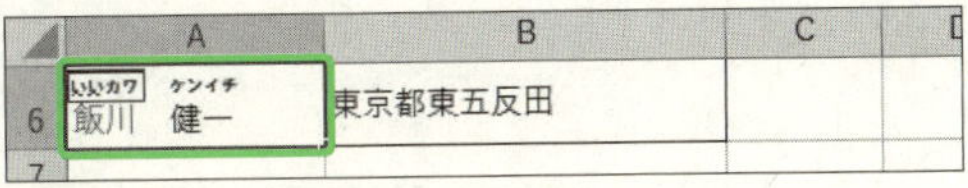

2 ふりがなの部分が編集できるようになるので、なおします。[Enter]キーを押してふりがなを確定します。

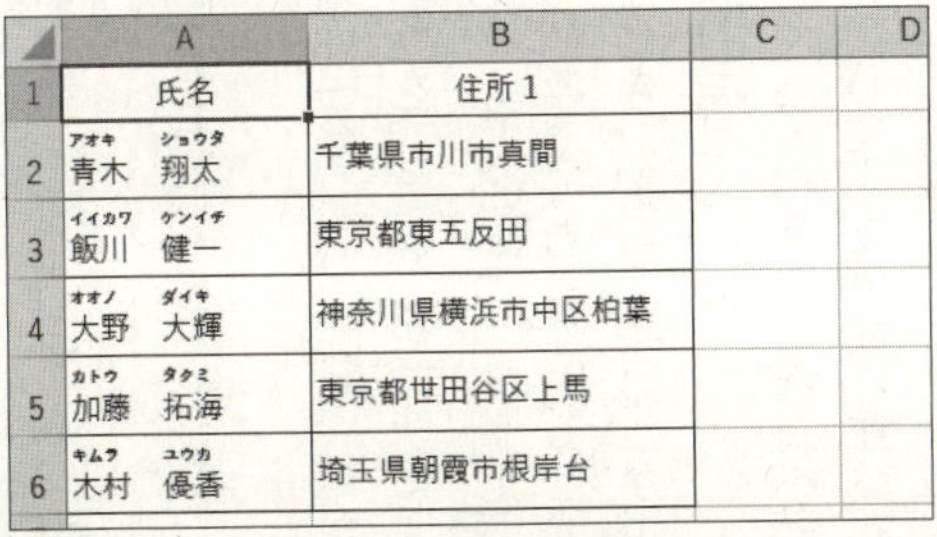

3 もう一度並べ替えます。範囲を選択し、[データ] タブを開き、[並べ替えとフィルター] グループのをクリックします。ふりがなの五十音順に並べ変わります。

抽出・並べ替え

並べ替えがうまくいかない！文字コード順にする

トラブル退治

「ふりがな」を使わずに並べ替えると文字コード順になる

	A	B	C
1	営業所	担当者	売上（千円）
2	西部	石井 英人	4,600
3	西部	木村 美鈴	3,010
4	東部	川口 翔	2,500
5	西部	本間 亮太	2,800
6	東部	見村 愛実	4,300
7			

営業所名を基準として昇順に並べ替えようとしましたが、うまくいきません。

「東部」を「とうぶ」や「ひがしぶ」、「西部」を「せいぶ」や「にしぶ」から変換したというように、同じ漢字を異なる読みで入力していると、並べ替えたときに「東部」「西部」が1カ所に集まりません。

たくさんのデータを並べ替える際に、同じ文字を確実に並べたいときは、「ふりがなを使わない」設定にするとうまくいきます。こうすると「文字コード」順に並びます。

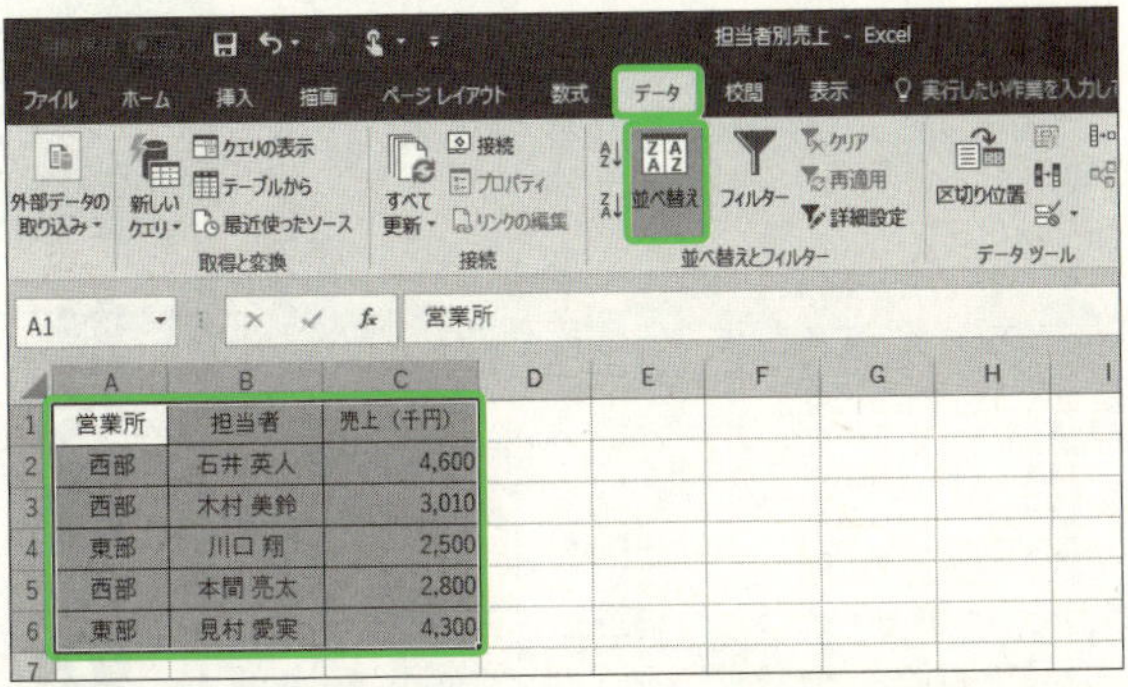

1 並べ替える範囲を選択し、[データ] タブを開きます。[並べ替えとフィルター] グループ→[並べ替え]をクリックします。

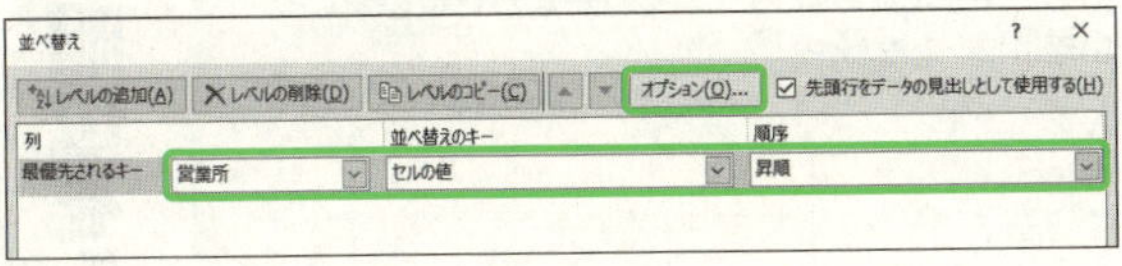

2 並べ替えの設定をしたら[オプション]をクリックします。

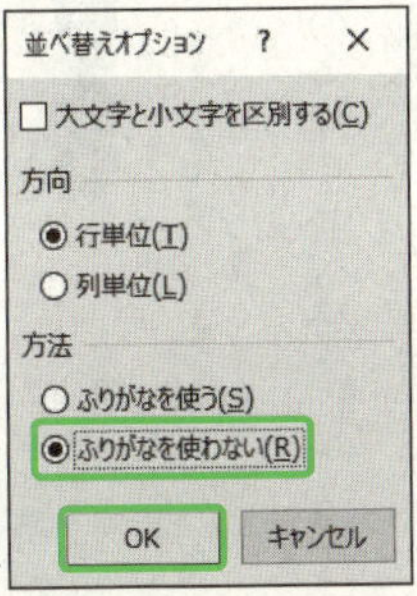

3 [ふりがなを使わない] をクリックして ◉ にし、[OK] をクリックして開いている画面を閉じます。

4 文字コードを使って並べ替えられます。

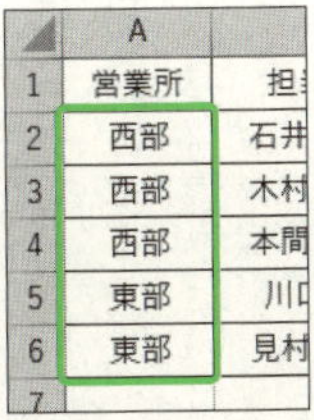

並べ替えの優先順位を入れ替える

[並べ替え]画面を呼び出して並べ替えの基準を入れ替える

	A	B	C
1	ツアー名	料金	日数
2	有馬温泉	43,800	2
3	博多フリー	56,800	2
4	札幌フリー	59,800	2
5	四国名所	56,800	3
6	沖縄フリー	59,800	3
7			

	A	B	C
1	ツアー名	料金	日数
2	有馬温泉	43,800	2
3	博多フリー	56,800	2
4	四国名所	56,800	3
5	札幌フリー	59,800	2
6	沖縄フリー	59,800	3
7			

「日数の少ない順」で「同じ日数なら料金の安い順」から「料金の安い順」で「同じ料金なら日数の少ない順」に変えました。

複数の条件で並べ替えしている表では、並べ替えの基準を変えられます。たとえば、旅行プランを「日数の少ない順」で、「同じ日数なら料金の安い順」に並べた表を、「料金の安い順」で、「同じ料金なら日数の少ない順」に変えられます。

並べ替えの基準を変えると、同じデータの見え方も変わります。データをさまざまな角度から読みたいときに活用してください。

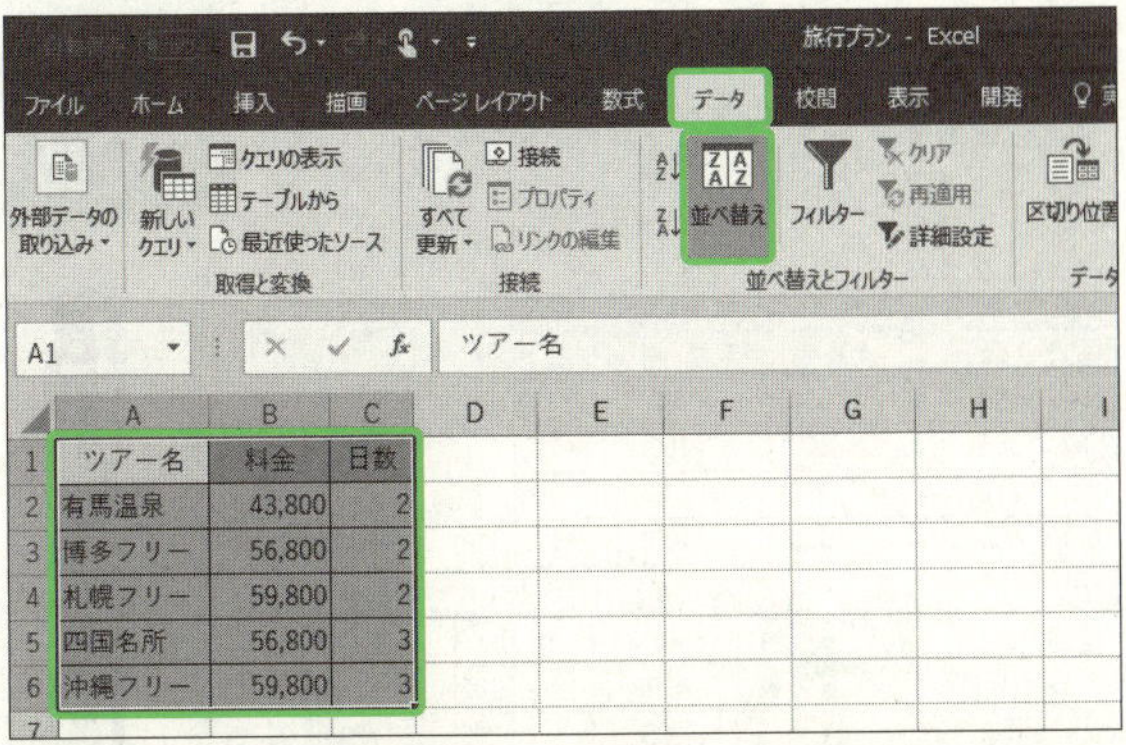

1 「日数の少ない順」で「同じ日数なら料金の安い順」に並べた表があります。並べ替えの基準を変えるために、対象とする範囲を選択し、［データ］タブを開きます。［並べ替えとフィルター］グループ→［並べ替え］をクリックします。

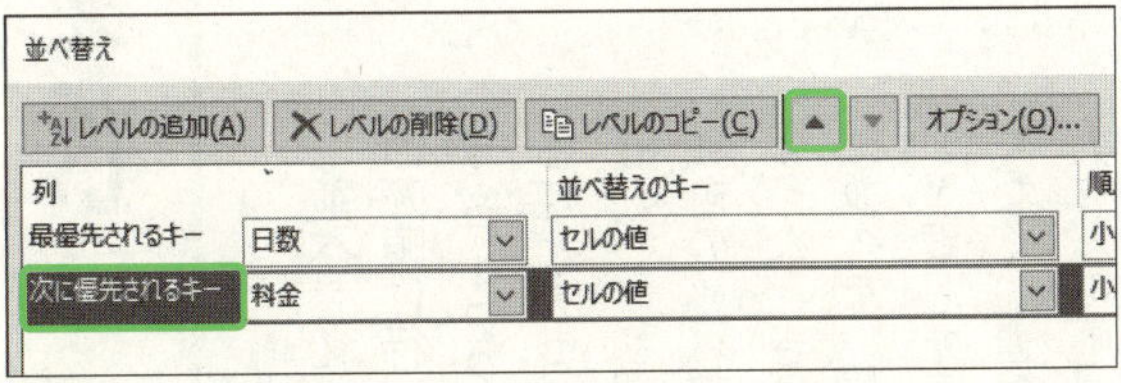

2 優先順位を変更するキーをクリックし、▲または▼をクリックして順位を変えて、［OK］をクリックします。

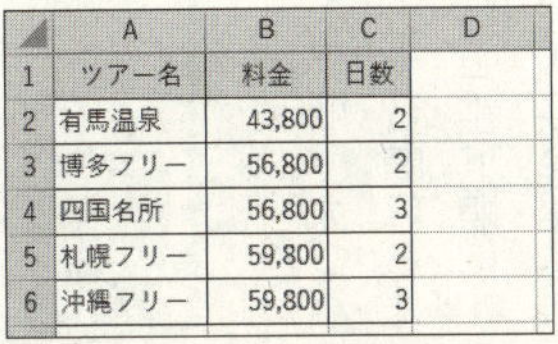

	A	B	C	D
1	ツアー名	料金	日数	
2	有馬温泉	43,800	2	
3	博多フリー	56,800	2	
4	四国名所	56,800	3	
5	札幌フリー	59,800	2	
6	沖縄フリー	59,800	3	

3 データが並び替わります。

抽出・並べ替え

指定した順に並べ替えたい

これは便利！

[ユーザー設定リスト]にリストを登録して、並べ替えに使う

	A	B	C	D
1	店	4月	5月	6月
2	南店	150	180	220
3	東店	100	150	120
4	西店	250	230	190
5	北店	160	170	190
6				

	A	B	C
1	店	4月	5月
2	東店	100	150
3	西店	250	230
4	南店	150	180
5	北店	160	170
6			

店名を指定した順に並べ替えました。

並べ替えは小→大の昇順、大→小の降順に行います。五十音順にしたり(P122参照)文字コード順にすることも(P124参照)できます。しかし、初期値では店名順のような独自の並べ替えはできません。このようなときは「ユーザー設定リスト」に並べたい順にデータを登録します。

登録したデータは、並べ替えだけでなく、連続入力にも使えます。入力方法は曜日と同じです(P10参照)。

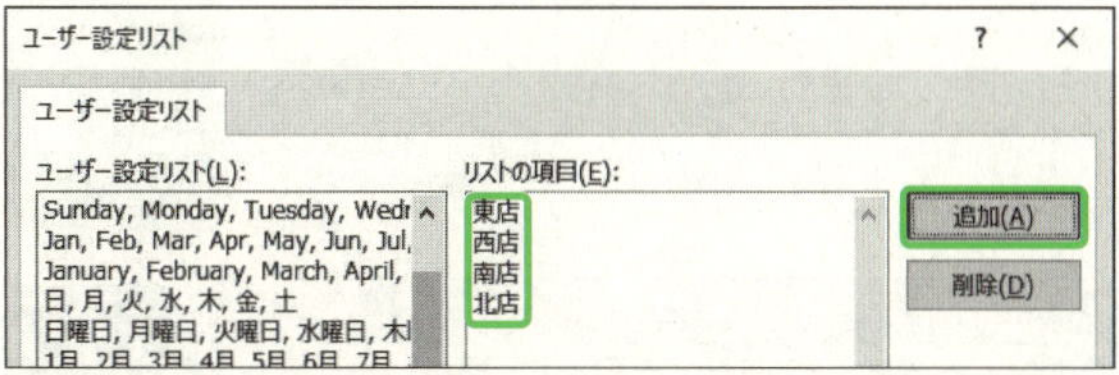

1 ［ファイル］タブを開き［オプション］を選択します。次の画面左側で［詳細設定］を選び、［ユーザー設定リストの編集］をクリックします。［リストの項目］欄に並べ替えたい順にデータを入力して［追加］をクリックし、［OK］をクリックします。

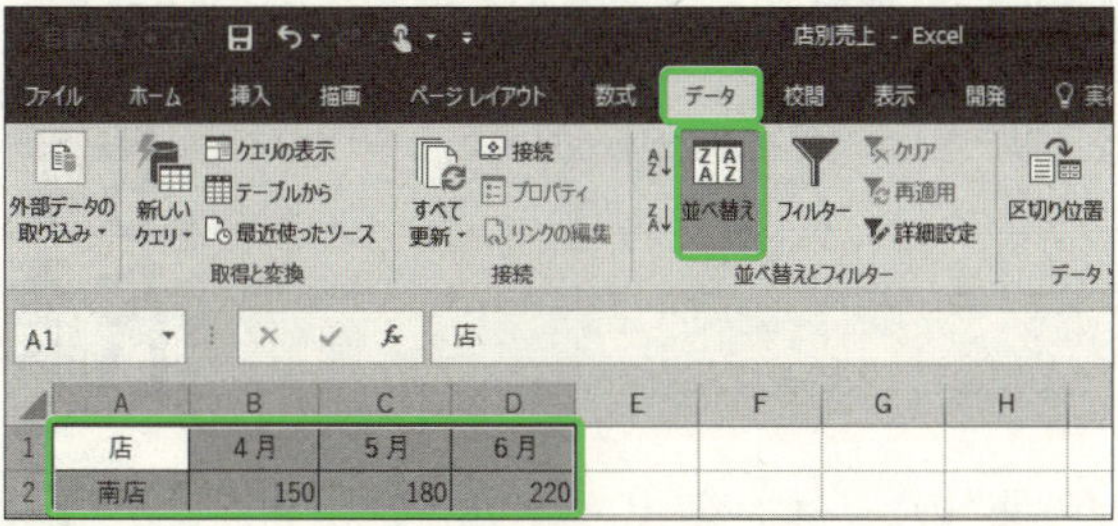

2 並べ替える範囲を選択し、［データ］タブを開きます。［並べ替えとフィルター］グループ→［並べ替え］をクリックします。

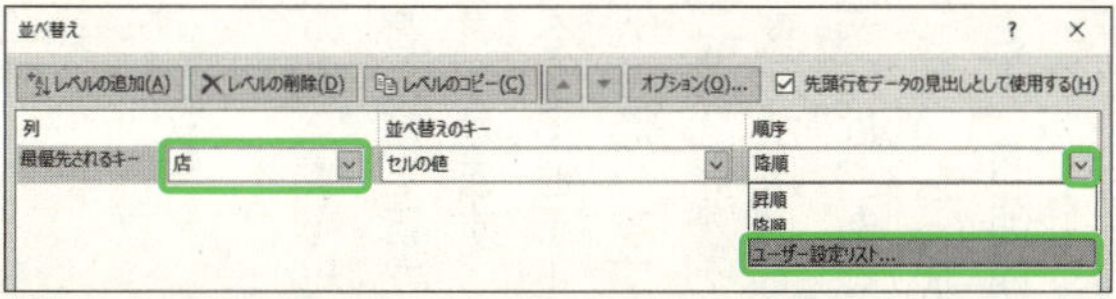

3 並べ替えの設定をしてから、［順序］欄の☑をクリックして［ユーザー設定リスト］を選択します。❶の画面になるので、［ユーザー設定リスト］欄で登録したデータを選択して［OK］をクリックすると、並べ替わります。

データの並べ替えをせずに、売上げ1位を知りたい

RANK.EQ関数で順位を表示する

	A	B	C	
3	担当者	売上（千円）	順位	
4	新井　大樹	3,750	3	
5	石井　英人	4,600	1	
6	川口　翔	2,500	5	
7	木村　美鈴	3,010	4	
8	見村　愛実	4,300	2	
9				

並べ替えをしなくても順位がわかります。

売上金額の多い順を知る方法としては、並べ替えするほかに順位を表示する方法もあります。

並べ替えをするとデータの位置そのものが入れ替わります。並び順を変えずに順位だけを知りたいときは、順位の表示が適しています。

順位の表示には、ある数値が全体の何番目かを調べるＲＡＮＫ．ＥＱ関数を使います。範囲内に同じ数値があったら順位も同じになります。

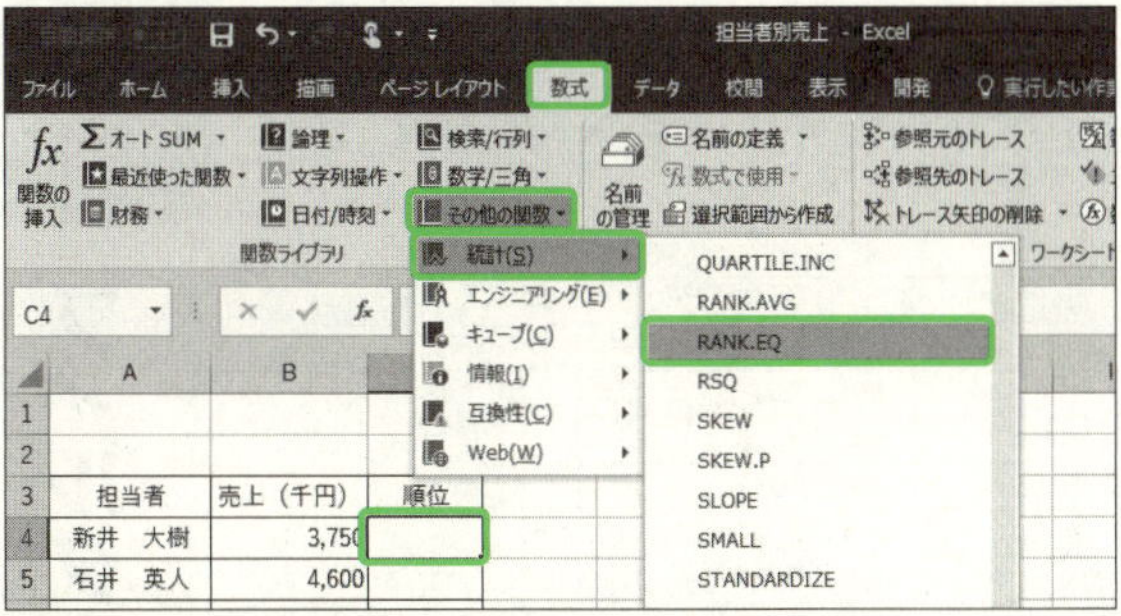

1 順位を表示するセルを選択し、［数式］タブを開きます。［関数ライブラリ］グループ→［その他の関数］→［統計］→［RANK.EQ］を選択します。

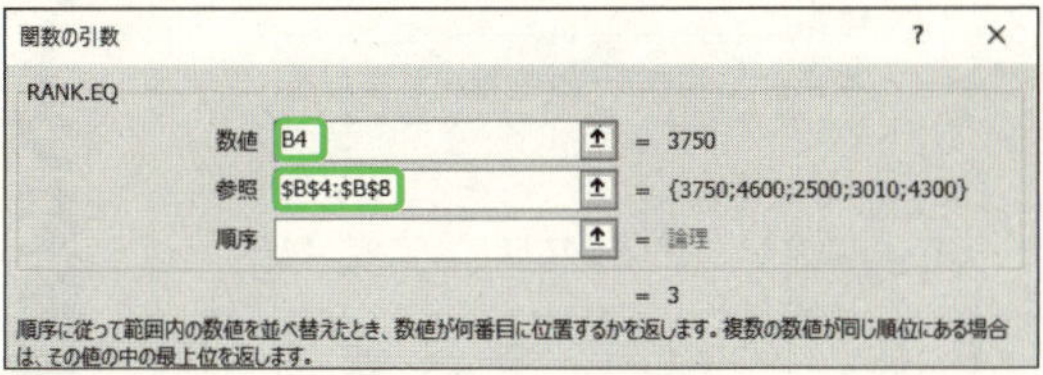

2 ［数値］欄にカーソルがあることを確認し、順位を調べるセルをクリックします。図では「B4」です。［参照］欄をクリックして、順位を調べる範囲をドラッグします。図では順位を調べる範囲は「B4」から「B8」です。続いて［F4］キーを押します。式をコピーしても範囲が変化しないように「絶対参照」（P144参照）にするためです。［OK］をクリックします。

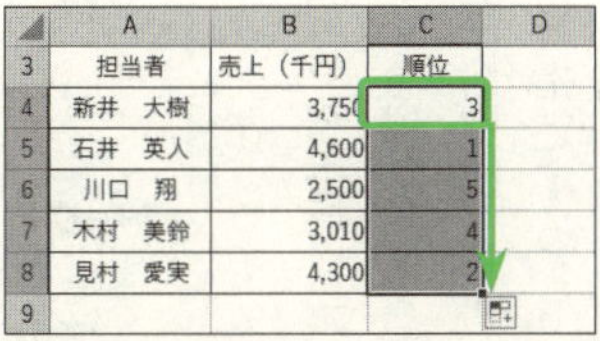

	A	B	C	D
3	担当者	売上（千円）	順位	
4	新井 大樹	3,750	3	
5	石井 英人	4,600	1	
6	川口 翔	2,500	5	
7	木村 美鈴	3,010	4	
8	見村 愛実	4,300	2	

3 順位が表示されます。式を設定したセルを選択して右下にポインターを合わせ、＋になったらドラッグすれば、ほかの順位も表示されます。

フィルターでデータを抽出する

フィルターなら数クリックで知りたいデータを抽出できる

	A	B	C
1	グループ	担当者	売上（千円）
2	Aグループ	石井　英人	4,600
3	Bグループ	川口　翔	2,500
4	Aグループ	木村　美鈴	3,010
5	Aグループ	本間　亮太	2,800
6	Bグループ	見村　愛実	4,300
7			

	A	B	C
1	グループ	担当者	売上（千円）
2	Aグループ	石井　英人	4,600
4	Aグループ	木村　美鈴	3,010
5	Aグループ	本間　亮太	2,800
7			

「Aグループ」を条件としてデータを抽出しました。

フィルターは、指定した条件に一致した行のみを表示する機能です。条件は表の見出しごとに設定できます。複数の列で条件を指定すると、「Aグループ」で売上が「3百万円以上」というように、複数の条件に合うデータが抽出できます。

フィルターは、条件に応じて行の表示／非表示を切り替える機能なので、何度でも条件を指定しなおせますし、元の表にも戻せます。

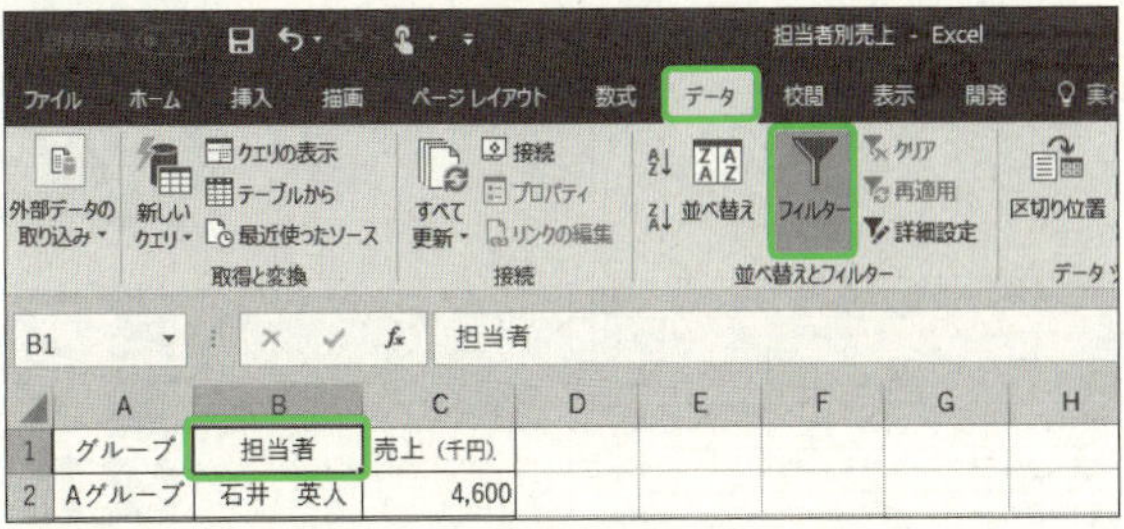

1 表内の任意のセルをクリックし、[データ]タブを開きます。表に空白の行・列がある場合は表を選択してください。[並べ替えとフィルター]グループ→[フィルター]をクリックします。この操作を繰り返すとフィルターが解除できます。

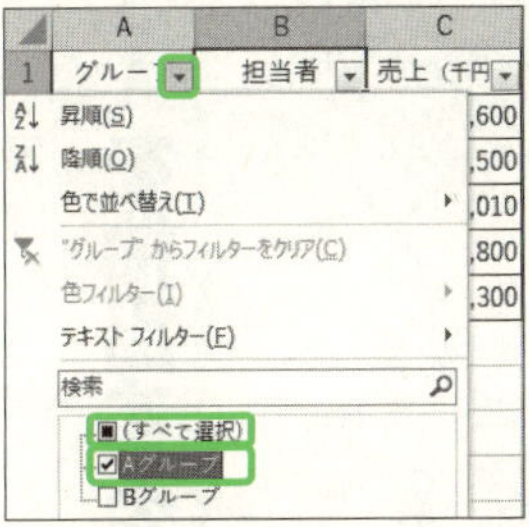

2 条件指定したい列の▼をクリックし、[(すべて選択)]をクリックして選択を解除します。表示する項目をクリックして☑にし、[OK]をクリックします。

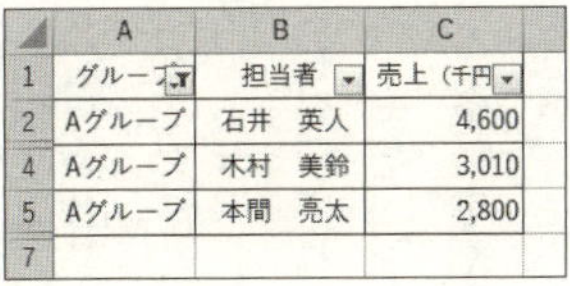

3 条件が一致する行だけが表示されます。

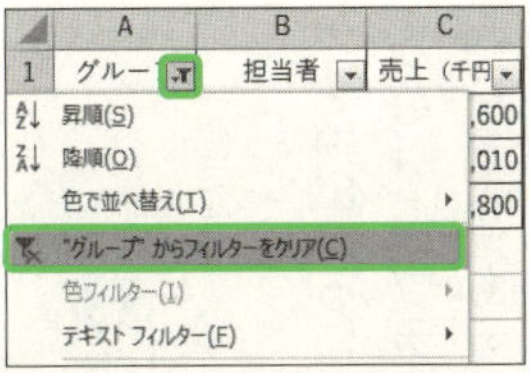

! 条件を指定した見出しのフィルターボタンをクリックし、["(見出し名)"からフィルターをクリア]を選択すると、抽出が解除できます。フィルターは有効なままなので、引き続き条件を指定できます。

抽出・並べ替え

フィルターで営業成績上位3人を抽出する

上位、下位のデータは[トップテン]で選び出す

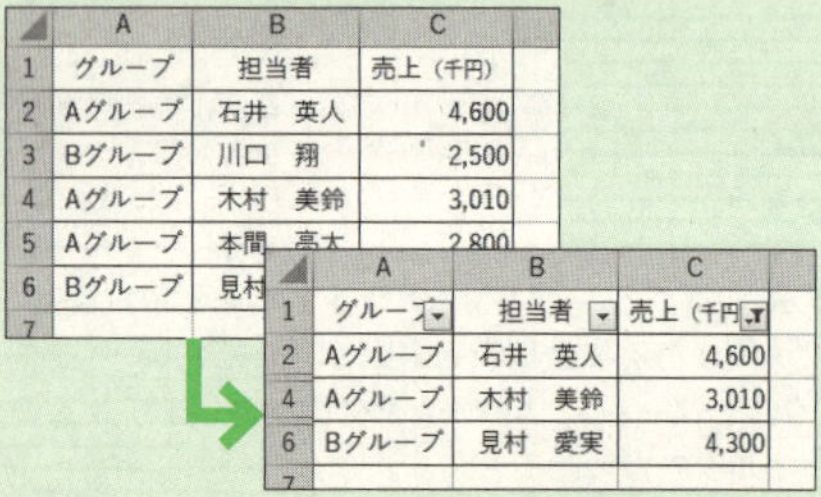

通常の表示では、売上の上位3人を調べるのは手間がかかりますが、フィルター機能を使えば簡単に抽出できます。

数値の上位3位までを抽出するには、[数値フィルター]の[トップテン]を使います。これは最上位あるいは最下位から指定した順位までのデータを抽出する機能です。

「上位3位」の指定では、たとえば2位となるデータが3つあったら3つとも表示され、3位は抽出されません。また、「上位10パーセント」のように条件を割合で指定することもできます。

データを活かす

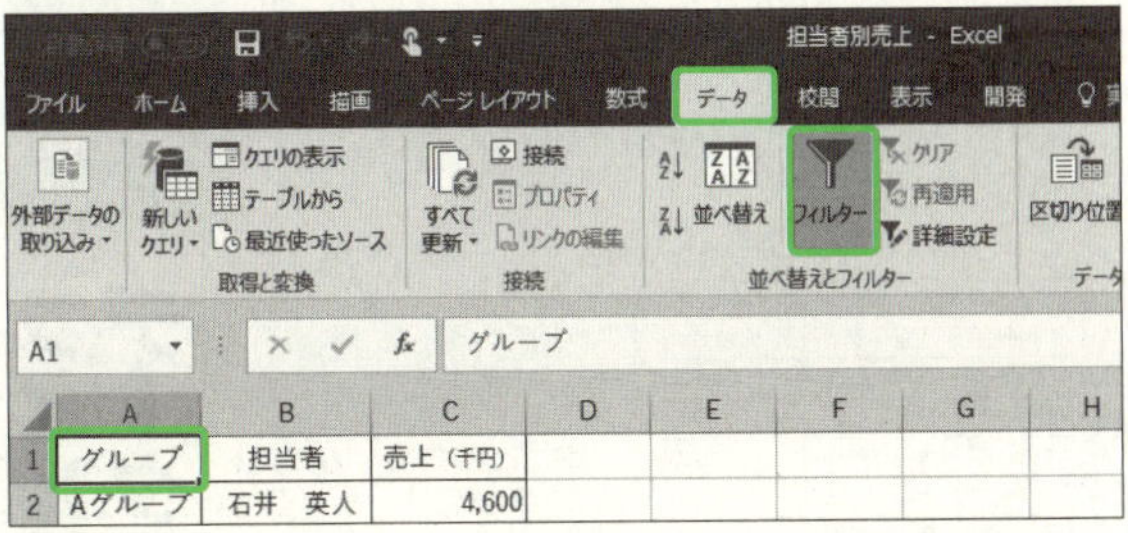

1 表内の任意のセルをクリックし、[データ]タブを開きます。表に空白の行・列がある場合は表を選択してください。[並べ替えとフィルター]グループ→[フィルター]をクリックします。この操作を繰り返すとフィルターが解除できます。

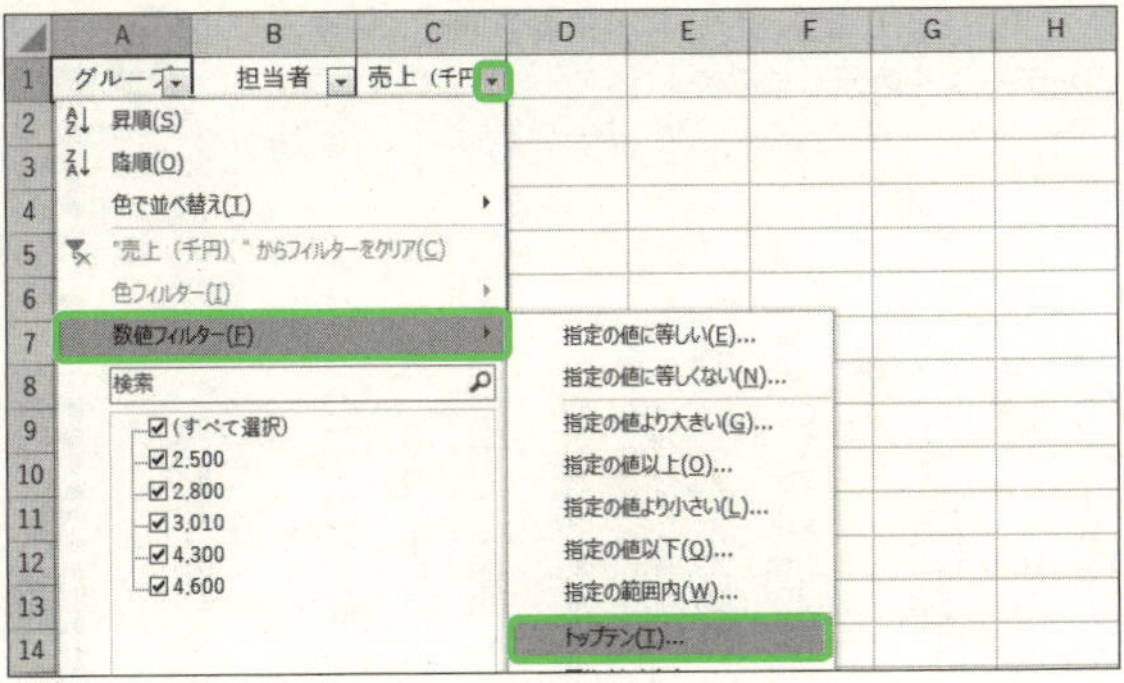

2 「売上」欄の▼をクリックし、[数値フィルター]→[トップテン]を選択します。

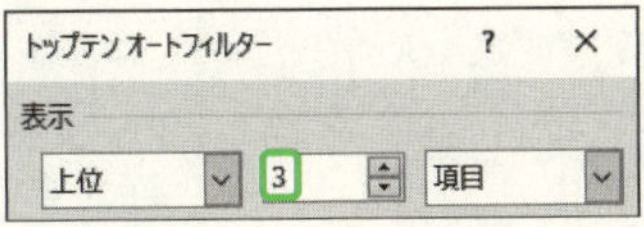

3 中央の欄を「3」にして[OK]をクリックすると、売上が上位3位までのデータを抽出できます。

抽出・並べ替え

フィルターで「○円以上△円未満」のデータを抽出する

[ユーザー設定フィルター]で「○以上△未満」を抜き出す

	A	B	C
1	グループ	担当者	売上（千円）
2	Aグループ	石井　英人	4,600
3	Bグループ	川口　翔	2,500
4	Aグループ	木村　美鈴	3,010
5	Aグループ	本間　亮太	2,800
6	Bグループ	見村　愛実	4,300
7	Bグループ	村井　浩	3,350
8	Aグループ	持田　比奈	2,850
9	Bグループ	矢野　隆樹	
10			

	A	B	C
1	グループ	担当者	売上（千円）
6	Bグループ	見村　愛実	4,300
9	Bグループ	矢野　隆樹	3,550
10			

売上が「3,000」以上、「4,500」未満の条件に一致したデータを表示しました。

2つの条件でデータを抽出するには、［ユーザー設定フィルター］を使います。条件の指定は、「と等しい」「以上」など12通りあります。2つの条件は、「AとBに当てはまる（AND）」「AかBのいずれかに当てはまる（OR）」というように組み合わせます。

抽出条件では、任意の長さの文字の代わりになる「＊」、任意の一文字の代わりになる「?」も使えます。

データを活かす

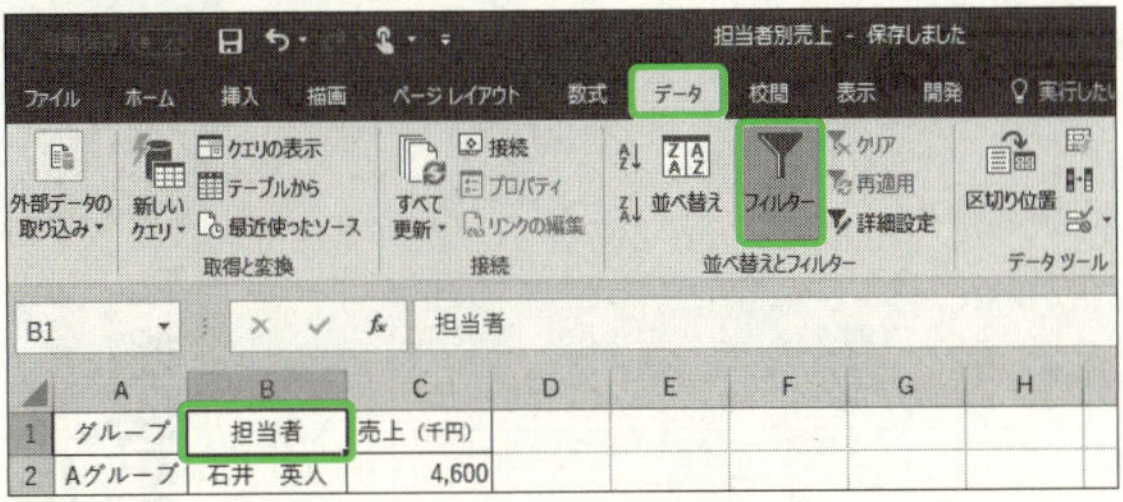

1 表内の任意のセルをクリックし、[データ]タブを開きます。表に空白の行・列がある場合は表を選択してください。[並べ替えとフィルター]グループ→[フィルター]をクリックします。

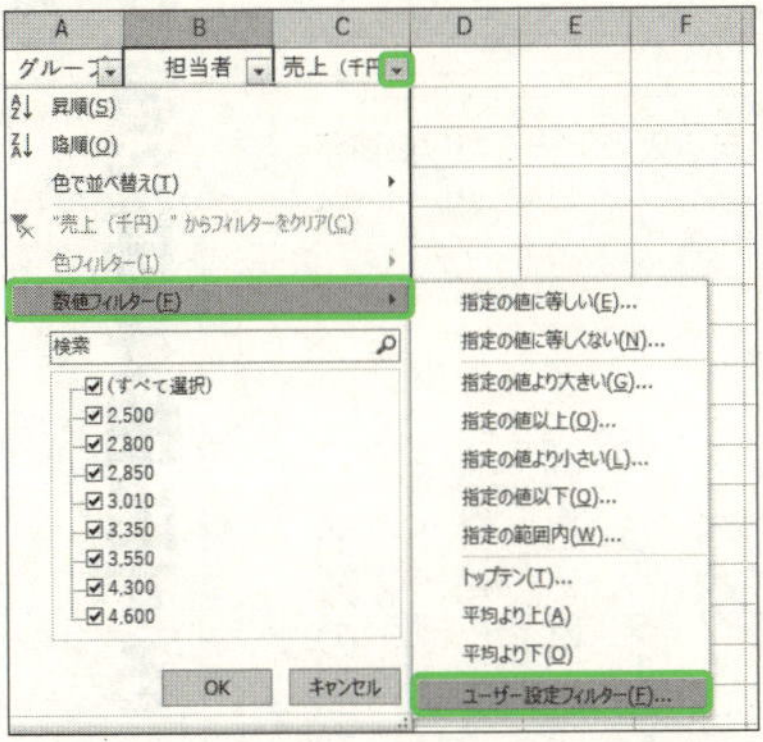

2 「売上(千円)」欄の▼をクリックし、[数値フィルター]→[ユーザー設定フィルター]を選択します。

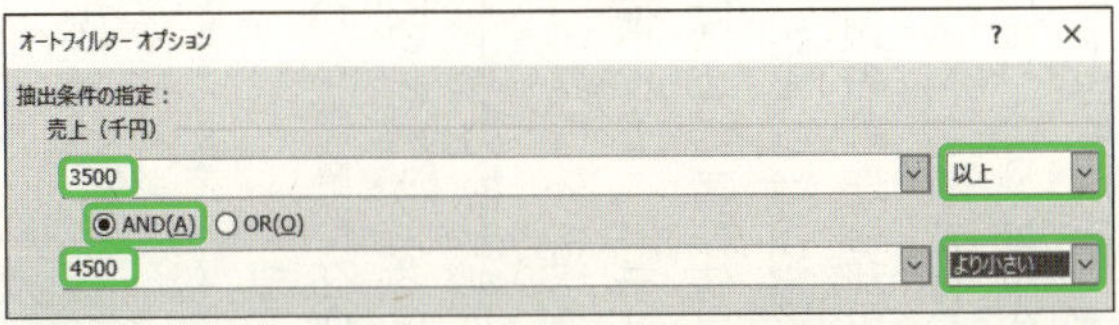

3 左上の欄に基準とする数値を入力し、右の欄で「以上」を選びます。[AND]を選択し、2つ目の条件を指定して[OK]をクリックします。

抽出・並べ替え

フィルターで「東京都」在住者だけを抽出する

データを活かす

[テキストフィルター]で「東京都」を指定する

	A	B	C
1	氏名	郵便番号	住所
2	青木　翔太	272-0826	千葉県市川市真間０－０－０
3	伊藤　美咲	167-0032	東京都杉並区天沼０－０－０
4	大野　大輝	231-0866	神奈川県横浜市中区柏葉０－０－０
5	加藤　拓海	154-0011	東京都世田谷区上馬０－０－０
6	木村　優香	351-0005	埼玉県朝霞市根岸台０－０－０
7	小林　智也	152-0004	東京都目黒区鷹番０－０－０

	A	B	C
1	氏名	郵便番	住所
3	伊藤　美咲	167-0032	東京都杉並区天沼０－０－０
5	加藤　拓海	154-0011	東京都世田谷区上馬０－０－０
7	小林　智也	152-0004	東京都目黒区鷹番０－０－０
8			

住所が「東京都」ではじまる人のデータだけを表示しています。

名簿のなかから東京都在住者のデータを抜き出すというように、文字を指定してデータの抽出を行いたいときは、フィルターの［テキストフィルター］を使います。［テキストフィルター］では、「指定の値に等しい」「指定の値で始まる」「指定の値を含む」など6種類の条件を利用できます。これらをＡＮＤまたはＯＲで組み合わせれば（Ｐ１３６参照）、条件を絞り込んだ抽出も可能です。

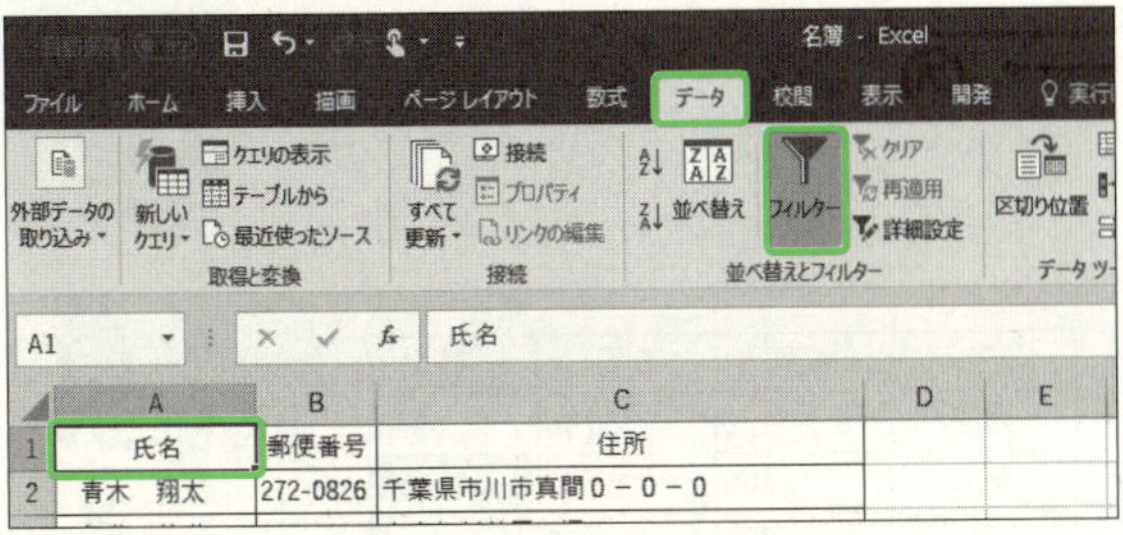

1 表内の任意のセルをクリックし、［データ］タブを開きます。表に空白の行・列がある場合は表を選択してください。［並べ替えとフィルター］グループ→［フィルター］をクリックします。

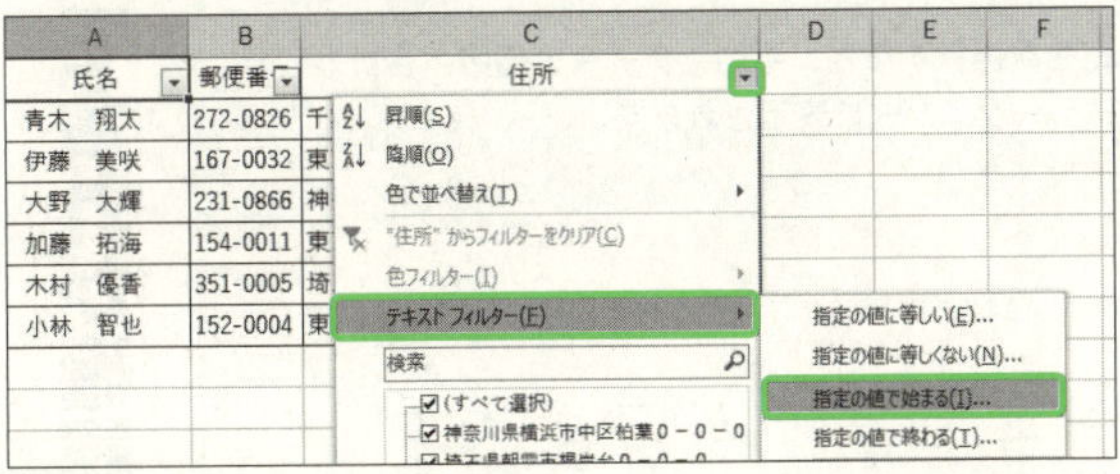

2 「住所」欄の▼をクリックし、［テキストフィルター］→［指定の値で始まる］を選択します。

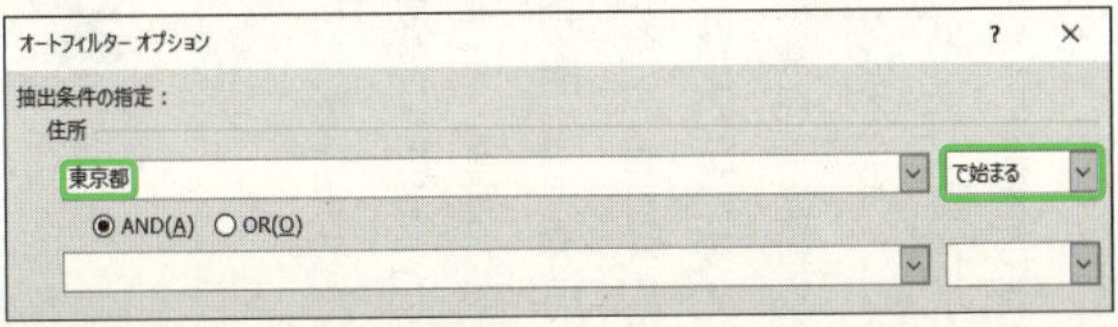

3 ［住所］欄に「東京都」と入力します。右の欄が「で始まる」になっていることを確認し、［OK］をクリックします。東京都在住者のデータが抽出できます。

集計

選択するだけで合計が確認できる

これは便利！

計算範囲をドラッグすれば平均、データの個数、合計がわかる

店	4月	5月	計
南店	150	180	330
東店	100	150	250
西店	250	230	480
北店	160	170	330

平均: 347.5　データの個数: 4　合計: 1390

範囲を選択すると、平均、データの個数、合計がステータスバーに表示されます。

数値のセルを選択するだけで、エクセルは自動的に計算をしてくれます。計算結果は、画面の下方に表示されます。初期設定では、「平均」「データの個数」「合計」の3つですが、ほかの計算方法に変えることもできます。計算結果だけを手軽に知りたいときに便利です。

ただし、数式を作っていないので、選択を解除すると答えも消えてしまう点に注意してください。

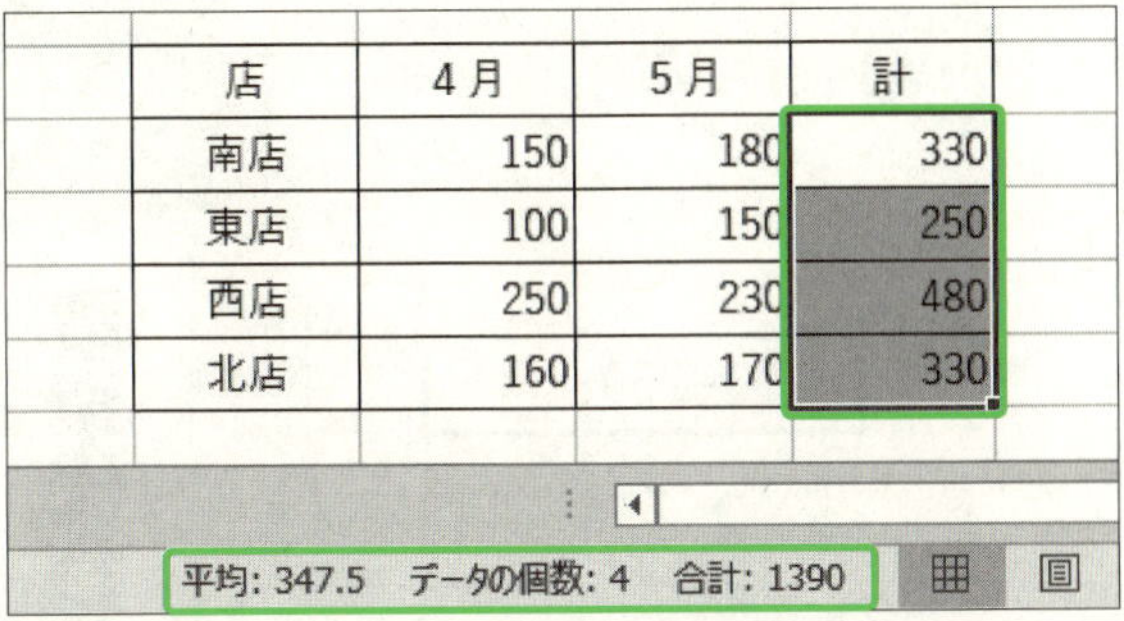

店	4月	5月	計
南店	150	180	330
東店	100	150	250
西店	250	230	480
北店	160	170	330

1 合計や平均などの計算結果を知りたい範囲を選択します。ステータスバー上に、選択範囲の「平均」「データの個数」「合計」が表示されます。

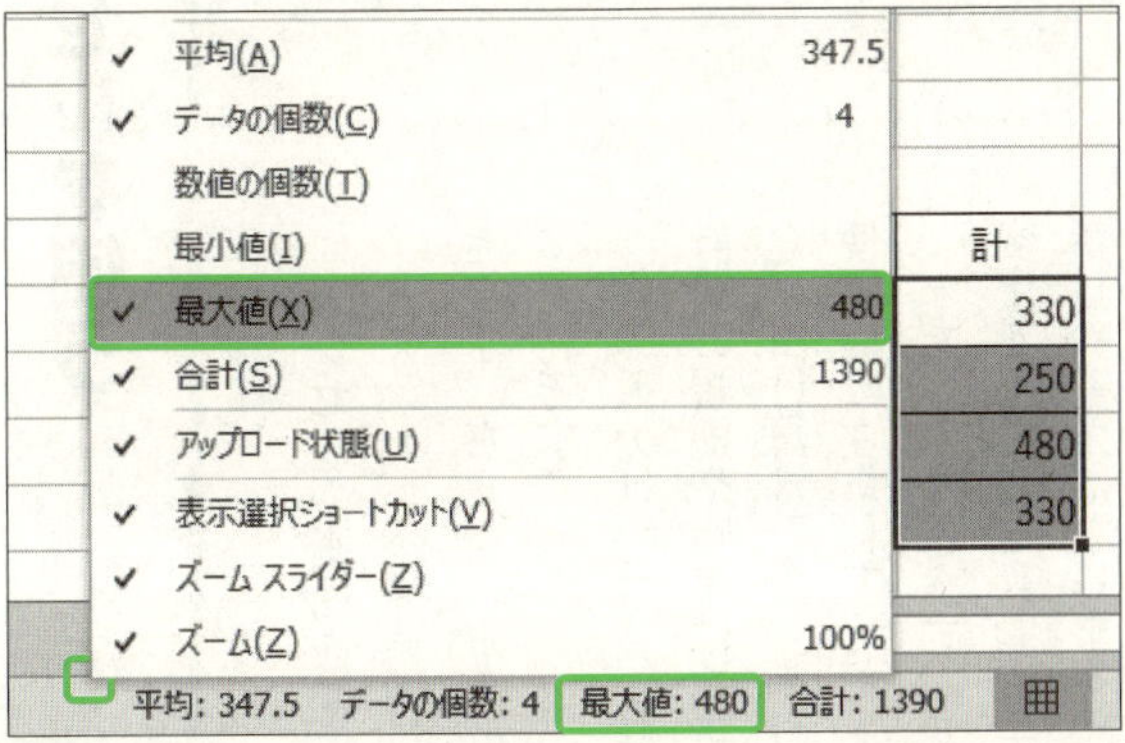

✓	平均(A)	347.5
✓	データの個数(C)	4
	数値の個数(T)	
	最小値(I)	
✓	最大値(X)	480
✓	合計(S)	1390
✓	アップロード状態(U)	
✓	表示選択ショートカット(V)	
✓	ズーム スライダー(Z)	
✓	ズーム(Z)	100%

2 ステータスバーの何もないところを右クリックすると、ほかの計算方法も選べます。計算方法をクリックして✓にすれば、ステータスバー上に結果が表示されます。

集計

電卓代わりにエクセルを使う

基本のキホン

式の入力は「＝」からはじめる

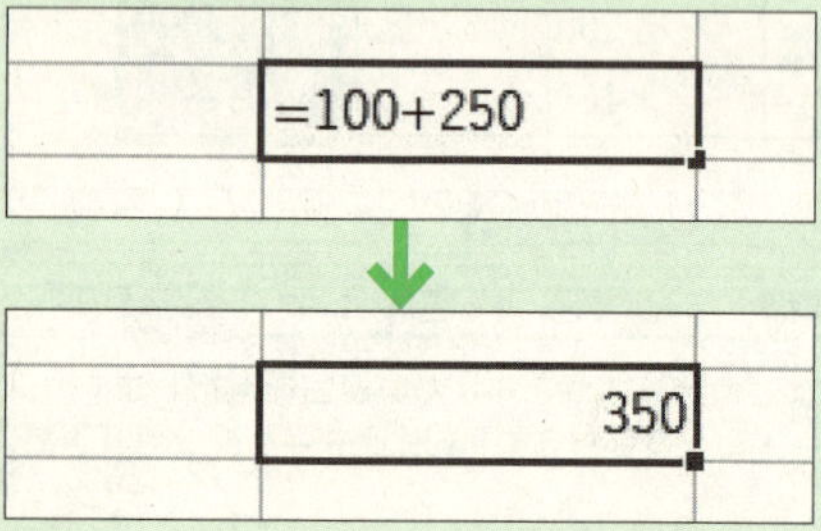

足し算の式を作りました。[Enter] キーを押すと答えが出ます。

エクセルの画面を開いていたら、ワークシートを電卓代わりに利用できます。ちょっとした計算をするのに便利です。

式の入力は「＝」からはじめます。計算の規則や順序は数学と同じですが、掛け算は「＊」、割り算は「／」を使う点に注意してください。

また、セルに入力した式の数値を変更すると、自動的に再計算されて新しい答えになります。

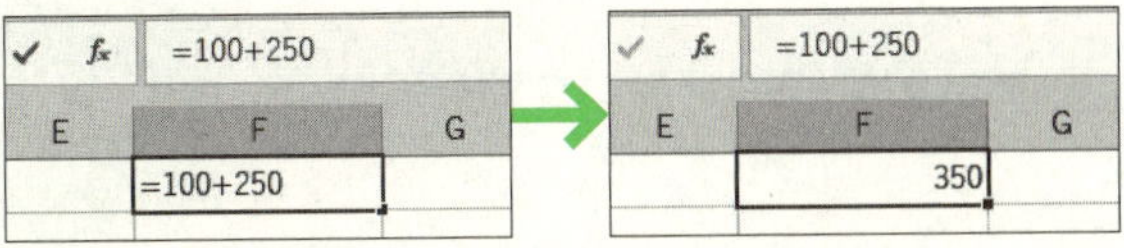

1 セルを選択して「＝」を入力します。式を入力して[Enter]キーを押すと、答えが出ます。「＝」は、半角英数で[Shift]＋[ほ]キーを押すと入力できます。図は足し算の例です。
入力した式は[数式バー]で確認できます。また、[F2]キーを押すと数値を修正できます。数値を変更後[Enter]キーを押すと、再計算されて答えも更新されます。

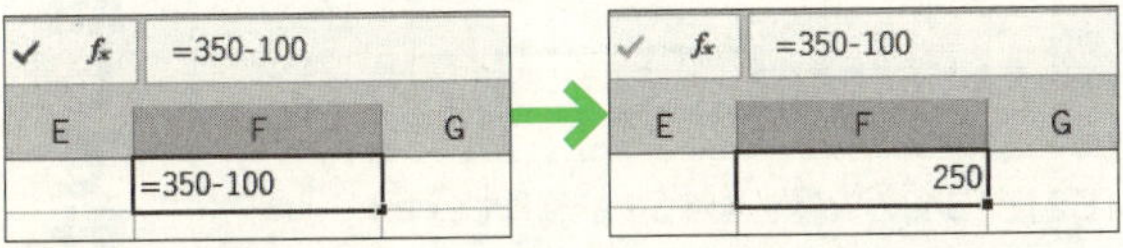

2 引き算です。「－」は半角英数で[ほ]キーを押すと入力できます。

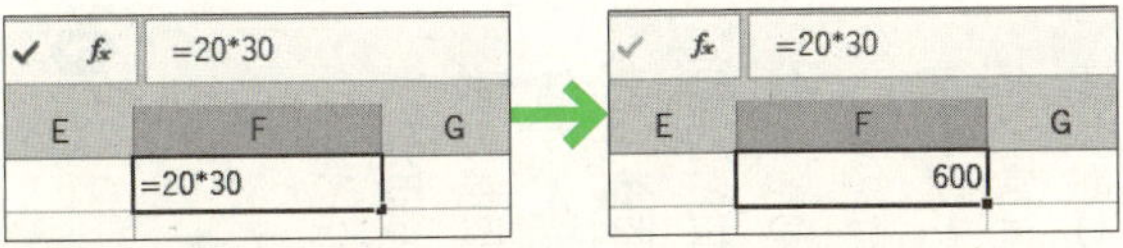

3 掛け算です。「*」は半角英数で[Shift]＋[け]キーを押すと入力できます。

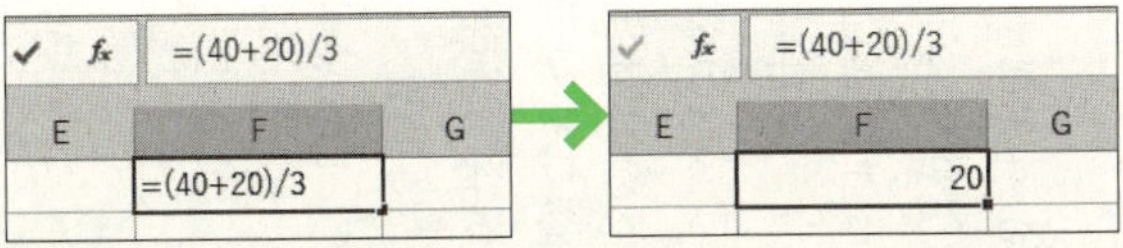

4 カッコと割り算を組み合わせた計算です。「／」は半角英数で[め]キーを押すと入力できます。

集計

セルを参照して計算する

基本のキホン

数値の参照はクリックでOK

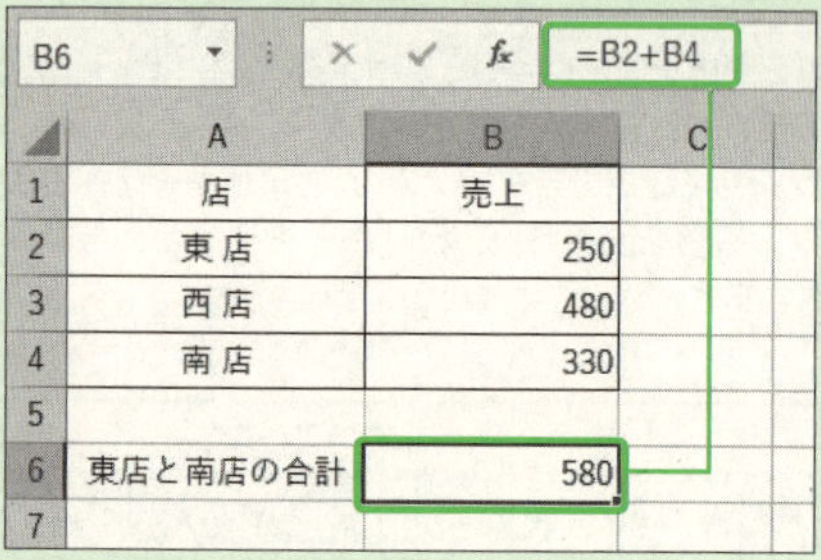

	A	B	C
		fx	=B2+B4
1	店	売上	
2	東店	250	
3	西店	480	
4	南店	330	
5			
6	東店と南店の合計	580	
7			

「B2」と「B4」の数値を参照して計算しています。

すでにセルに入力されている数値を引用することを「参照」といいます。参照を使って数式を作ると、数値を入力する手間が省けるのに加え、参照している数値を変えると自動的に再計算されるので、いつも最新の結果が表示できます。

参照には、いくつ離れたセルを参照しているかを記述する相対参照と、常に同じセルを参照する絶対参照があります。

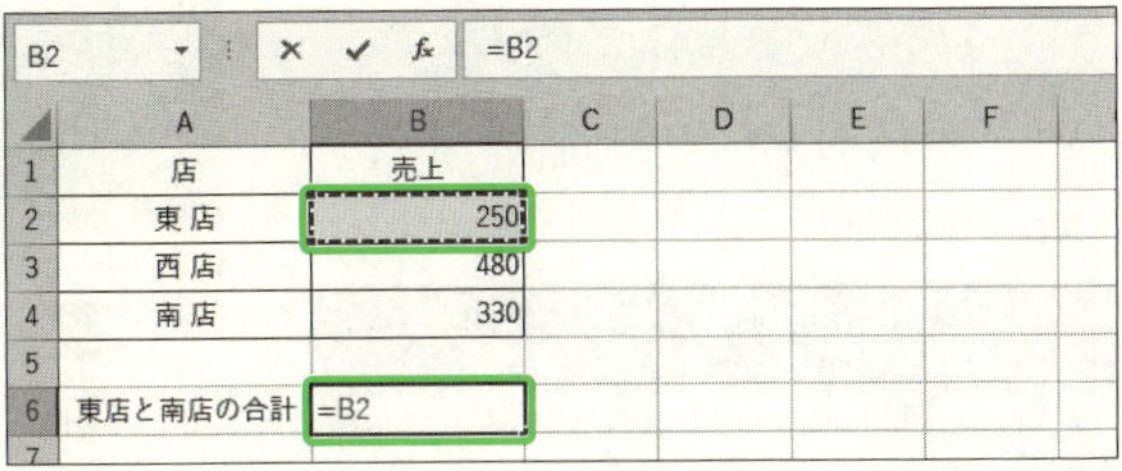

1 結果を表示するセルをクリックし、「=」を入力します。参照する1つ目のセルをクリックします。

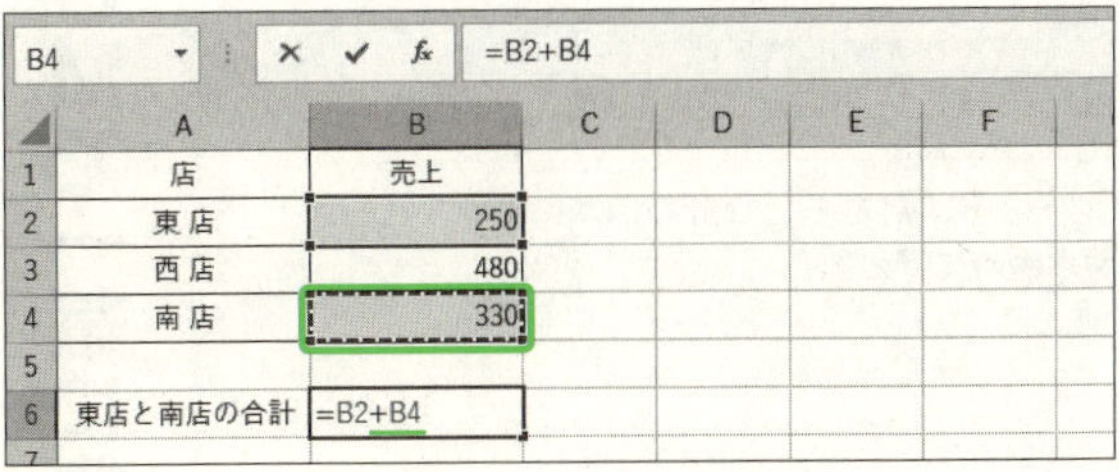

2 演算子を入力し、参照する2つ目の数値のセルをクリックします。演算子と参照するセルのクリックを繰り返せば長い式も作れます。[Enter]キーを押すと計算結果が表示されます。

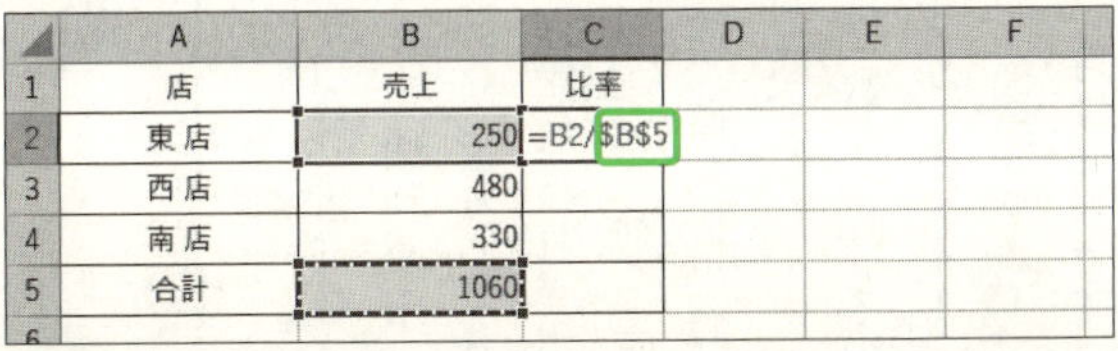

! 参照するセルをクリックした直後に[F4]キーを押すと絶対参照になります。絶対参照は列番号と行番号の前に「$」が付きます。「$」は手入力してもかまいません。絶対参照にすると、式をコピーしても同じセルを参照できます。比率の計算には欠かせない操作です。

集計

オートSUMで一気に集計する

時間短縮
効率UP!

[オートSUM]ボタンをクリックするだけで合計できる

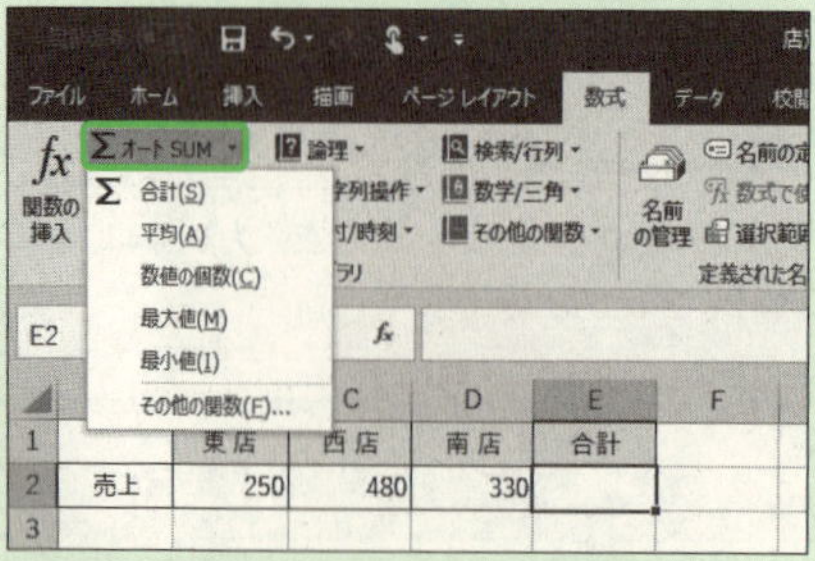

[オートSUM] なら、合計のほかに平均などの計算が瞬時に行えます。

「オートSUM」は、数式を一気に作ってくれる便利なボタンです。[オートSUM]ボタンをクリックすれば合計が求められ、ボタンの右(下)をクリックすると「平均」「数値の個数」「最大値」「最小値」が選べるようになります。

ここでは[数式]タブでの使い方を紹介しますが、同じボタンが[ホーム]タブの[編集]グループにもあります。使い方は同じです。

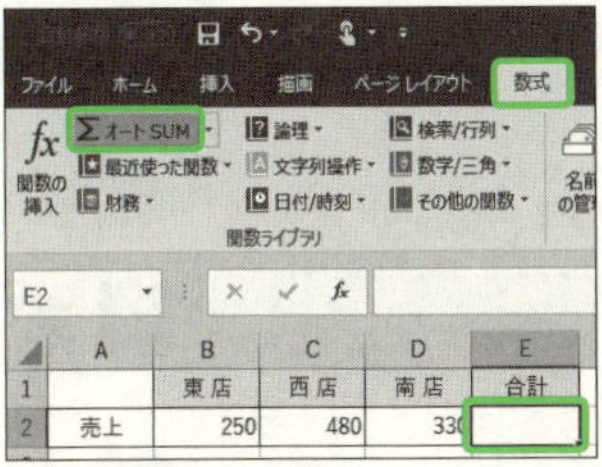

1 合計を求めます。結果を表示するセルを選択して、[数式] タブ→[関数ライブラリ] グループ→[オートSUM] をクリックします。SUM関数が自動的に入力されます。「SUM」の後ろの計算範囲が反転した状態でセルをドラッグすると、計算範囲を変えられます。ほかの計算でも同じです。

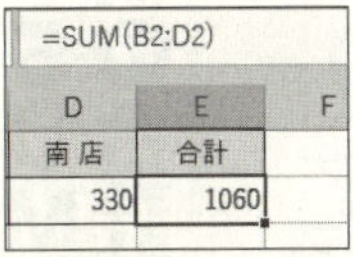

2 [Enter] キーを押すと合計が出ます。

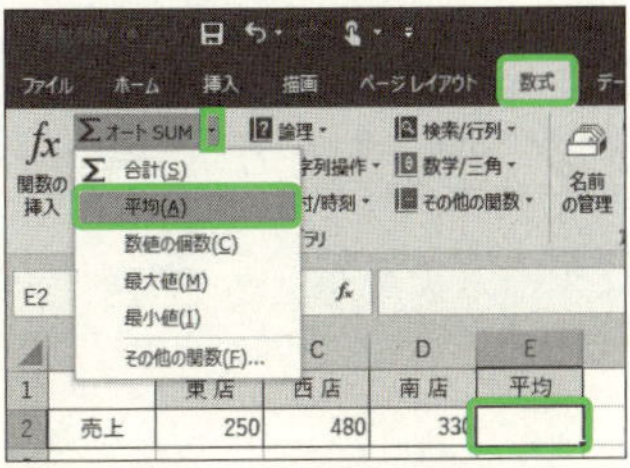

3 [オートSUM] の右（下）の▾をクリックし、[平均] を選択します。

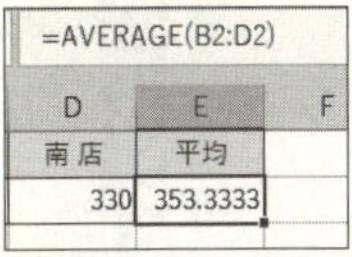

4 [Enter] キーを押すと平均が出ます。AVERAGE関数で計算されています。

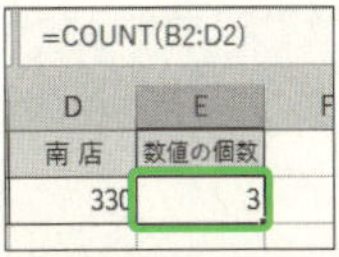

5 数値の個数を求めました。COUNT関数で計算されています。

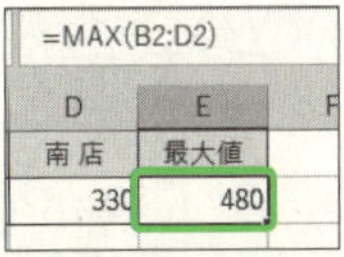

6 最大値を求めました。MAX関数で計算されています。

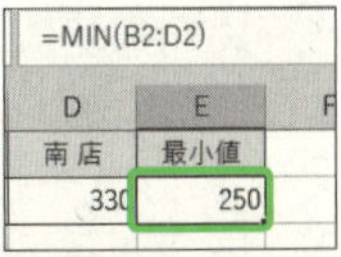

7 最小値を求めました。MIN関数で計算されています。

集計

オートSUMで縦・横の合計を同時に出す

時間短縮
効率UP!

計算範囲と答えの範囲を選択して［オートSUM］をクリックする

	A	B	C	D
1	商品名	4月	5月	合計
2	テーブルクロス	400	320	720
3	トレイ	567	378	945
4	スパイスラック	390	468	858
5	合計	1357	1166	2523
6				
7				
8				

［オートSUM］を使うと、一瞬のうちに縦・横の合計が求められます。

［オートSUM］はクリックだけで合計や平均などの計算をしてくれる便利なボタンですが、範囲を選択してから使うと、表の縦・横の計算が瞬時に行えるのでさらに時間短縮が図れます。

ポイントは、計算結果を表示する右隣や直下の空白セルも含めて選択することです。この方法は、［オートSUM］で行う平均や数値の個数など、どの計算でも使えます。

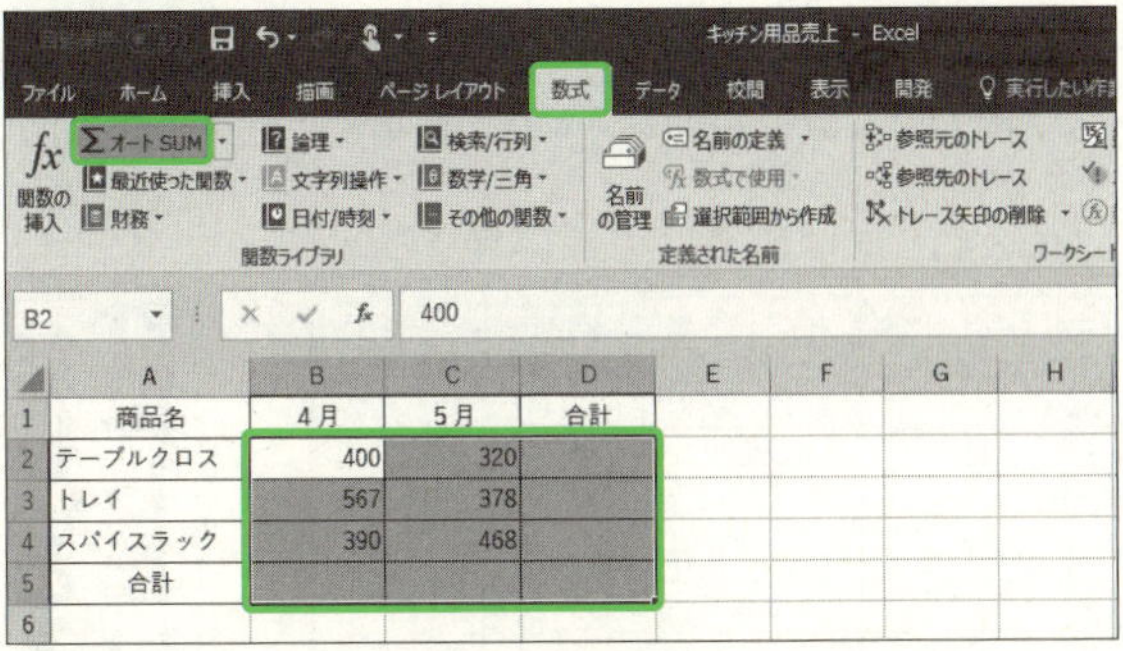

1 計算対象のセルと計算結果を表示するセルの両方を選択します。[数式]タブを開きます。[関数ライブラリ]グループ→[オートSUM]をクリックします。平均などを計算したい場合は、[オートSUM]の右(下)の▾をクリックして[平均]などを選びます。

2 縦・横の合計が表示されます。

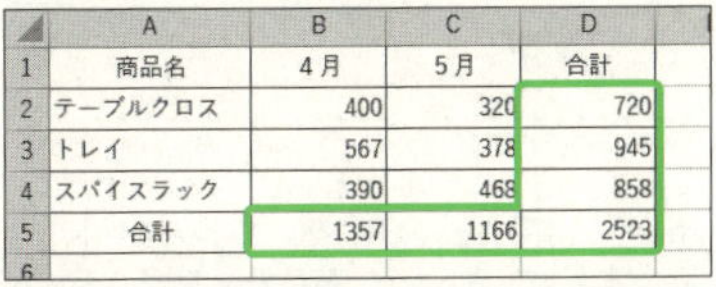

	A	B	C	D
1	商品名	4月	5月	合計
2	テーブルクロス	400	320	720
3	トレイ	567	378	945
4	スパイスラック	390	468	858
5	合計	1357	1166	2523

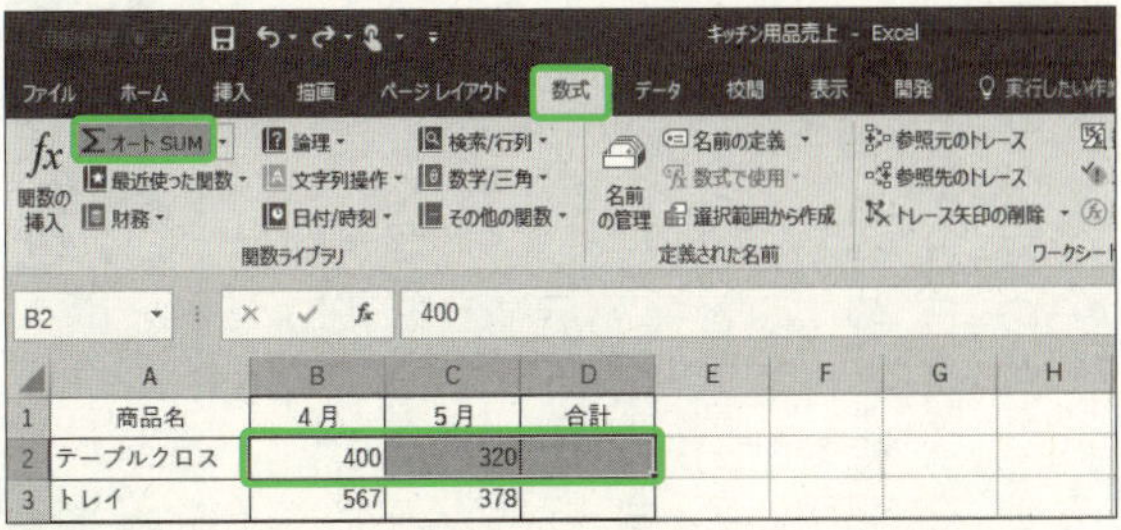

! 表の一部を選択し、[オートSUM]をクリックして計算することもできます。図では計算結果が右端のセルに入ります。

集計

「なし」と入力した表からも平均値を計算したい（AVERAGEA関数）

データを活かす

計算範囲に文字が入っていたらAVERAGEA関数で平均を求める

B7　=AVERAGEA(B2:B6)

	A	B	C	D
1	日付	売上個数		
2	6月4日	8		
3	6月5日	11		
4	6月6日	なし		
5	6月7日	10		
6	6月8日	7		
7	平均個数	7.2		
8				

AVERAGEA関数なら、「なし」の日も含めた平均が求められます。

5日間の売上集計表のなかに「なし」というデータがある場合、［オートSUM］の［平均］では正しい答えが得られません。この方法では「なし」のセルを無視し、全体の合計を数値の入ったセルの数で割ってしまうからです。

「なし」のセルも含めて平均を求めるにはAVERAGEA関数を使います。これなら全体の合計をデータが入ったセルの数で割れます。

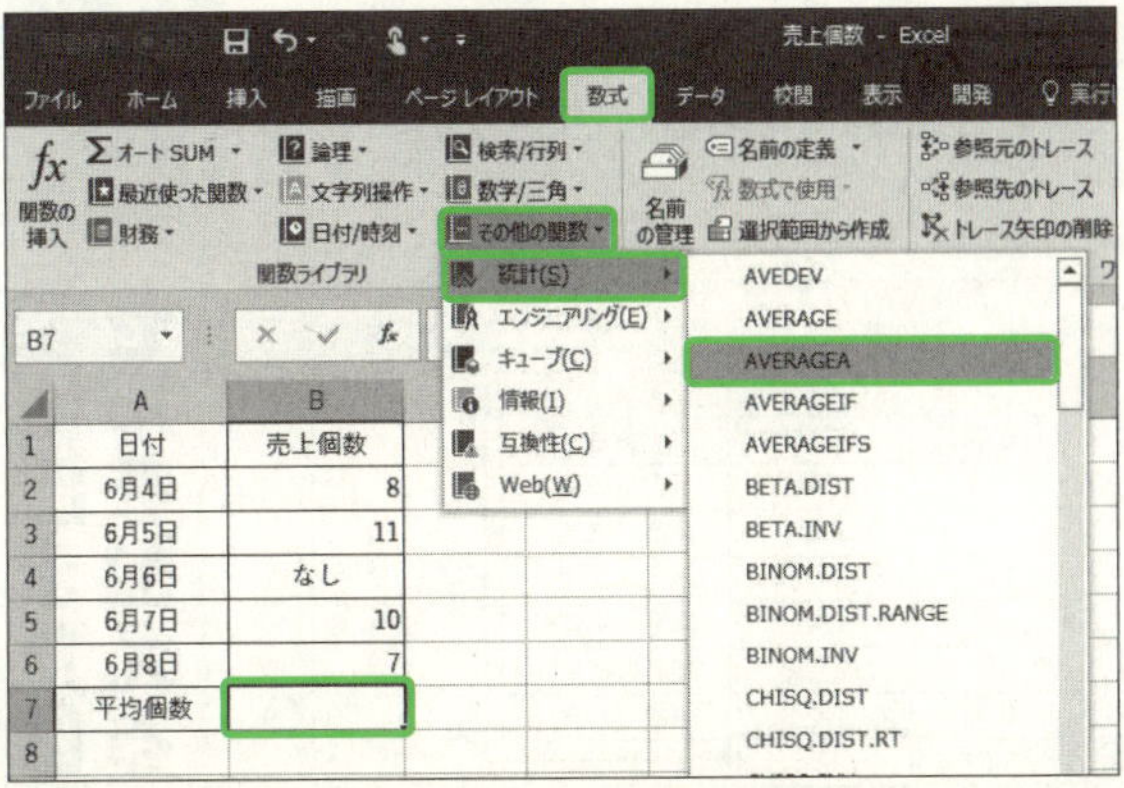

1 計算結果を表示するセルを選択し、[数式] タブを開きます。[関数ライブラリ] グループ→[その他の関数]→[統計]→[AVERAGEA]を選択します。

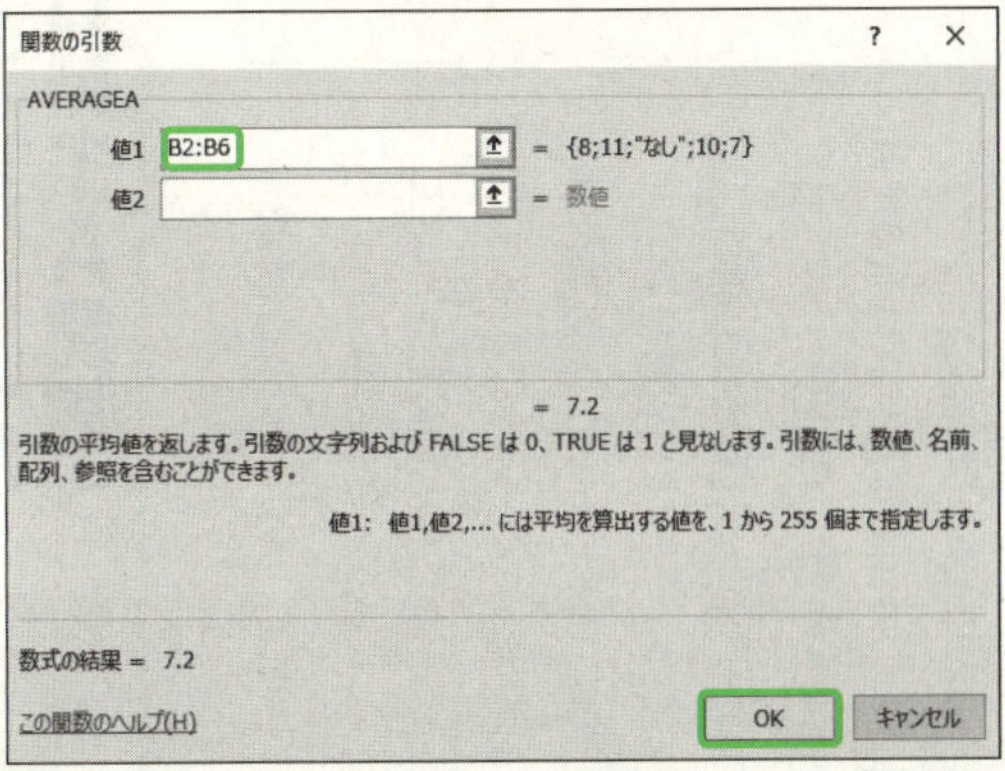

2 [値1] 欄にカーソルがあることを確認して、平均を求める範囲をドラッグします。図では「B2」から「B6」です。[OK] をクリックすると、文字の入ったセルを「0」として計算した平均値が求められます。

集計

「出席」または「欠席」と表示されたセルを数える（COUNTA関数）

データを活かす

数値も文字のセルも数えたいなら COUNTA関数を使う

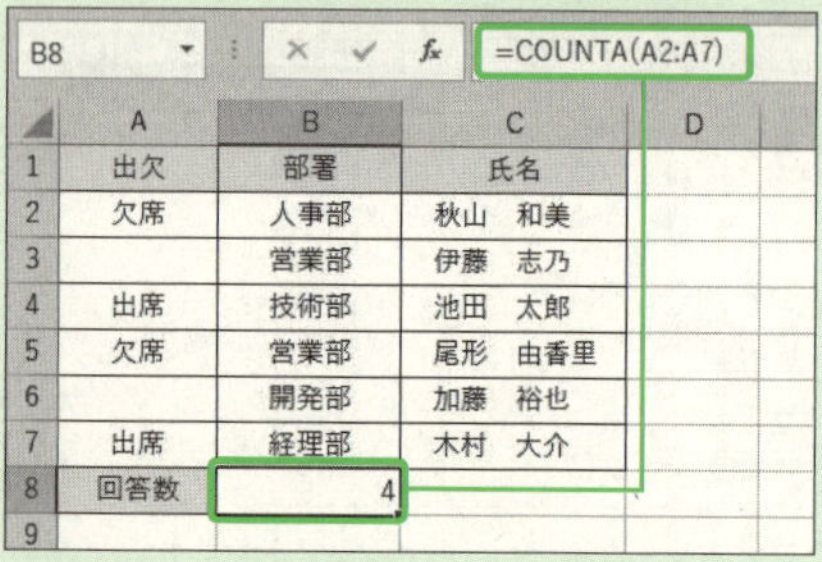

	A	B	C	D
1	出欠	部署	氏名	
2	欠席	人事部	秋山　和美	
3		営業部	伊藤　志乃	
4	出席	技術部	池田　太郎	
5	欠席	営業部	尾形　由香里	
6		開発部	加藤　裕也	
7	出席	経理部	木村　大介	
8	回答数	4		
9				

出欠が入ったセルの数をCOUNTA関数で数えています。

文字や数値など、何らかのデータが入ったセルの数を数えるにはCOUNTA関数を使います。「出席」または「欠席」と入力された表で、回答数を調べたいときなどに使います。

セルの数は［オートSUM］ボタンの［数値の個数］でも数えられますが（P146参照）、数値の入ったセルのみが対象になります。文字も対象にしたい場合はCOUNTA関数を使ってください。

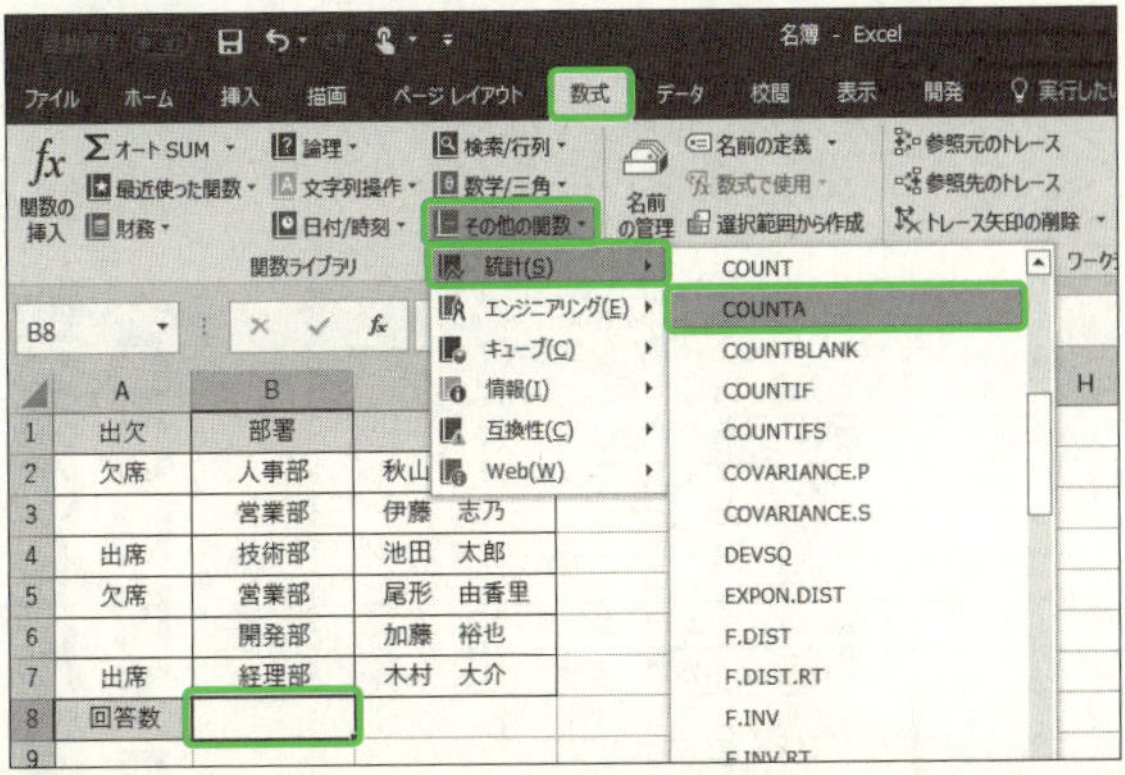

1 計算結果を表示するセルを選択し、[数式] タブを開きます。[関数ライブラリ] グループ→[その他の関数] →[統計] →[COUNTA] を選択します。

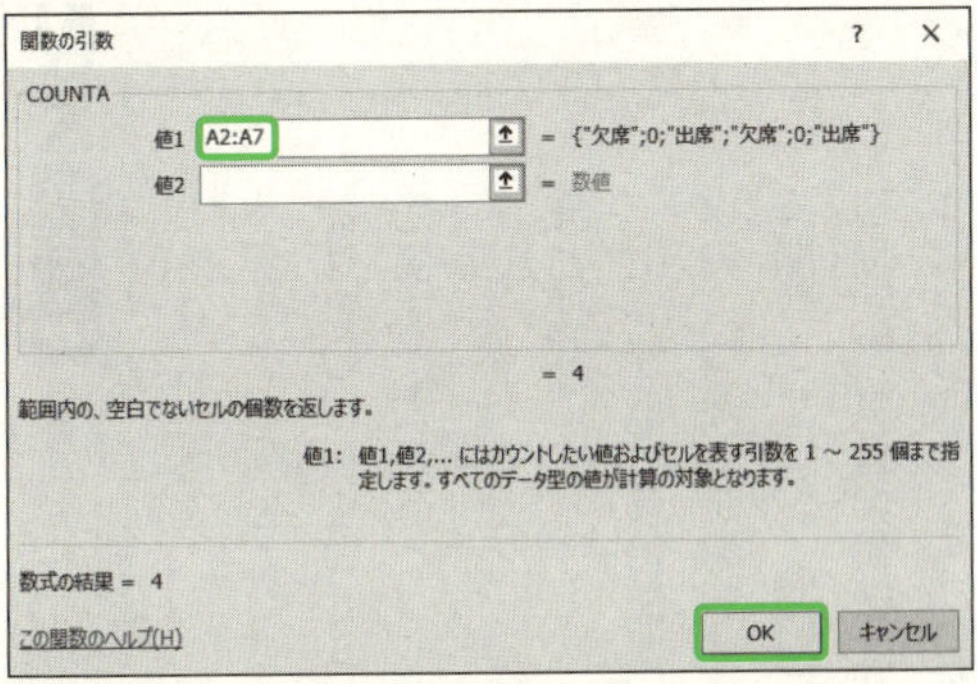

2 [値1] 欄にカーソルがあることを確認し、データの入ったセルの数を数える範囲をドラッグします。図では「A2」から「A7」です。[OK] をクリックすると結果が表示されます。COUNTA関数はスペースが入っただけのセルも数えます。データがないはずなのにカウントされたら、スペースを確認してください。

空白のセルを数える（COUNTBLANK関数）

データが何も入っていないセルの数はCOUNTBLANK関数で数えます。出欠をとっている表で未回答の人数を数えるときなどに利用すると便利です。

セルを数える機能としては、データの入ったセルを数えるCOUNTA関数（P152参照）や［オートSUM］の［数値の個数］があります（P146参照）。上手に使い分けると作業効率がグンとアップします。

空白のセルはCOUNTBLANK関数で数える

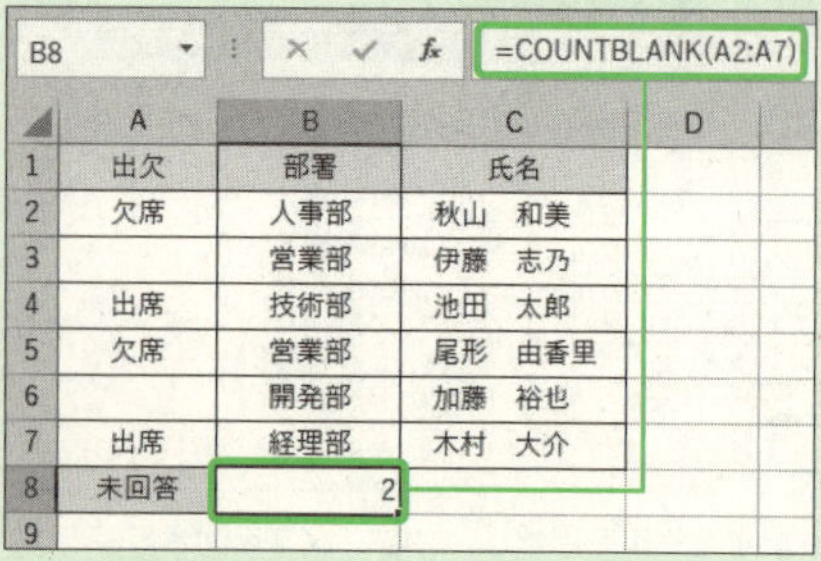

B8　=COUNTBLANK(A2:A7)

	A	B	C	D
1	出欠	部署	氏名	
2	欠席	人事部	秋山　和美	
3		営業部	伊藤　志乃	
4	出席	技術部	池田　太郎	
5	欠席	営業部	尾形　由香里	
6		開発部	加藤　裕也	
7	出席	経理部	木村　大介	
8	未回答	2		
9				

「出欠」欄が空白となっているセルの数を数えています。

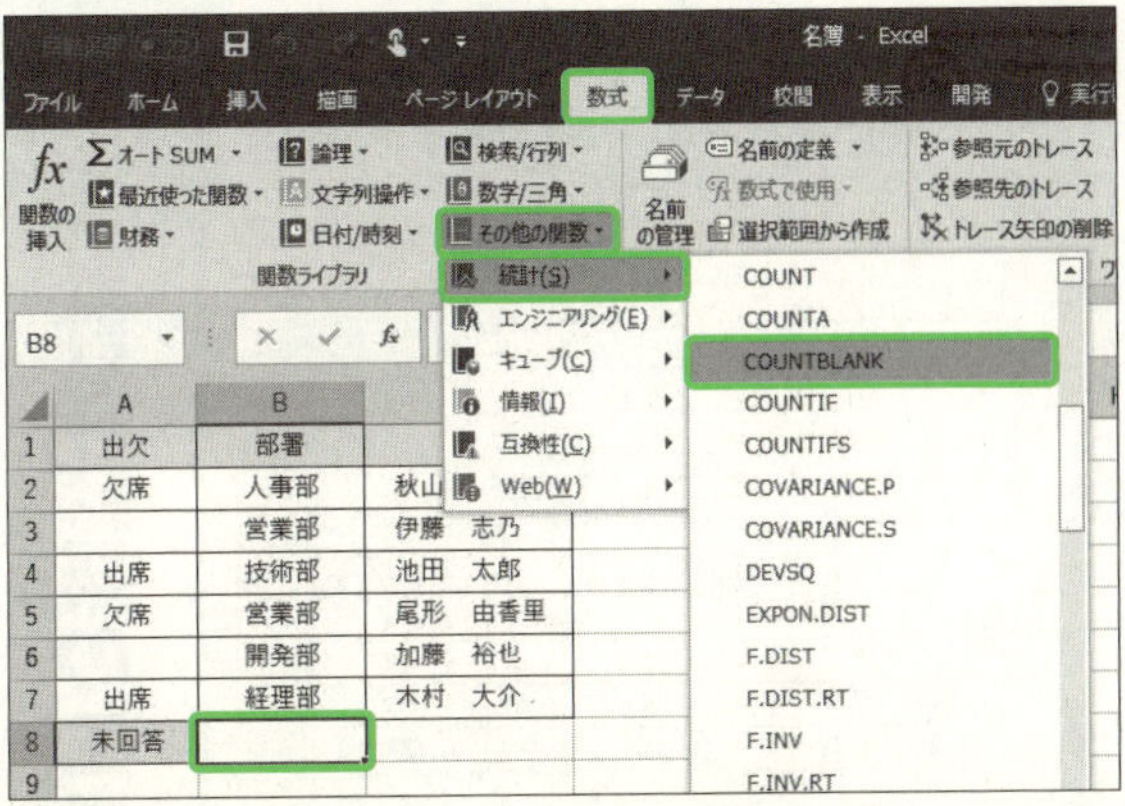

1 計算結果を表示するセルを選択し、[数式]タブを開きます。[関数ライブラリ]グループ→[その他の関数]→[統計]→[COUNTBLANK]を選択します。

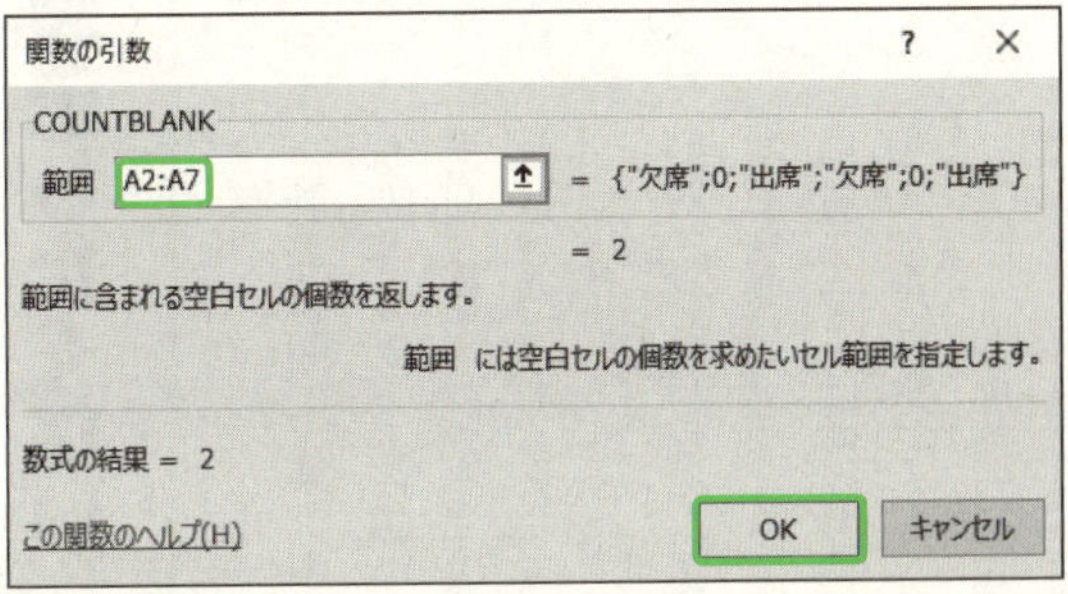

2 [範囲]欄にカーソルがあることを確認して、空白のセルの数を数える範囲をドラッグします。図では「A2」から「A7」です。[OK]をクリックすると結果が表示されます。COUNTBLANK関数はスペースが入ったセルは数えません。スペースのセルと空白セルは見分けにくいので気を付けてください。

集計

計算結果のエラーを表示したくない

これは便利！

計算範囲に「集計中」「未定」のような文字があるとエラーになることがあります。文字のセルに数値を入れれば、解消できるエラーですが、エラーのままにしておくと、表に不備があると思われかねません。そんな誤解を避け、表を見やすくするためにもエラーは適切な文字に置き換えたほうが無難です。

　エラーがあった場合の処理の指定はIFERROR関数で行います。

IFERORR関数で エラーの場合の表示方法を指定する

	A	B	C	D
1	店	前年	本年	前年比
2	東 店	220	250	114%
3	西 店	450	480	107%
4	北 店	320	集計中	#VALUE!
5				

↓

	A	B	C	D
1	店	前年	本年	前年比
2	東 店	220	250	114%
3	西 店	450	480	107%
4	北 店	320	集計中	集計中
5				

エラーのかわりに「集計中」と表示するように設定しました。

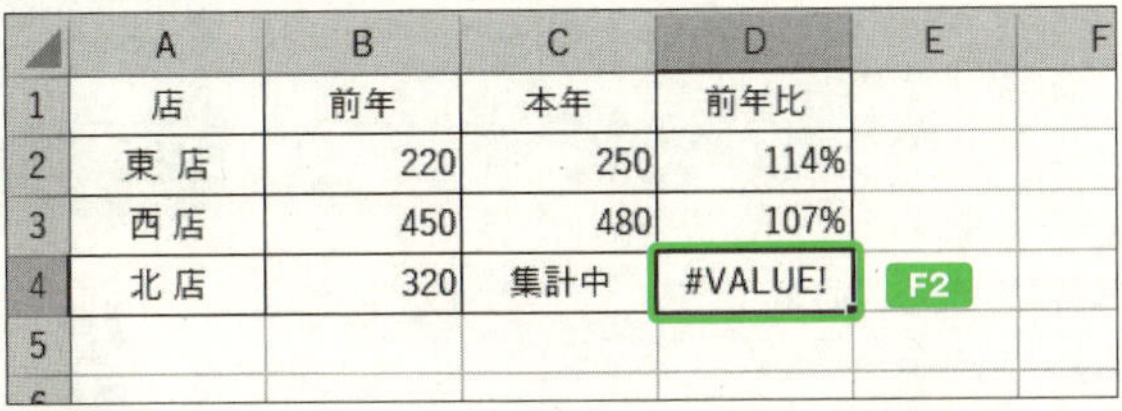

A B C D E F
1 店 前年 本年 前年比
2 東 店 220 250 114%
3 西 店 450 480 107%
4 北 店 320 集計中 #VALUE!
F2

1 エラーが表示されたセルを選択して[F2]キーを押します。

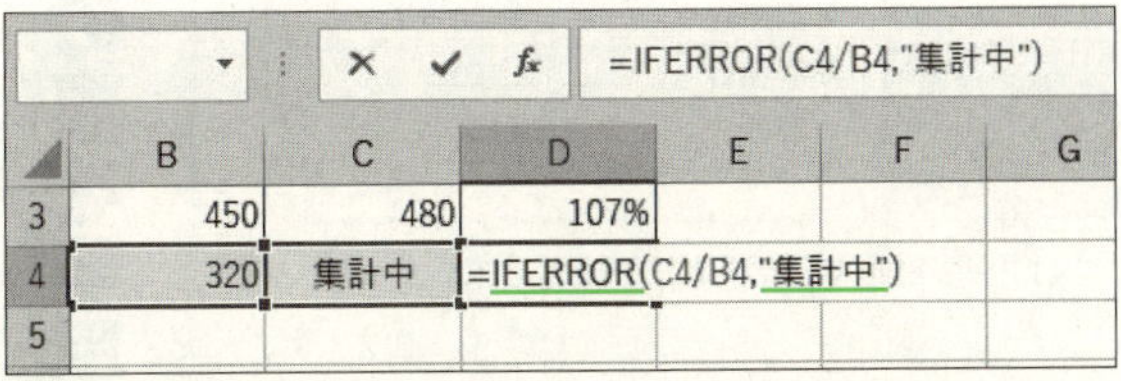

=IFERROR(C4/B4,"集計中")
B C D E F G
3 450 480 107%
4 320 集計中 =IFERROR(C4/B4,"集計中")
5

2 設定されている数式が表示されます。既存の式の前に「IFERROR(」と入力します。既存の式の最後に「,」を入力し、続けてエラーの場合に表示する文字を「"」で囲って入力します。最後に「)」を入力して[Enter]キーを押すと数式が確定して、エラーの代わりに指定した文字が表示されます。

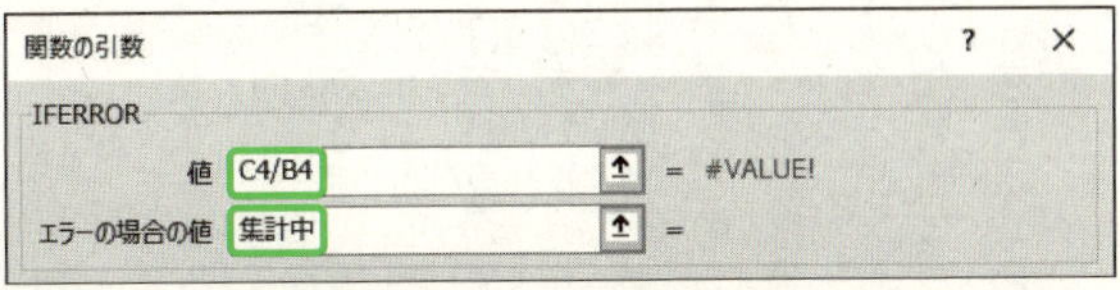

関数の引数
IFERROR
値 C4/B4 = #VALUE!
エラーの場合の値 集計中 =

! IFERROR関数は、[数式]タブを開き、[関数ライブラリ]グループ→[論理]→[IFERORR]を選択して設定することもできます。[値]欄に数式(図の例では前年比を求める式)を入力し、[エラーの場合の値]欄にエラーのときに表示したい文字などを入力します。

小計付きの表を手早く作る

[小計]で集計方法と集計する項目を選ぶ

	A	B	C
1	店名	売上	
2	東部	5,300	
3	東部	3,700	
4	**東部 集計**	9,000	
5	西部	5,600	
6	西部	5,500	
7	**西部 集計**	11,100	
8	**総計**	20,100	
9			

[小計]機能を使って、店ごとの売上げを求めました。

支店ごと、商品ごとの小計を出したいときには、「小計」機能を使えばクリックだけで計算ができます。式を作る必要はありません。

「小計」では、合計、平均、個数、最大、最小、積などの方法で集計できます。また、小計は表の列見出しごとに求められます。「上期」「下期」「合計」のような見出しがあれば、それぞれの小計を表示できます。

時間短縮
効率UP!

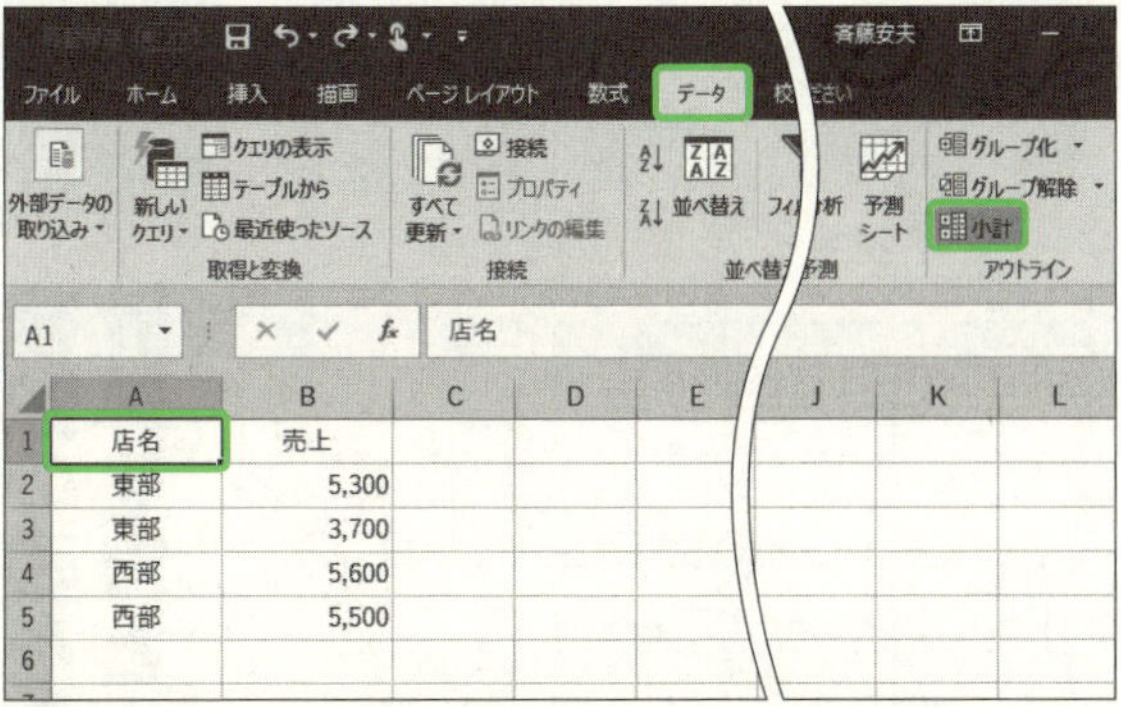

1 店ごとの売上の小計を求めます。店名で並べ替えを行い、店ごとにまとまるようにしておきます。表内の任意のセルをクリックします。表に空白の行·列がある場合は表を選択してください。[データ]タブを開き、[アウトライン]グループ→[小計]をクリックします。

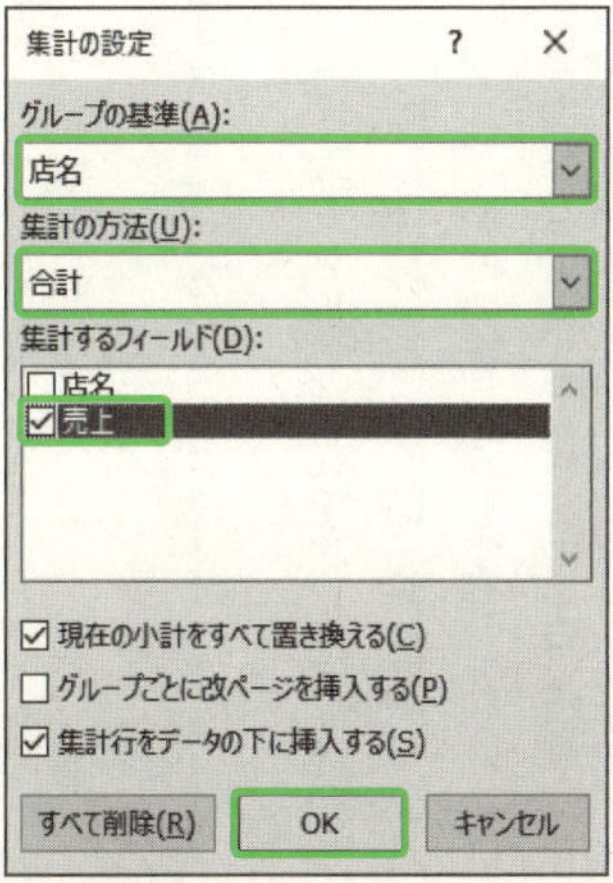

2 店ごとに集計するために[グループの基準]欄で「店名」を選択します。[集計の方法]欄で[合計]を選択します。[集計するフィールド]でどの列を集計するか指定します。[OK]をクリックすると、小計が付いた表になります。表の左に表示される⊟をクリックすると行を折りたためます。折りたたんだ箇所に表示される⊞をクリックすると元に戻せます。

集計

複数の表を1つにして計算をまとめたい

データを活かす

表の構成が異なっても［統合］なら集計できる

1	新宿店				
2	商品	金額	個数		
3	デスク	3,100	10		
4	チェア	2,800	12		
5	ソファ	3,700	5		
6					

1	渋谷店				
2	商品	個数	金額		
3	デスク	9	2,900		
4	チェア	11	2,600		
5	テーブル	3	1,500		
6					

項目の異なる表があります。この２つの表を集計します。

エクセルで作成する表は、いつも同じ体裁になっているとは限りません。項目の違う表を集計しなければならないときには、［統合］を使いましょう。

［統合］は複数の表を1つにまとめる機能で、計算までしてくれるスグレモノです。合計のほか平均、データの個数、最大値、最小値なども求められるので、目的に応じて使い分けてください。

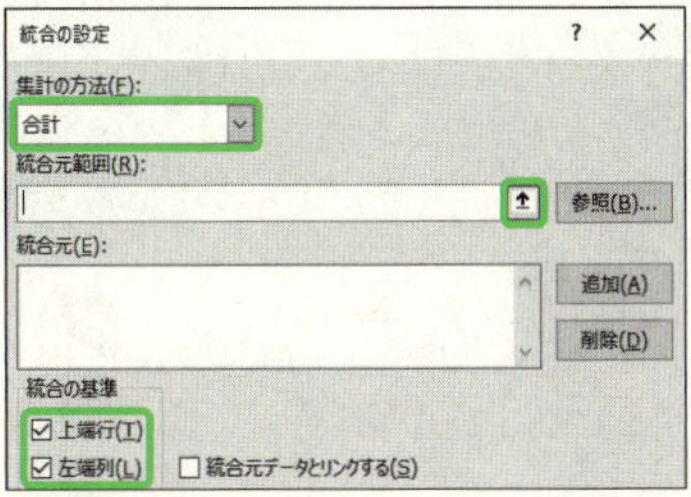

1 集計結果のシートを開き、表の左上端になるセルを選択して、[データ] タブを開きます。[データツール] グループ→[統合] をクリックすると、この画面になります。[統合の基準] の [上端行] と [左端列] をクリックして☑にします。必要に応じて [集計の方法] 欄で集計方法を選びます。[統合元範囲] の⬆をクリックします。

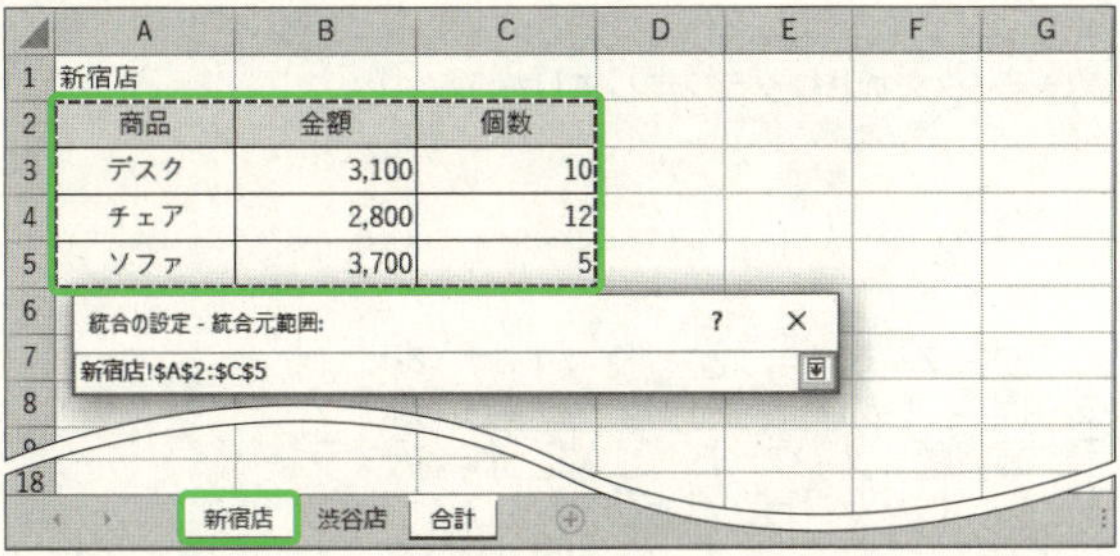

2 統合するデータのあるシート見出しをクリックし、統合するデータの範囲を選択して [Enter] キーを押します。❶になるので、[追加] をクリックします。同様の操作を繰り返して、2つ目の表を追加します。統合する表の指定ができたら [OK] をクリックします。

1		個数	金額	
2	デスク	19	6,000	
3	チェア	23	5,400	
4	テーブル	3	1,500	
5	ソファ	5	3,700	
6				

3 複数の表のデータが集計され1つの表になります。

グラフを作る

グラフにする範囲を指定して グラフの種類を選ぶ

	A	B	C	D	E	F
1		4月	5月	6月		
2	テーブルクロス	400	320	280		
3	トレイ	567	378	756		
4	スパイスラック	390	468	624		

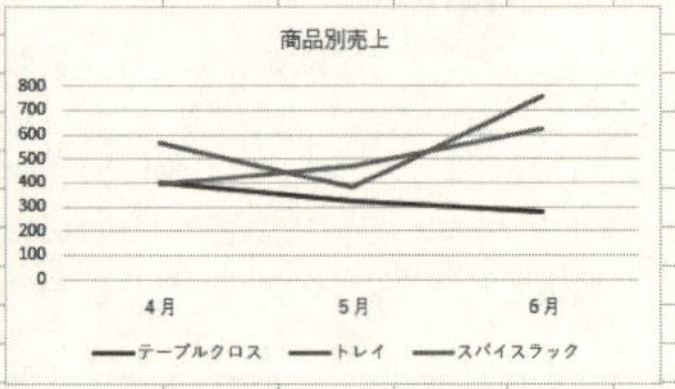

表のデータを折れ線グラフにしました。

グラフは、元となるデータの範囲を選択して、グラフの種類を選ぶだけで作れます。グラフの種類はあとから変えられるので、いったん折れ線などで作ってから、様子をみることをおすすめします。

エクセル2013以降には「おすすめグラフ」の機能もあります。データに適したグラフの種類をエクセルが提案してくれるので、さらに手軽にグラフが作れます。

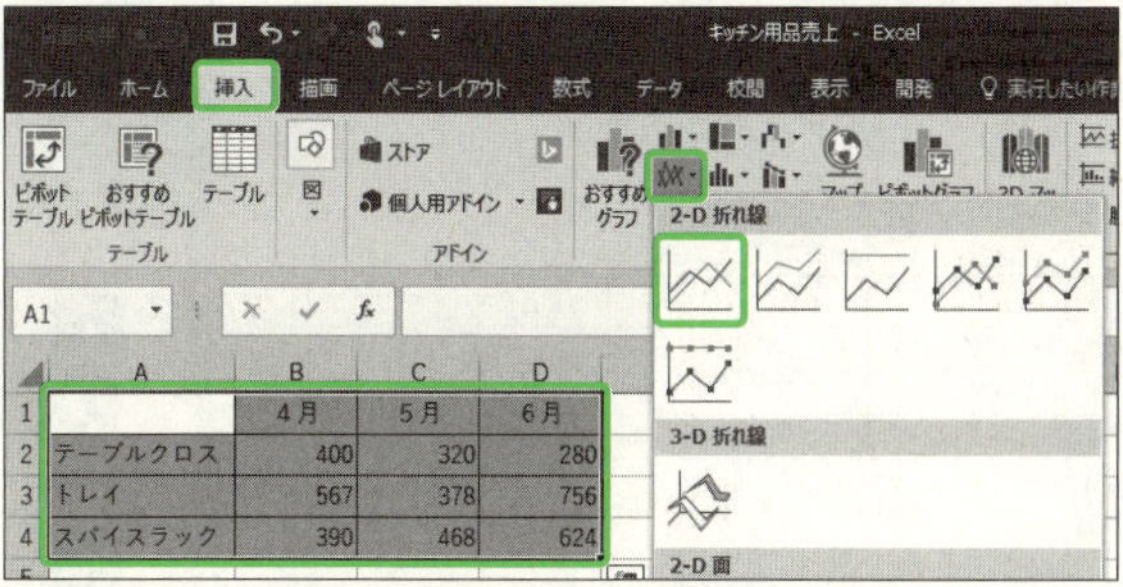

1 グラフにするデータを選び、[挿入]タブを開きます。[グラフ]グループ→グラフの種類→グラフの形式を選びます。図では[折れ線/面グラフの挿入]→[2-D折れ線]の[折れ線]を選んでいます。

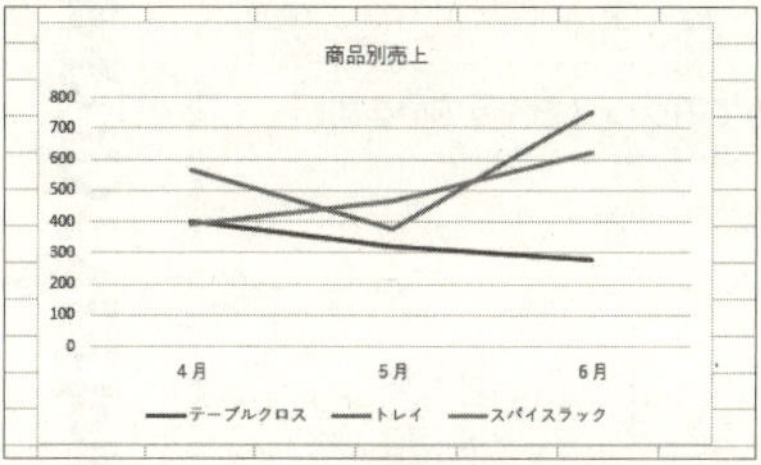

2 グラフができます。グラフの種類を変える方法はP166にあります。

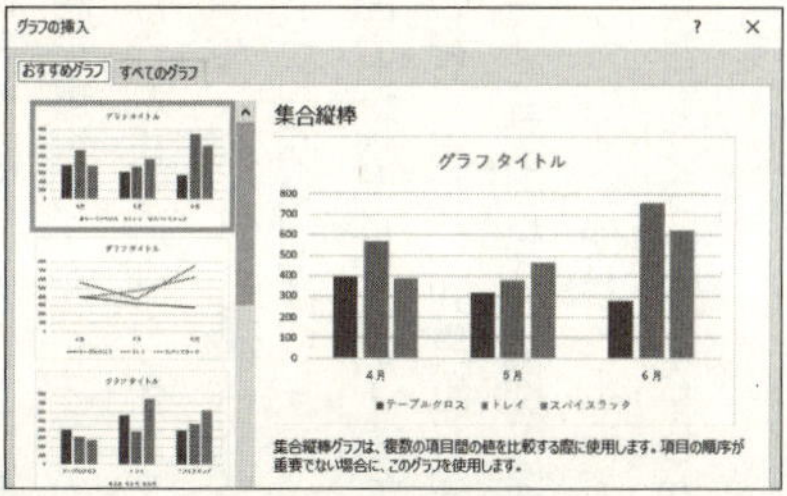

! 2016と2013では、データの範囲を選択して[挿入]タブを開き、[グラフ]グループ→[おすすめグラフ]をクリックするとこの画面になります。ここでグラフの種類を選べます。

グラフ

表の一部だけをグラフにする

基本のキホン

行・列見出しも範囲指定して グラフの種類を選ぶ

		4月	5月	6月
1		4月	5月	6月
2	テーブルクロス	400	320	280
3	トレイ	567	378	756
4	スパイスラック	390	468	624

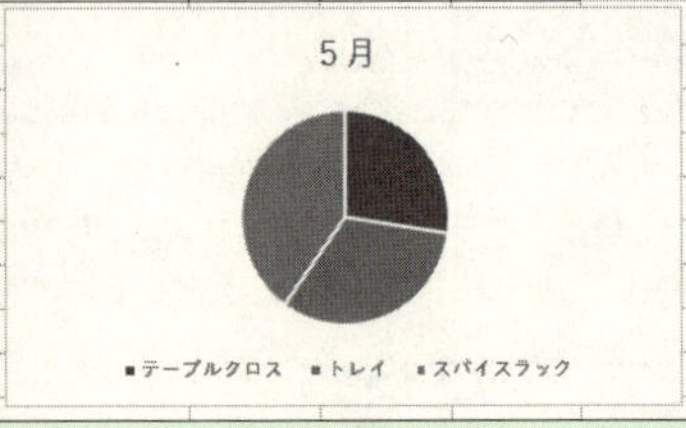

5月のデータだけを使って円グラフを作っています。

表の一部を使ったグラフも、データ範囲を選択して、グラフの種類を選べば作れます。隣り合っていないデータは、［Ctrl］キーを押したままドラッグして選びます。

範囲の選択では、データだけでなく表の行見出し、列見出しも選んでください。見出しは凡例や項目軸（横軸）の項目名に使われるので、選び忘れるとグラフの意味がわからなくなります。

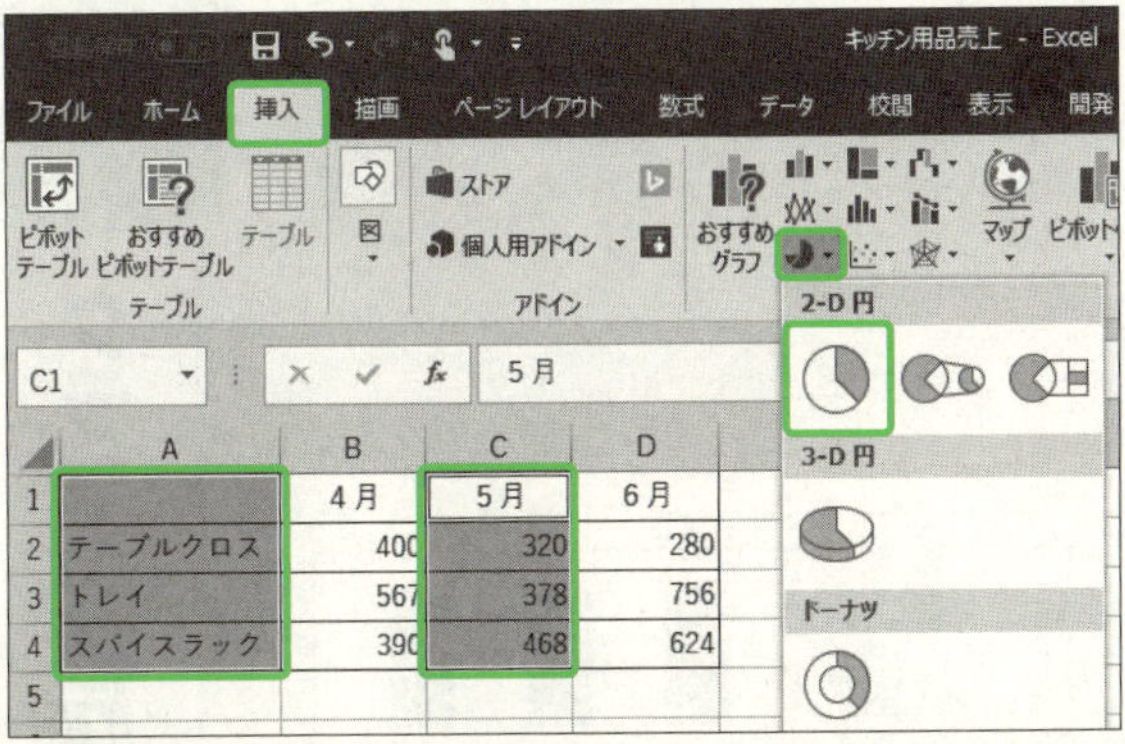

1 グラフにするデータの範囲を選択します。[Ctrl] キーを押したままドラッグして、表の行・列見出しも選択範囲に入れます。[挿入]タブを開きます。[グラフ]グループ→グラフの種類→グラフの形式を選びます。ここでは[円またはドーナツグラフの挿入]→[2-D円]の[円]を選択しています。

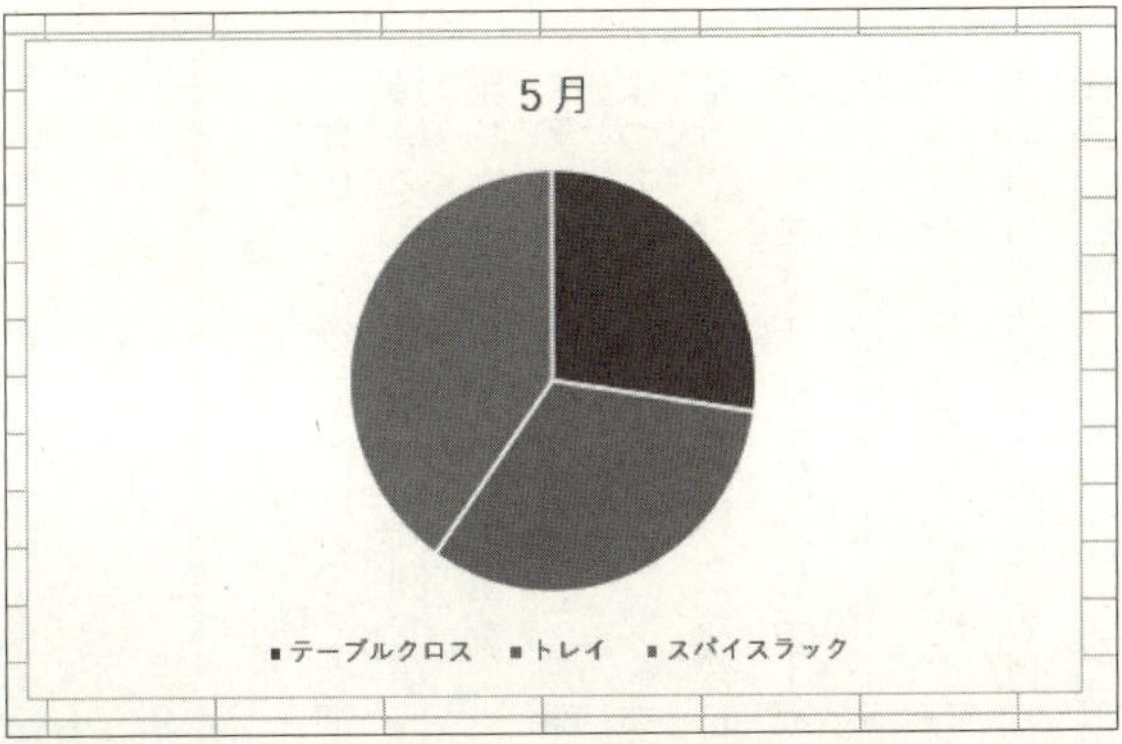

2 選択したデータだけを使ったグラフができます。

グラフの種類を変える

[グラフの種類の変更]で折れ線にも棒にも自由自在

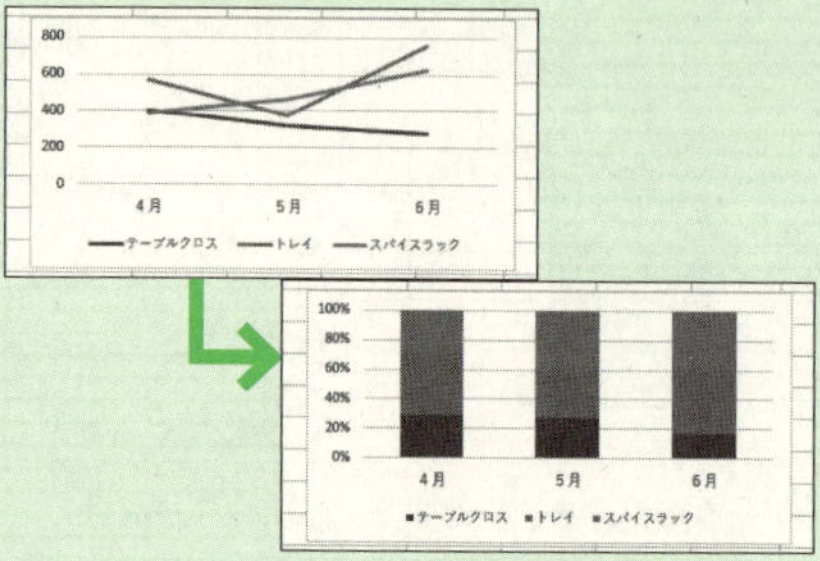

折れ線グラフを積み上げ縦棒グラフに変えたところです。

作成したグラフはいつでも別の種類に変えられます。凡例や項目の見出しも連動して変わります。

データの見え方はグラフの種類によって異なります。グラフを変えるだけで、データの切り口が変わるので、さまざまな角度からデータを分析できるようになります。たとえばデータの推移を示す折れ線グラフを積み上げ棒グラフに変えれば、構成比が一目瞭然になるという具合です。

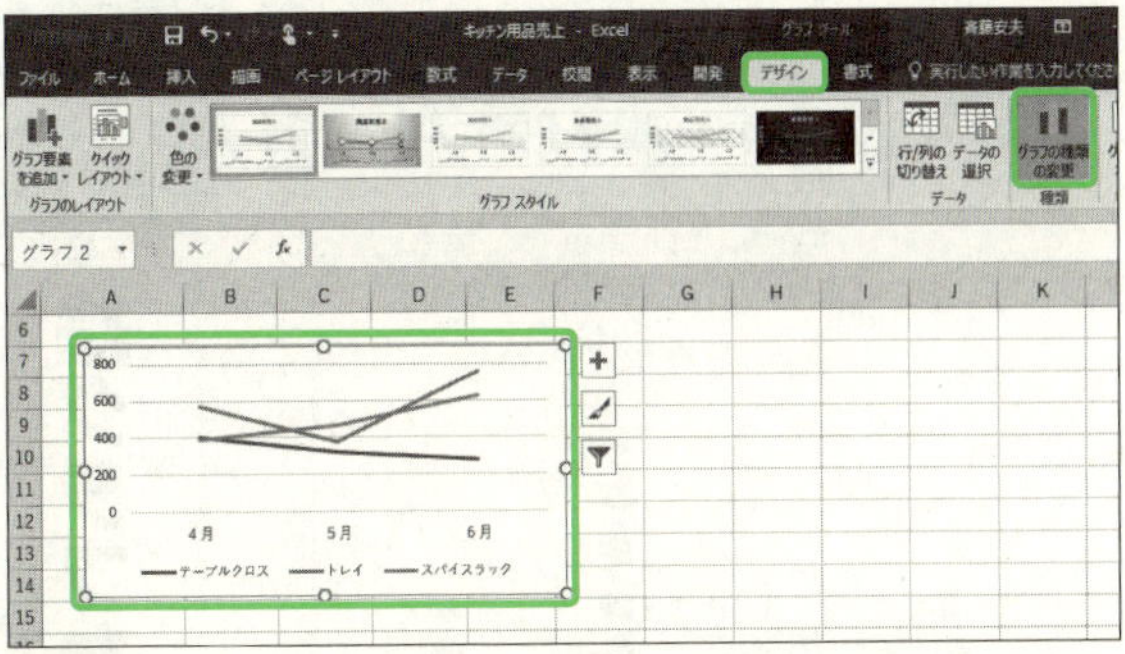

1 グラフをクリックし、[グラフツール]の[デザイン]タブを開きます。[種類]グループ→[グラフの種類の変更]をクリックします。

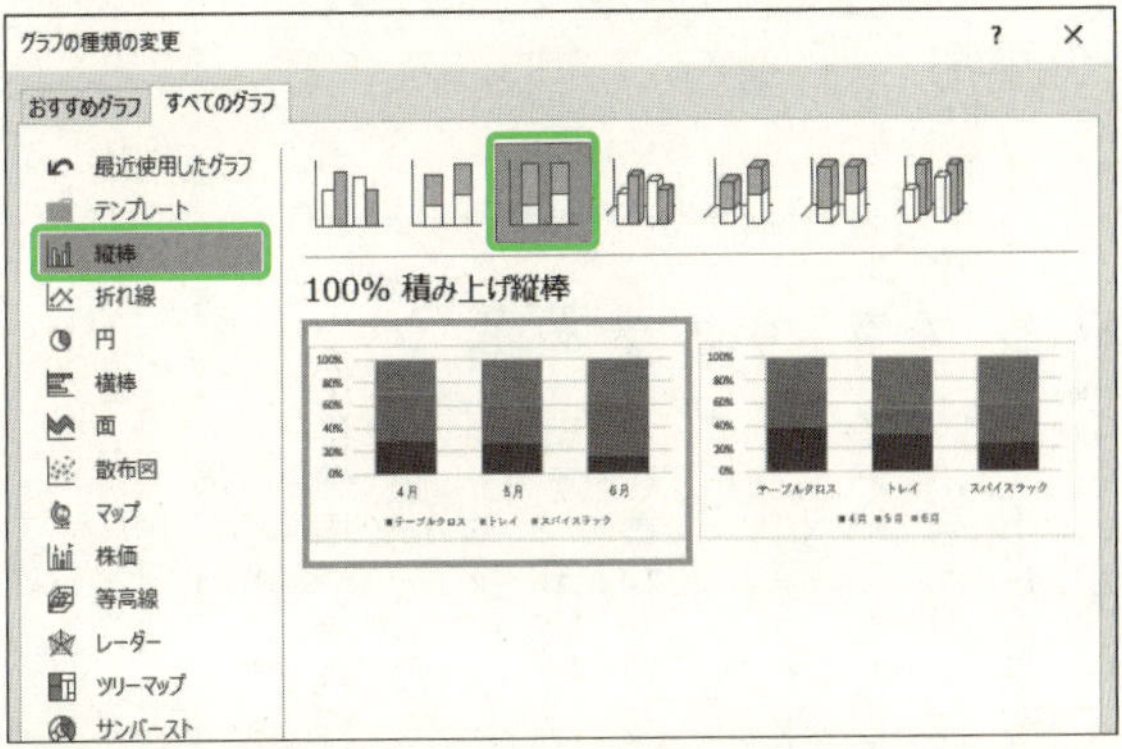

2 変更後のグラフの種類と形式を選び、[OK]をクリックすると、グラフの種類が変わります。図では商品別の売上の推移を見る折れ線グラフから、商品の売上比率を月ごとに見る100%積み上げ縦棒グラフに変えています。

グラフ

絵グラフを作る

仕上がりキレイ

縦棒グラフを作って
棒をイラストに置き換える

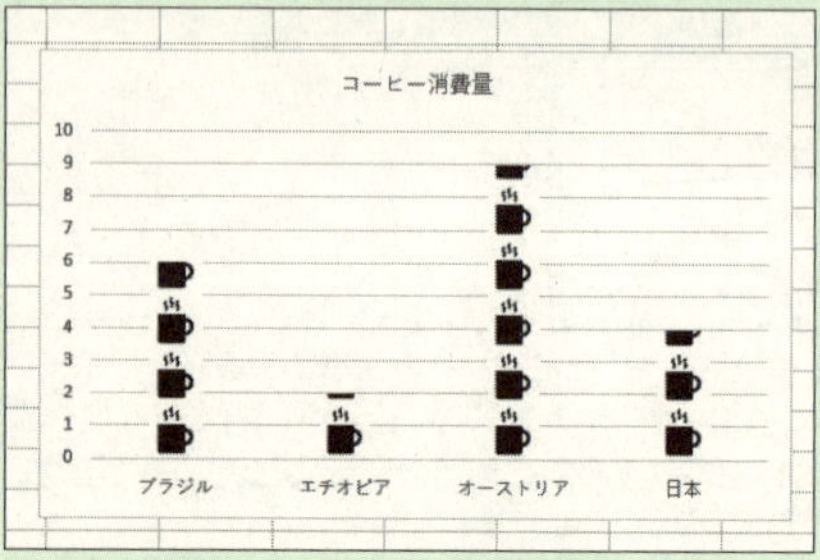

コーヒーの消費量をコーヒーカップのイラストで表しました。

定番の棒や折れ線グラフは、データ量や傾向をつかむのには向いていますが、インパクトに欠けることもあります。印象付けたいデータはイラストを重ねたグラフにすると効果的です。

　グラフに使うイラストは事前に用意しておいてください。イラストは、グラフに合わせてサイズが小さくなるので、小さくても見やすい単純な構図のものが向いています。

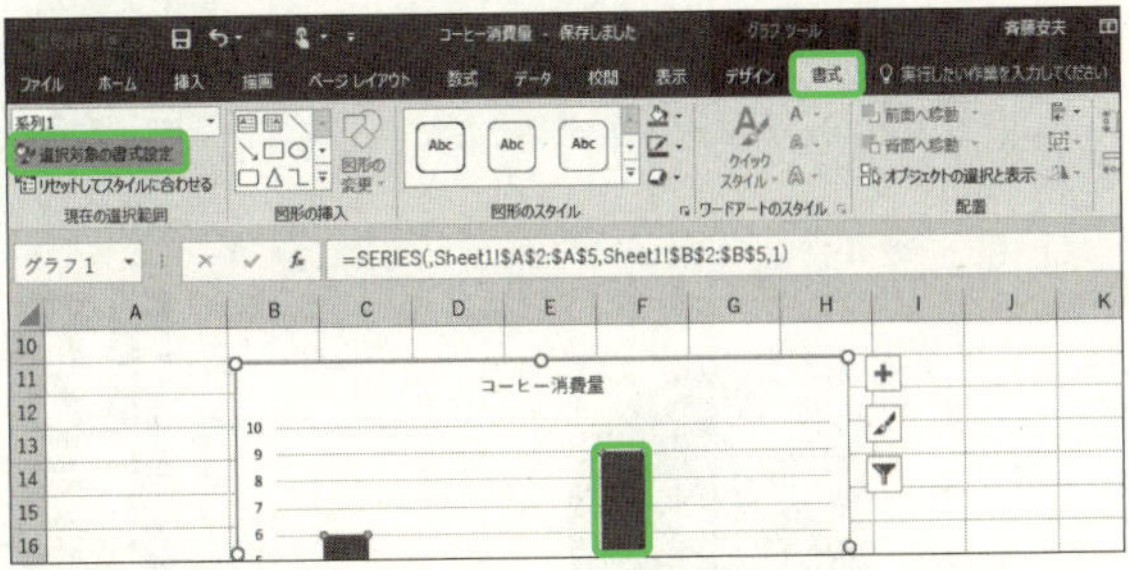

1 グラフで使うイラストを保存しておきます。絵グラフの元となる棒グラフを作っておきます（グラフの作り方はP162参照）。棒の1つをクリックして[グラフツール]の[書式]タブを開きます。[現在の選択範囲]グループの[選択対象の書式設定]をクリックします。

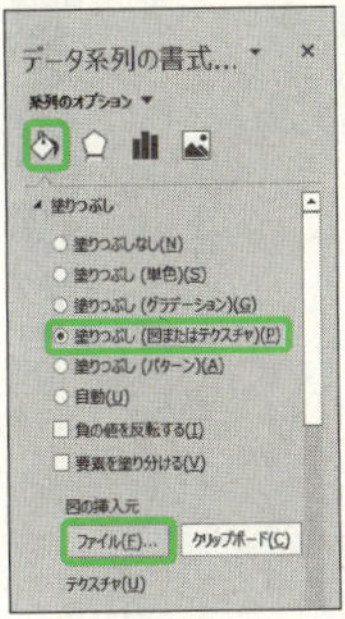

2 （2010では画面の左側の[塗りつぶし]をクリックします。）[塗りつぶし(図またはテクスチャ)]をクリックして◉にします。[ファイル]をクリックします。

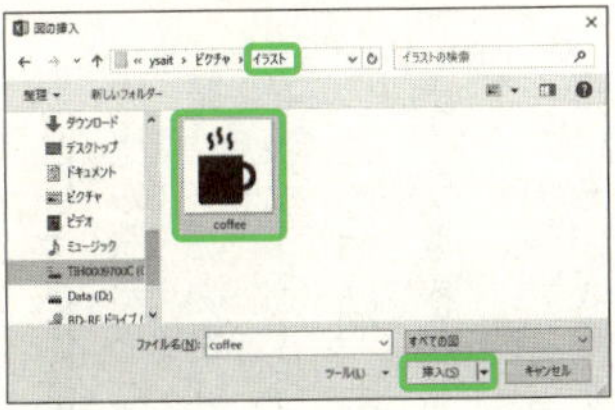

3 イラストを保存したフォルダーを開きます。イラストを選択して[挿入]をクリックします。棒がイラストに置き換わります。

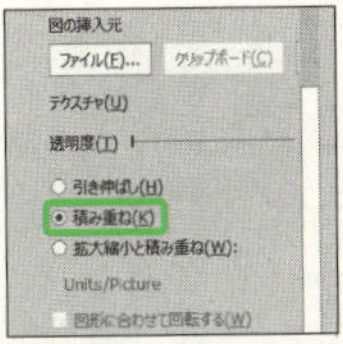

4 [積み重ね]をクリックして◉にします。データ量に応じてイラストが積み重なります。

グラフ

円グラフに「%」を付けて見やすくしたい

仕上がりキレイ

[パーセンテージ]をオンにして「%」を表示する

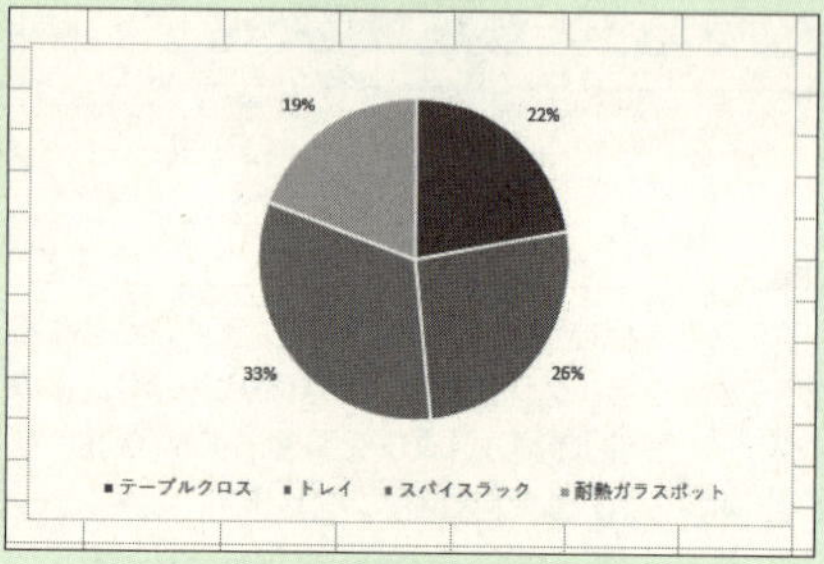

「%」を円の外部に表示しています。

円グラフは構成比を表現するグラフですが、単にグラフを作っただけでは、それぞれの領域が何%になるかという数値は表示されません。構成比の概要だけでなく正確な数値も見せたい場合は、[パーセンテージ]を表示するように設定します。

ここでは、円グラフでパーセンテージを表示しますが、同様の操作で、棒グラフや折れ線グラフの各要素にも値を表示できます。

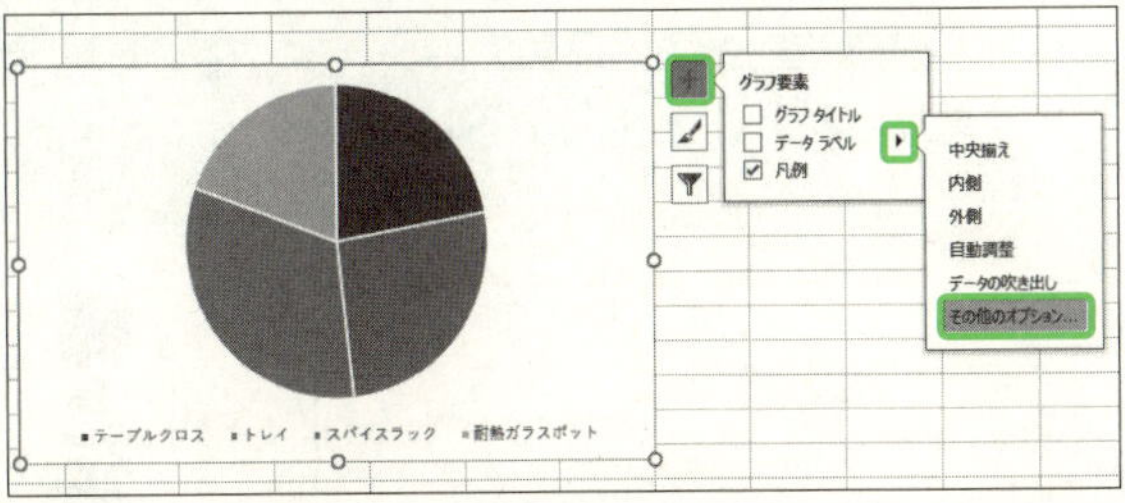

1 グラフをクリックし、＋→［データラベル］の▶→［その他のオプション］をクリックします。2010では［グラフツール］の［レイアウト］タブを開き、［ラベル］グループ→［データラベル］→［その他のデータラベルオプション］を選択します。
棒や折れ線グラフでは、対象とする棒や折れ線をクリックしてから、［データラベル］で値を付ける位置を指定できます。

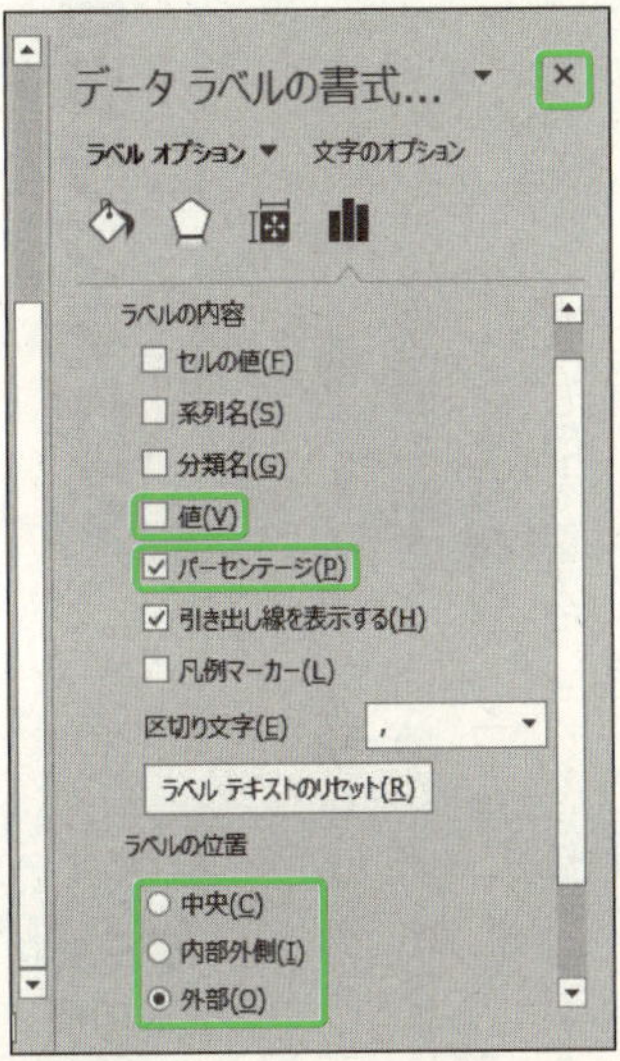

2 ［ラベルの内容］の［値］をクリックして□にします。［パーセンテージ］をクリックして☑にします。必要に応じて［ラベルの位置］も指定します。×をクリックして閉じます。2010では［ラベルオプション］をクリックして同じように設定します。
円グラフにパーセンテージが表示されます。

グラフ

棒と折れ線の複合グラフを作る

データを活かす

商品ごとの売上金額と各月の売上高推移の両方を1つのグラフで表すように2種類のグラフを1つにまとめたものを「複合グラフ」と呼びます。棒と折れ線の複合グラフは、エクセル2013以降では「おすすめグラフ」から選んで作ります。2010および「おすすめグラフ」に複合グラフが表示されない場合は、全体を棒グラフにしてから折れ線にするマーカーを選んでグラフの種類を変えます。

[おすすめグラフ]で複合グラフを選択する

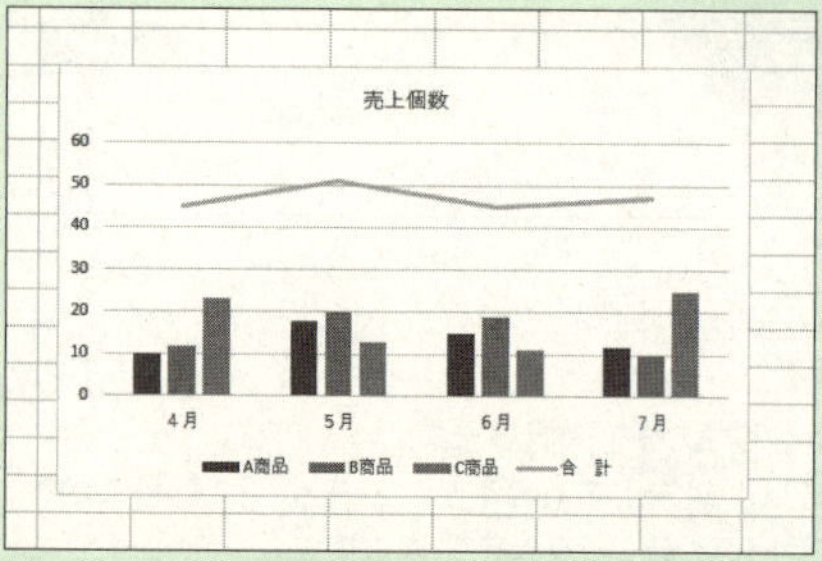

商品ごとの売上を棒グラフ、売上合計の推移を折れ線グラフで表しています。

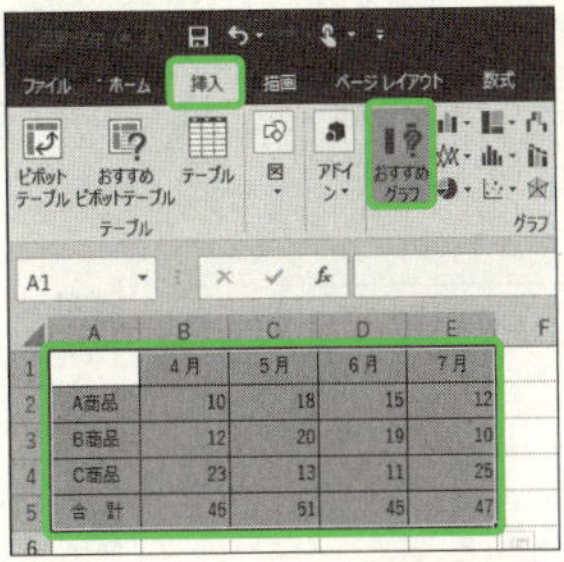

1 グラフにするデータを選びます。折れ線にする項目(ここでは「合計」)も範囲に入れてください。[挿入]タブを開き、[グラフ]グループ→[おすすめグラフ]をクリックします。2010では[縦棒]→[2-D縦棒]の[集合縦棒]をクリックします。

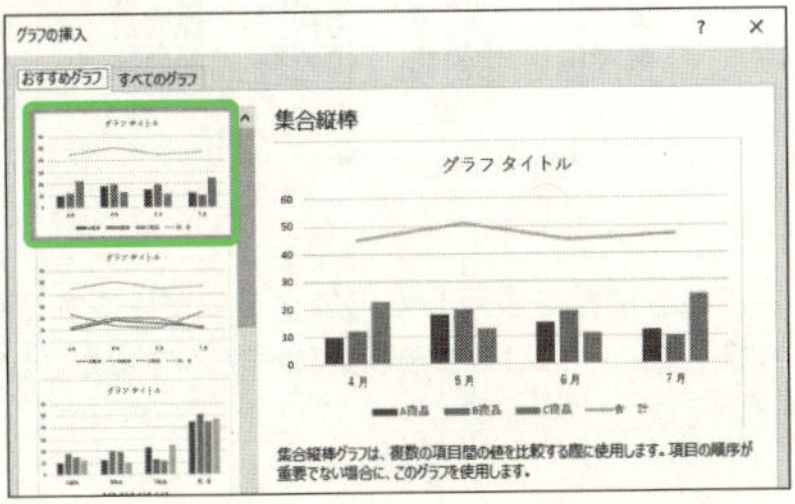

2 グラフの一覧から棒と折れ線の複合グラフを選びます。[OK]をクリックすると、複合グラフが作成されます。全体を棒グラフにした場合は、折れ線にする棒(ここでは「合計」)をクリックし、グラフの種類を折れ線に変更します。グラフの種類の変え方はP166を参考にしてください。

! 棒グラフを作ったときに折れ線にする項目(ここでは「合計」)が図のように横軸の項目になっていたら、グラフをクリックし、[グラフツール]の[デザイン]タブを開き、[データ]グループ→[行/列の切り替え]クリックして行と列を切り替えてから、棒から折れ線への変更を行ってください。

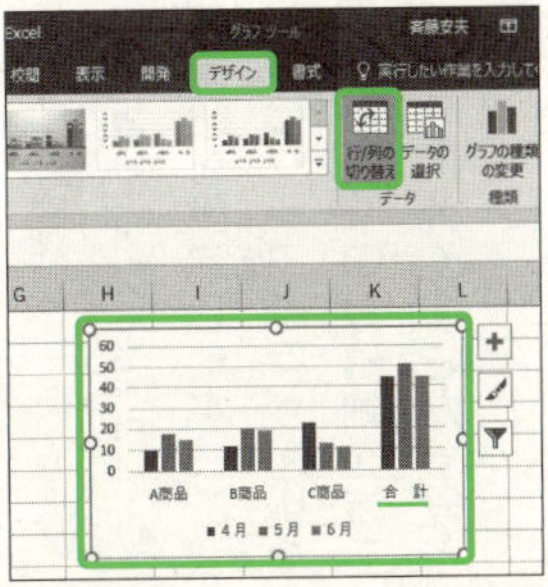

グラフ

複合グラフの右側に数値軸を表示する

これは便利！

複合グラフ（P172参照）では、2つのグラフが同じ目盛で表示されるため、グラフが小さくなったり、片方のグラフしか見えなくなったりすることがあります。

そこで、複合グラフを作ったら、2つ目の数値軸を設定します。こうすれば、2つのグラフ各々が適切な最大値、適切な間隔の数値軸を持てるので、グラフの見やすさが一段とアップします。

［第2軸］をオンにして右側にも軸を表示する

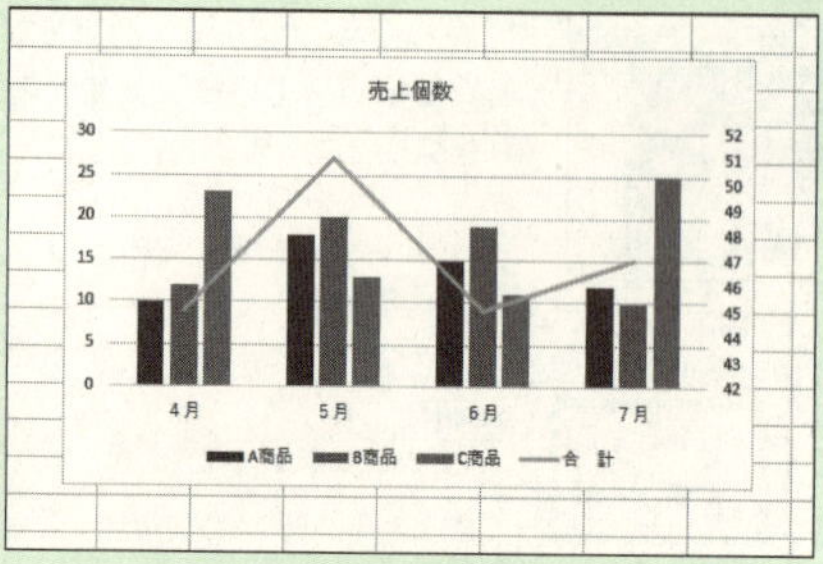

右にも数値軸を表示したのでグラフが見やすくなりました。P172のグラフと比べてみてください。

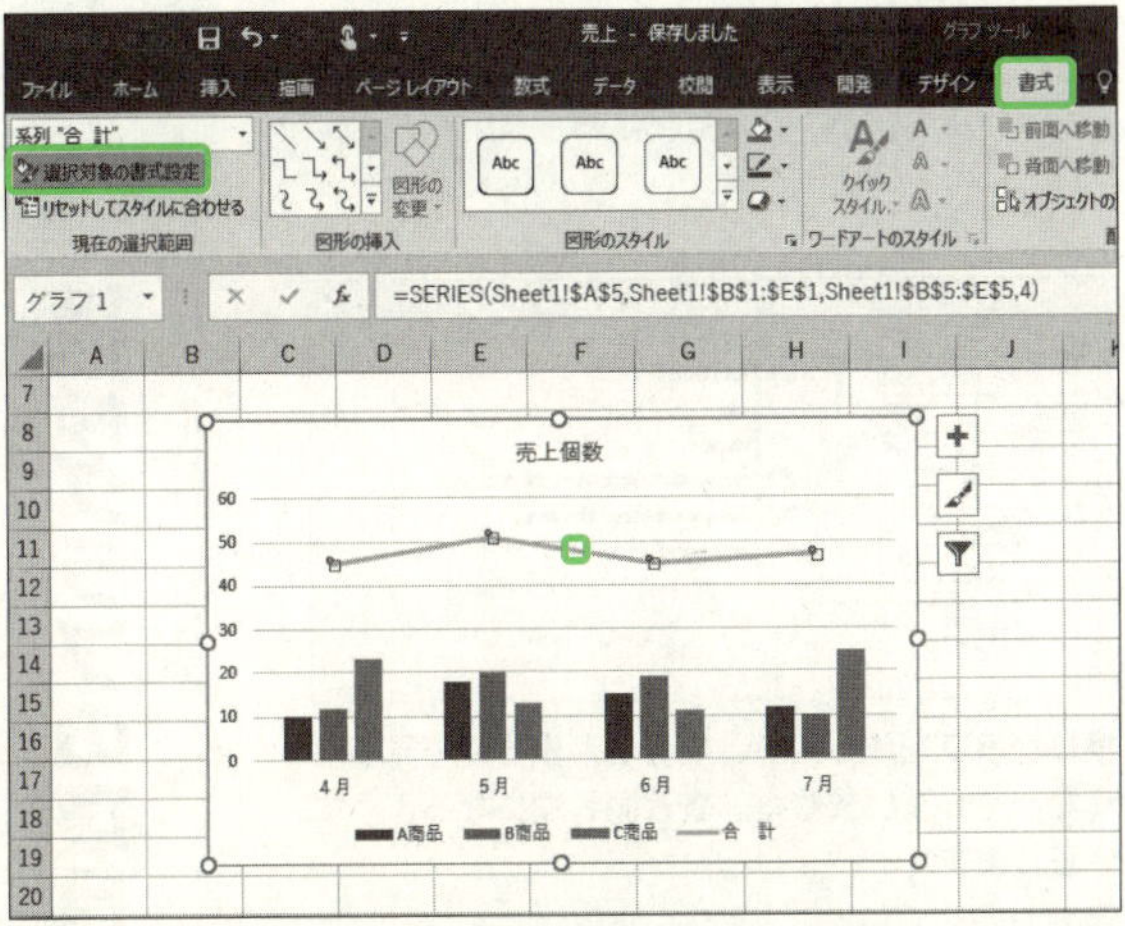

1 折れ線用の数値軸を右に作るために、折れ線グラフをクリックします。[グラフツール]の[書式]タブを開き、[現在の選択範囲]グループ→[選択対象の書式設定]をクリックします。

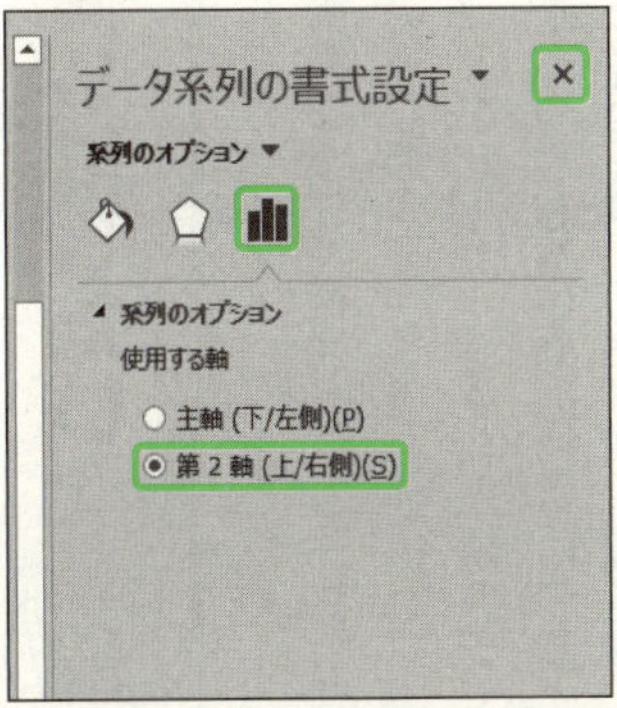

2 [系列のオプション]が選択されていることを確認します。[第2軸(上／右側)]をクリックして◉にし、×をクリックして閉じます。グラフの右側に折れ線グラフ用の数値軸が表示されます。2010では**1**を行うと[データ系列の書式設定]画面になるので、[系列のオプション]をクリックして設定します。

グラフ

横棒グラフの項目を表と同じにしたい

トラブル退治

縦軸を反転してから横軸を下に配置しなおす

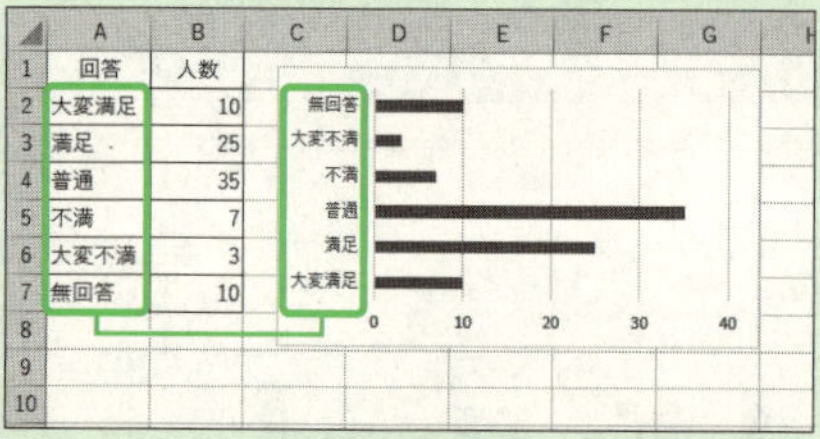

横棒グラフを作ったら、項目名が表と逆で見づらくなってしまいました。表と同じ順になるように修正します。

横棒グラフを作ると、グラフの項目の並び順が元データと逆になります。エクセルの仕様で「先頭のデータをもっとも数値軸の近くに配置する」と決まっているからです。

項目の並び順を表と同じにするには、まず、縦軸を反転させます。この結果、並び順は同じになりますが、横軸が上になってしまうので、縦軸と横軸との交点を「最大項目」に変更します。これで横軸が下になります。

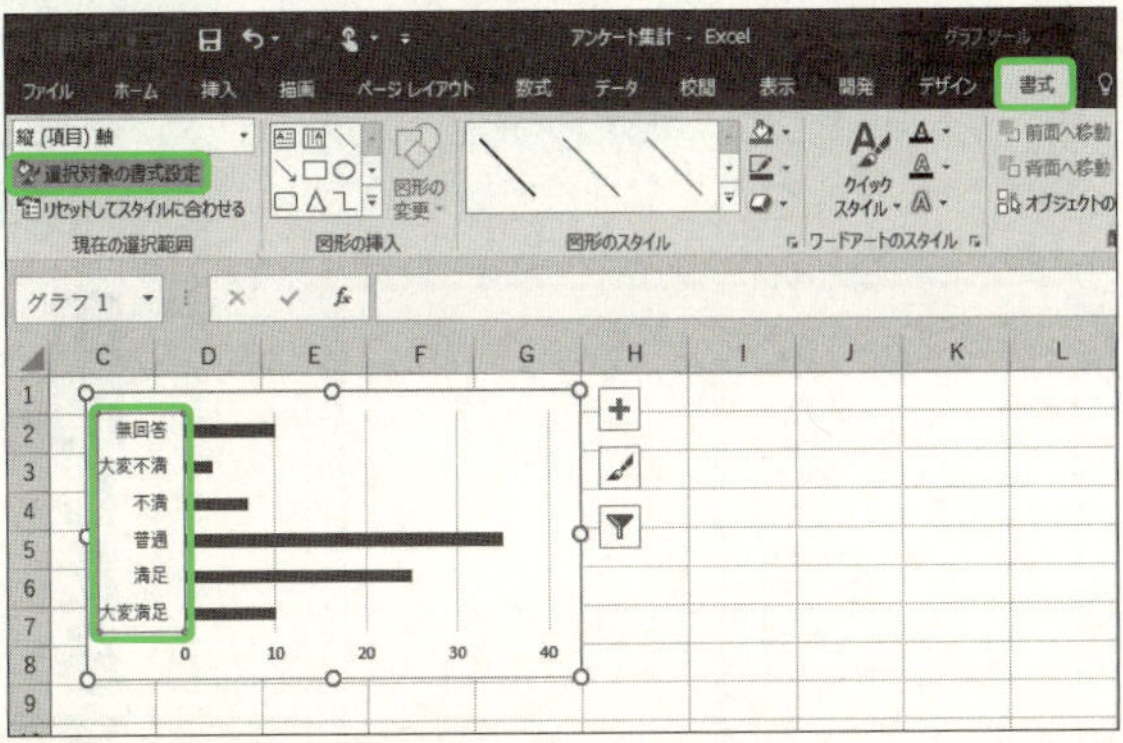

1 横棒グラフの縦軸をクリックします。[グラフツール]の[書式]タブを開き、[現在の選択範囲]グループ→[選択対象の書式設定]をクリックします。

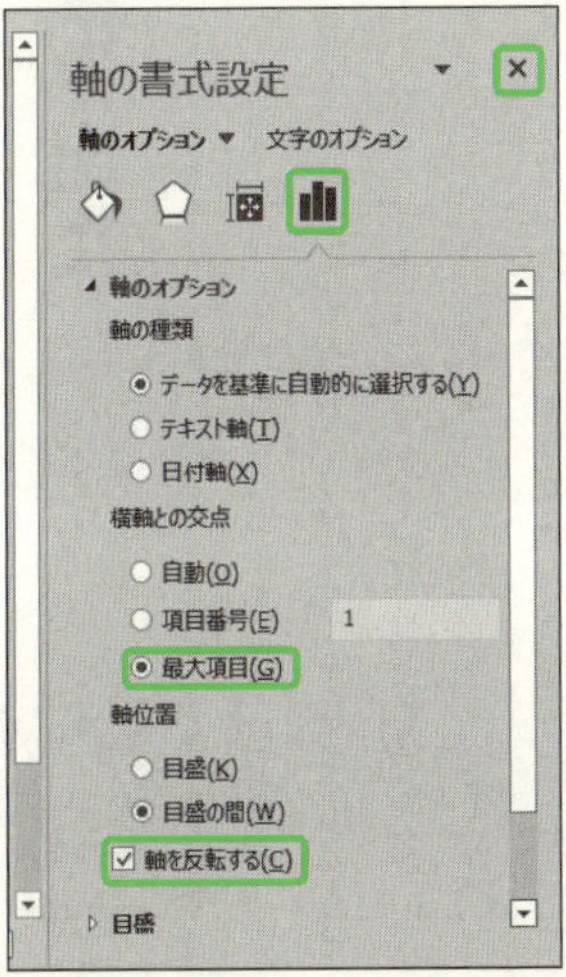

2 [軸のオプション]が選択されていることを確認します。[軸を反転する]をクリックして☑にします。[横軸との交点]で[最大項目]をクリックして◉にします。×をクリックして閉じます。グラフの項目の並び順が表と同じになります。2010では❶を行うと[軸の書式設定]画面になるので、[軸のオプション]をクリックして設定します。

印刷したら文字がはみ出た

列が1ページに収まるよう縮小して印刷する

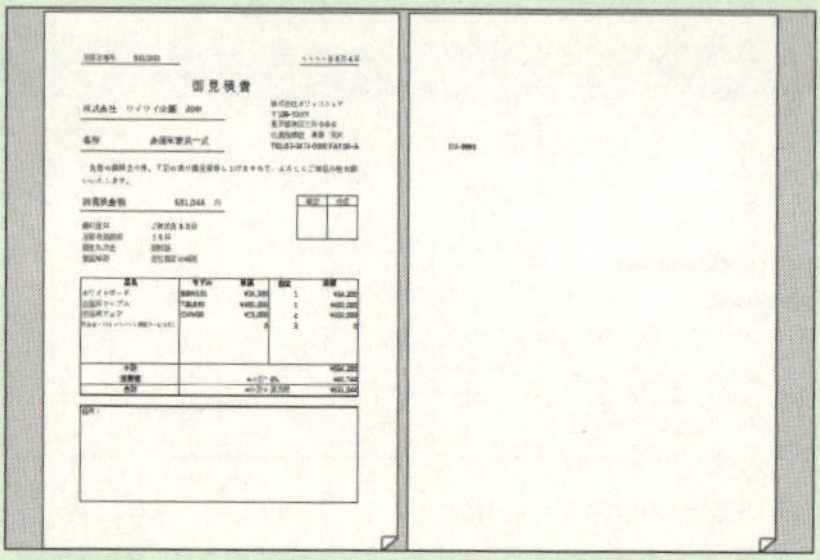

文字数の多い行が2ページ目にはみ出てしまいました。これを1ページに収めて印刷します。

エクセルでは、表の一部の列が別ページになったり、文字数の多い行が2ページ目にはみ出たりすることがあります。こんなときは［すべての列を1ページに印刷］することで、列を1ページに収めて印刷できます。このほか、行方向を1ページに収めたり、シートを1ページに収めて印刷したりする設定もあるので、［印刷］画面で確認しながら選んでください。

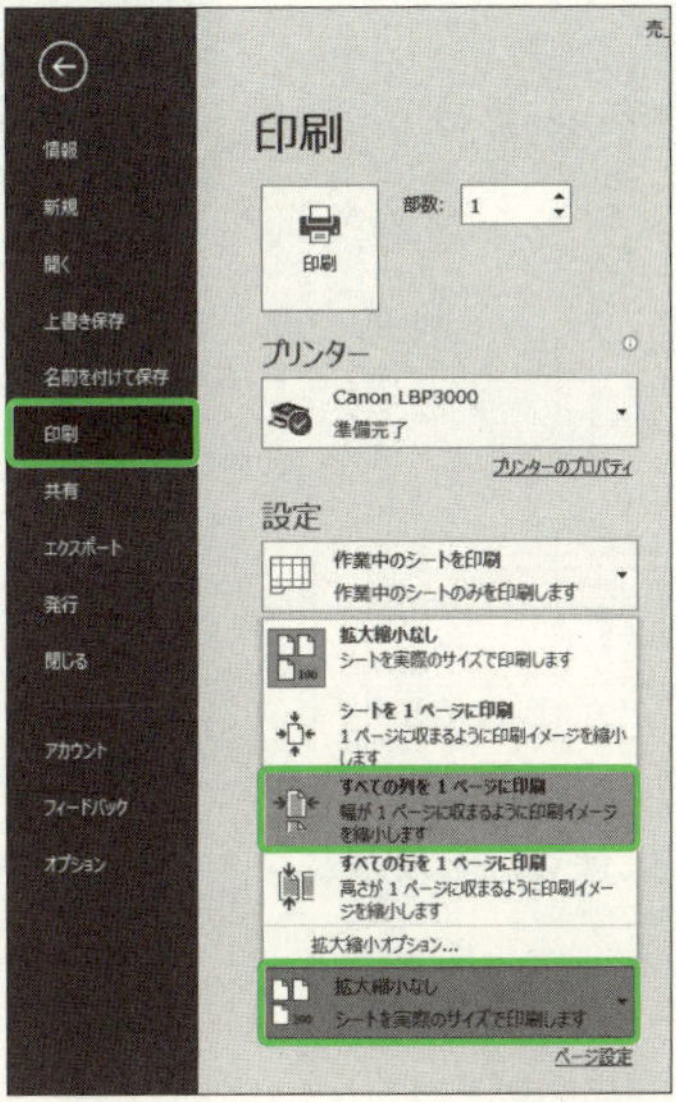

1 [ファイル] タブを開き、[印刷] をクリックします。[拡大縮小なし] をクリックして [すべての列を1ページに印刷] をクリックします。

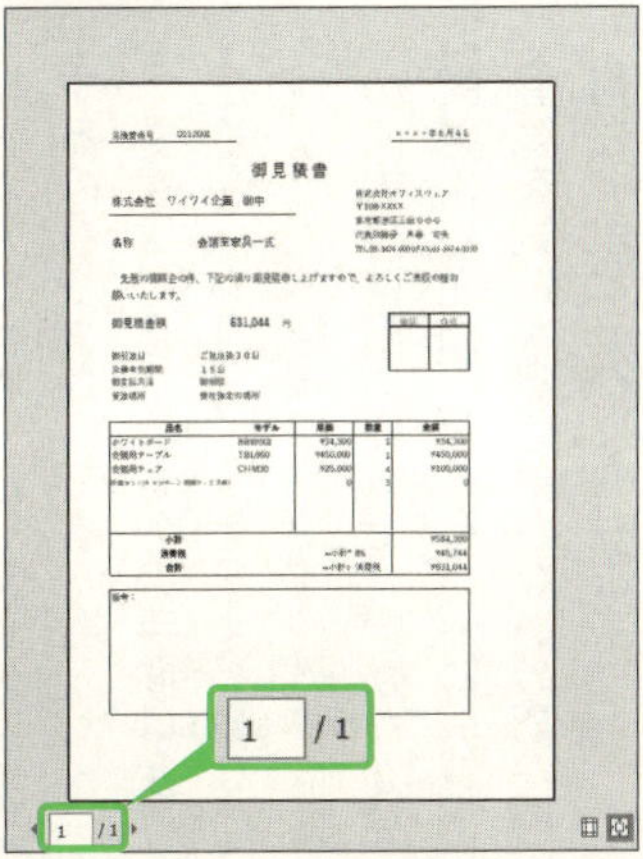

2 はみ出しが解消され、列方向が1ページに収まります。この設定では、行方向（縦）はデータ量に応じたページ数になります。

印刷

印刷するときに枠線を引く

時間短縮
効率UP!

表に罫線を引くのは案外面倒です。罫線を引いた表を編集すると、線種が入れ替わったり線が欠けたりするのもやっかいです。

罫線は引きたいものの手間はかけたくないという人におすすめなのが、セルの枠線印刷です。外枠は太め、内枠は細めの線で、なかなか見栄えよく印刷できます。これなら、罫線を気にする必要がないので、編集も一段とラクになります。

[ページレイアウト]タブで枠線の印刷をオンにする

グループ	担当者	売上（千円）
Aグループ	石井　英人	4,600
Bグループ	川口　翔	2,500
Aグループ	木村　美鈴	3,010
Aグループ	本間　亮太	2,800
Bグループ	見村　愛実	4,300

グループ	担当者	売上（千円）
Aグループ	石井　英人	4,600
Bグループ	川口　翔	2,500
Aグループ	木村　美鈴	3,010
Aグループ	本間　亮太	2,800
Bグループ	見村　愛実	4,300

枠線を印刷すれば、罫線を引いたのと同じ効果があります。

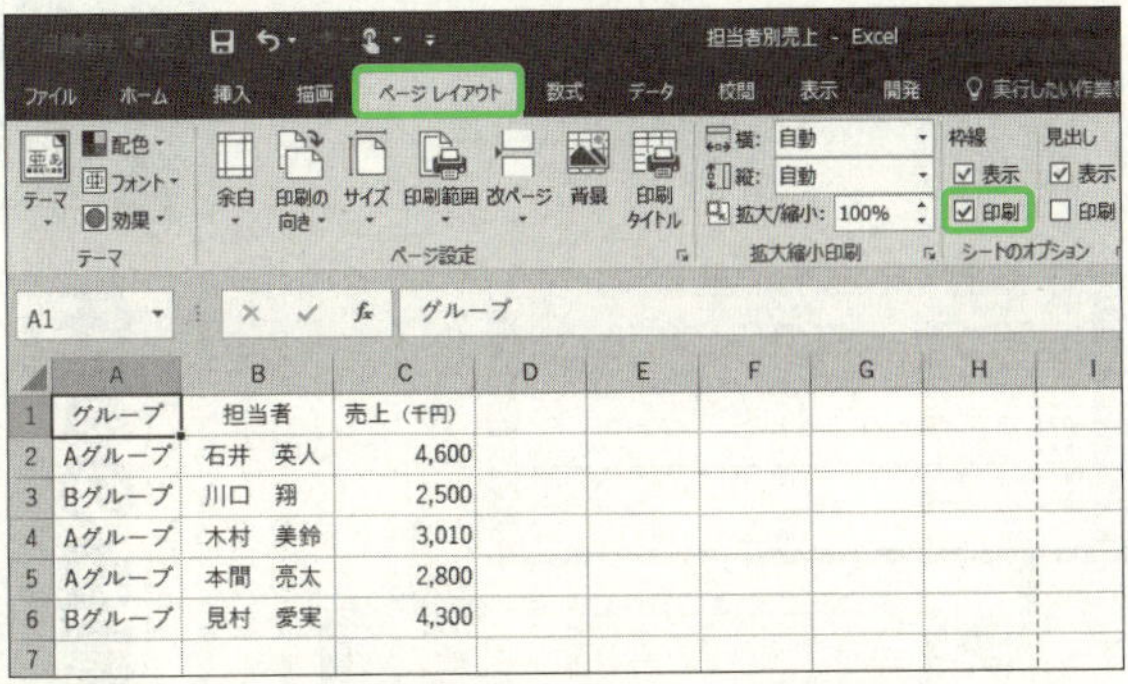

1 [ページレイアウト]タブを開き、[シートのオプション]グループ→[枠線]の[印刷]をクリックして☑にします。

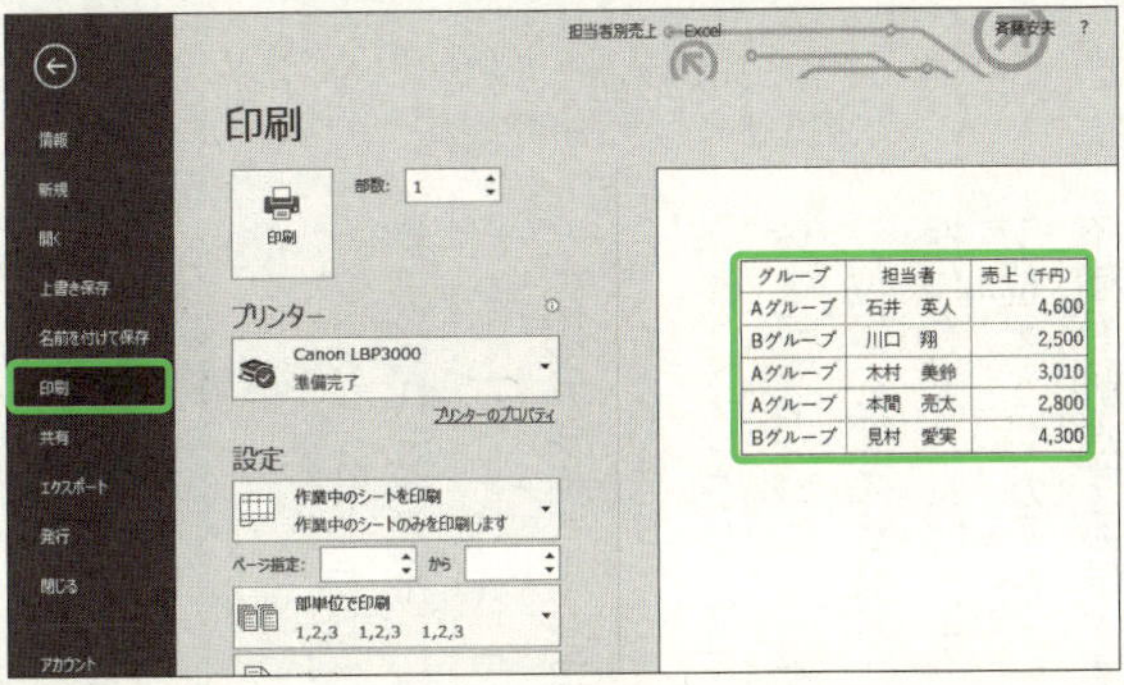

2 [ファイル]タブを開き[印刷]をクリックすると、プレビューで枠線が確認できます。この方法ではセル「A1」からデータやグラフが入っているすべての範囲の枠線が印刷されます。不都合な場合は罫線を引いてください。

印刷

任意の位置で改ページして印刷する

仕上がりキレイ

[改ページプレビュー]を使えば改ページ位置は自由自在

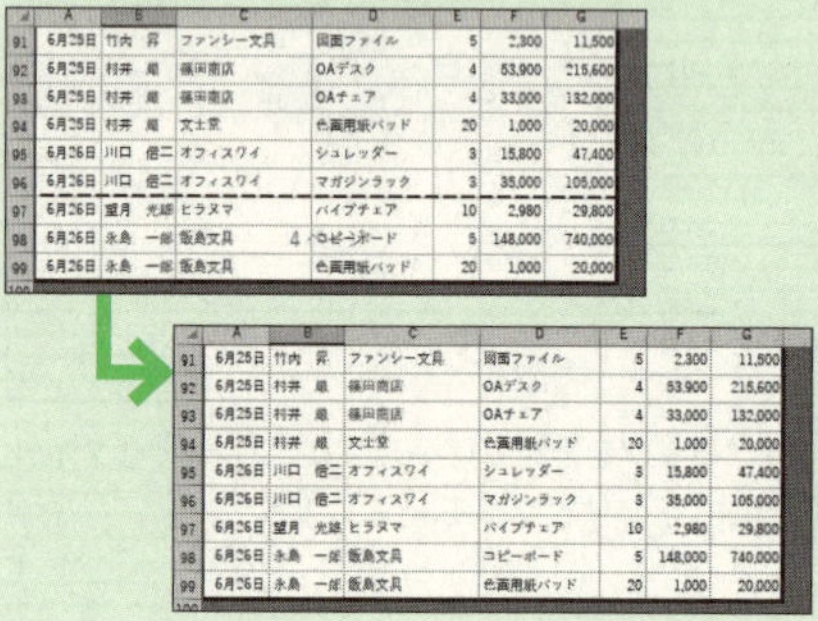

	A	B	C	D	E	F	G
91	6月25日	竹内　昇	ファンシー文具	図面ファイル	5	2,300	11,500
92	6月25日	村井　順	福田商店	OAデスク	4	53,900	215,600
93	6月25日	村井　順	福田商店	OAチェア	4	33,000	132,000
94	6月25日	村井　順	文士堂	色画用紙パッド	20	1,000	20,000
95	6月26日	川口　信二	オフィスワイ	シュレッダー	3	15,800	47,400
96	6月26日	川口　信二	オフィスワイ	マガジンラック	3	35,000	105,000
97	6月26日	望月　光雄	ヒラヌマ	パイプチェア	10	2,980	29,800
98	6月26日	永島　一郎	飯島文具　4	コピーボード	5	148,000	740,000
99	6月26日	永島　一郎	飯島文具	色画用紙パッド	20	1,000	20,000

	A	B	C	D	E	F	G
91	6月25日	竹内　昇	ファンシー文具	図面ファイル	5	2,300	11,500
92	6月25日	村井　順	福田商店	OAデスク	4	53,900	215,600
93	6月25日	村井　順	福田商店	OAチェア	4	33,000	132,000
94	6月25日	村井　順	文士堂	色画用紙パッド	20	1,000	20,000
95	6月26日	川口　信二	オフィスワイ	シュレッダー	3	15,800	47,400
96	6月26日	川口　信二	オフィスワイ	マガジンラック	3	35,000	105,000
97	6月26日	望月　光雄	ヒラヌマ	パイプチェア	10	2,980	29,800
98	6月26日	永島　一郎	飯島文具	コピーボード	5	148,000	740,000
99	6月26日	永島　一郎	飯島文具	色画用紙パッド	20	1,000	20,000

改ページ位置の調整で、はみ出しも解消できます。

　ワークシートには改ページ位置が表示されませんが、「改ページプレビュー」にすれば、ワークシートのどの部分が何ページ目になるかが一目でわかります。

「改ページプレビュー」の特徴は全体を見ながらドラッグだけで改ページ位置を変えられることです。この操作を覚えれば「エクセルは改ページ位置がわからなくて不便」という不満も解消するはずです。

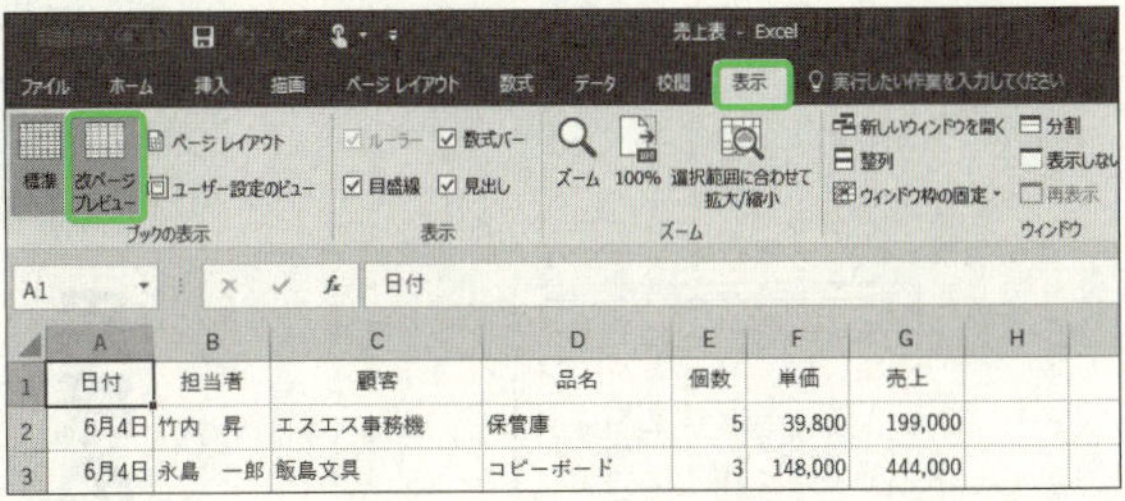

1 [表示]タブを開き、[ブックの表示]グループ→[改ページプレビュー]をクリックします。ここで[標準]をクリックすると元に戻せます。次に「マウスでドラッグすると──」と表示されたら[OK]をクリックします。

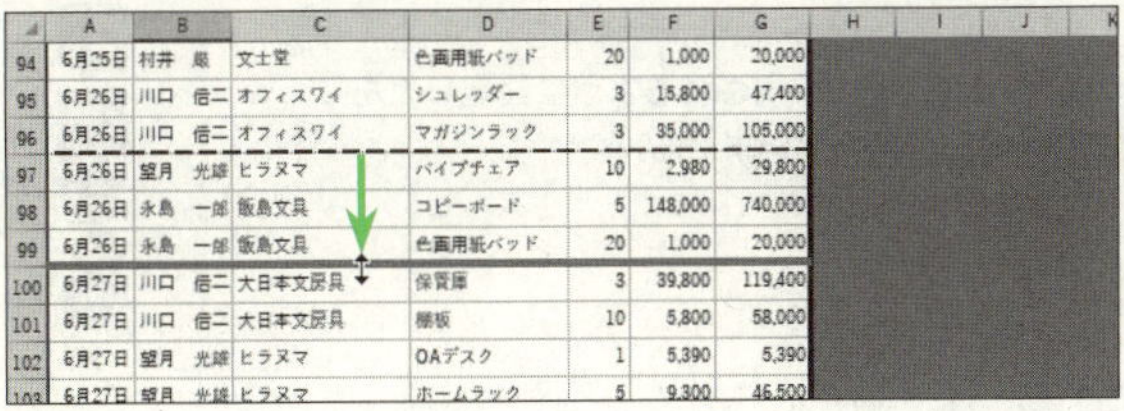

2 ページ区切りの線をドラッグして位置を移動すると、改ページの位置が変わります。

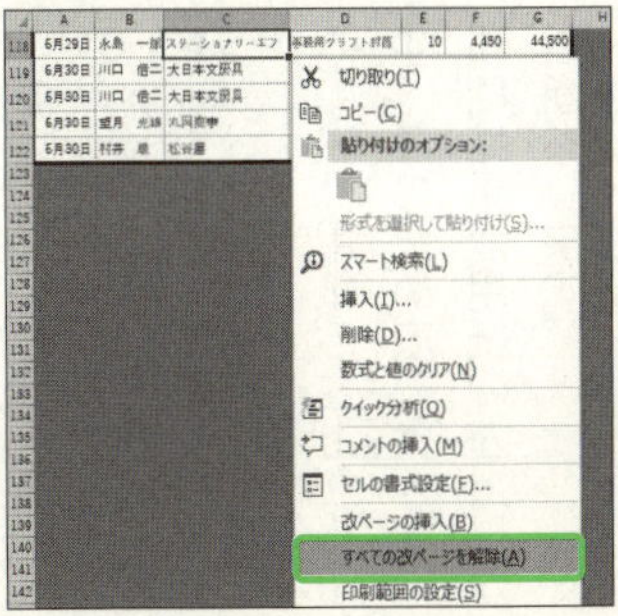

! 改ページ位置を元に戻すには、ページ区切りの線をドラッグして戻すか、任意のセルを右クリックして[すべての改ページを解除]を選びます。

印刷

用紙の中央に印刷する

仕上がりキレイ

[ページ設定]画面で「水平」と「垂直」を中央にする

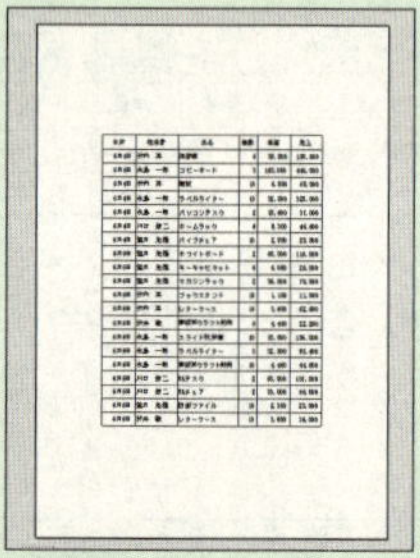

表が用紙の中央に印刷されるように設定してあります。余白は変えていません。

エクセルの表は用紙の左上から印刷されます。このため表の大きさによって、印刷結果が用紙の左上にかたよることがあります。

このような表は、用紙の中央になるように設定してから印刷すれば、中央に配置できます。表を動かしたり余白の大きさを変える必要はありません。この設定をしてあれば、表のサイズが変わっても、必ず用紙の中央に印刷されます。

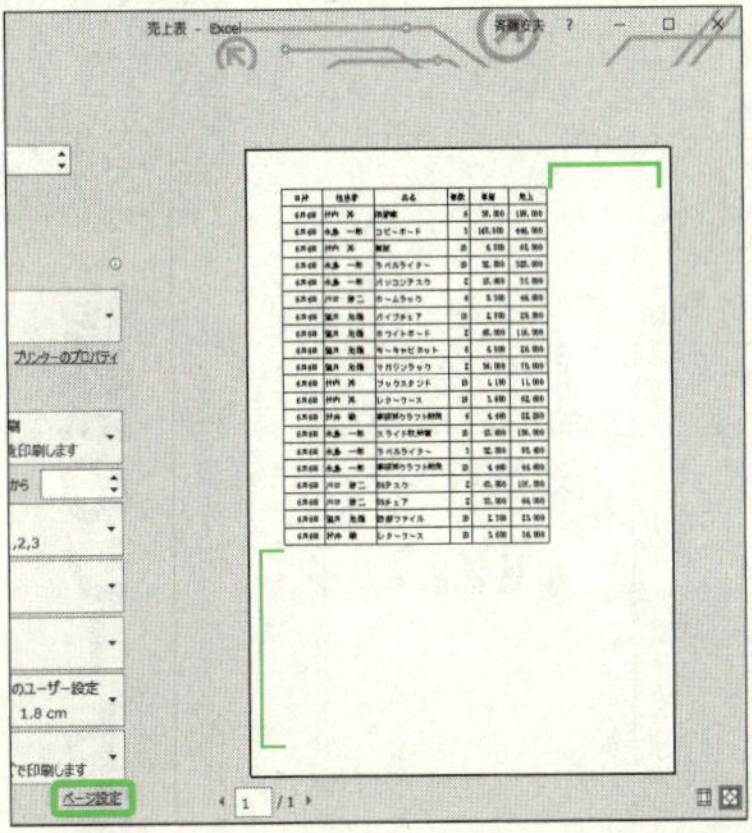

1 [ファイル]タブを開き、[印刷]をクリックします。表が用紙の左上にかたよっているので、中央になるように設定します。[ページ設定]をクリックします。

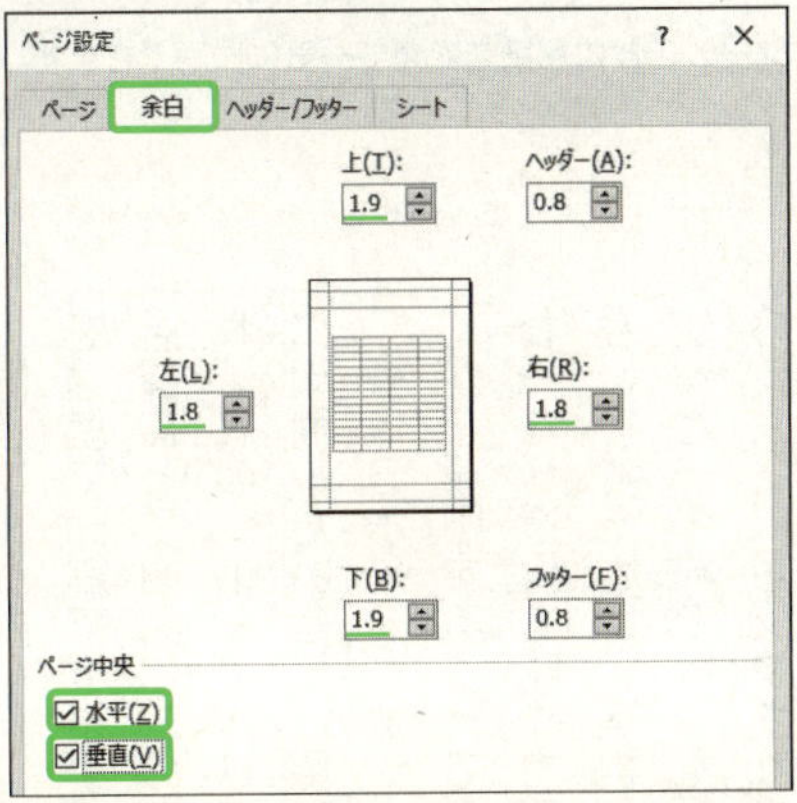

2 [余白]タブを開きます。上下と左右の余白がそれぞれ等しいことを確認します。[ページ中央]の[水平]と[垂直]をクリックして☑にします。表のサイズやレイアウトによって、どちらか一方をオンにしてもかまいません。[OK]をクリックします。水平方向にも垂直方向にも用紙の中央に印刷されます。

印刷

複数のシートを一度に印刷する

時間短縮
効率UP!

複数シートを選択して[印刷]を実行

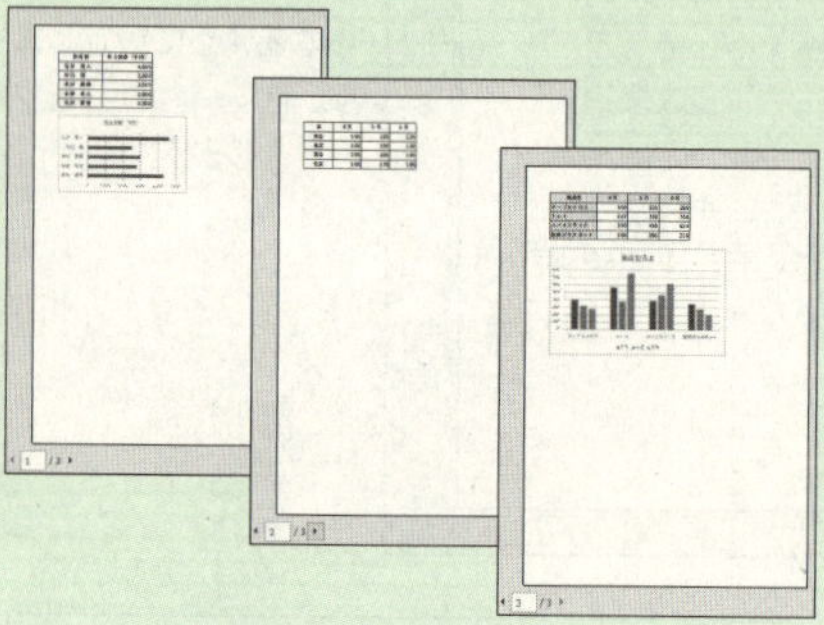

シートごとに用紙を変えて一気に印刷できます。

同じブック内なら、複数のシートを連続で印刷できます。担当者ごと、店舗ごと、商品ごとの売り上げをそれぞれのシートに作り、これを一度に印刷したいときに便利です。
　操作のポイントはシートを選択してから印刷することです。印刷が終わったら選択を解除することも忘れないでください。選択したまま編集すると、１枚で行った編集が、ほかのシートにも反映されます。

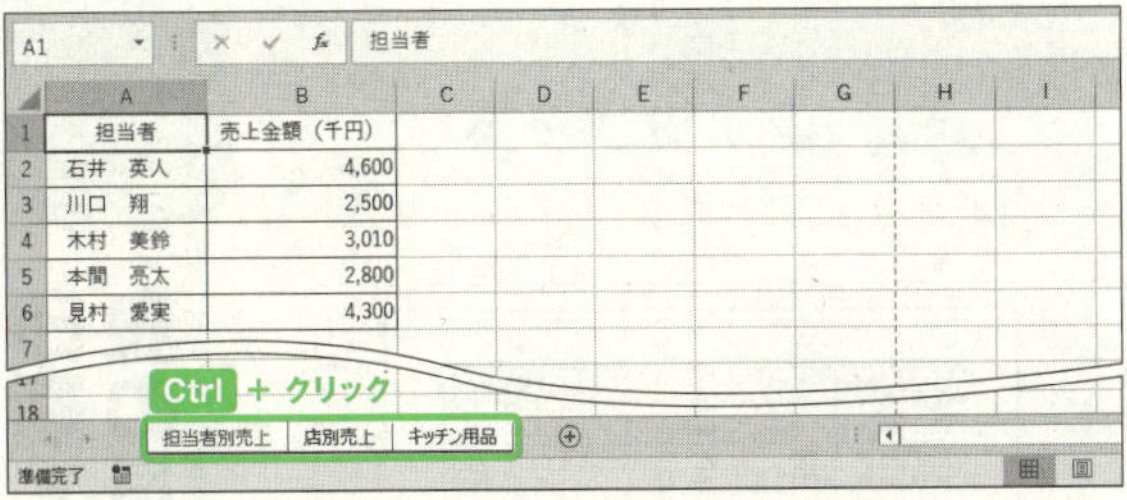

1 [Ctrl] キーを押したまま、印刷するシートのシート見出しをすべてクリックして選択します。ワークシートだけでなくグラフ専用のグラフシートを含めてもかまいません。

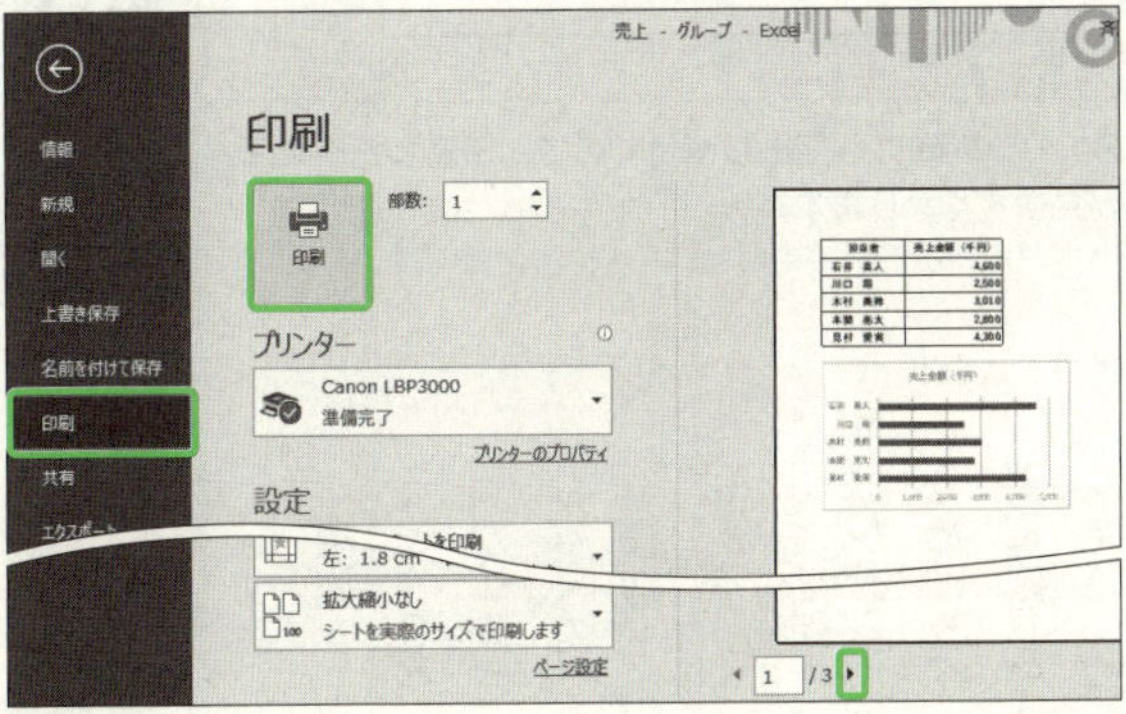

2 [ファイル] タブを開き、[印刷] をクリックします。画面下のページの部分の ▶ をクリックすると印刷するシートを確認できます。[印刷] をクリックして印刷をします。

3 シートの選択を解除するには、選択中のシートの任意のシート見出しを右クリックし、[シートのグループ解除] または [作業グループ解除] をクリックします。

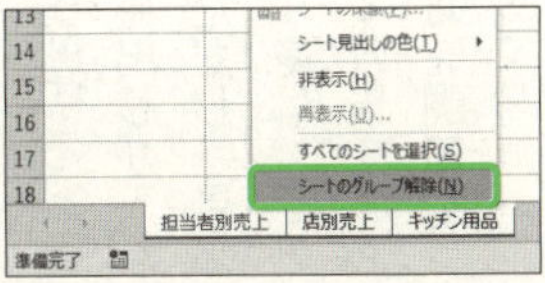

印刷

印刷するページごとに表の見出しを入れる

仕上がりキレイ

[印刷タイトル]で見出しの行を指定する

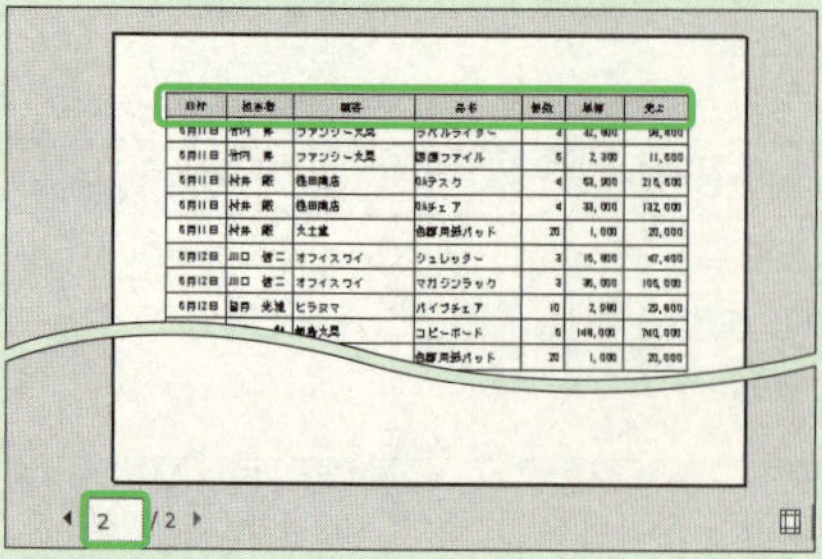

2ページ以降にも見出しが付くので、印刷した表が見やすくなります。

複数ページにまたがる表を印刷すると、2ページ以降に行や列の見出しが印刷されず、各欄の意味がわからなくなることがあります。

　複数ページの表を印刷するときは、ページごとに表の見出しが入るよう設定しましょう。ただし、見出しがあらたに入るページでは、その分だけ改ページ位置がずれます。必要に応じて改ページ位置を調節してください（P182参照）。

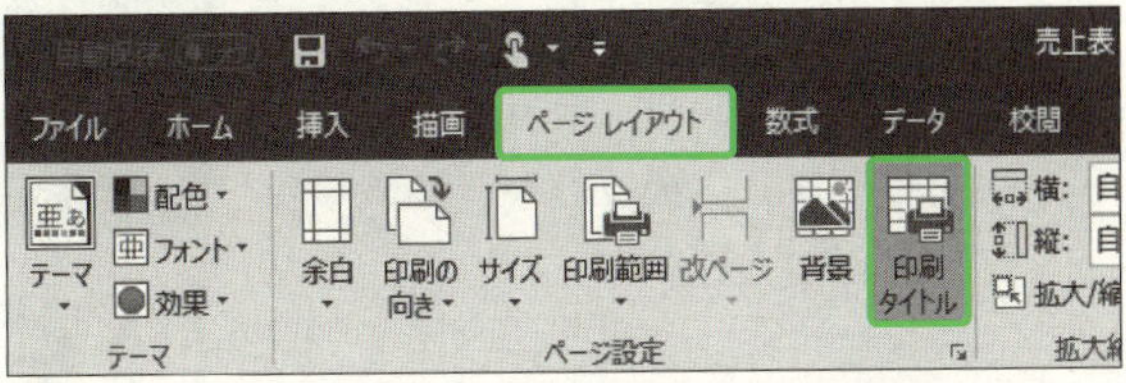

1 [ページレイアウト]タブを開き、[ページ設定]グループ→[印刷タイトル]をクリックします。

2 [シート]タブを開き、[タイトル行]の↑をクリックします。列の場合は[タイトル列]をクリックします。

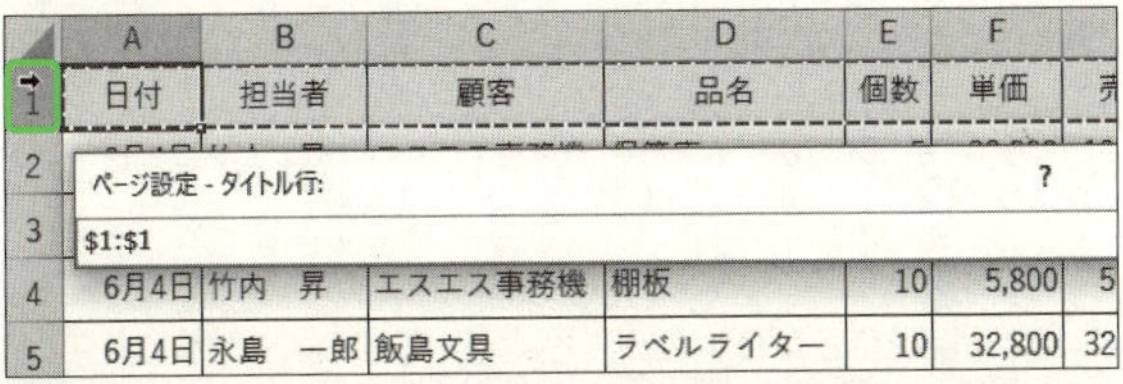

3 タイトル行の行番号をクリックし、[Enter]キーを押します。❷に戻るので[OK]をクリックすると、2ページ以降にも見出しが付いて印刷されるようになります。

印刷

どのページにもファイル名やページ番号を入れて印刷する

これは便利！

ファイル名やページ番号は[ヘッダーとフッター]で欄外に入れる

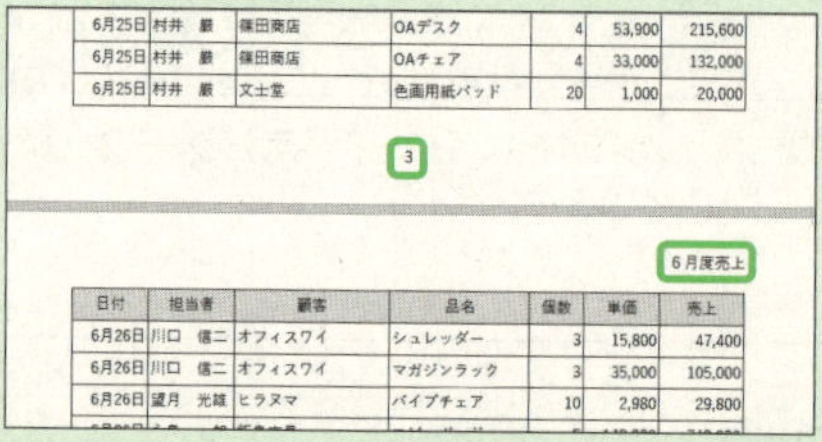

6月25日	村井　巌	篠田商店	OAデスク	4	53,900	215,600
6月25日	村井　巌	篠田商店	OAチェア	4	33,000	132,000
6月25日	村井　巌	文士堂	色画用紙パッド	20	1,000	20,000

3

6月度売上

日付	担当者	顧客	品名	個数	単価	売上
6月26日	川口　信二	オフィスワイ	シュレッダー	3	15,800	47,400
6月26日	川口　信二	オフィスワイ	マガジンラック	3	35,000	105,000
6月26日	望月　光雄	ヒラヌマ	パイプチェア	10	2,980	29,800

用紙の右上にファイル名、下部の中央にページ番号を入れました。

ページの上部欄外をヘッダー、下部欄外をフッターと呼びます。ヘッダーやフッターは一度設定すれば、すべてのページに印刷されます。ファイル名や日付、ページ番号のように全ページに入れたい内容を扱うのに適しています。

ヘッダーとフッターは通常は表示されません。内容を確認したいときには、[表示]タブ→[ページレイアウト]を選んでください。

1 ［挿入］タブを開き、［テキスト］グループ→［ヘッダーとフッター］をクリックします。

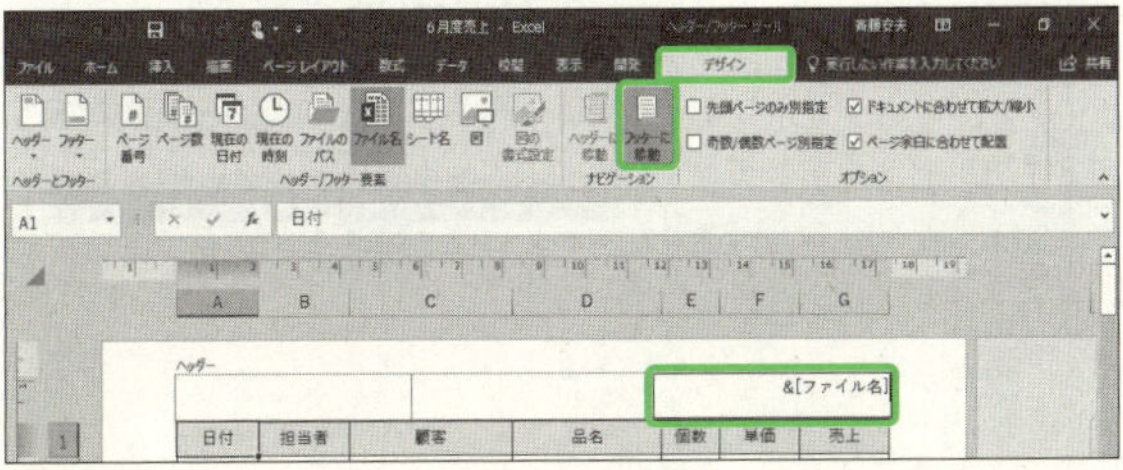

2 ヘッダーが表示されます。ファイル名を入れる領域をクリックして、［ヘッダー／フッターツール］の［デザイン］タブを開きます。［ヘッダー／フッター要素］グループ→［ファイル名］をクリックします。文字を入力してもかまいません。［ナビゲーション］グループ→［フッターに移動］をクリックします。

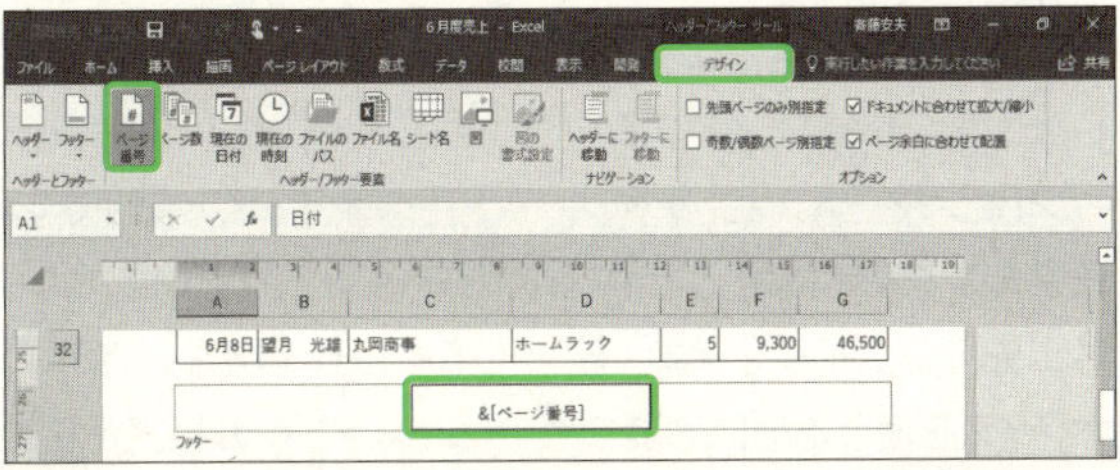

3 ページ番号を挿入する領域をクリックし、［ヘッダー／フッターツール］の［デザイン］タブを開き、［ヘッダー／フッター要素］グループ→［ページ番号］をクリックすると、ページ番号が入ります。［表示］タブを開き、［ブックの表示］グループ→［標準］をクリックして終了します。

コラム

無料で使えるオフィスを活用しよう

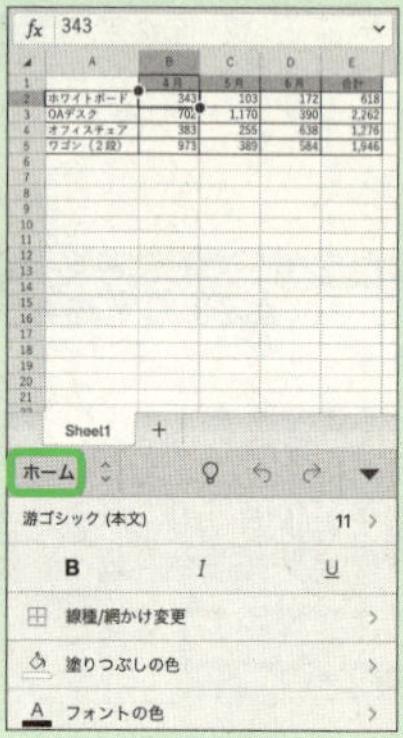

iPhone用のアプリでOneDriveに保存したエクセルのブックを開いています。Android用のアプリもあります。図では編集のために[ホーム]タブを表示したところです。

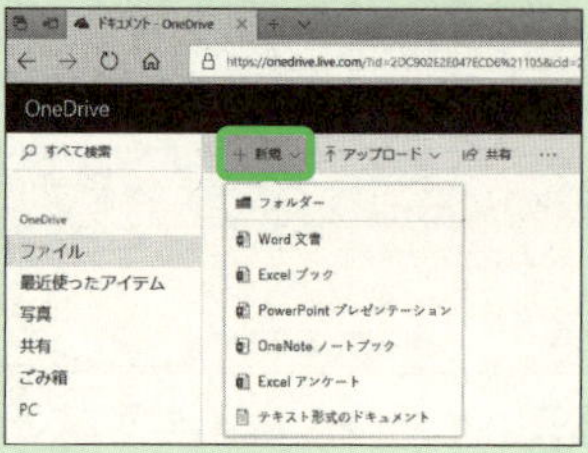

パソコンのブラウザーで「https://onedrive.live.com/about/ja-jp/」のページを開き、サインインまたはOneDriveに移動します。[新規]→[Excelブック]などをクリックすると、オフィスオンラインを使ってファイルを新規作成できます。

無料で利用できるエクセルやワードがあるのをご存じでしょうか。パソコンのブラウザーから使う「オフィスオンライン」とスマートフォンやタブレット用のオフィスアプリです。通常のエクセルなどと比べると機能は限られていますが、外出先でファイルを閲覧・編集するには最適です。無料のオフィスを使うために必要なものは、ネットへの接続とマイクロソフトアカウント(マイクロソフト社のサービスを利用するためのアカウント。無償で取得できる)だけです。

無料のオフィスで作成・編集したファイルはOneDriveに保存されますが、使用中の機器にダウンロードすることもできます。

Part2

ワードの超お得ワザ!

新規作成・保存

入力

入力トラブル

編集

画像・表

共同作業

印刷

新規作成・保存

元文書をうっかり上書き保存しないようにして開きたい

時間短縮効率UP!

パソコンの便利な点は、既存の文書を元に新しい文書が手軽に作れることです。しかし、元の文書を開いて編集したのでは、うっかり上書きしないとも限りません。

既存の文書から別の文書を作りたいときには、元の文書のコピーを開くようにしましょう。中身は元の文書と同じですが、別のファイルなので、上書きの心配がありません。同じ操作はエクセルでもできます。

右クリック→[新規]で元文書のコピーを開く

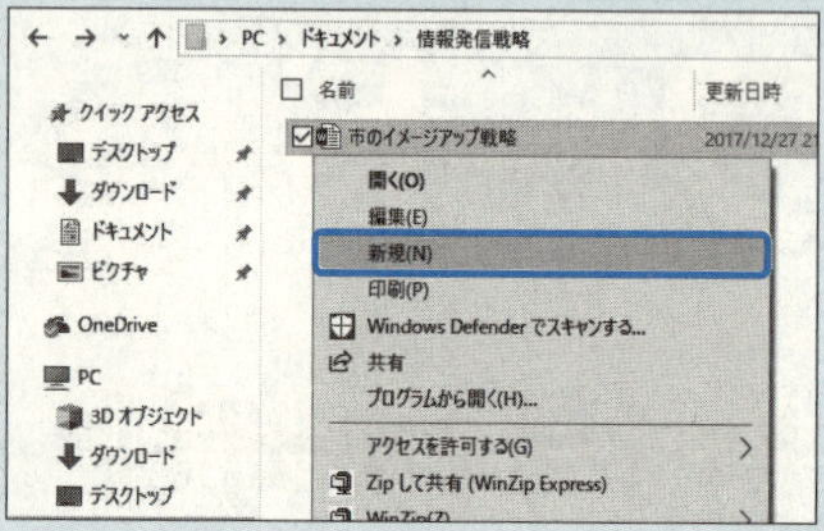

「市のイメージアップ戦略」のコピーを新規文書として開こうとしています。

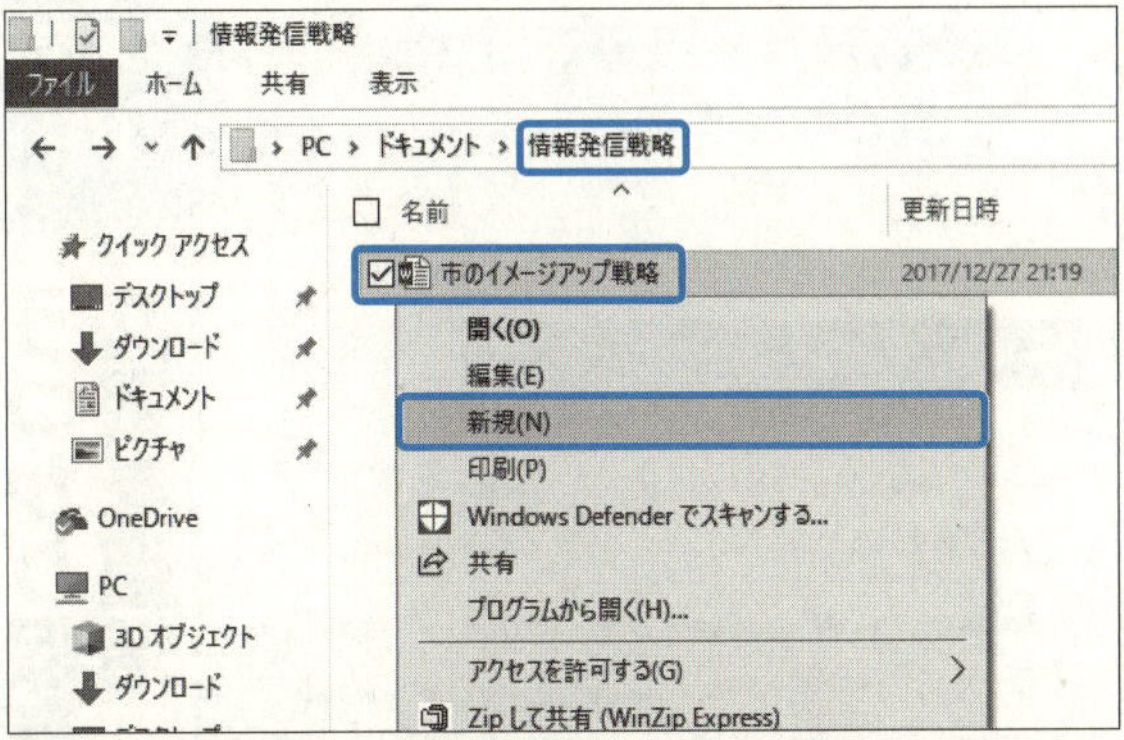

1 利用する文書があるフォルダーを開き、文書を右クリックして[新規]または[新規作成]を選択します。

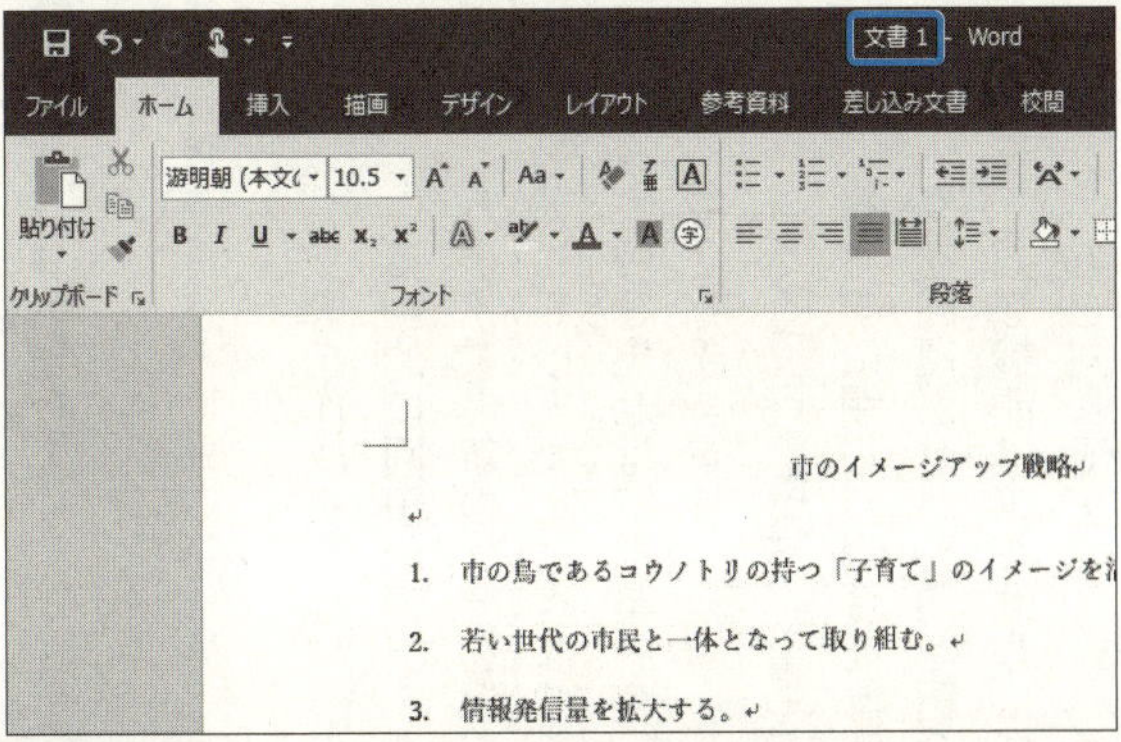

2 [文書1]のような仮の名前がついた新規文書としてコピーが開きます。[ファイル]タブで[名前を付けて保存]を選択し、保存場所と名前を指定して保存してください。

新規作成・保存

うっかり保存せずに終了！から文書を復活

トラブル退治

自動保存の文書を呼び出せば回復できることも！

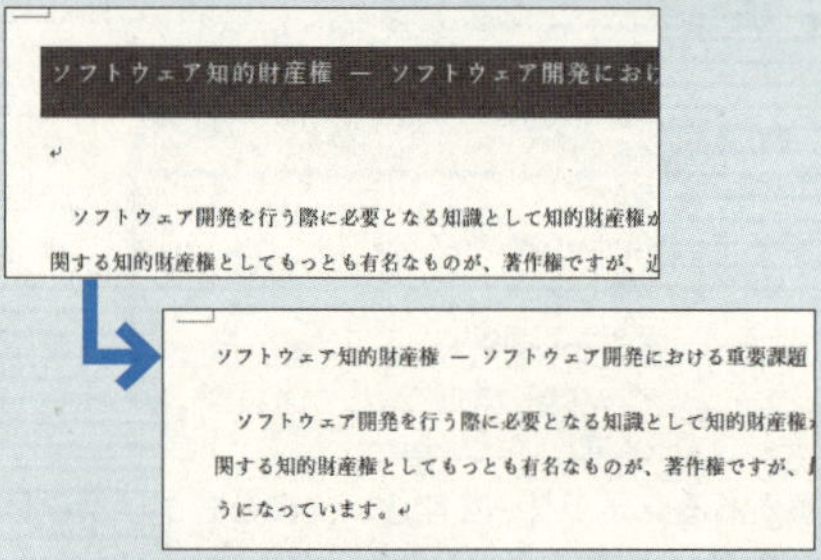

ソフトウェア知的財産権 ― ソフトウェア開発におけ
ソフトウェア開発を行う際に必要となる知識として知的財産権
関する知的財産権としてもっとも有名なものが、著作権ですが、
ソフトウェア知的財産権 ― ソフトウェア開発における重要課題
ソフトウェア開発を行う際に必要となる知識として知的財産権
関する知的財産権としてもっとも有名なものが、著作権ですが、
うになっています。

文書を上書き保存せずに終了。次に開いたら編集前の状態に戻っていました。これを復旧します。

文書を作成すると、一定時間ごとに自動的に回復用のデータが保存されます。最新の状態を保存せずに終了してしまったときは、このデータを呼び出せば、編集内容をある程度復活できます。

ここでは、既存の文書を編集し、保存せずに閉じた場合を想定してデータを回復させる手順を紹介します。

同じ機能はエクセルにもあり、使い方も同じです。

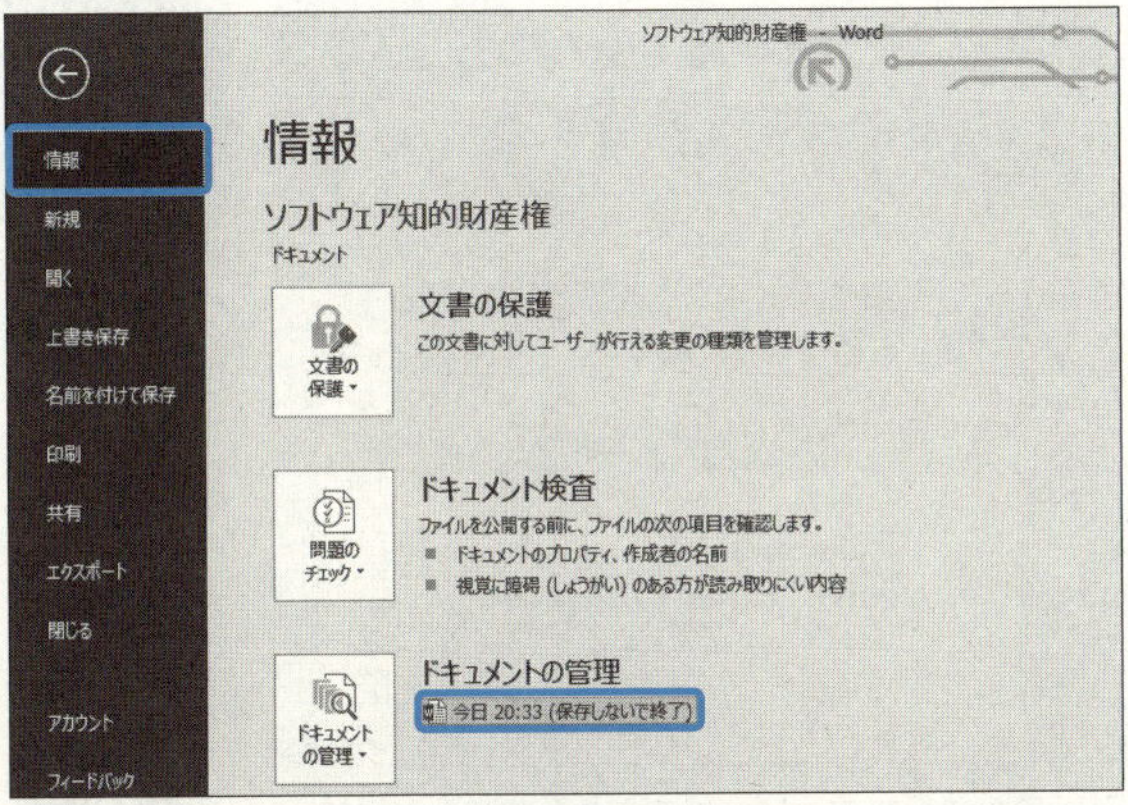

1 上書き保存をしなかった文書を開きます。

[ファイル] タブを開き、[情報] をクリックします。[ドキュメントの管理] または [バージョン] 欄で「(保存しないで終了)」となっているバージョンを選択します。編集時間が非常に短かったり、編集内容が少なかったりすると、回復用のデータが保存されていないことがあります。ここに何も表示されていなければ、その文書は戻せません。

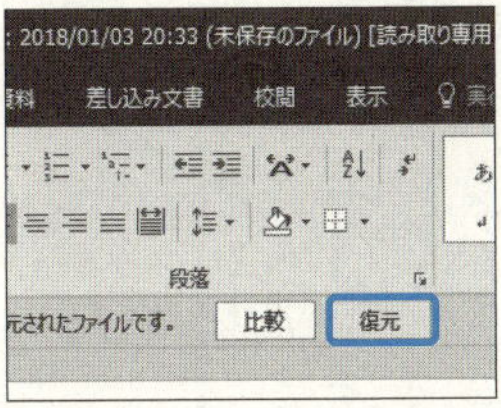

2 自動保存された文書が開きます。自動保存のタイミングによっては、終了直前と同じにならないこともあります。

[復元] または [元に戻す] をクリックします。

3 [OK] をクリックすると、データが回復します。

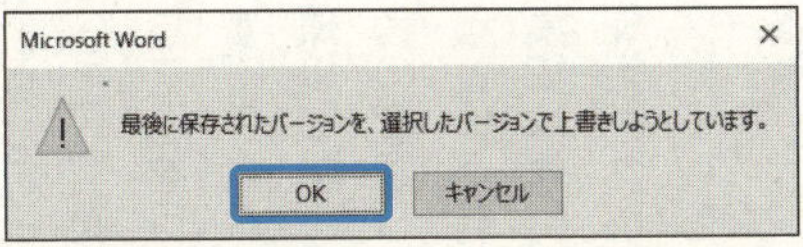

新規作成・保存

ほかの人に見せる書類はPDF形式で保存する

これは便利！

PDFは「Portable Document Format」の略で、さまざまな情報機器でファイルを表示することを目的にしたファイル形式です。PDFファイルは、どのような環境で開いたり、印刷しても、作成者の意図した書式が正確に再現できるという特徴があります。また、編集には専用のアプリが必要なので、編集されにくい形式です。このためファイルを配布するのによく使われます。

[PDF/XPSドキュメントの作成]でファイルを保存する

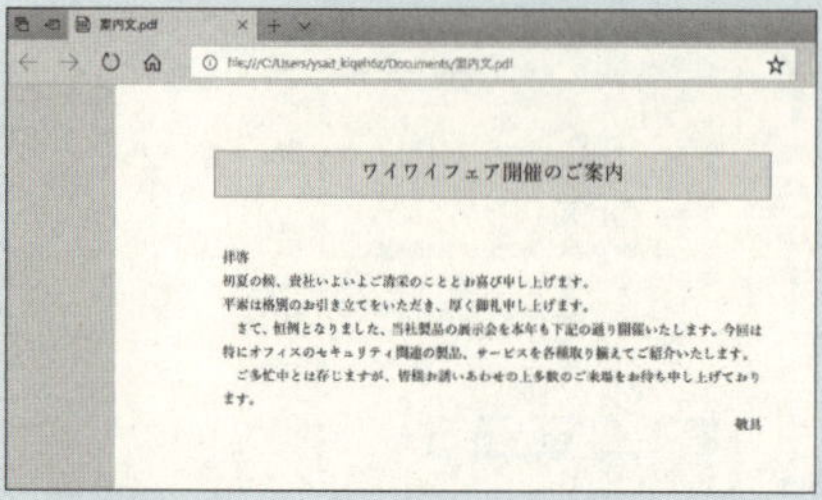
案内文.pdf
ワイワイフェア開催のご案内
拝啓
初夏の候、貴社いよいよご清栄のこととお喜び申し上げます。
平素は格別のお引き立てをいただき、厚く御礼申し上げます。
さて、恒例となりました、当社製品の展示会を本年も下記の通り開催いたします。今回は特にオフィスのセキュリティ関連の製品、サービスを各種取り揃えてご紹介いたします。
ご多忙中とは存じますが、皆様お誘いあわせの上多数のご来場をお待ち申し上げております。
敬具

PDF形式で保存すれば、設定された書式が再現できます。ウィンドウズ10ならブラウザーのエッジでもPDF形式のファイルを閲覧できます。

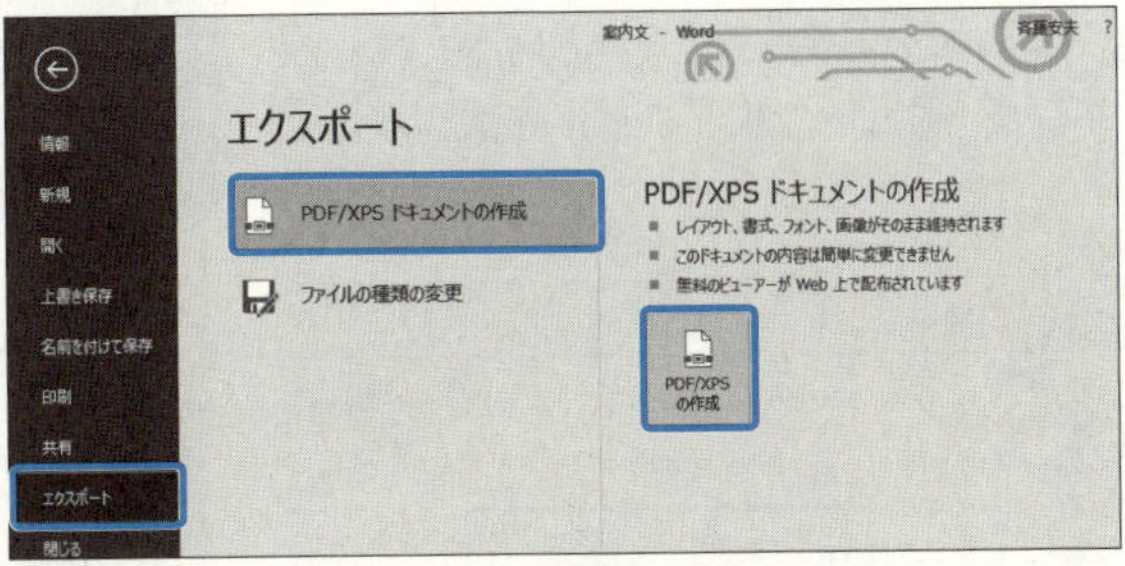

1 [ファイル] タブを開き、[エクスポート] または [保存と送信] を選択します。[PDF/XPSドキュメントの作成] をクリックし、[PDF/XPSの作成] をクリックします。

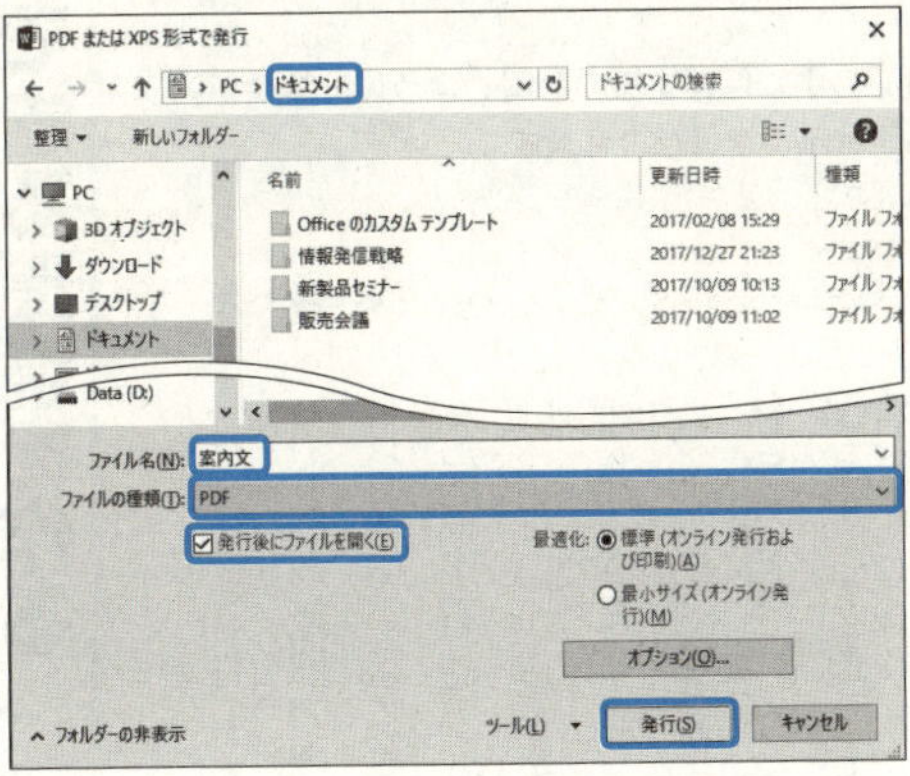

2 保存先のフォルダーを開きます。ファイル名を入力し、[ファイルの種類] 欄が「PDF」であることと [発行後にファイルを開く] が☑であることを確認します。[発行] をクリックします。ファイルがPDF形式で保存され、PDFに関連付けられたアプリが起動して内容が表示されます。ウィンドウズ7でPDFの表示に対応したアプリがインストールされていないと何も表示されませんが、ファイルはPDF形式で保存されています。

新規作成・保存

OneDriveを利用して自宅でも会社でも作業できる環境を作る

これは便利！

[OneDrive－個人用]を選んでインターネット上にファイルを保存する

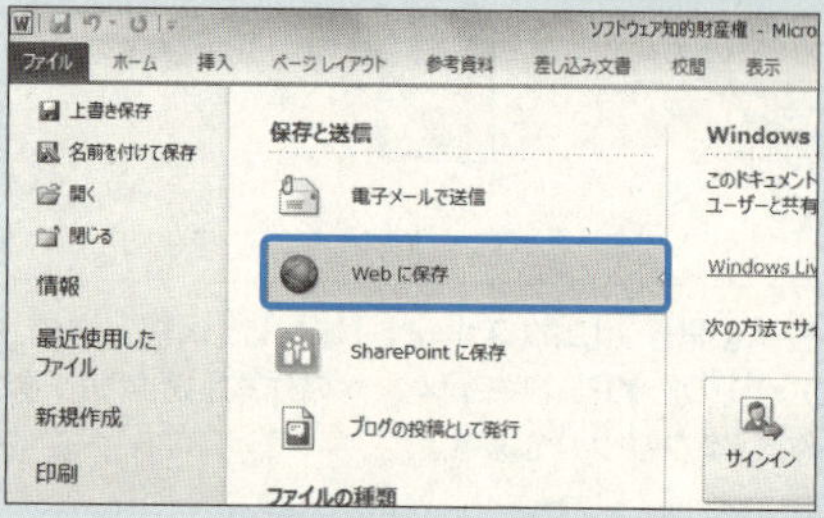

パソコンの中に保存するのと同じように、ネット上にもファイルを保存できます。

OneDriveは、マイクロソフト社が無償で提供しているネット上のスペースです。ここにファイルを保存すると、ネット環境さえあれば、どこからでもファイルを閲覧、編集できます。ファイルを持ち歩かなくても、会社で行った文書作成の続きを自宅のパソコンで行えるわけです。このサービスを使うにはマイクロソフトアカウントが必要です。アカウントは無償で取得できます。

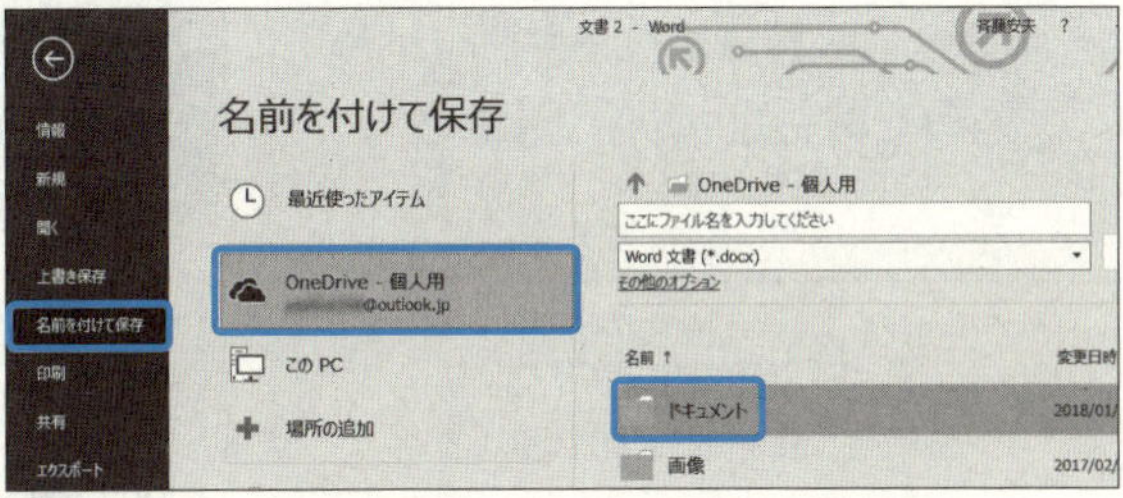

1 インターネットに接続しておきます。ウィンドウズ10、8.1ではマイクロソフトアカウントでサインインします。[ファイル]タブを開き、[名前を付けて保存]を選択します。[OneDrive－個人用]をクリックし、[ドキュメント]をクリックします。
2013では[OneDrive－個人用]の次に[参照]をクリックします。

2010では、[ファイル]タブ→[保存と送信]→[Webに保存]→[サインイン]をクリックしてサインインしてから、保存先のフォルダーを選び、[名前を付けて保存]をクリックして保存します。

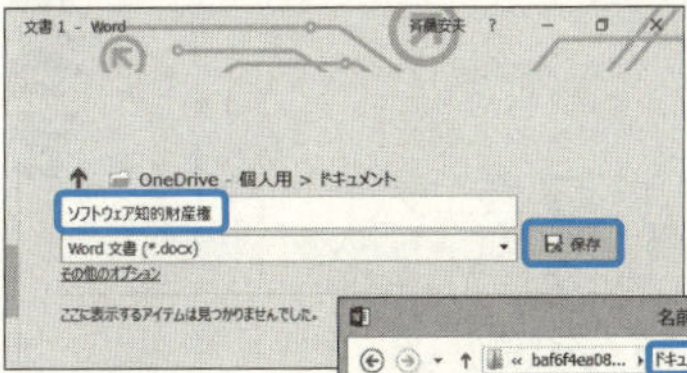

2 ファイル名を入力して、[保存]をクリックします。

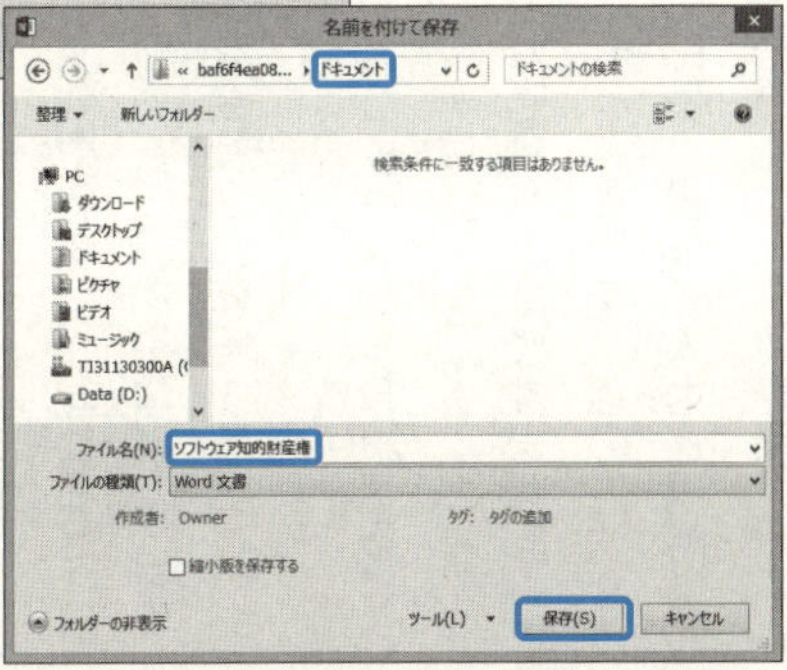

! 2013では、[OneDrive－個人用]→[参照]をクリックすると、この画面になります。保存するフォルダーを開き、名前を付けて保存します。

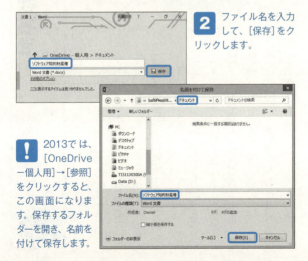

書式を設定した会社名を一気に入力する

時間短縮 効率UP!

文字を自動修正する「オートコレクト」を利用すると、会社名と住所を「読み」から一気に入力できます。「読み」を会社名に修正する、というわけです。

「オートコレクト」を利用することのメリットは、［Enter］キーだけで入力できることと書式も含めて登録できることです。この方法なら会社名に使う書体も入力と同時に設定できます。

［オートコレクト］で読みを会社名に「修正」する

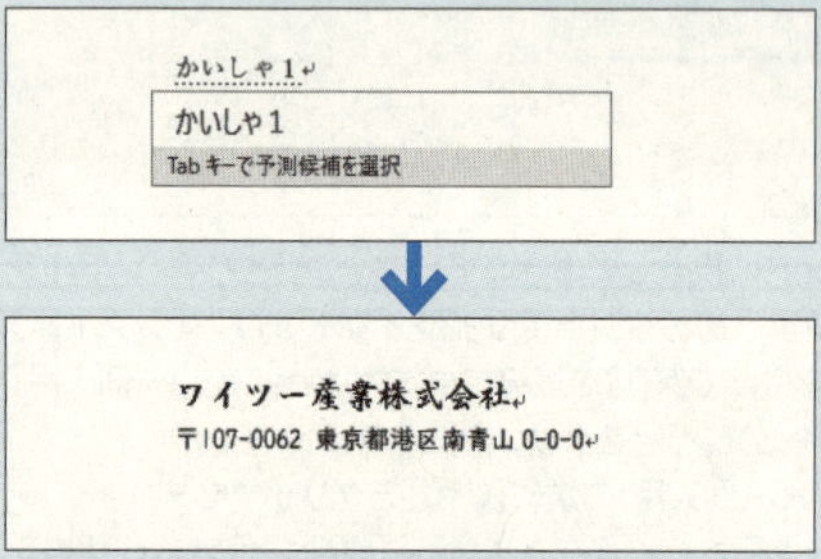

登録した「読み」を入力して［Enter］キーを押すと、一気に会社名と住所が入ります。

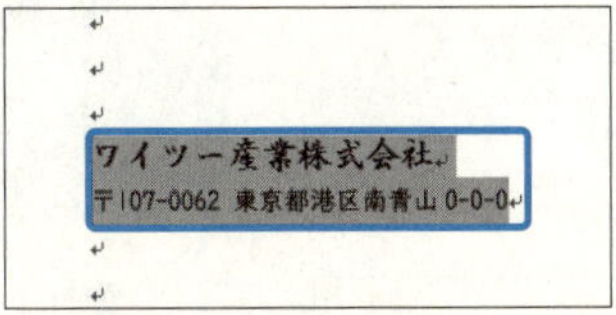

1 登録する会社名や住所を入力し、書式を設定します。会社名を選択して、[ファイル]タブを開きます。[オプション]をクリックします。

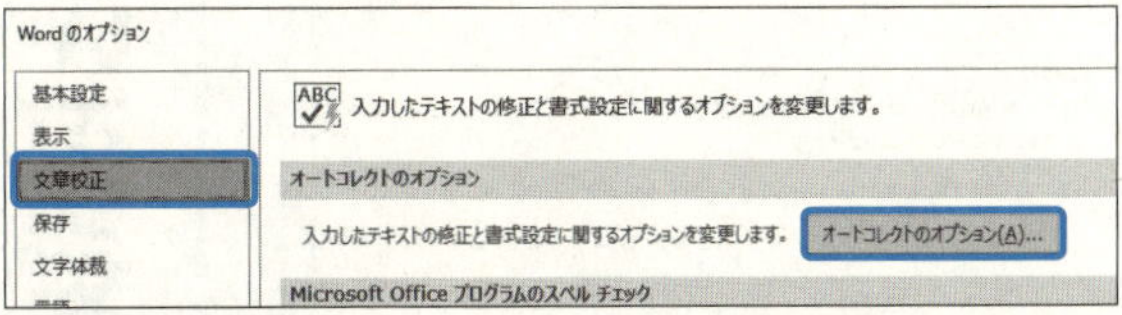

2 [文章校正]をクリックし、[オートコレクトのオプション]をクリックします。

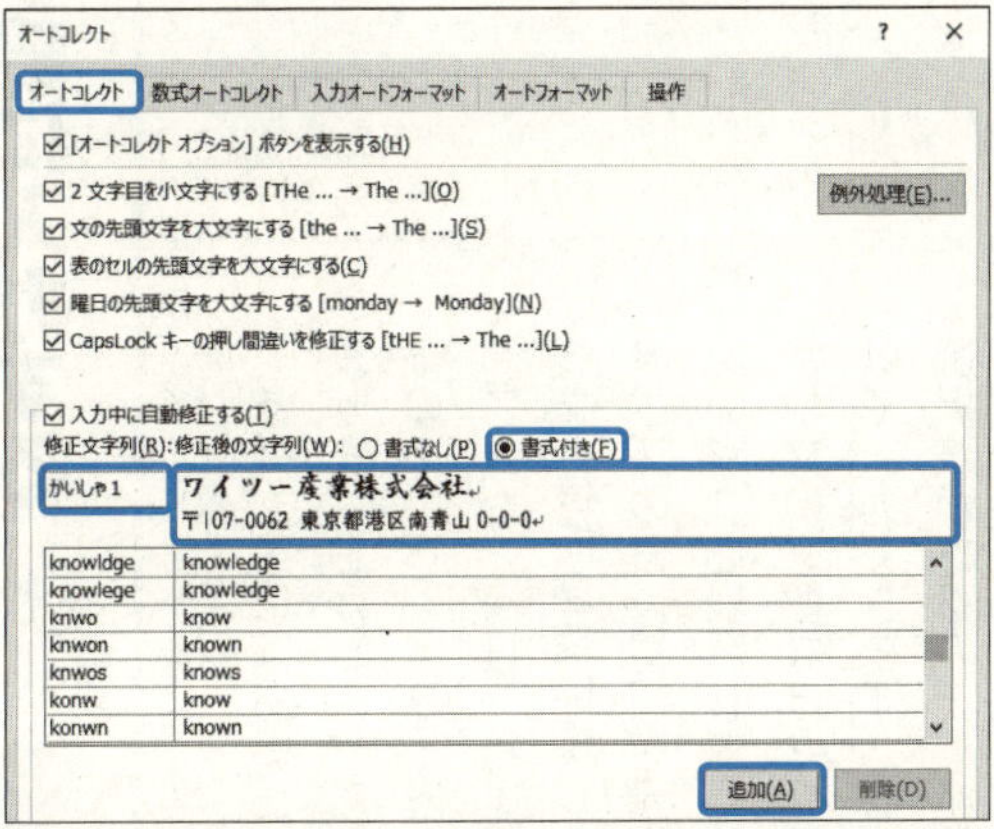

3 [オートコレクト]タブを開きます。[修正後の文字列]欄に選択した文字が表示されています。[修正文字列]欄に読みを入力します。[書式付き]が◉になっていることも確認してください。[追加]をクリックして[閉じる]をクリックします。[OK]をクリックして開いている画面を閉じれば登録完了です。

入力

あいさつ文を手軽に入力する

時間短縮
効率UP!

[あいさつ文]画面を開いて あいさつの文章を順に選ぶ

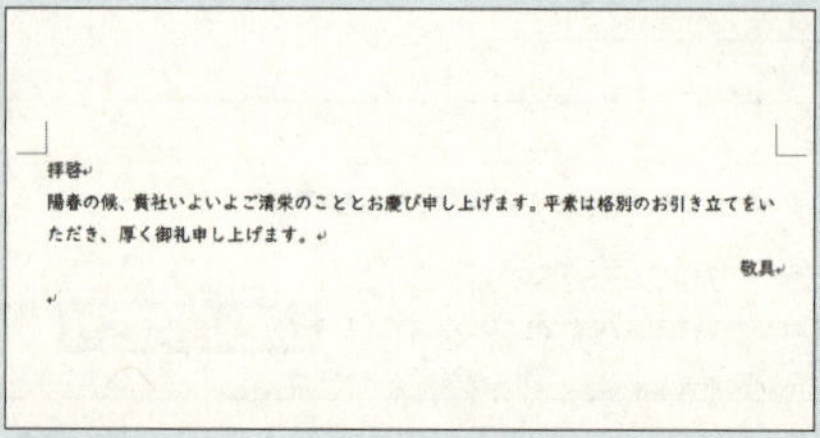

拝啓

陽春の候、貴社いよいよご清栄のこととお慶び申し上げます。平素は格別のお引き立てをいただき、厚く御礼申し上げます。

敬具

4月のあいさつ文です。決まりごとが多くて面倒に思えるあいさつ文もワードの機能を利用すれば簡単に入力できます。

社外文書にはあいさつ文が欠かせません。しかし、月ごとに変わる時候のあいさつを覚えるのは至難の業。こんなときは、ワードの「あいさつ文」機能を使いましょう。ウィンドウズの日付情報を元に、その月のあいさつを表示してくれます。あいさつ文に必要なほかの要素も選択だけで入力できます。いずれも複数の選択肢があるので、バラエティに富んだあいさつ文を手軽に作れます。

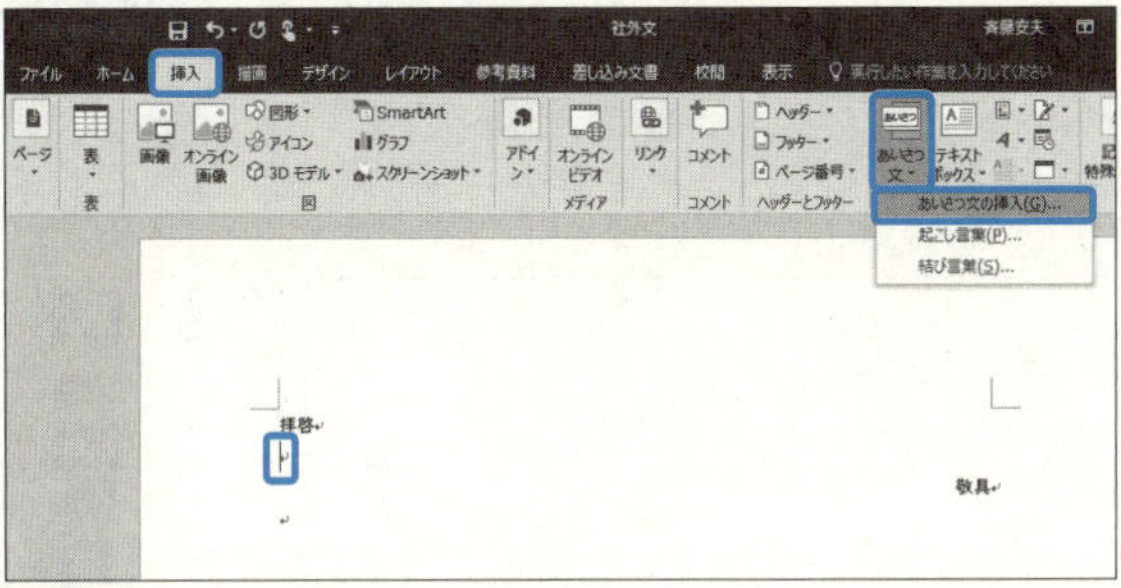

1 あいさつ文を入力する位置をクリックします。[挿入] タブを開き、[テキスト] グループ→[あいさつ文] (2010と2013では[挨拶文])→[あいさつ文の挿入]を選択します。

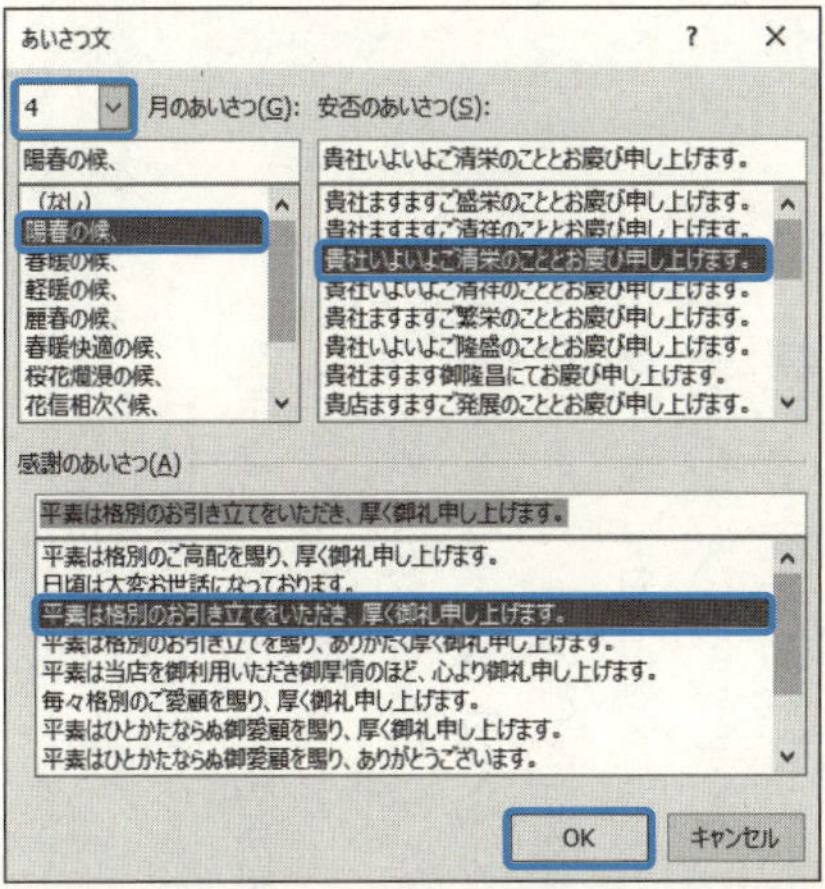

2 [月] を確認します。⌄をクリックして別の月を選ぶこともできます。[月のあいさつ]を選択します。[安否のあいさつ]と[感謝のあいさつ] のリストの中から文章を選択します。[OK] をクリックすると、あいさつ文が入ります。

入力

いきなり右端に入力する

これは便利！

日付のように配置が決まっている文字は、いきなりその位置に入力すると効率的です。
用紙の右端近くにポインターを移動すると≡Iに、中央近くではI≡になります。≡Iのときにダブルクリックすると右端揃え、I≡のときは中央揃えで入力できます。これなら行揃えを変更する手間が省けます。このほか任意の位置をダブルクリックして入力することもできます。

入力したい位置でダブルクリックする

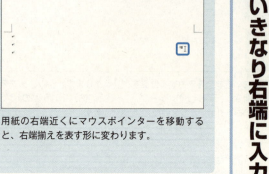

用紙の右端近くにマウスポインターを移動すると、右端揃えを表す形に変わります。

1 入力する行の右端付近にポインターを移動し、になったらダブルクリックします。

2 右端にカーソルが表示されます。文字を入力すると右端揃えになります。

3 入力する行の中央付近にポインターを移動し、になったらダブルクリックします。

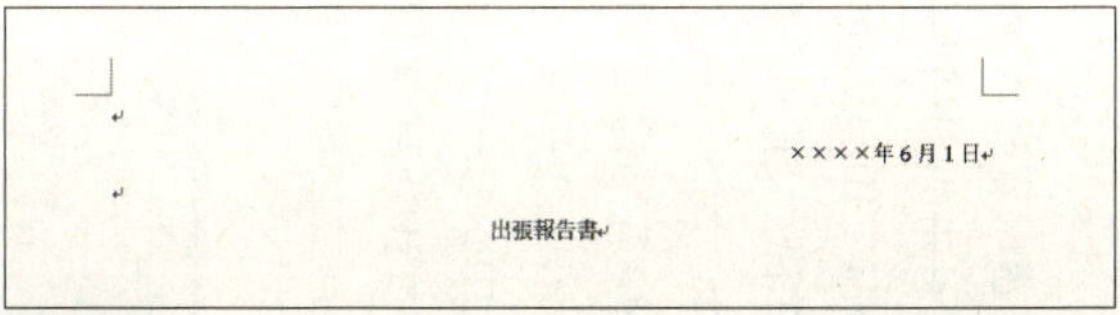

4 中央にカーソルが表示されます。文字を入力すると中央揃えになります。

入力

今日の日付を入力する

これは便利！

［日付と時刻］で表示形式を選ぶだけ

今日の日付をワードの機能を使って入れました。翌日以降にこのファイルを開くと、その日の日付に自動的に変わります。

ワードにはその日の日付を入力する［日付と時刻］機能があります。ウィンドウズが持っている日付の情報を、指定された表示形式で入力する機能です。これを使えばさまざまな形式の日付を簡単に入れられます。

［日付と時刻］から入力した日付は、ファイルを開いた日の日付に自動的に変わるように設定できます。いつも当日の日付を入れたい書類に活用してください。

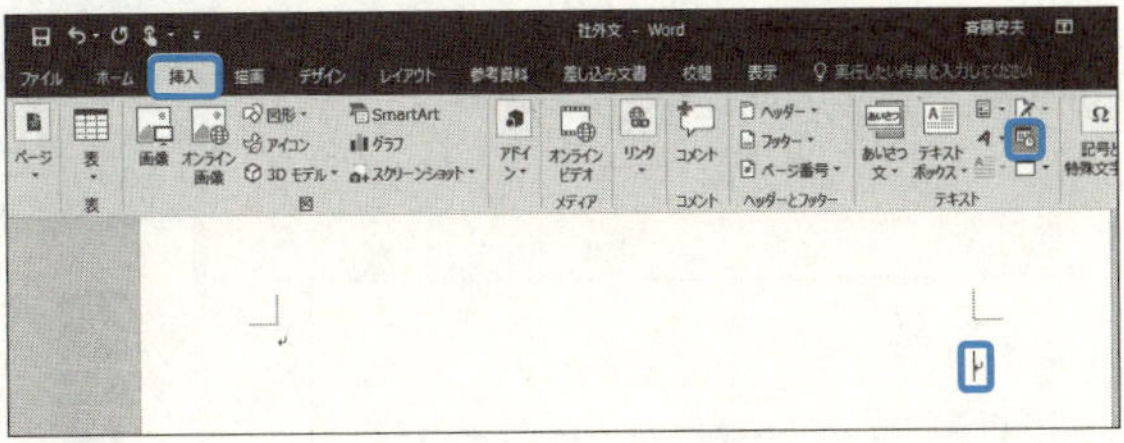

1 日付を入力する位置をダブルクリックします。用紙の右端に入力する方法はP206を参考にしてください。[挿入]タブを開き、[テキスト]グループの[日付と時刻]をクリックします。

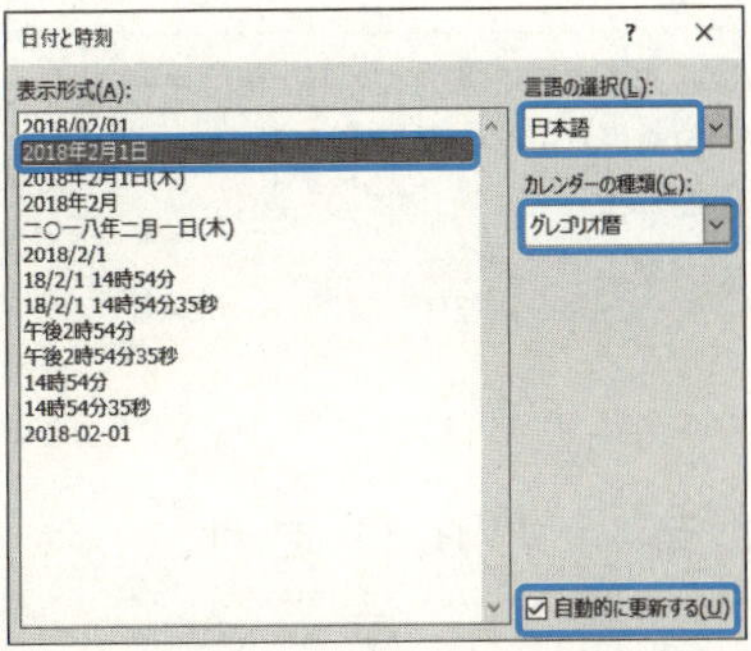

2 [言語の選択]欄が[日本語]になっていることを確認します。[英語]を選ぶと英語の日付を入れられます。[カレンダーの種類]欄で[グレゴリオ暦]または[西暦]を選び、日付の表示形式を選択します。[自動的に更新する]をクリックして☑にします。これによりファイルを開いた日付に自動的に変わるようになります。[OK]をクリックすると、今日の日付が入ります。

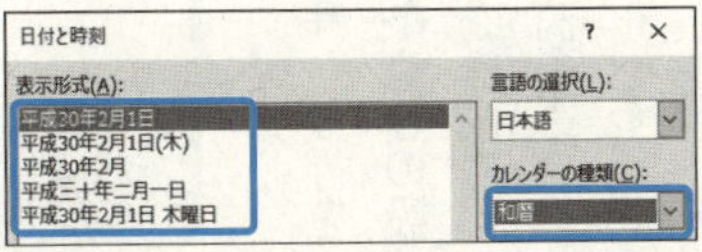

! [カレンダーの種類]欄を[和暦]にすると、元号付きの形式を選べます。

入力
トラブル

改行したら、数字が勝手に現れた

イライラ
解消

[オートコレクトのオプション]で[元に戻す]を選ぶ

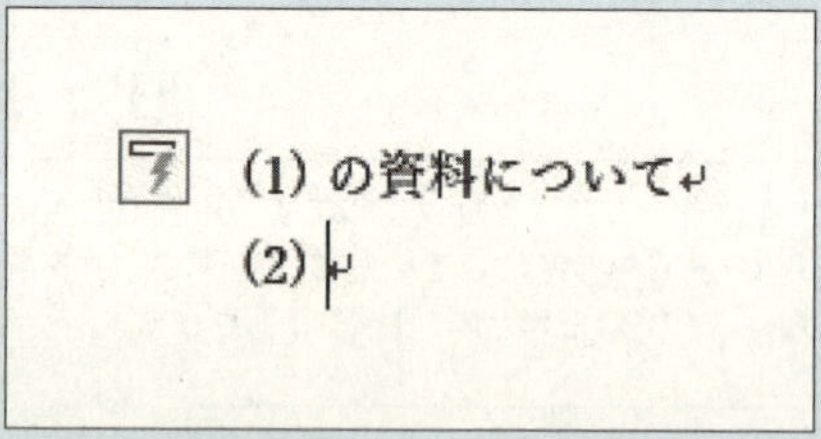

「(1)」からはじまる文字を入力して[Enter]キーを押したら、箇条書きになってしまいました。これを元に戻します。

数字や「●」のような記号から行をはじめると、自動的に箇条書きの設定になります。箇条書きを作成するには便利な機能ですが、箇条書きにしたくなければトラブルのもとです。

箇条書きになってしまった書式を元に戻すには、行頭に現れる「オートコレクトのオプション」をクリックして、「元に戻す－段落番号の自動設定」を選んでください。

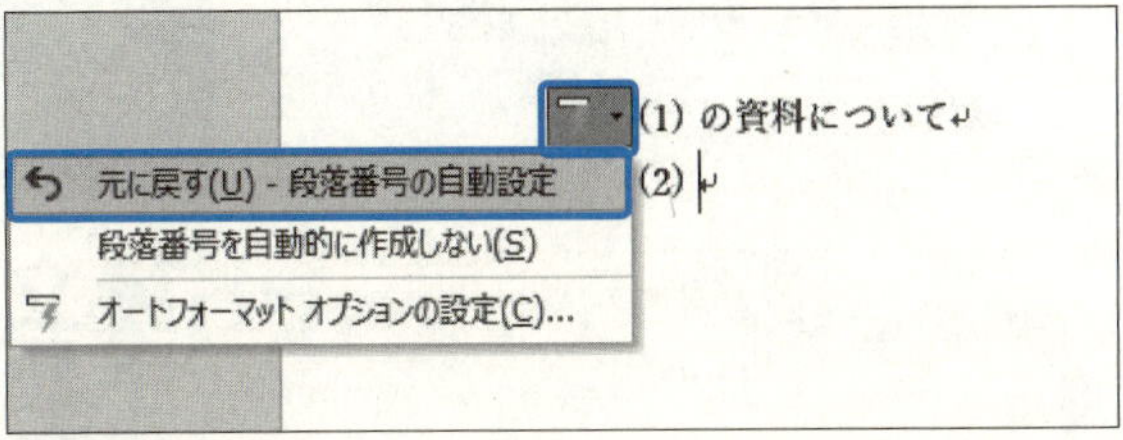

1 普通の文章として入力したいのに、箇条書きの書式が適用されてしまいました。[オートコレクトのオプション]をクリックして[元に戻す - 段落番号の自動設定]を選択します。自動的に箇条書きになるのが困るなら、[段落番号を自動的に作成しない]を選びます。

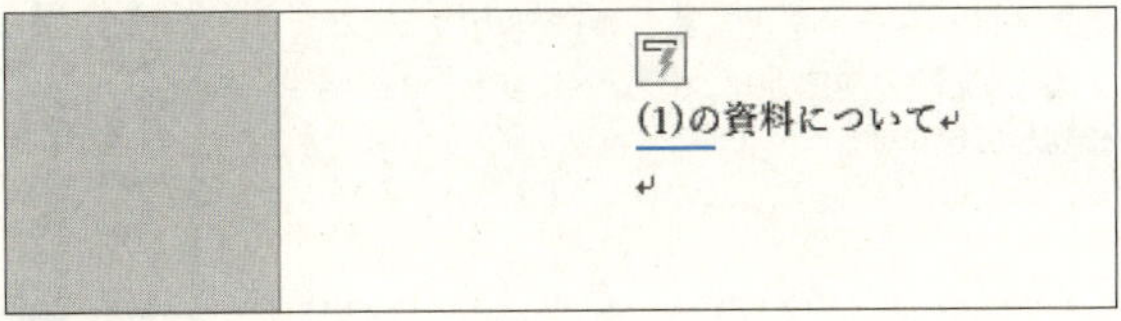

2 箇条書きの書式がなくなります。

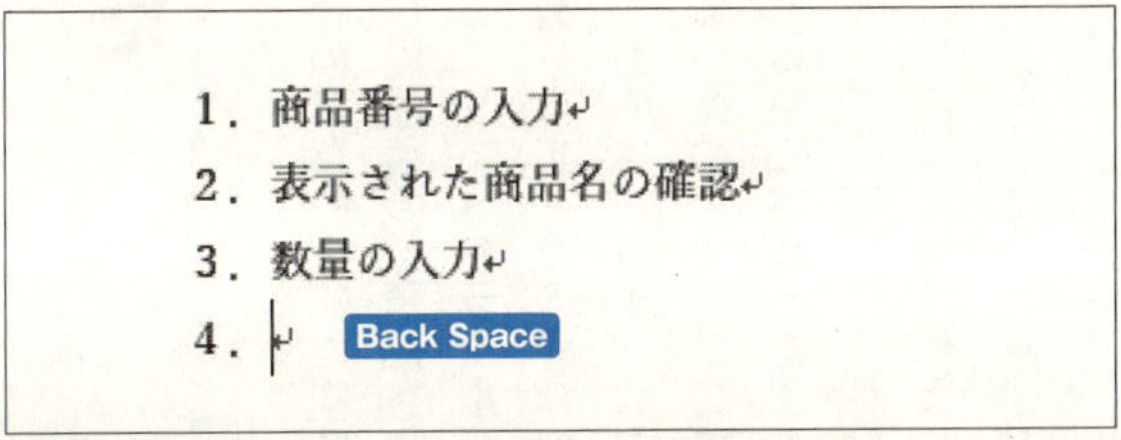

! 箇条書きを終了する場合には、改行後に表示された番号や記号の後ろにカーソルを合わせ、[Back Space]キーを2回押せば、番号や記号が消え、カーソルが行頭に移動します。

入力トラブル

文頭に空白を入れたら、勝手に字下げされてしまった

イライラ解消

正体は、「自動字下げ機能」。設定をオフにすれば解決！

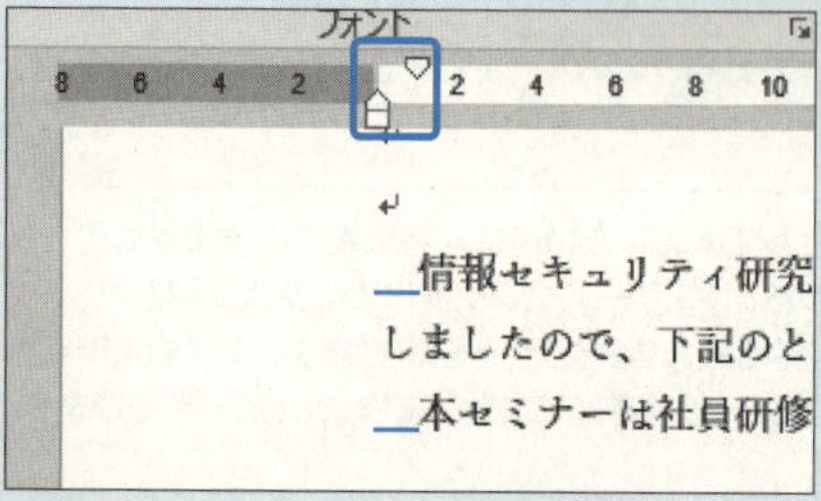

ここではルーラーを表示し（[表示] タブでオンにする）、文頭の空白がインデントに変わったのを確認しています。

既存の文章の行頭に空白を入れると、次の段落の行頭にも空白が入って困る、というトラブルが起こることがあります。次の段落の行頭に空白が入るのは、ワードの自動修正機能が働くためです。この機能をオフにすれば空白は入らなくなります。

なお、この空白の正体はインデントなので（P228参照）、選択できず、［Delete］キーでは削除できません。

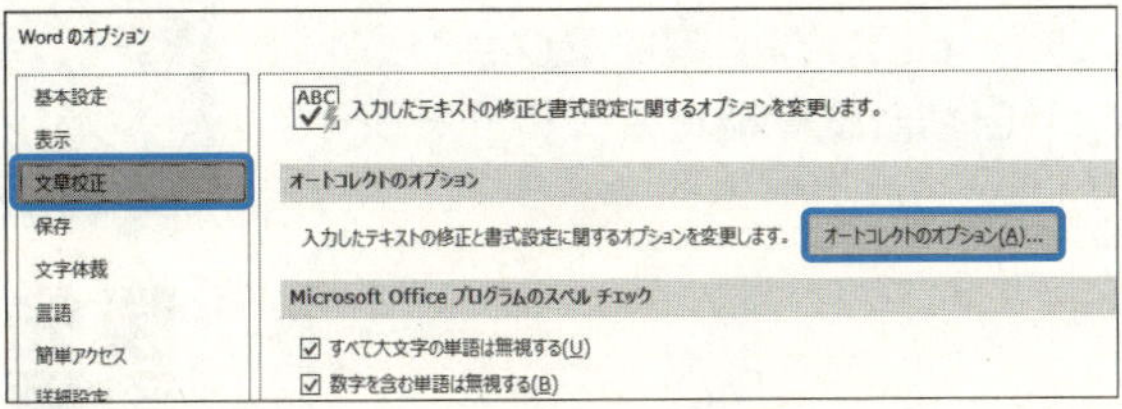

1 ［ファイル］タブを開き、［オプション］をクリックします。［文章校正］をクリックし、［オートコレクトのオプション］をクリックします。

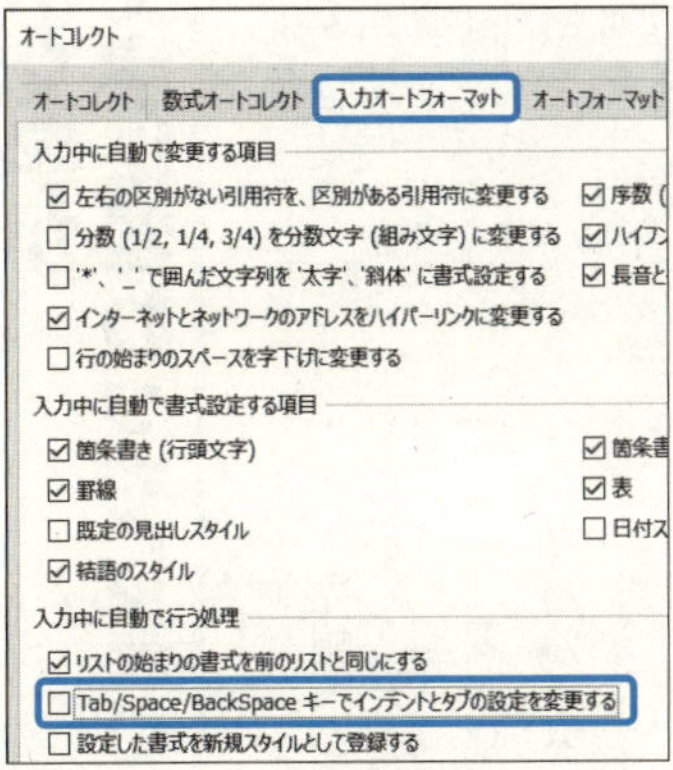

2 ［入力オートフォーマット］タブを開きます。［Tab/Space/Back Spaceキーでインデントとタブの設定を変更する］をクリックして□にします。以降は自動的に字下げされません。すでに入ってしまった字下げは、行の先頭にカーソルを置き、［Back Space］キーを押して削除します。

! 文頭に空白を入れてから文章を入力すると、［1行目のインデント］(P228参照)が設定されてしまうこともあります。この場合は上記と同じ［入力オートフォーマット］タブの画面で［行の始まりのスペースを字下げに変更する］をオフにしてください。

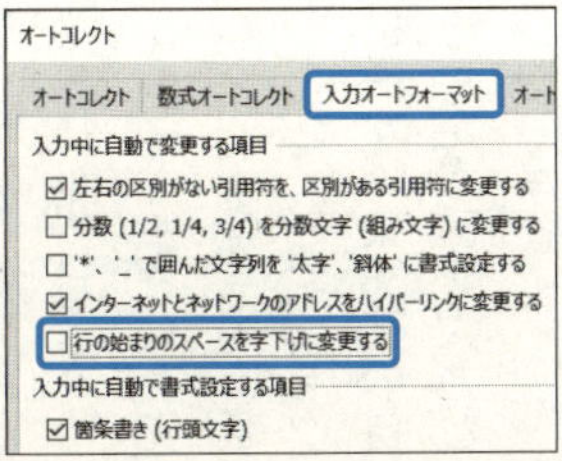

入力トラブル

先頭の英小文字が勝手に大文字に変わってしまった

イライラ解消

[オートコレクトのオプション]で自動修正機能をオフにする

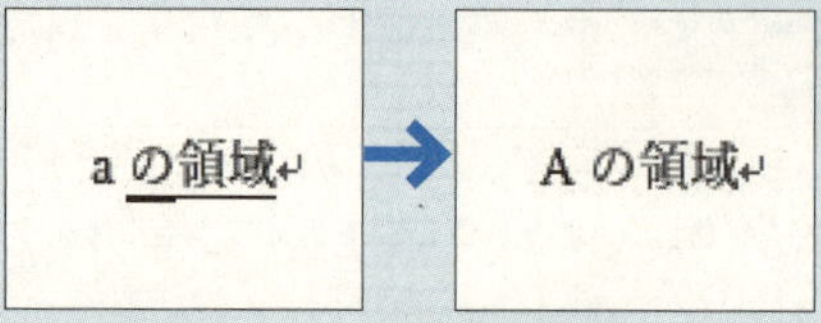

「aの領域」と入力して変換を確定したら、「Aの領域」になってしまいました。これを修正します。

先頭に英小文字を入力すると、ワードの自動修正機能が働いて大文字に変わります。英文は必ず大文字から始まるため、「先頭の小文字は入力ミス」と判断されるからです。

先頭の英小文字をそのままにしたければ、文字の近くに表示される[オートコレクトのオプション]をクリックして[元に戻す－大文字の自動設定]を選んでください。入力どおりの英小文字に戻ります。

1 先頭の英大文字にポインターを合わせます。小さな青色の四角が表示されます。

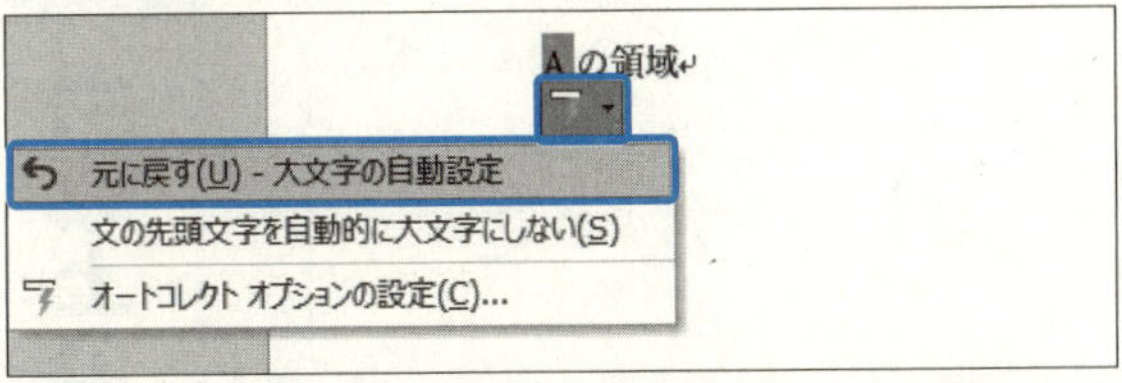

2 その四角にポインターを合わせると[オートコレクトのオプション]が表示されます。これをクリックします。[元に戻す－大文字の自動設定]を選択します。ここで[文の先頭文字を自動的に大文字にしない]を選ぶと、先頭の英小文字が大文字に変わる設定がオフになります。

3 英小文字に戻ります。

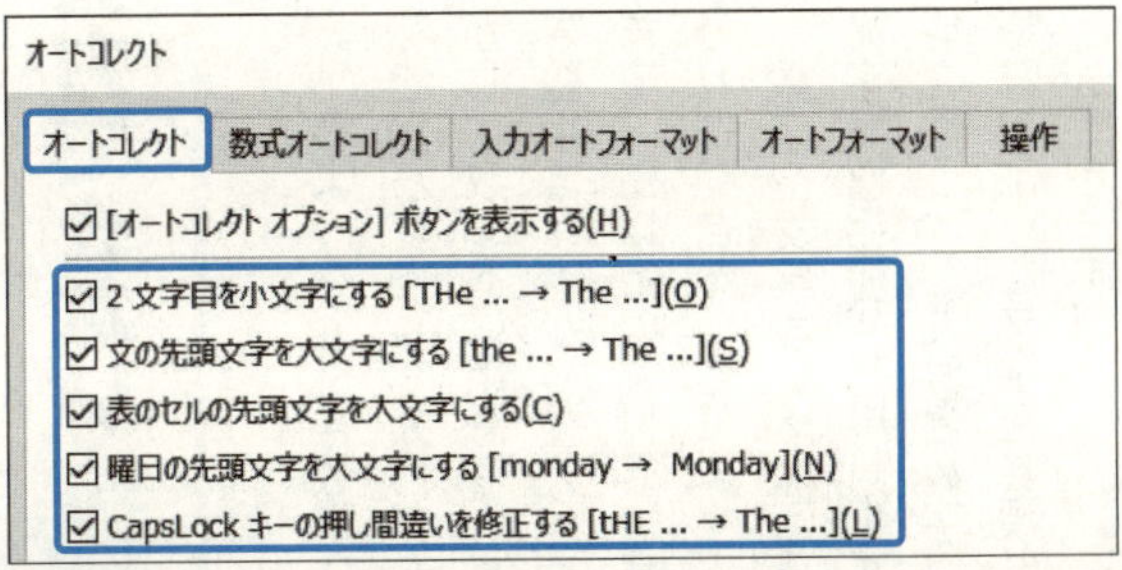

! ❷で[オートコレクトオプションの設定]を選択し、[オートコレクト]タブを開くと、先頭の英小文字を英大文字に修正する条件を細かく選べます。入力する文章に合わせてオンとオフを切り替えましょう。

入力トラブル

51以上の丸付き数字が入力できない

㊿までは変換可能 51以上は[囲い文字]で作る

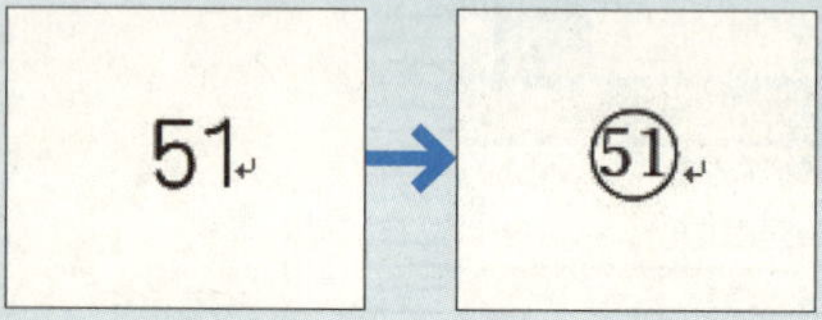

51以上は数字を○で囲って丸付きにします。

①のような丸付き数字は、全角の「1」から変換して入力できます。しかし、ワードに用意されている丸付き数字は、①から㊿（2010は⑳）まで。51以上の丸付き数字を使いたければ、自分で作ります。

数字や文字を丸で囲うには「囲い文字」の機能を利用します。この機能を使うと、丸付き数字以外にも㊞や㊙のような文字を書類に入れることもできます。

トラブル退治

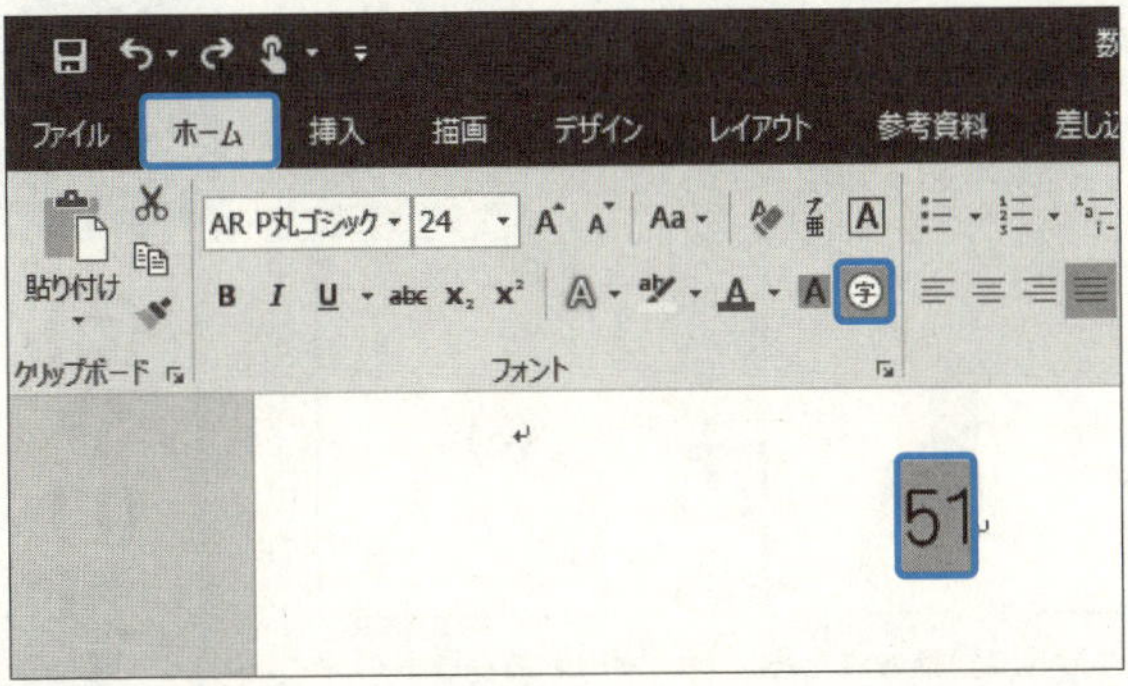

1 囲う文字を入力して選択します。[ホーム]タブを開き、[フォント]グループ→(字)をクリックします。

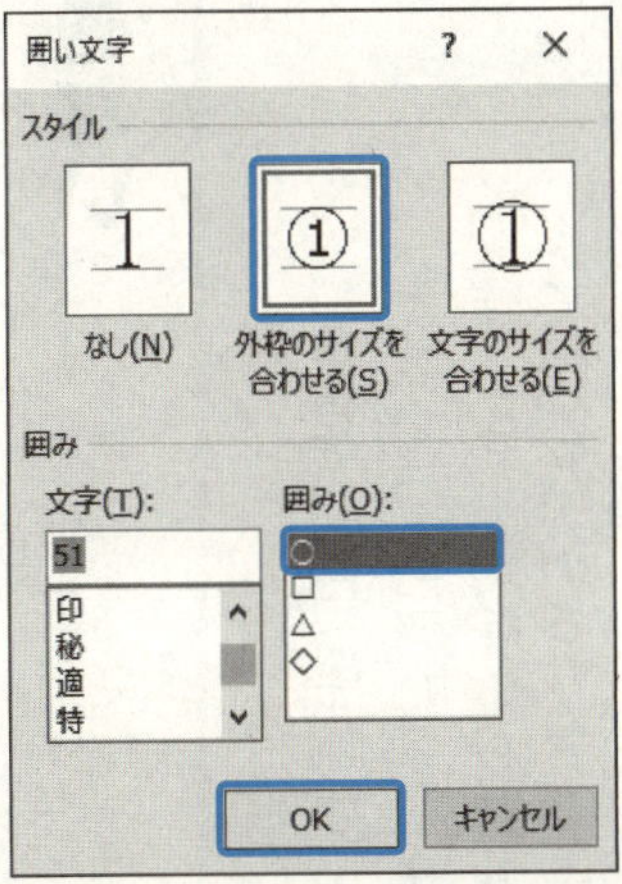

2 文字を囲うスタイルを選び、[囲み]または[囲い文字]欄で[○]を選択して[OK]をクリックします。[スタイル]欄の[なし]をクリックすると囲い文字が解除できます。

3 丸付き数字になります。

(c)や(r)が入力できない

半角で「(c)」「(r)」「(tm)」と入力すると、「©」「®」「™」に変わってしまいます。これはワードの自動修正機能で『「(c)」と入力されたら「©」にする』などと設定されているためです。

入力どおりにしたければ、「オートコレクトのオプション」をクリックして、「(c)に戻す」を選びます。「(c)」などを入力する機会が多いなら、修正機能をオフにする方法もあります。

[オートコレクトのオプション]で元に戻す

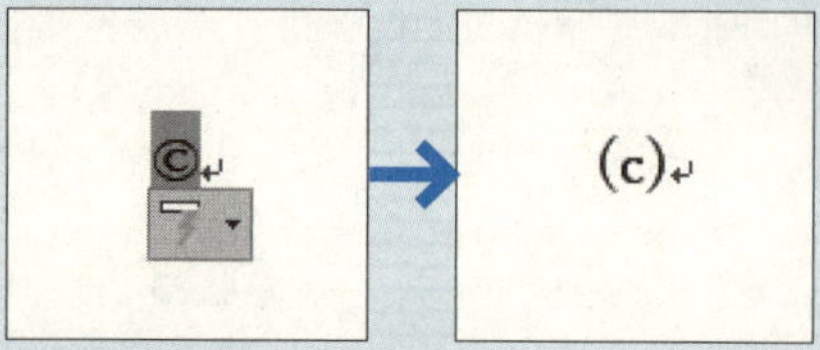

©や®に変換されたら、[オートコレクトのオプション]をクリックして戻します。

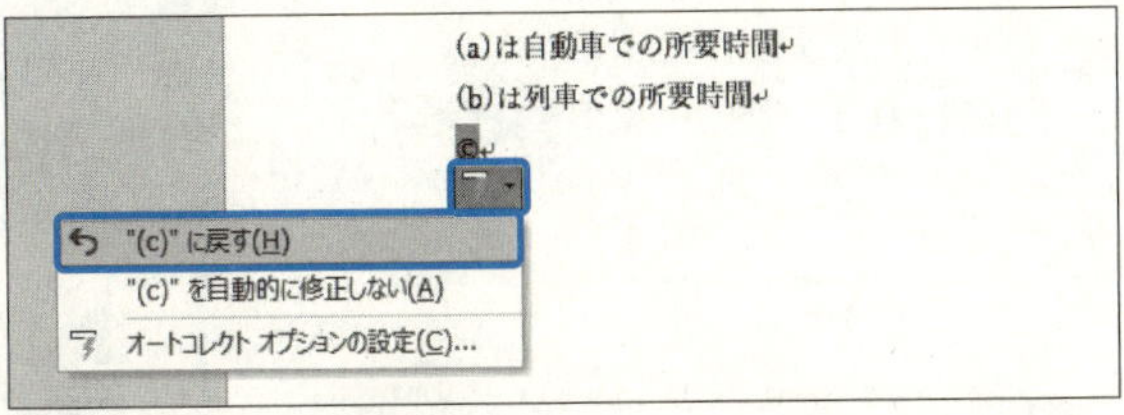

1 自動修正された文字にポインターを合わせます。小さな青色の四角が表示されるので、それにポインターを合わせます。が表示されたらクリックします。["(c)"に戻す]を選択します。

2 入力通りの表示に戻ります。

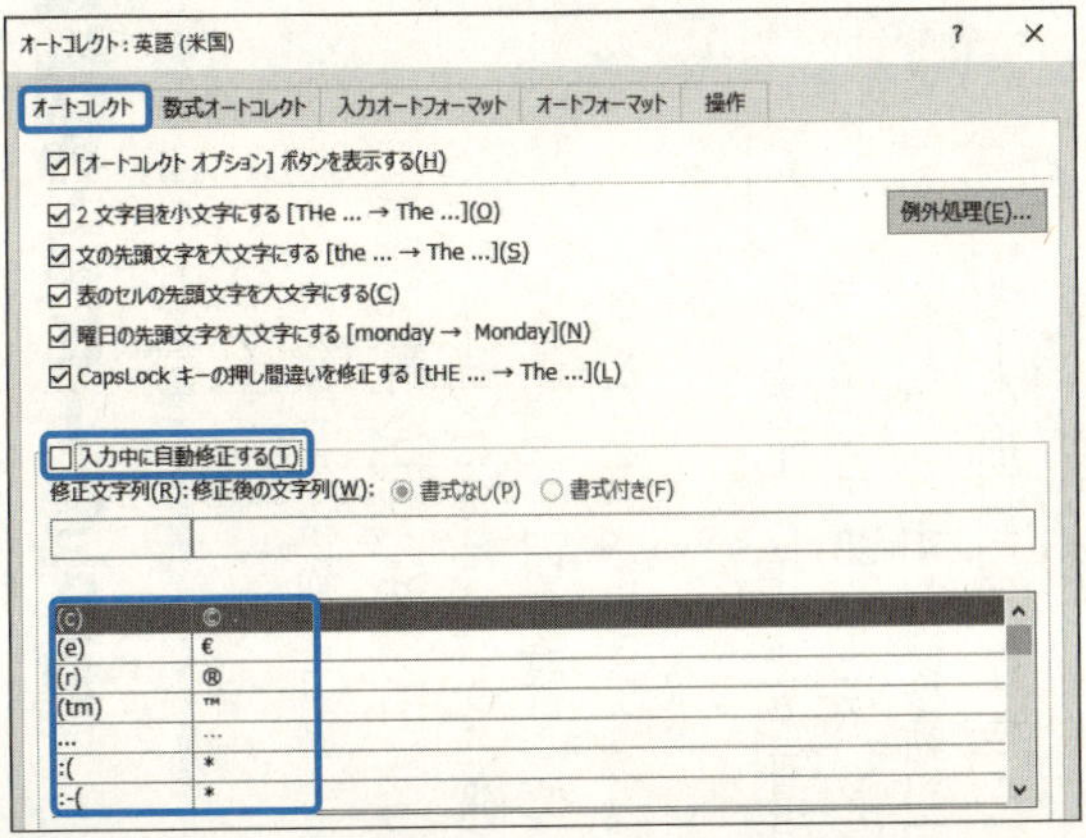

! ❶で[オートコレクトオプションの設定]を選択し、[オートコレクト]タブを開くと、自動修正の登録内容が見られます。修正機能をオフにしたければ[入力中に自動修正する]をクリックして□にしてください。

編集

ドラッグだけで移動やコピーをする

時間短縮
効率UP!

文字を移動・コピーするには、[ホーム]タブの[クリップボード]グループにあるボタンを使ったり、右クリックで[切り取り]や[コピー]を選ぶなど、さまざまな方法があります。

しかし、もっとも手早いのはドラッグする方法です。文字を選択してドラッグすれば移動、[Ctrl]キーを押したままドラッグすればコピーになります。

ドラッグで移動 [Ctrl]+ドラッグでコピー

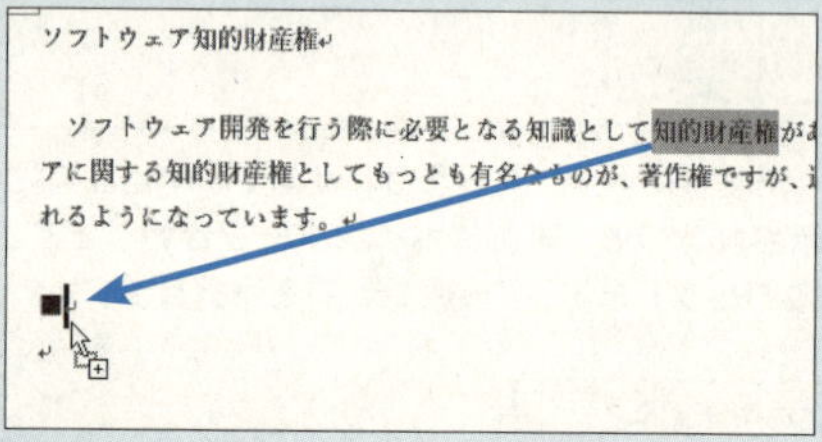
ソフトウェア知的財産権
ソフトウェア開発を行う際に必要となる知識として知的財産権が
アに関する知的財産権としてもっとも有名なものが、著作権ですが、
れるようになっています。

[Ctrl]キーを押したままドラッグすると文字を素早くコピーできます。

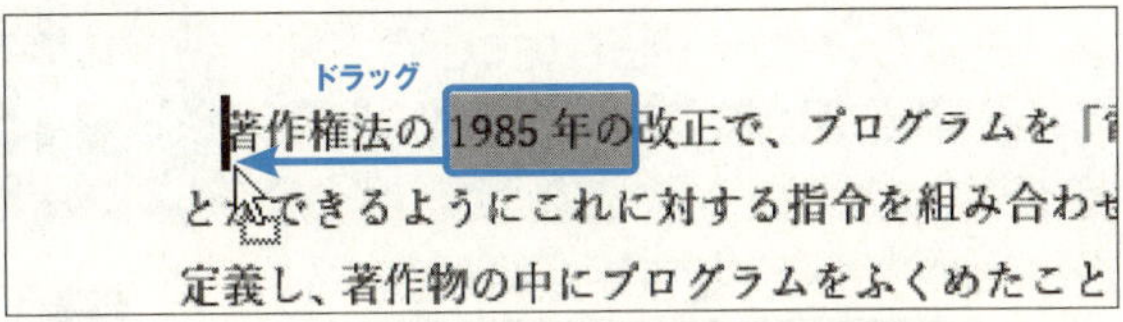
ドラッグ
著作権法の1985 年の改正で、プログラムを「
できるようにこれに対する指令を組み合わ
定義し、著作物の中にプログラムをふくめたこと

1 移動する文字を選択し、移動先までドラッグします。

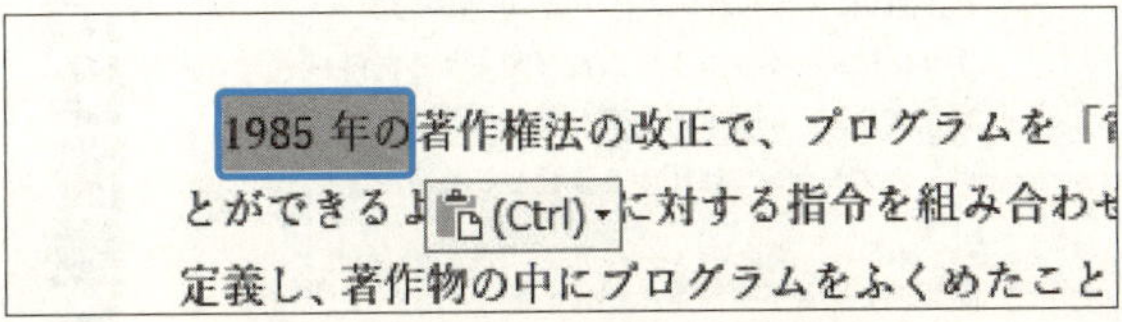
1985 年の著作権法の改正で、プログラムを「
とができるよ
(Ctrl)
に対する指令を組み合わ
定義し、著作物の中にプログラムをふくめたこと

2 マウスのボタンを離すと、文字が移動します。

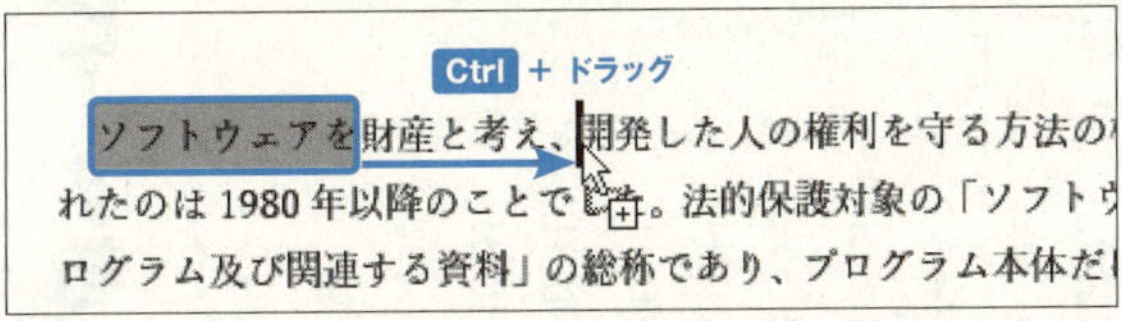
Ctrl + ドラッグ
ソフトウェアを財産と考え、開発した人の権利を守る方法の
れたのは 1980 年以降のことで
。法的保護対象の「ソフト
ログラム及び関連する資料」の総称であり、プログラム本体だ

3 コピーする文字を選択し、[Ctrl] キーを押したまま挿入先までドラッグします。

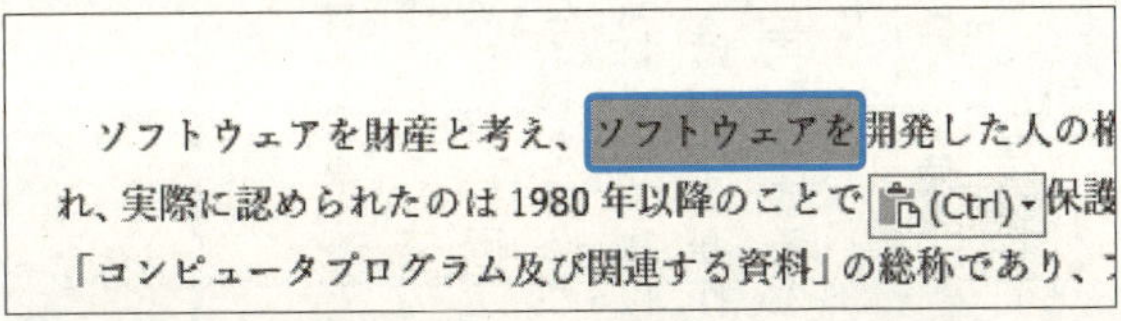
ソフトウェアを財産と考え、ソフトウェアを開発した人の
れ、実際に認められたのは 1980 年以降のことで
(Ctrl)
保護
「コンピュータプログラム及び関連する資料」の総称であり、

4 [Ctrl] キーを押したままマウスのボタンを先に離すと、文字がコピーされます。

書式だけ簡単にコピーする

[書式のコピー／貼り付け]で書式だけをコピーする

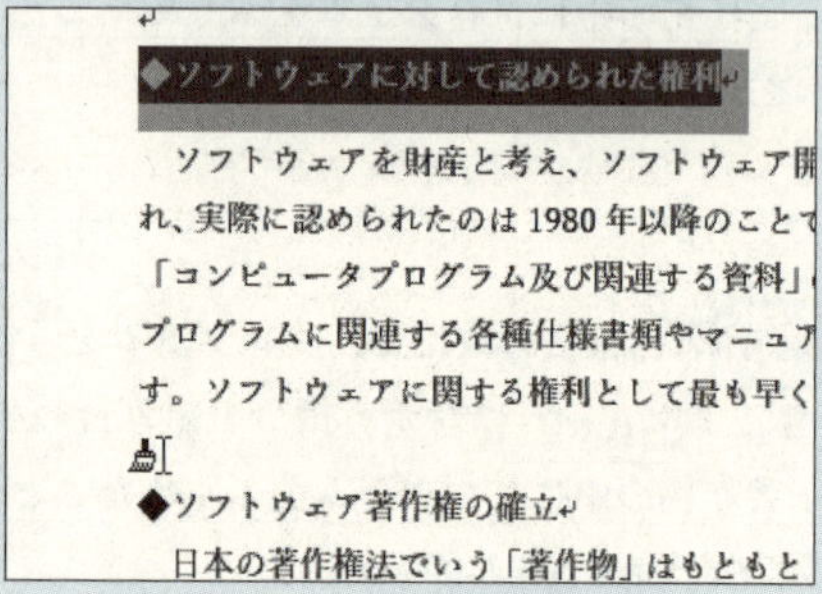
↵
◆ソフトウェアに対して認められた権利↵
ソフトウェアを財産と考え、ソフトウェア
れ、実際に認められたのは 1980 年以降のこと
「コンピュータプログラム及び関連する資料」
プログラムに関連する各種仕様書類やマニュ
す。ソフトウェアに関する権利として最も早く
◆ソフトウェア著作権の確立↵
日本の著作権法でいう「著作物」はもともと

書式をコピーするとポインターの形が変わります。

段落や文字に設定した書式はコピーできます。いろいろな書式を組み合わせる場合は、一回ごとに設定するよりコピーしたほうが効率的です。また、書式は別の文書にもコピーできるので、ほかの人が作成した文書の書式だけ再利用するという使い方もできます。

書式のコピーに使うは、ダブルクリックすると連続して書式を貼り付けられます。

これは便利！

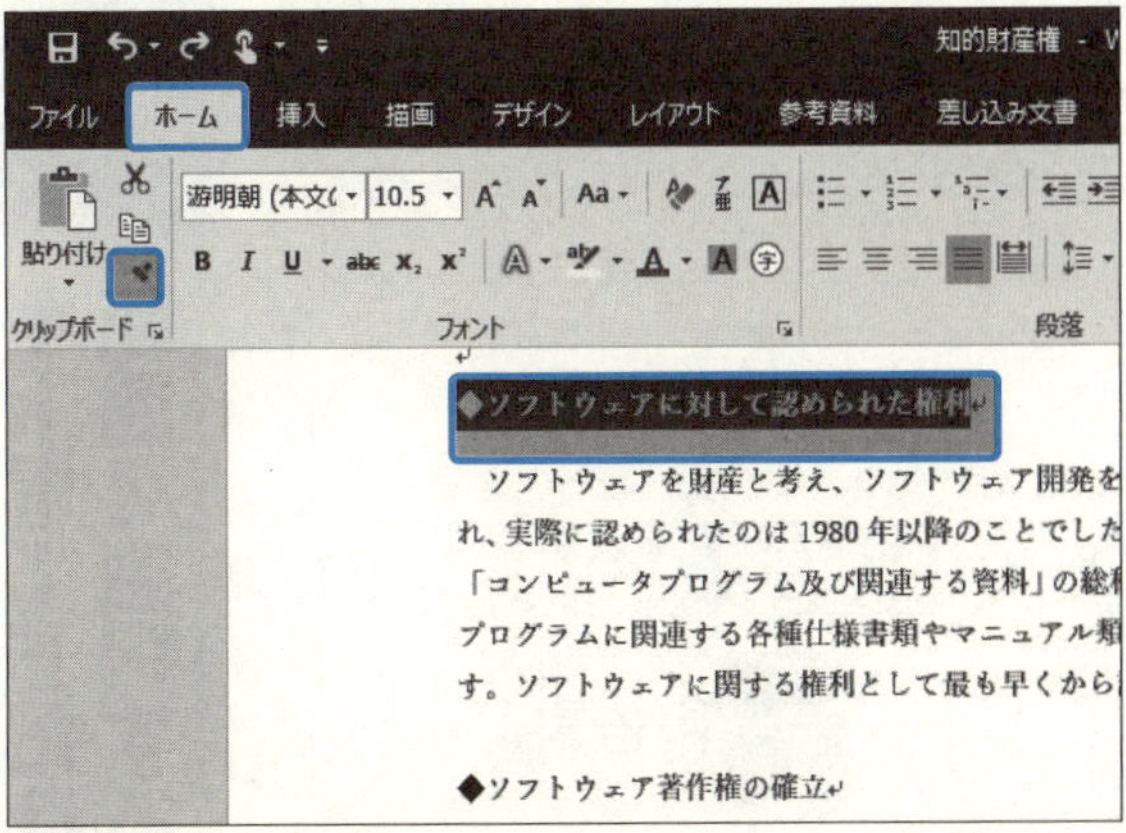
知的財産権
ファイル
ホーム
挿入
描画
デザイン
レイアウト
参考資料
差し込み文書
貼り付け
游明朝 (本文(
10.5
Aa
B I U abc x₂ x²
クリップボード
フォント
段落
◆ソフトウェアに対して認められた権利
ソフトウェアを財産と考え、ソフトウェア開発を
れ、実際に認められたのは 1980 年以降のことでした
「コンピュータプログラム及び関連する資料」の総
プログラムに関連する各種仕様書類やマニュアル類
す。ソフトウェアに関する権利として最も早くから
◆ソフトウェア著作権の確立

1 コピーする書式が設定されている文字を段落記号も含めて選択し、[ホーム] タブを開きます。[クリップボード] グループ→[書式のコピー／貼り付け] をクリックします。複数個所に貼り付けたければダブルクリックします。

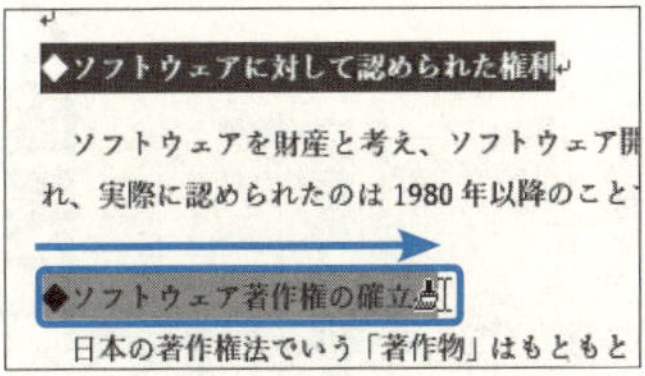
◆ソフトウェアに対して認められた権利
ソフトウェアを財産と考え、ソフトウェア開
れ、実際に認められたのは 1980 年以降のこと
◆ソフトウェア著作権の確立
日本の著作権法でいう「著作物」はもともと

2 ポインターが になったのを確認して、書式を貼り付ける範囲をドラッグします。

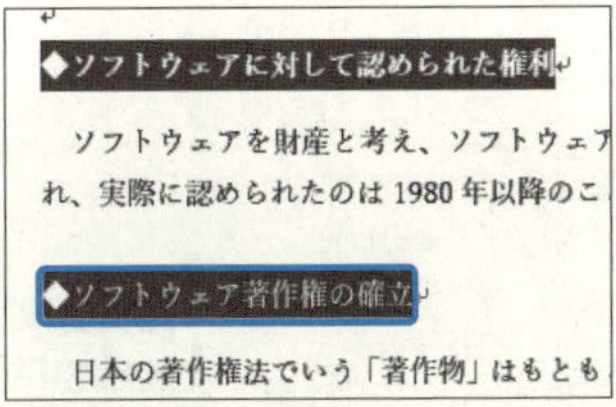
◆ソフトウェアに対して認められた権利
ソフトウェアを財産と考え、ソフトウェア
れ、実際に認められたのは 1980 年以降のこ
◆ソフトウェア著作権の確立
日本の著作権法でいう「著作物」はもとも

3 書式がコピーされます。この方法では、最初に選択した文字の書式および段落書式がコピーできます。ポインターが の間は**2**を繰り返して貼り付けができ、[Esc]キーで終了します。

編集

キーボードだけで素早く確実に範囲を選択する

時間短縮
効率UP!

文字の選択にはドラッグを使うのが一般的です。しかし、ドラッグしすぎたり、足りなかったりして狙いどおりに選択できずにイライラすることも多いでしょう。文字はキー操作でも選択できます。これなら素早く確実に目的の範囲を選べます。

また、［Alt］とドラッグを組み合わせて、複数行を部分的に選択する方法も便利です。箇条書きの項目だけ選ぶような場合に使います。

[Shift]＋矢印キーで1字ずつ選択する

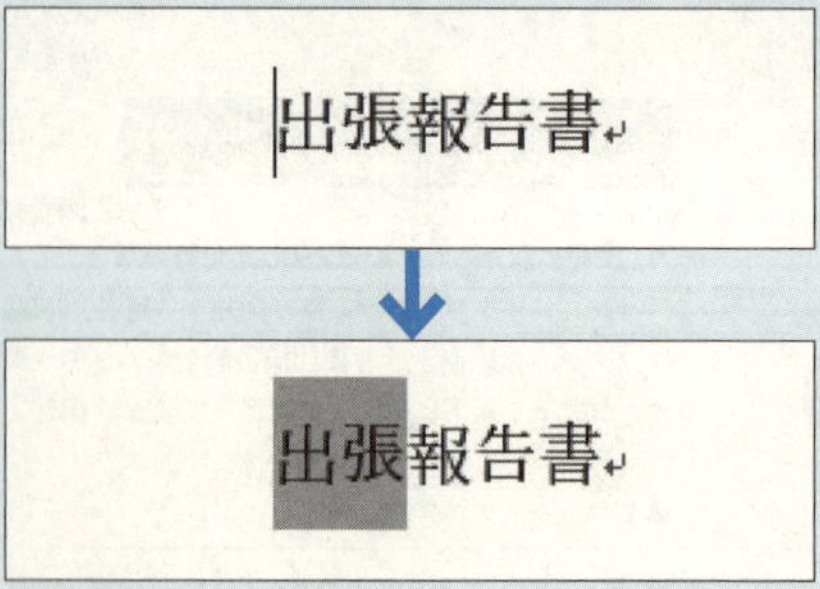

[Shift]＋[→]で右方向へ1文字ずつ選択できます。

1 選択する範囲の先頭をクリックします。

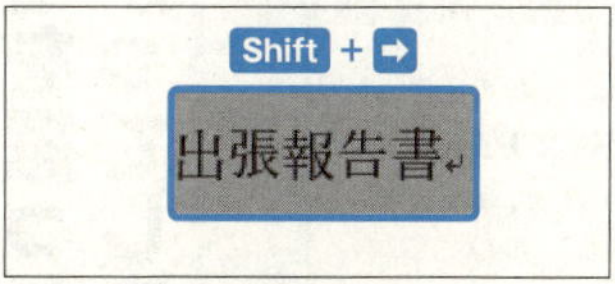

2 [Shift] キーを押したまま[→]キーを押すと1文字ずつ選択範囲を広げられます。

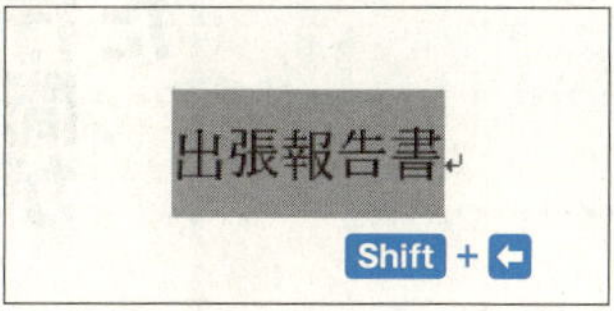

3 [Shift]＋[←]キーを使うと選択範囲が戻ります。行末の改行マーク↵を選択から除外したいときなどに便利です。

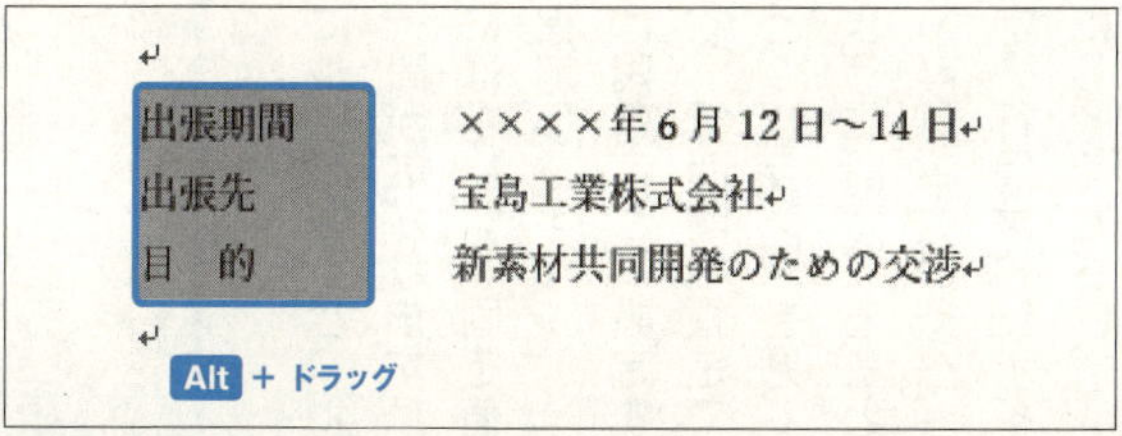

! 選択する範囲の先頭をクリックし、[Alt]キーを押したままドラッグするとブロックで選択できます。

ルビを振ったら行間が広がってしまった

文字にルビを振ると、ルビが入る分だけ行間が広がります。これを修正するには、行間を「固定値」にして、間隔を指定します。

行間は段落ごとに設定する段落の書式です。行間隔の指定では、ほかの段落とのバランスを見て、同じに見えるように設定することが大切です。ページ設定を変えていなければ、既定の行間は約18ポイントなので参考にしてください。

行間を固定して戻す

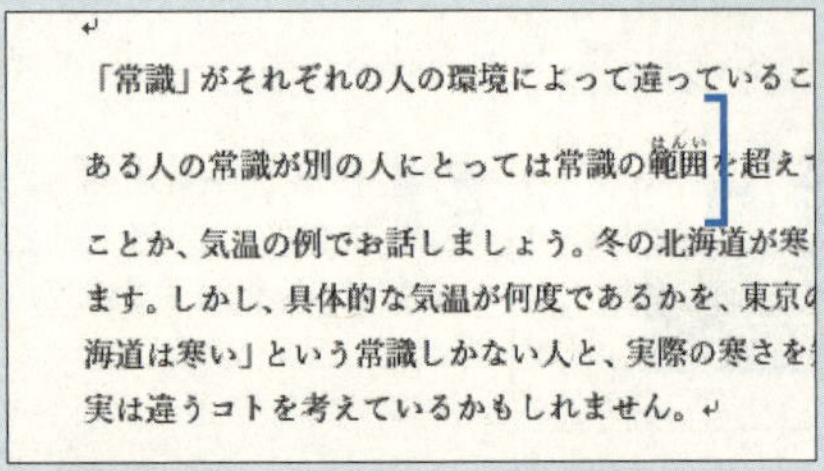
「常識」がそれぞれの人の環境によって違っているこ
ある人の常識が別の人にとっては常識の範囲《はんい》を超え
ことか、気温の例でお話しましょう。冬の北海道が寒
ます。しかし、具体的な気温が何度であるかを、東京
海道は寒い」という常識しかない人と、実際の寒さを
実は違うコトを考えているかもしれません。

2行目に振ったルビのせいで、行間が広がってしまいました。

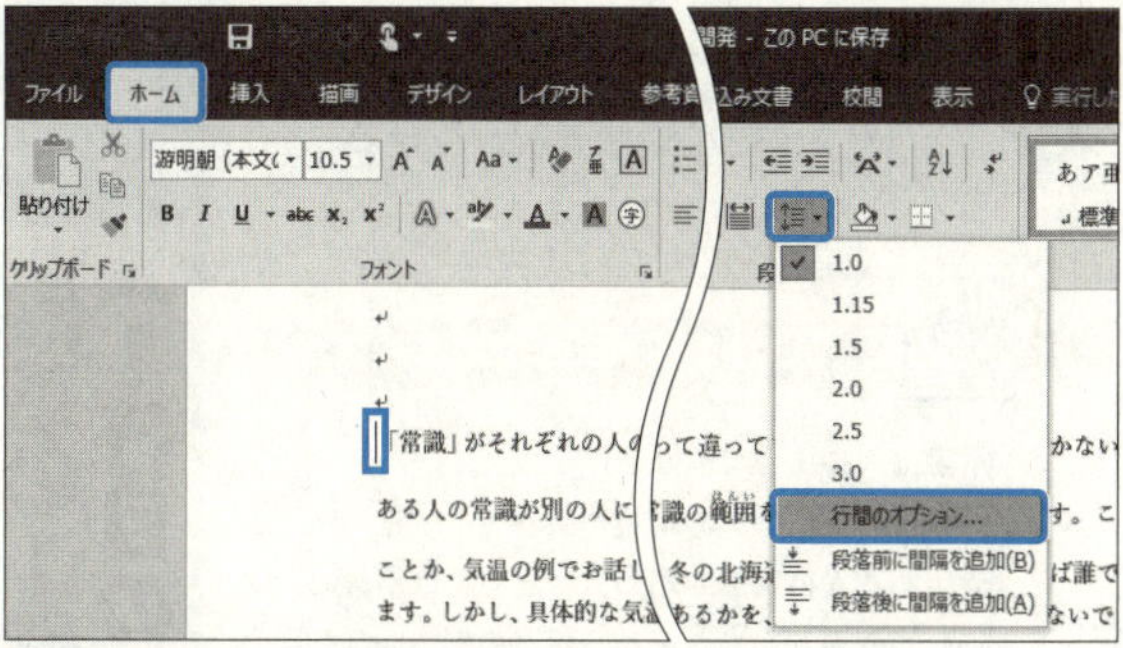

1 行間隔を調整する段落の任意の位置をクリックし、［ホーム］タブを開きます。［段落］グループの→［行間のオプション］を選択します。

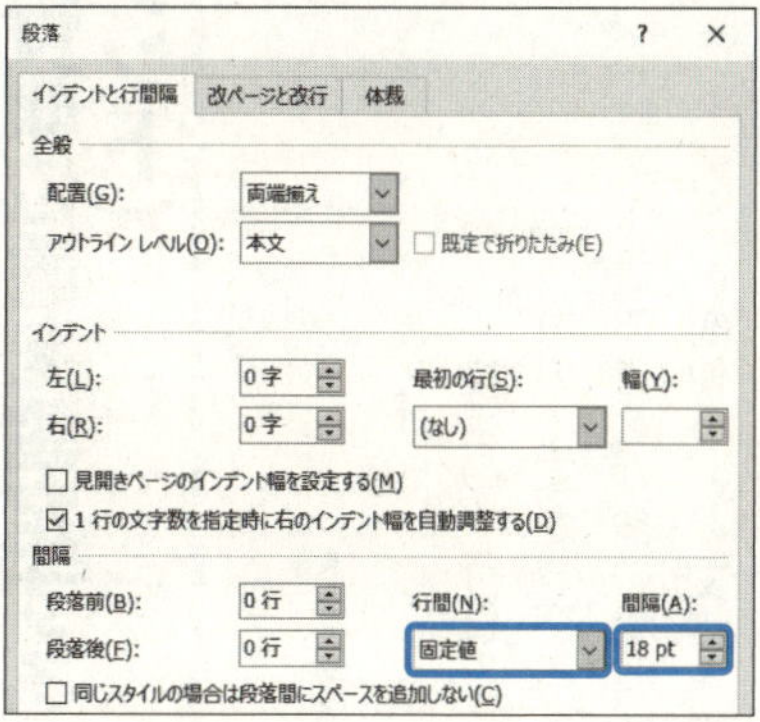

2 ［インデントと行間隔］タブを開きます。［行間］欄のをクリックし、［固定値］を選択します。［間隔］欄で行間隔をポイント数で指定して、［OK］をクリックします。

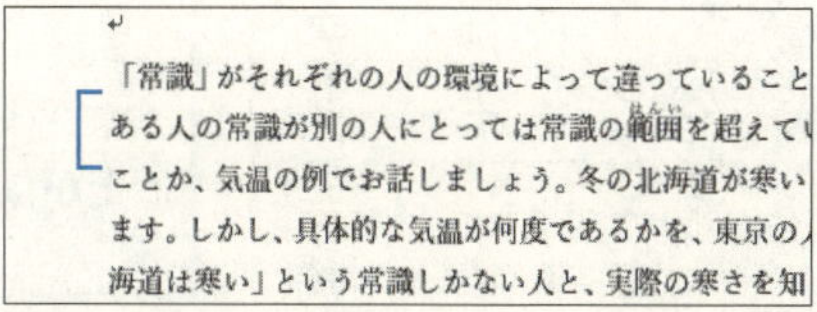

3 広がっていた行間が狭くなります。

編集

段落の1行目の行頭位置を設定する（1行目のインデント）

仕上がりキレイ

インデントは段落を字下げする機能です。

段落の1行目の行頭は字下げするものですが、空白を入れて字下げすることが多いでしょう。しかし空白を使うと、文章を編集したときに、思わぬ場所に空白が移動して、レイアウトが崩れる原因になります。こういったトラブルを避け、段落の先頭を素早く字下げするのが「1行目のインデント」です。

[1行目のインデント]をドラッグして字下げ位置を決める

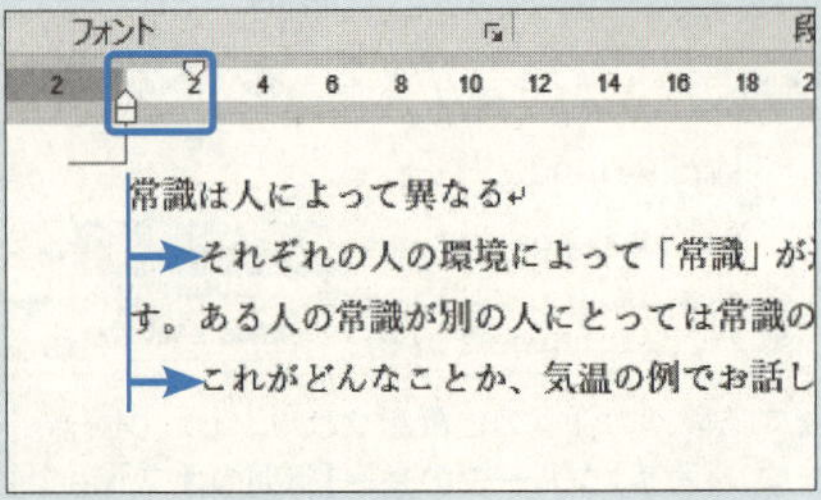
フォント
段
2 2 4 6 8 10 12 14 16 18 2
常識は人によって異なる↵
それぞれの人の環境によって「常識」が
す。ある人の常識が別の人にとっては常識の
これがどんなことか、気温の例でお話し

[1行目のインデント] を使うと、次の段落も同じ位置に字下げされます。

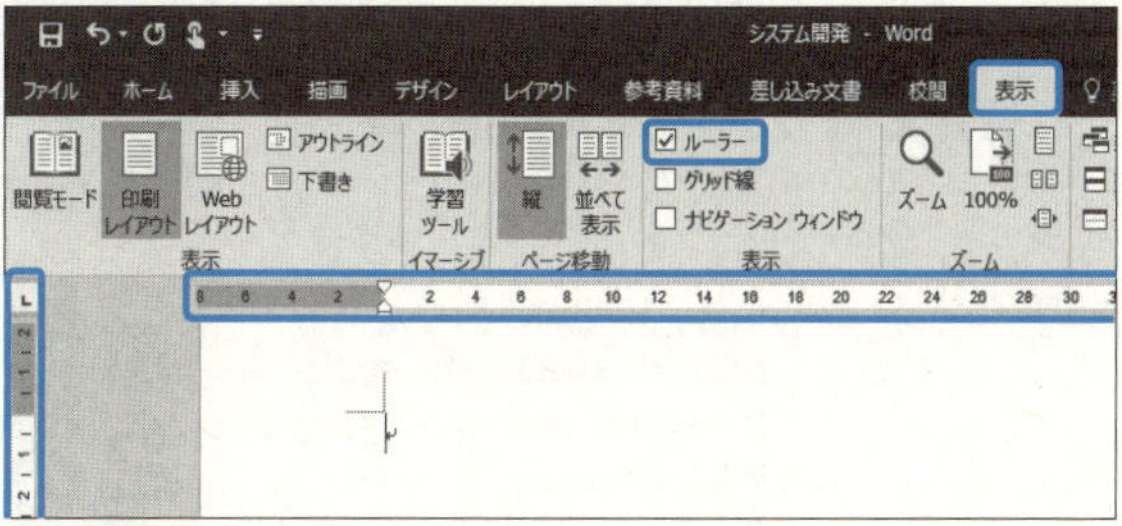

1 ［表示］タブを開き、［表示］グループ→［ルーラー］をクリックして☑にすると、ルーラーが表示されます。

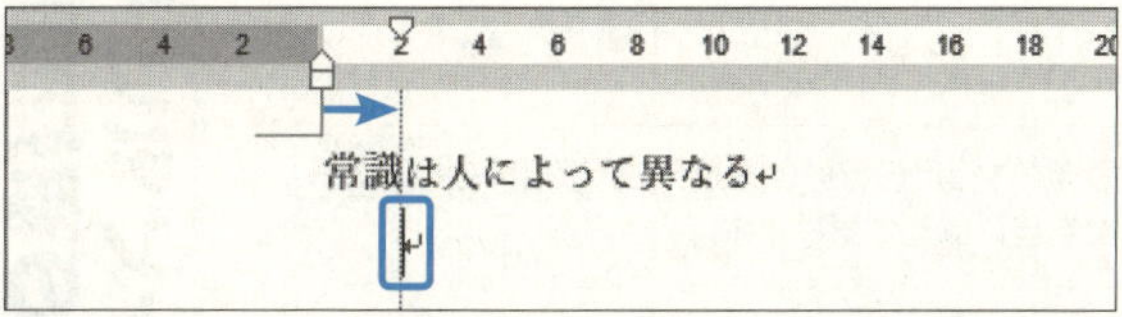

2 入力する段落をクリックし、ルーラー上にある▽を1行目の行頭位置までドラッグすると、指定した位置にカーソルが移動します。すでに入力済みの段落で字下げする場合は、その段落を選択してから▽をドラッグしてください。

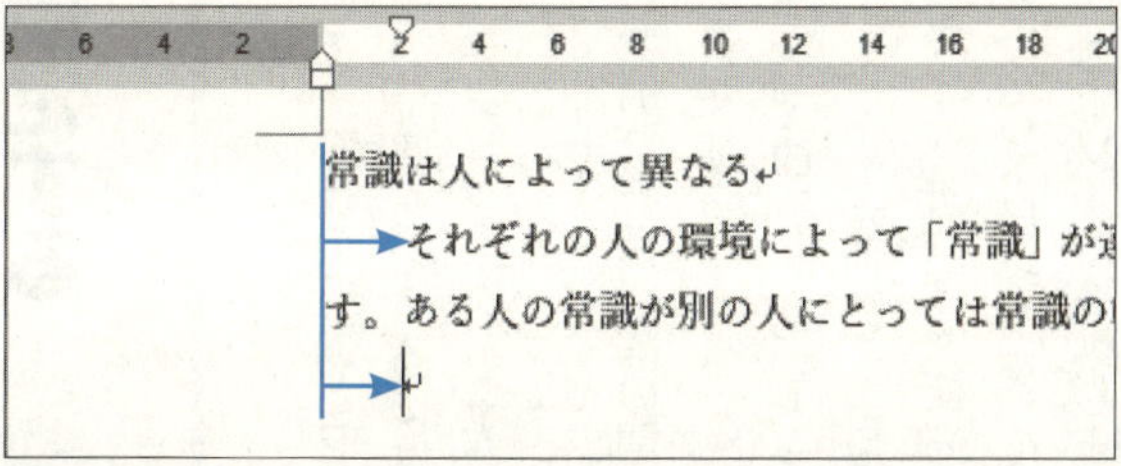

3 文字を入力すると段落の行頭は指定した位置になり、2行目以降の行頭は［左インデント］位置（P232参照）になります。［Enter］キーを押すと、次の段落の行頭位置も揃います。

段落の2行目以降の位置を設定する（ぶら下げインデント）

仕上がりキレイ

[ぶら下げインデント]で2行目以降の開始位置を下げる

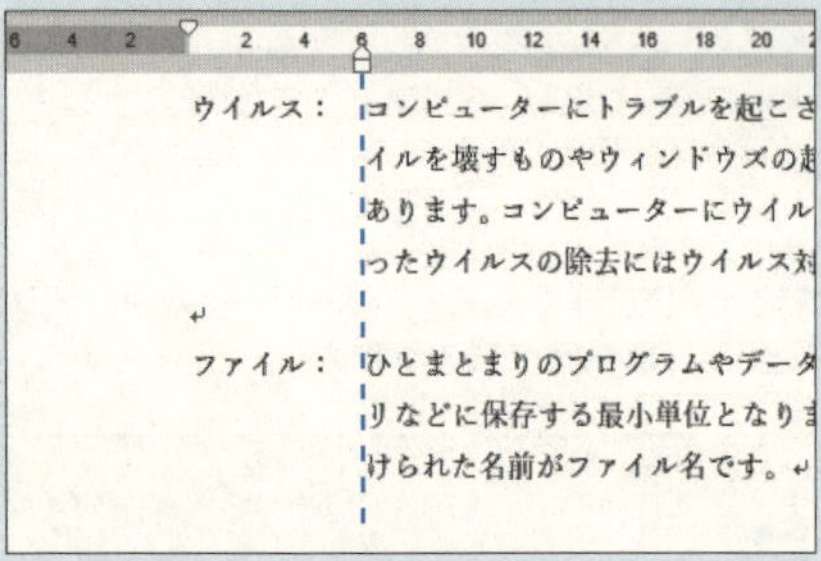
ウイルス：　コンピューターにトラブルを起こ
イルを壊すものやウィンドウズの
あります。コンピューターにウイル
ったウイルスの除去にはウイルス
ファイル：　ひとまとまりのプログラムやデー
りなどに保存する最小単位となり
けられた名前がファイル名です。

段落の1行目の行頭は左端、2行目以降の行頭は6文字目に揃えてあります。

段落の1行目の行頭と2行目以降の行頭の位置を変えるには「ぶら下げインデント」を使います。

「ぶら下げインデント」を設定すると、段落の2行目以降の開始位置を下げられます。

段落内で改行したいときは、「Shift」キーを押したまま「Enter」キーを押してください。こうすると「ぶら下げインデント」の設定位置にカーソルが移動します。

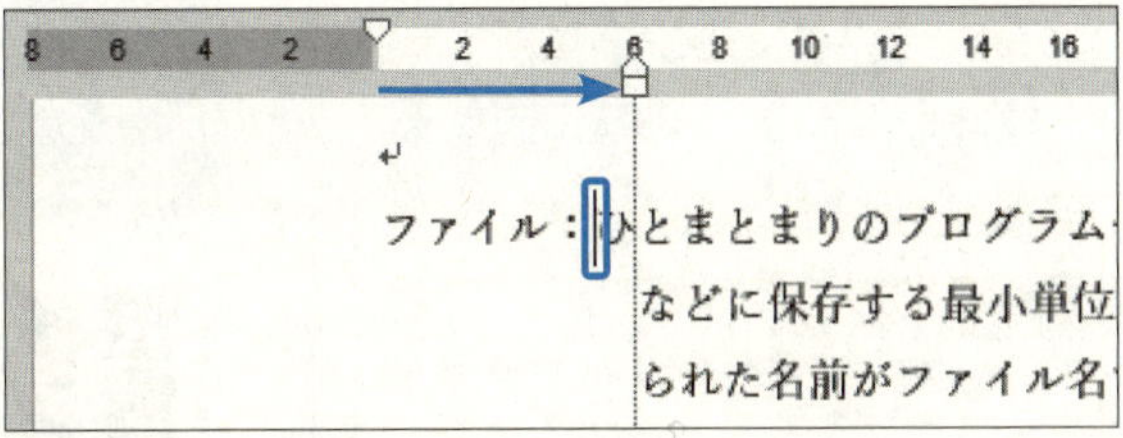

1 ルーラーを表示します（P228参照）。対象の段落をクリックし、△［ぶら下げインデント］を2行目以降の行頭位置までドラッグします。△をドラッグすると□［左インデント］も移動します。

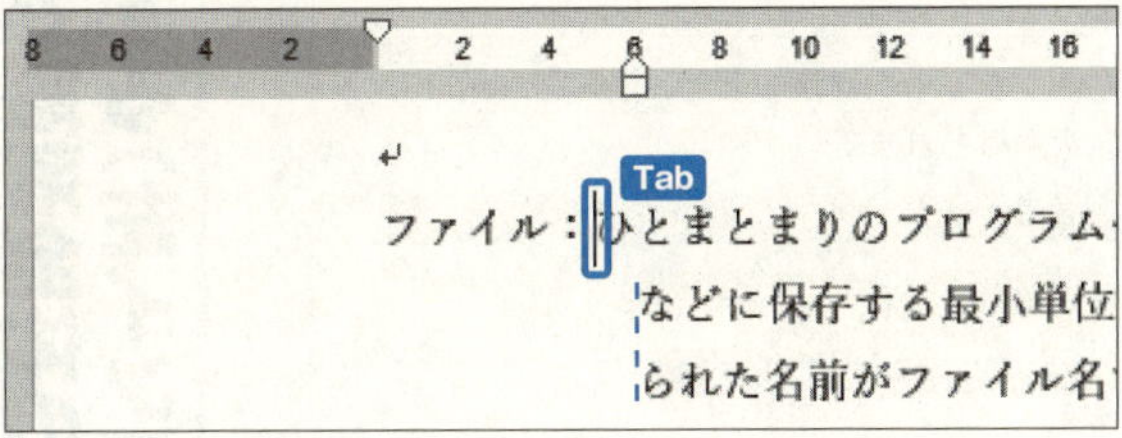

2 2行目以降が字下げされます。2行目以降の位置と揃えたい文字の前でクリックし、［Tab］キーを押します。

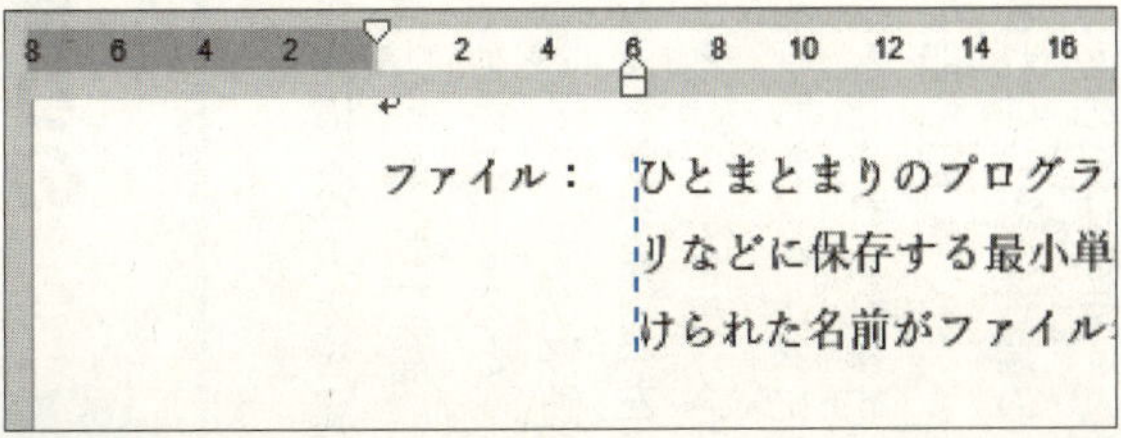

3 2行目以降の行頭に揃います。

編集

インデントで段落全体のはじまりの位置を調整する（左インデント）

仕上がりキレイ

[左インデント]で段落のはじまりを右に寄せる

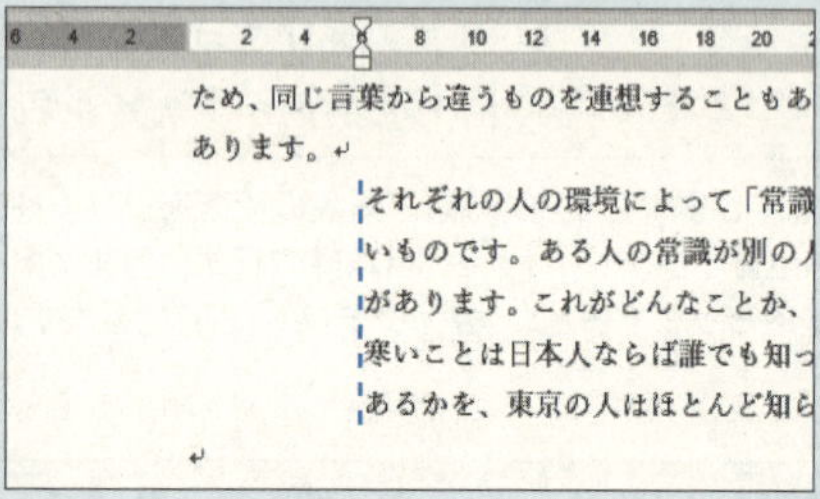

ため、同じ言葉から違うものを連想することもあ
あります。
それぞれの人の環境によって「常識
いものです。ある人の常識が別の
があります。これがどんなことか、
寒いことは日本人ならば誰でも知
あるかを、東京の人はほとんど知ら

左インデントを設定すると、段落の左側にスペースを空けられます。

段落の左側にスペースを空けたいときは「左インデント」を使います。スペースで位置調整すると、文章の編集に伴ってスペースが移動し、レイアウトが崩れますが、「左インデント」ならその心配はありません。こうして確保したスペースには、図形や画像などを入れられます。類似の機能に「右インデント」があります。これは段落の右端の位置を左に寄せるために使います。

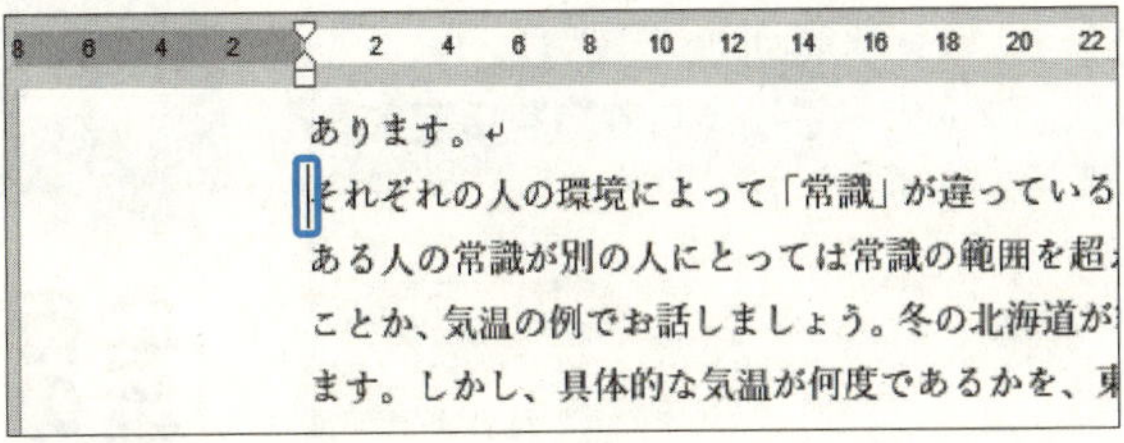
8 6 4 2 2 4 6 8 10 12 14 16 18 20 22
あります。↵
それぞれの人の環境によって「常識」が違っている
ある人の常識が別の人にとっては常識の範囲を超
ことか、気温の例でお話しましょう。冬の北海道が
ます。しかし、具体的な気温が何度であるかを、東

1 ルーラーを表示します（P228参照）。インデントを設定する段落をクリックします。

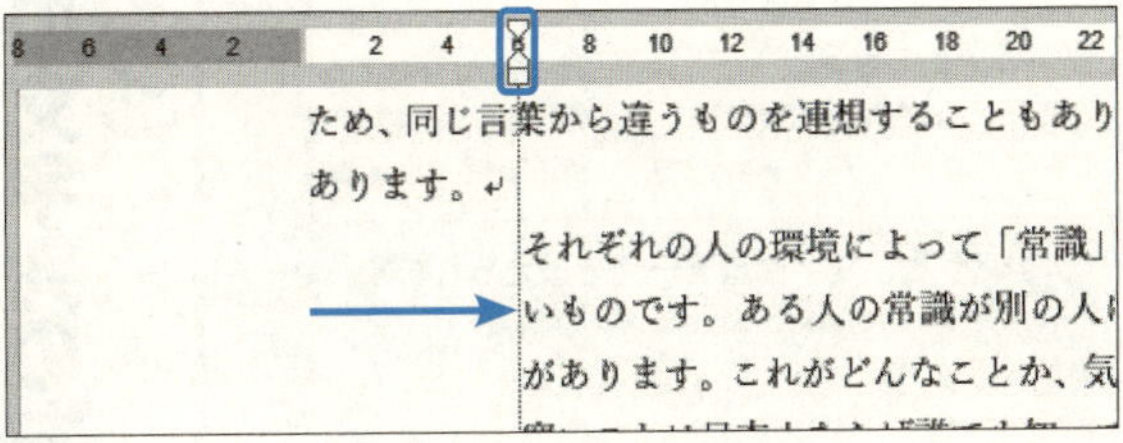
8 6 4 2 2 4 6 8 10 12 14 16 18 20 22
ため、同じ言葉から違うものを連想することもあり
あります。↵
それぞれの人の環境によって「常識」
いものです。ある人の常識が別の人
があります。これがどんなことか、気

2 ルーラー上にある□を字下げする位置までドラッグします。□をドラッグすると、▽［1行目のインデント］と△［ぶら下げインデント］も移動し、段落ごと字下げされます。

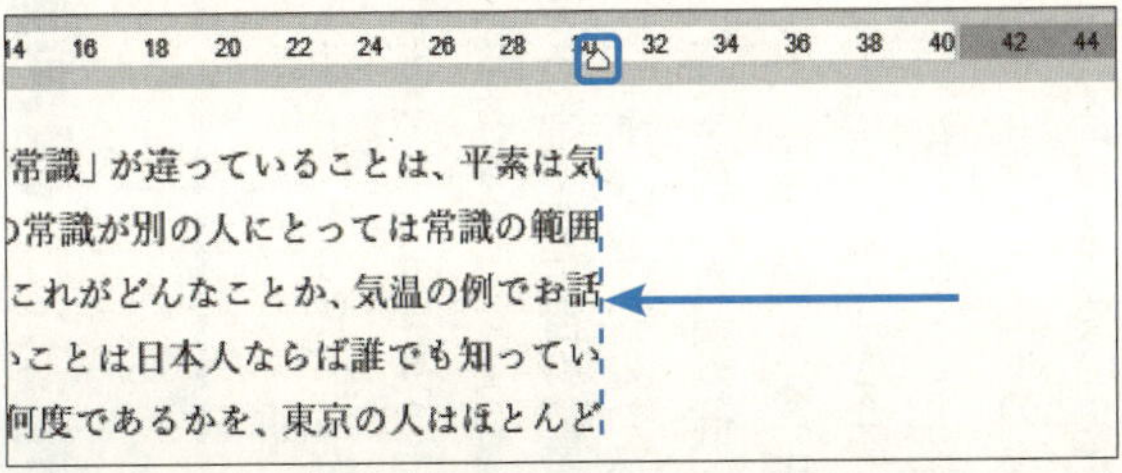
14 16 18 20 22 24 26 28 32 34 36 38 40 42 44
「常識」が違っていることは、平素は気
常識が別の人にとっては常識の範囲
これがどんなことか、気温の例でお話
ことは日本人ならば誰でも知ってい
何度であるかを、東京の人はほとんど

! 段落の折り返し位置を左に移動させるには、ルーラーの右にある△［右インデント］を左にドラッグします。

編集

行の途中の文字列の左端を揃える（左揃えタブ）

仕上がりキレイ

**タブ区切りで入力し
タブマーカーで揃える位置を指定する**

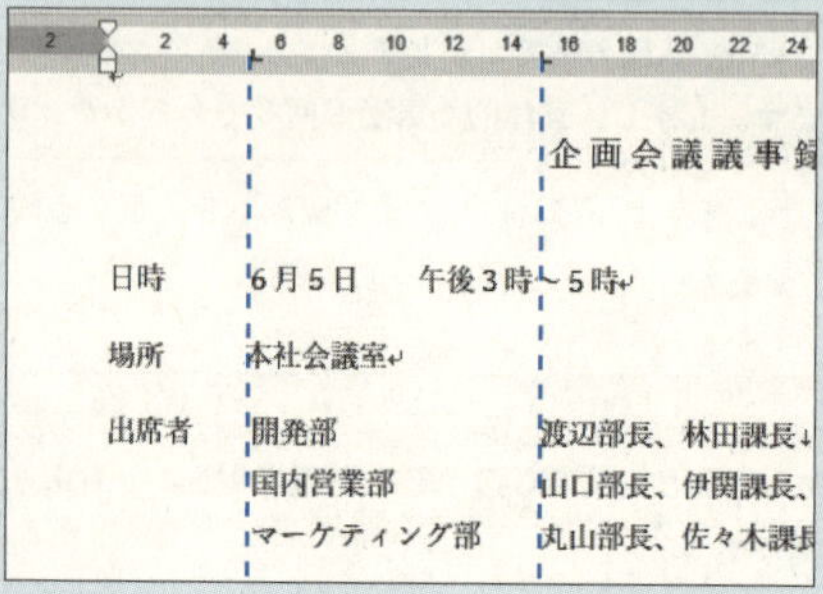

タブを使うと、文字位置を一発で揃えられます。

「タブ」は、行内の文字列の位置を揃える機能です。文字列の左端を揃えるには「左揃えタブ」を使います。箇条書きの中で各項目の位置を揃えるようなときに役立ちます。

　ほかに文字列の右端を揃える「右揃えタブ」、中央を揃える「中央揃えタブ」、小数点位置を揃える「小数点揃えタブ」もあります。タブは、「Tab」キーとルーラー上のタブマーカーを組み合わせて使います。

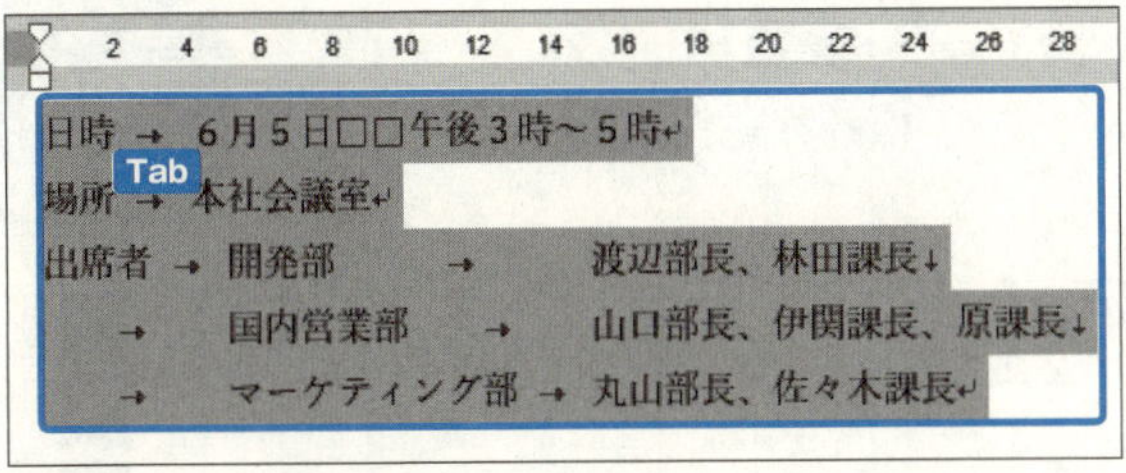

1 ルーラーを表示します（P228参照）。左揃えにする文字をタブで区切りながら入力し、文字位置を揃える範囲を選択します。図ではタブで区切っていることが見えるよう編集記号を表示しています。編集記号は[ホーム]タブを開き、[段落]グループ→ をクリックすると表示／非表示が切り替えられます。

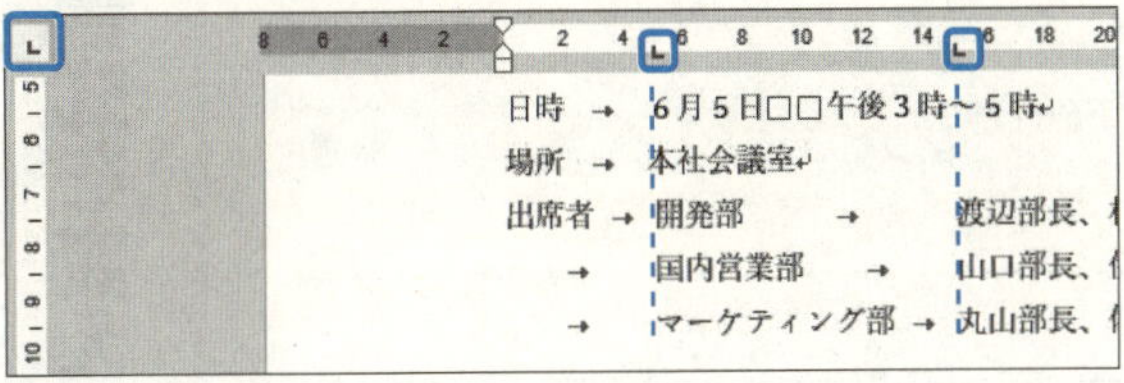

2 ルーラーの左端にある[タブの種類]をクリックして [左揃えタブ]にし、ルーラー上をクリックして文字を揃える位置を指定すると、タブマーカーが入って文字列の左端が揃います。タブマーカーをルーラーの外にドラッグすると、設定が解除できます。

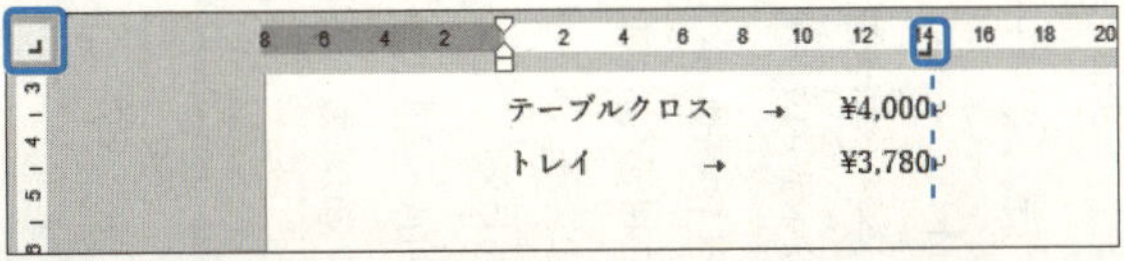

! [タブの種類]をクリックすると [右揃えタブ]、 [中央揃えタブ]、 [小数点揃えタブ]を選べます。図は右揃えタブで数字の右端を揃えたところです。

編集

置換で一気に書式を変える

時間短縮
効率UP!

[置換]機能で書式を条件とする

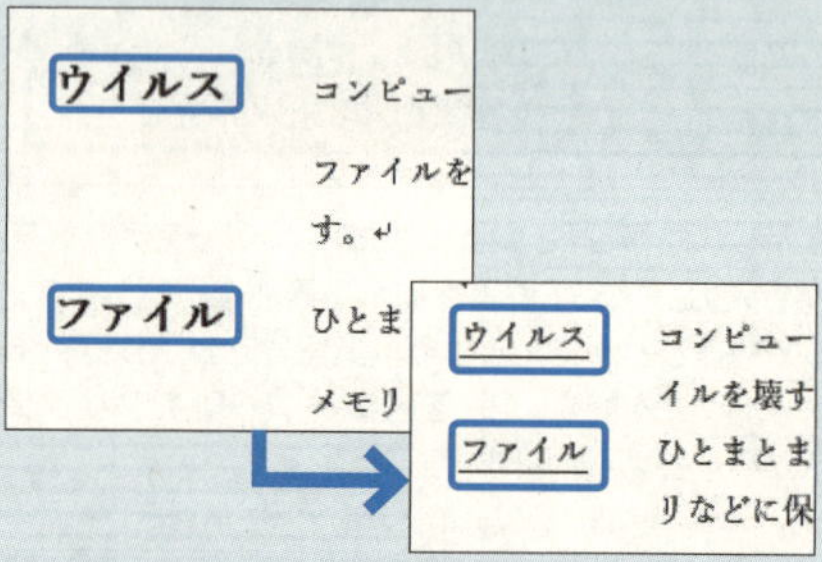

14ポイント、太字の書式を10.5ポイント、標準、下線付きに変えました。

[置換]は文字を置き換える機能ですが、書式にも利用できます。文字を斜体に変えたり、文字色を一気に変更したりするのに便利です。指定した書式をワードが検索して置き換えてくれるので、見落としの心配もありません。置換できる書式には、フォントの種類やサイズ、行揃えなどさまざまあります。エクセルでも画面は異なりますが、セル単位で書式の置換ができます。

1 検索を開始する位置をクリックし、[ホーム]タブを開きます。[編集]グループ→[置換]をクリックします。

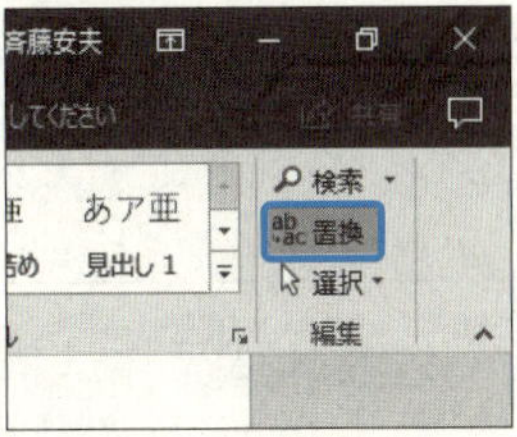

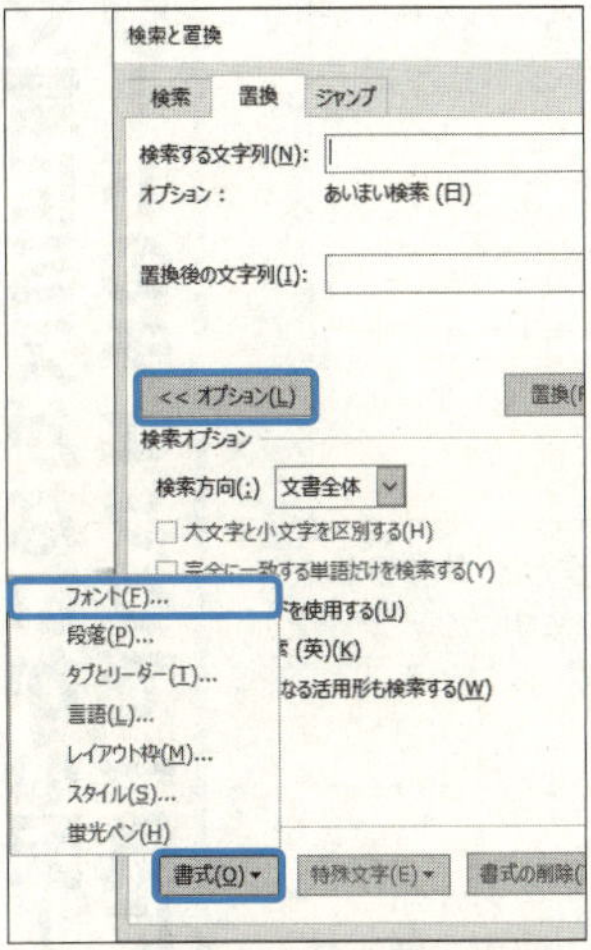

2 [置換]タブを開き、[検索する文字列]欄をクリックします。文字が入力されていたら削除します。[オプション]をクリックし、[書式]→[フォント]を選択します。

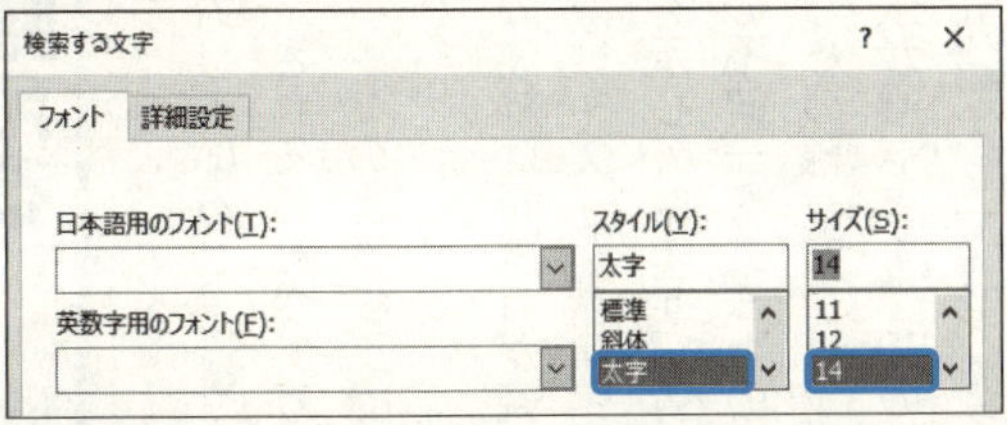

3 検索する書式を指定して[OK]をクリックします。**2**に戻るので、[置換後の文字列]欄をクリックし、同様の手順で置換後の書式を指定します。[すべて置換]をクリックすると置き換えが一気に行われます。

編集

文章にミスがないか心配！ワードのチェックで一気に整える

これは便利！

線を右クリックして修正方法を選択する

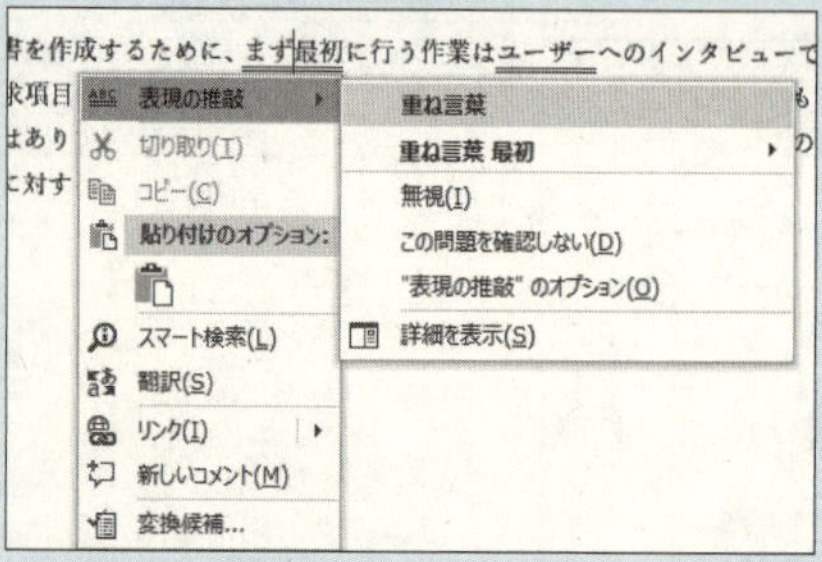

入力中に線が表示されたら、右クリックすると、どのような誤りがあるのかわかります。

入力していると、赤や青(緑)の線が表示されることがありますが、これはワードの文章校正機能が働いたためです。

赤の波線は句読点が続いたり、「英語の綴りミス」のような誤りがあることを示しています。青(緑)の線は表記の不統一や文法上の誤りです。

どちらの線も右クリックすれば修正方法が選べます。この機能を利用して、効率よく文章を整えましょう。

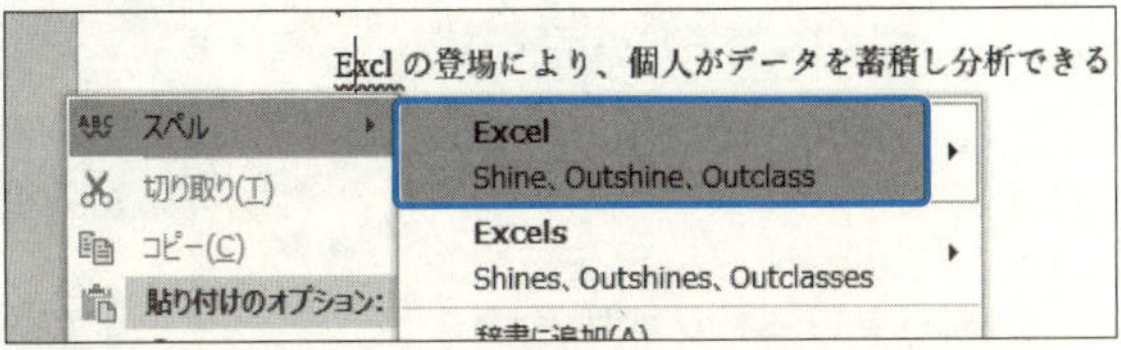

1 赤い波線を右クリックすると、どこに誤りがあるかと修正候補が表示されます。修正内容をクリックします。専門用語や略語のように、修正の必要がない言葉に赤い波線が付いた場合は、無視するか右クリックして[辞書に追加]をクリックします。[辞書に追加]は対象となる単語を辞書に追加し、これ以降、赤い波線が付かないようにするものです。

2 修正されて赤の波線が消えます。

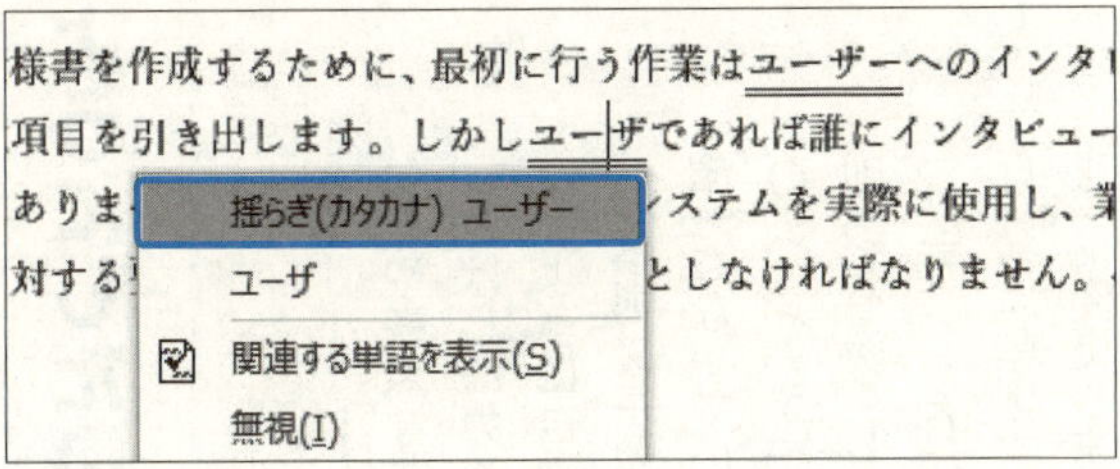

3 青(緑)の線を右クリックすると原因と修正候補が表示されます。修正内容をクリックします。

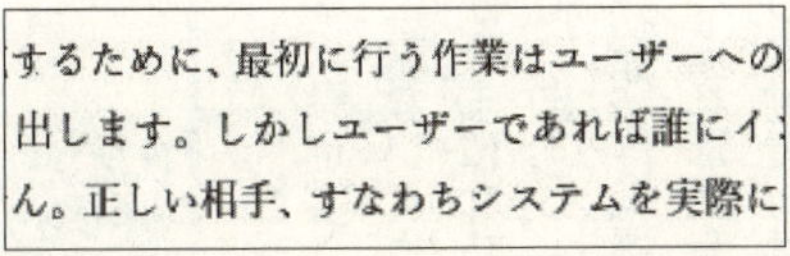

4 修正されて線が消えます。

編集

行頭に「っ」が来ないようにしたい

仕上がりキレイ

[禁則文字の設定]を[高レベル]にする

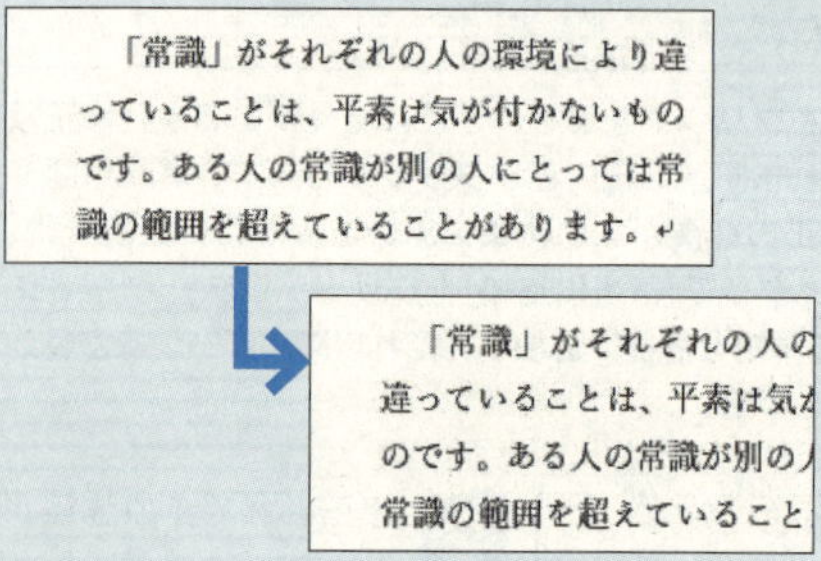

「常識」がそれぞれの人の環境により違っていることは、平素は気が付かないものです。ある人の常識が別の人にとっては常識の範囲を超えていることがあります。↵

「常識」がそれぞれの人の
違っていることは、平素は気
のです。ある人の常識が別の人
常識の範囲を超えていること

設定を変えると、行頭にあった「っ」が２文字目になります。

ワードでは、[禁則文字の設定]で、句点や読点などが行頭に来ないように、はじめカッコなどが行末にならないように自動修正しています。

[禁則文字の設定]の初期値は[標準]となっていますが、これは促音の「っ」や「ゃ」「ゅ」のような拗音を禁則の対象としていません。「っ」や「ゅ」などが行頭に来ないようにするには、[禁則文字の設定]を[高レベル]に変更します。

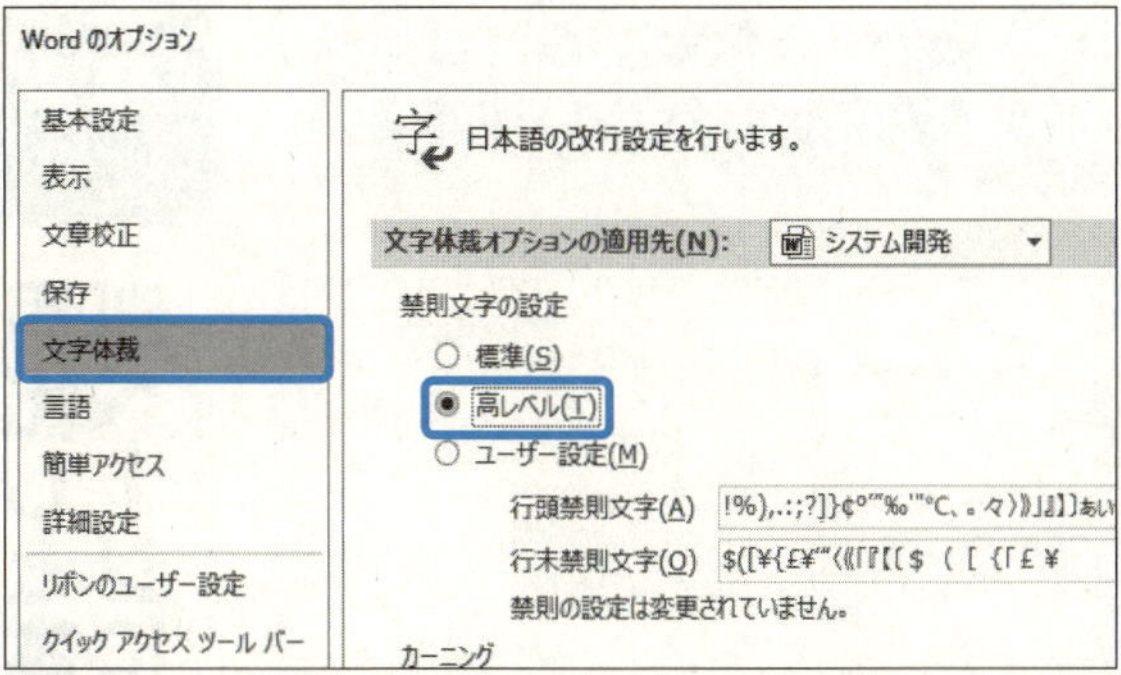

1 [ファイル]タブを開き、[オプション]を選択します。[文字体裁]をクリックします。[禁則文字の設定]で[高レベル]をクリックして◉にします。[OK]をクリックします。この文書では「っ」や「ゃ」、長音などが行頭に来なくなります。

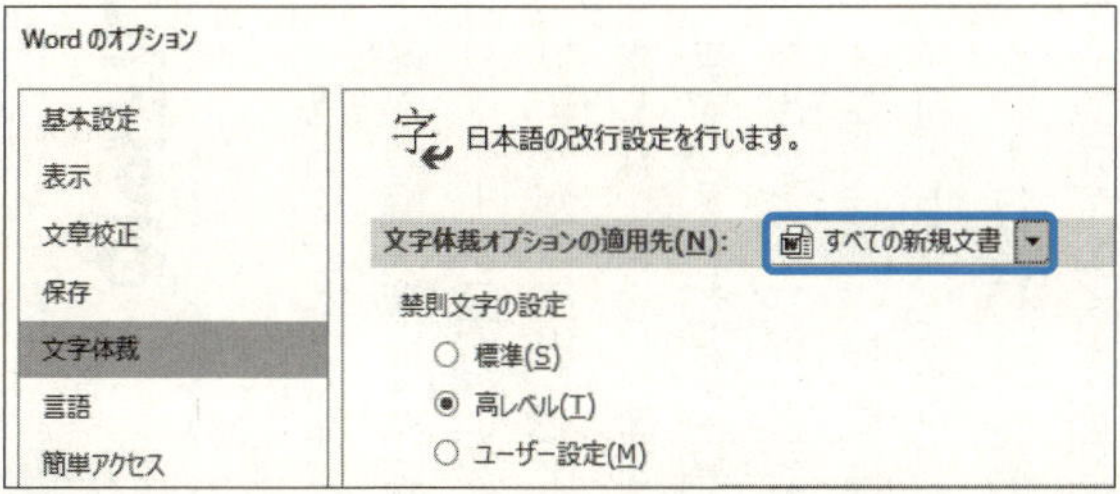

! これ以降に新規作成するすべての文書で「っ」などが行頭にならないようにするには、**1** の画面を開き、[文字体裁オプションの適用先]を[すべての新規文書]にしてから[禁則文字の設定]で[高レベル]を選びます。

編集

見出しと本文が別ページにならないようにする

仕上がりキレイ

[改ページ位置]の設定で[次の段落と分離しない]にする

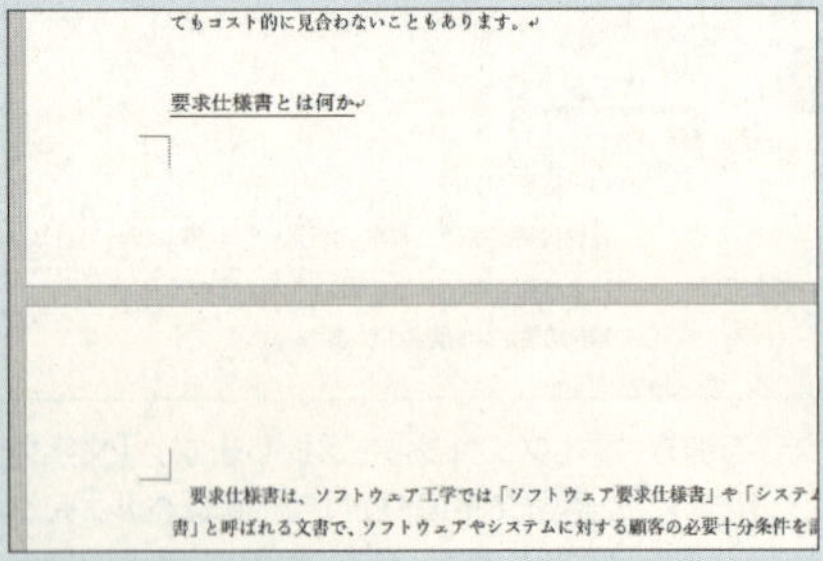
てもコスト的に見合わないこともあります。↵
要求仕様書とは何か↵
要求仕様書は、ソフトウェア工学では「ソフトウェア要求仕様書」や「システ
書」と呼ばれる文書で、ソフトウェアやシステムに対する顧客の必要十分条件を

見出しと本文が別ページになってしまいました。
次の段落と分離しないように設定を変えます。

見出しと本文が別ページになったときの解決策には、空白行を入れたり、ページ区切りを変えるなどがありますが、見出しと本文の段落が分離しないように設定する方法もあります。これなら文章を編集しても、見出しと本文が分かれません。

このほか、段落の最初や最後の行が別ページになるのを防ぐ[改ページ時1行残して段落を区切らない]も覚えておくと便利です。

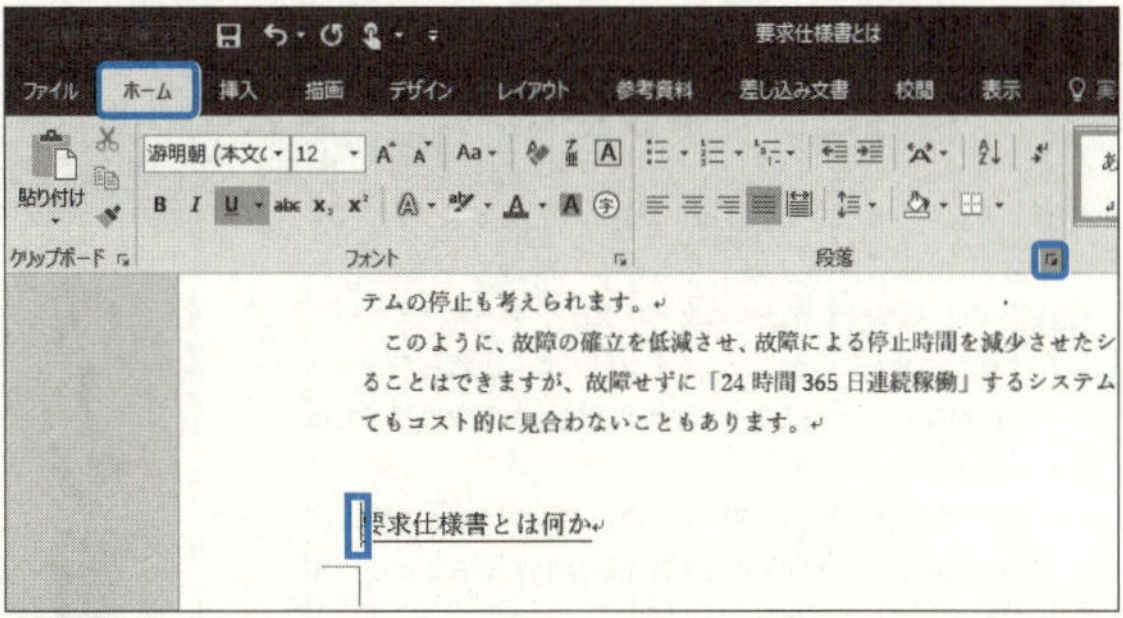

1 見出しの段落をクリックして、[ホーム] タブを開きます。[段落] グループ→ [段落の設定] をクリックします。

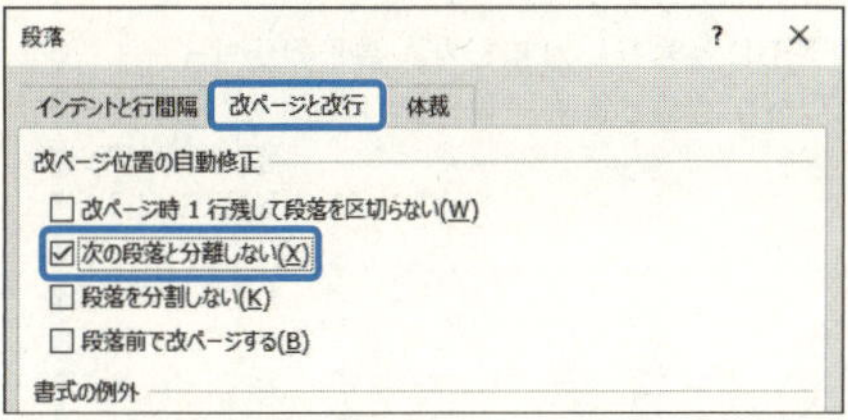

2 [改ページと改行] タブを開きます。[次の段落と分離しない] をクリックして☑にし、[OK] をクリックします。

段落の最初や最後の行が別ページにならないようにしたいときは、[改ページ時 1 行残して段落を区切らない] を☑にしてください。

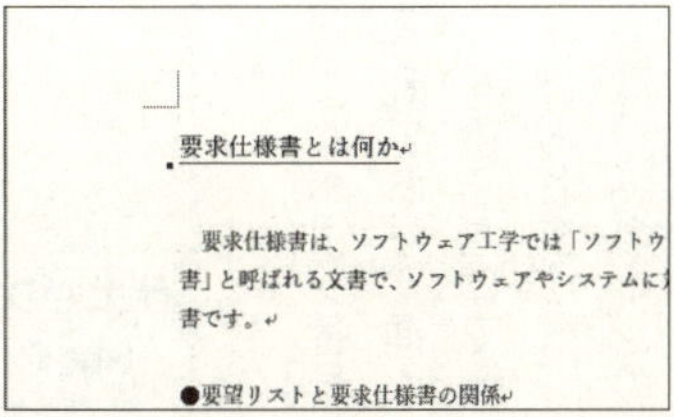

3 見出しが次のページに入ります。この設定をすると行頭に記号が表示されますが、記号は印刷されません。

編集

ページ番号を付ける

仕上がりキレイ

[挿入]→[ページ番号]で位置とデザインを選ぶ

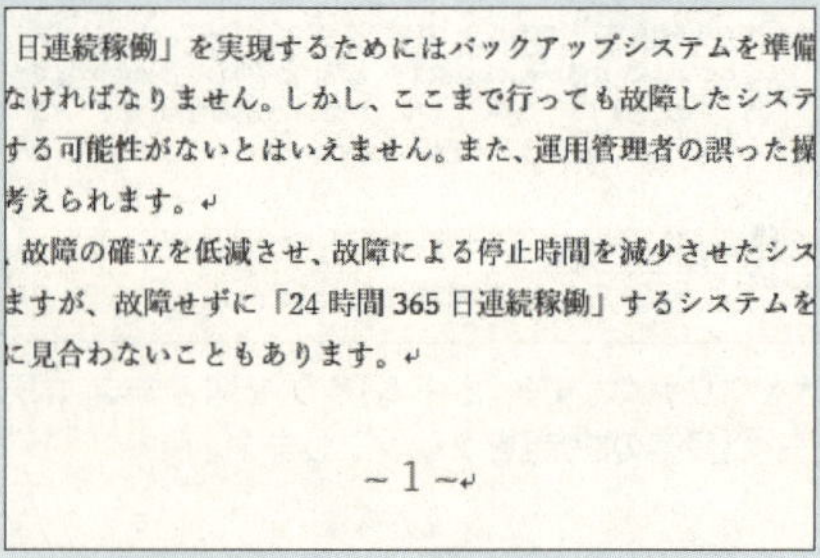
日連続稼働」を実現するためにはバックアップシステムを準備
なければなりません。しかし、ここまで行っても故障したシステ
する可能性がないとはいえません。また、運用管理者の誤った操
考えられます。↵
、故障の確立を低減させ、故障による停止時間を減少させたシス
ますが、故障せずに「24 時間 365 日連続稼働」するシステムを
に見合わないこともあります。↵

~1~↵

ページの下部に番号をいれました。番号のデザインはこれ以外にもあります。

ワードにはさまざまなページ番号のデザインが用意されており、挿入する位置とデザインを選ぶだけで簡単にページ番号を付けられます。

ページ番号の位置は、[ページの上部]（ヘッダー）、[ページの下部]（フッター）、左右の[ページの余白]の中から選びます。ページ番号が付いた全体のレイアウトを確認するには、[ファイル]タブ→[印刷]で、プレビューを見てください。

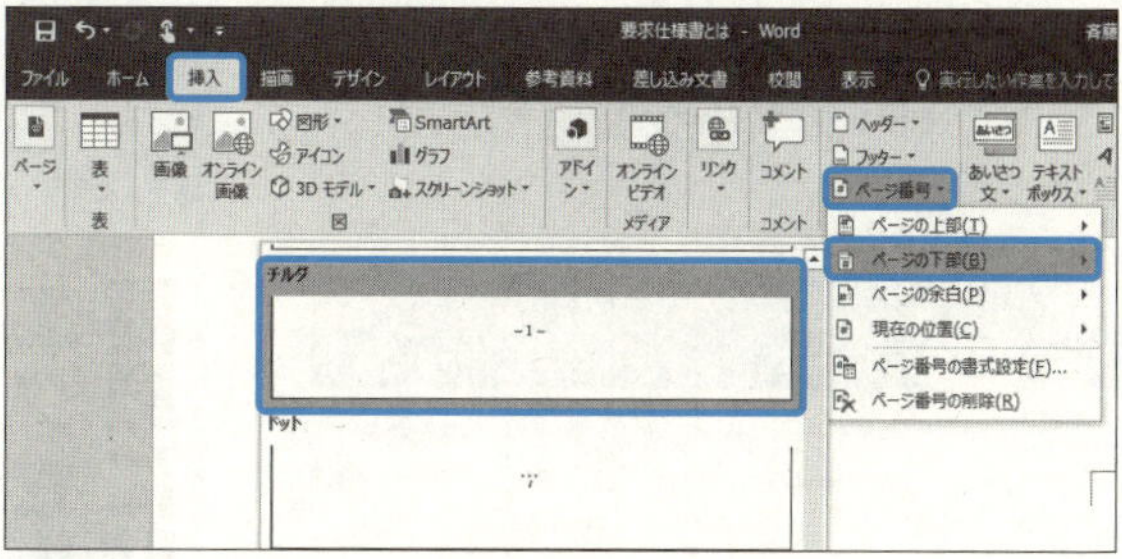

1 [挿入]タブを開き、[ヘッダーとフッター]グループ→[ページ番号]をクリックして、ページ番号を挿入する位置→デザインを選択します。ここで[ページ番号の削除]を選ぶと、ページ番号を削除できます。

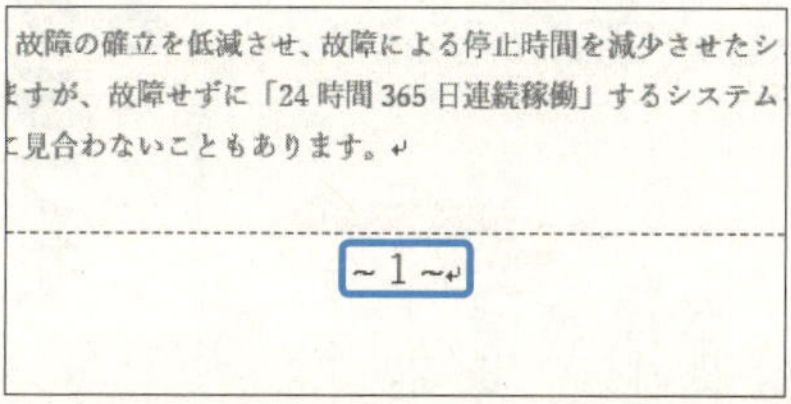

2 指定した位置にページ番号が入ります。

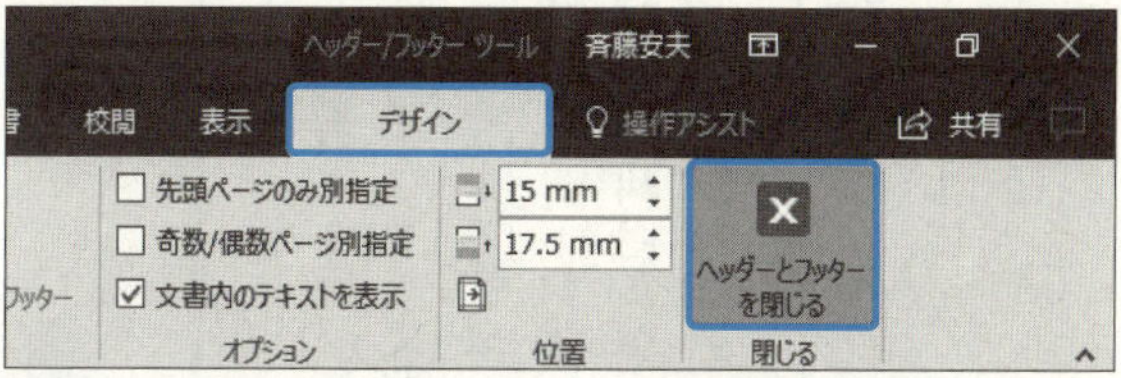

3 [ヘッダー／フッターツール]の[デザイン]タブを開き、[閉じる]グループ→[ヘッダーとフッターを閉じる]をクリックすると、元の表示に戻ります。

画像・表

エクセルの表やグラフを簡単に貼り付ける

時間短縮
効率UP!

[コピー]+[貼り付け]で エクセルのデータを活用する

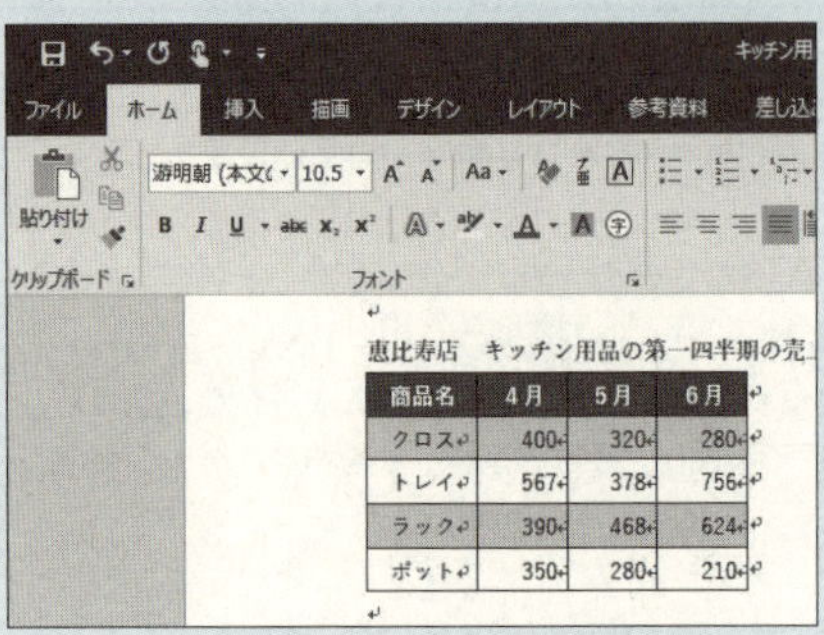

商品名	4月	5月	6月
クロス	400	320	280
トレイ	567	378	756
ラック	390	468	624
ポット	350	280	210

エクセルで作成した表をワードにもってきました。

エクセルの表やグラフは「コピー」と「貼り付け」でワード文書に挿入できます。エクセルで作成した販売実績や予算などのデータをワードで作成中の報告書に利用するような場合に役立つテクニックです。

エクセルのデータをコピーするのと同じように、ワードのデータをコピーしてエクセルに貼り付けることもできます。

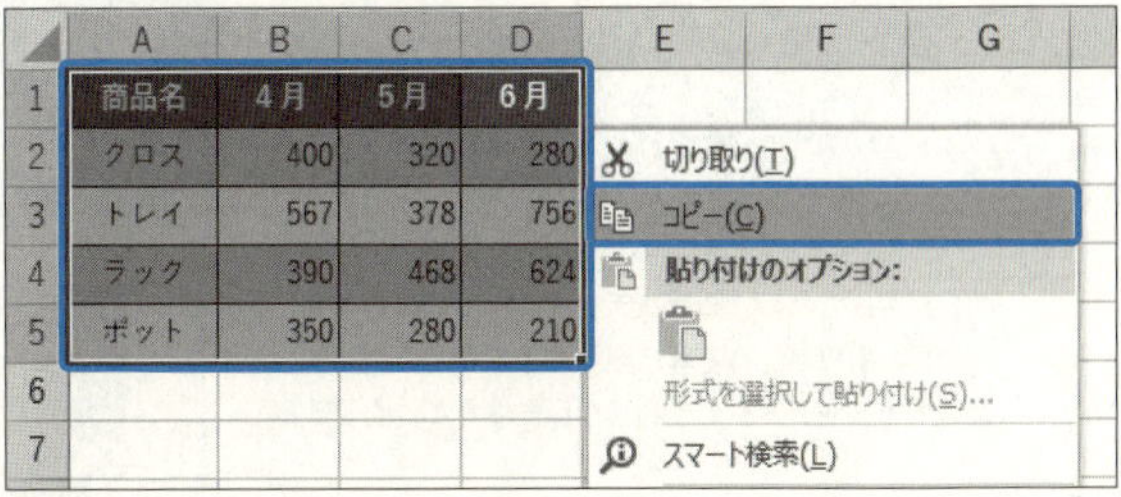

1 エクセルのワークシートを開きます。ワードに貼り付ける表やグラフを選択して右クリックし、[コピー]を選びます。

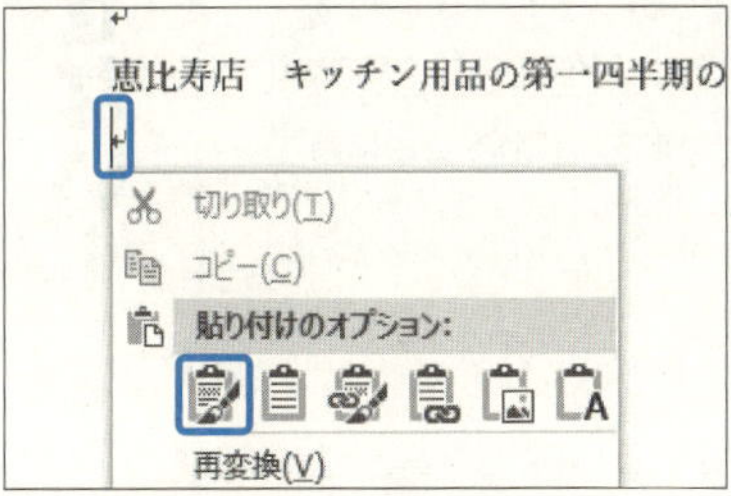

2 ワードで表やグラフを挿入する位置を右クリックし、[貼り付けのオプション]の[元の書式を保持]をクリックします。

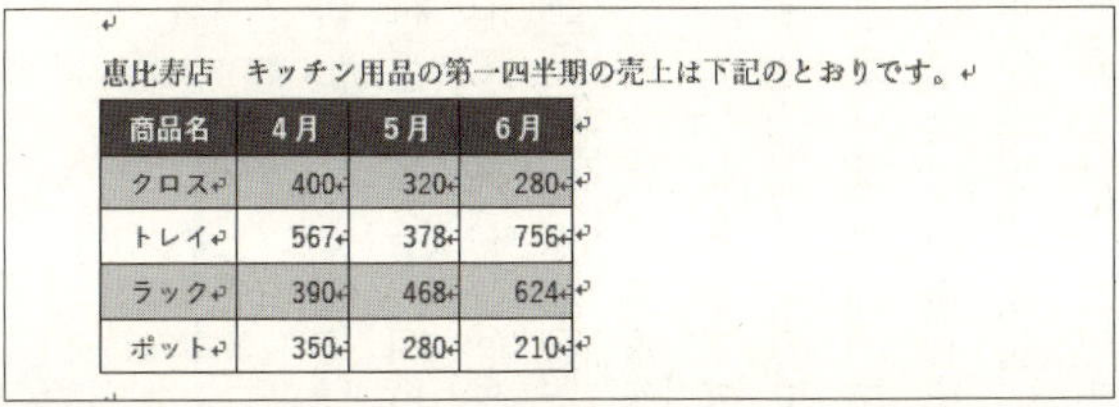

3 エクセルで作成した表が貼り付けられます。[図]と[リンク]以外の方法で貼り付けた表はワードで数値の修正などができます。[リンク]で貼り付けると、エクセルで元データを編集したときにワードに貼り付けた表やグラフに反映できます。

画像が動かせない！

［文字列の折り返し］を［四角］にする

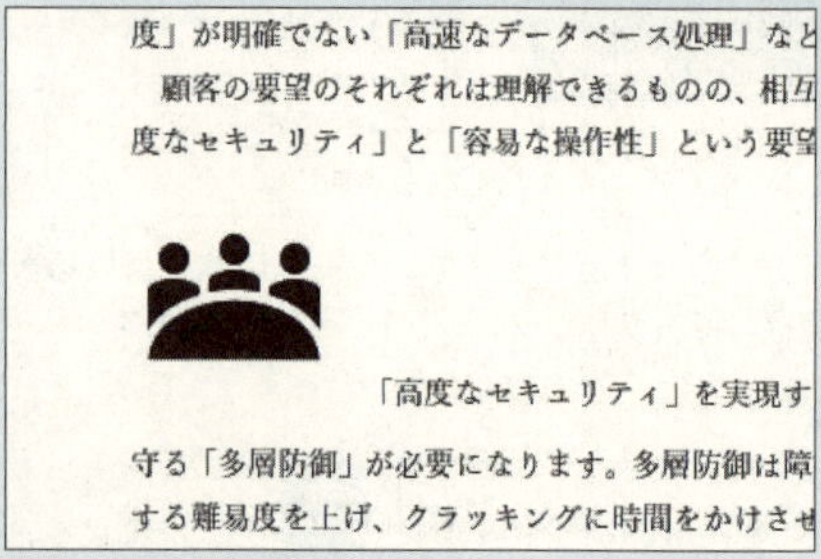
度」が明確でない「高速なデータベース処理」など
　顧客の要望のそれぞれは理解できるものの、相互
度なセキュリティ」と「容易な操作性」という要望

「高度なセキュリティ」を実現す
守る「多層防御」が必要になります。多層防御は障
する難易度を上げ、クラッキングに時間をかけさせ

画像が行内に配置されています。これを自由に動かせるようにします。

文書に挿入した画像は［行内］に配置されます。文字と同じように行に合わせて配置されるということです。画像が入った部分だけ行間隔が大きく開いたり、画像を自由に動かせないのはこのためです。

画像を文中の任意の位置に動かしたいときは［文字列の折り返し］を［四角形］などに変更します。この設定にすると画像の周囲に文字が流し込まれるようにもなります。

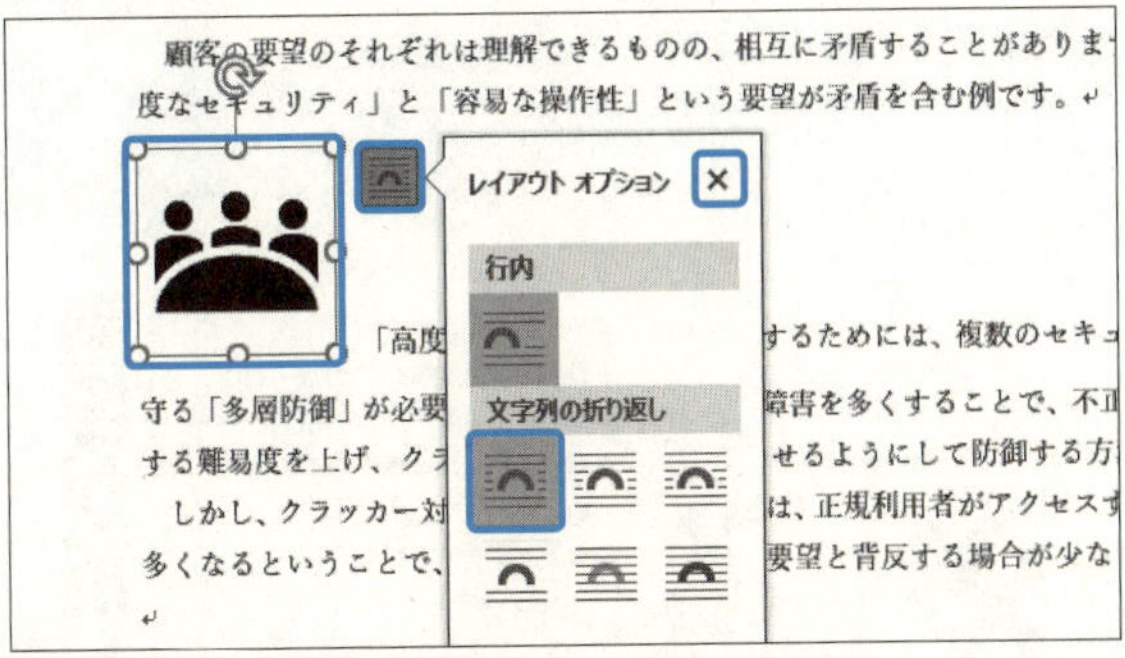
顧客の要望のそれぞれは理解できるものの、相互に矛盾することがありま
度なセキュリティ」と「容易な操作性」という要望が矛盾を含む例です。
レイアウト オプション
行内
文字列の折り返し
「高度
するためには、複数のセキュ
守る「多層防御」が必要
障害を多くすることで、不正
する難易度を上げ、クラ
せるようにして防御する方
しかし、クラッカー対
は、正規利用者がアクセス
多くなるということで、
要望と背反する場合が少な

1 画像をクリックします。→ [四角形] をクリックします。×をクリックして閉じます。2010では、[図ツール]の[書式]タブの[配置]グループ→[文字列の折り返し]→[四角]を選択します。

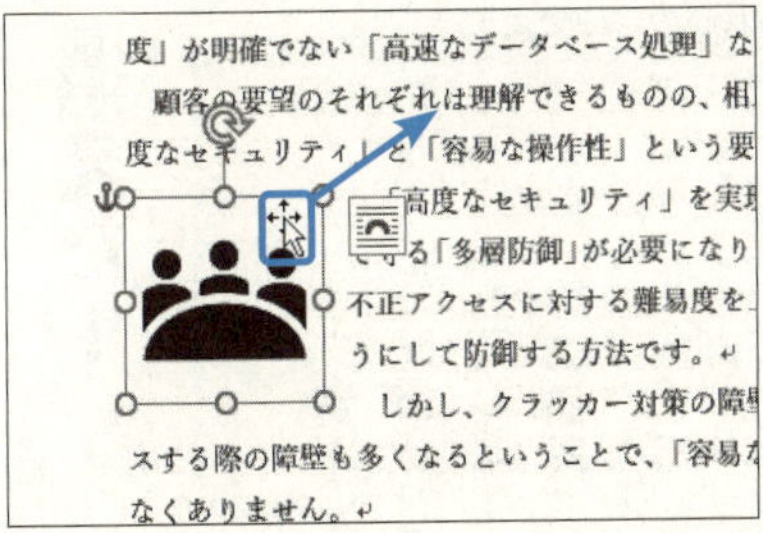
度」が明確でない「高速なデータベース処理」な
顧客の要望のそれぞれは理解できるものの、相
度なセキュリティ」と「容易な操作性」という要
「高度なセキュリティ」を実
る「多層防御」が必要になり
不正アクセスに対する難易度を
うにして防御する方法です。
しかし、クラッカー対策の障
スする際の障壁も多くなるということで、「容易な
なくありません。

2 画像の周囲に文字が流し込まれます。画像にポインターを合わせ になったことを確認し、任意の位置にドラッグします。

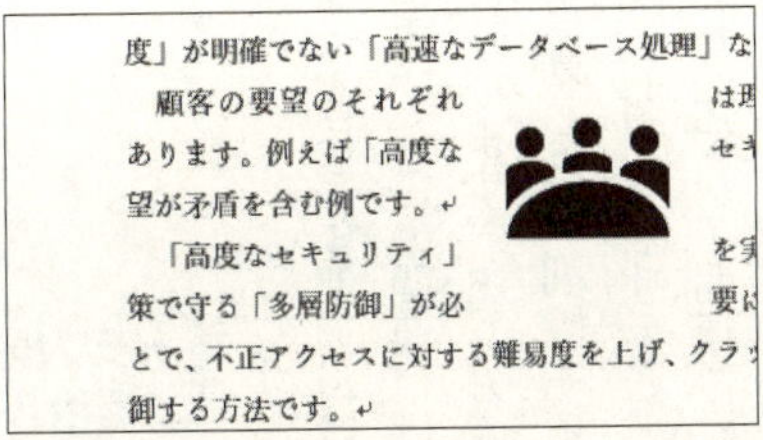
度」が明確でない「高速なデータベース処理」な
顧客の要望のそれぞれ
は理
あります。例えば「高度な
セキ
望が矛盾を含む例です。
「高度なセキュリティ」
を実
策で守る「多層防御」が必
要に
とで、不正アクセスに対する難易度を上げ、クラッ
御する方法です。

3 画像が移動できます。

画像・表

画像が飛んだ！ 消えた！

トラブル退治

「アンカー」をページ上部に固定して画像を動きにくくする

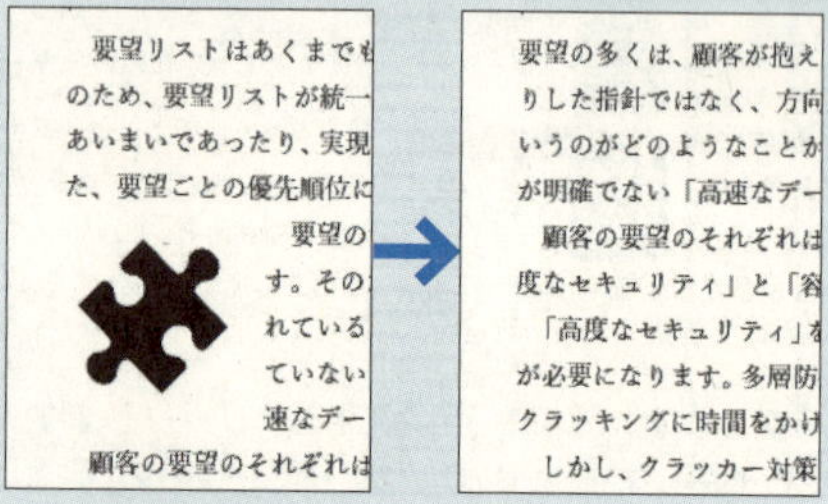

文章を編集したら画像が消えてしまいました。こんなトラブルを避けられる設定に変えます。

文書内の画像は、段落に関連付けて配置されています。この関連付けを「アンカー」と呼びます。アンカーのある段落を移動したり削除すると、アンカーも同じ動きをすることがあります。それに伴って関連付けられた画像も移動したり削除されたりすることがあるのです。

アンカーをページ上部に固定しておくと、文章を編集しても画像が動いたり削除されずらくなります。

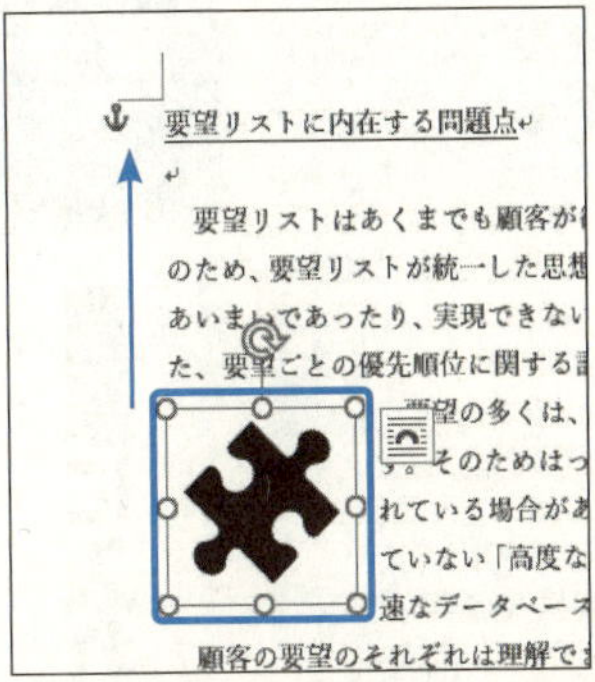

1 画像の［文字列の折り返し］の設定を［四角形］などにして自由に動かせるようにしておきます(P248参照)。2010では続いて、［ホーム］タブを開き、［段落］グループ→ をクリックします。画像をクリックすると⚓「アンカー」が表示されるので、ページの先頭にドラッグして移動します。

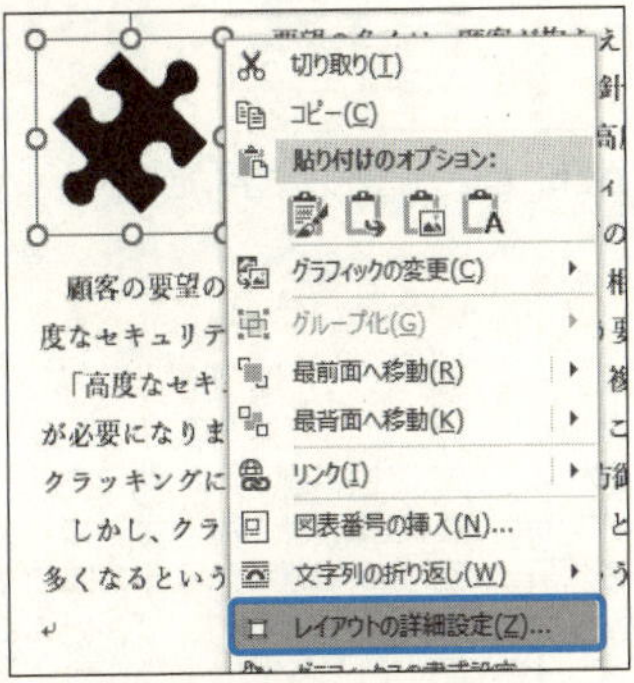

2 画像を右クリックして、［レイアウトの詳細設定］を選択します。

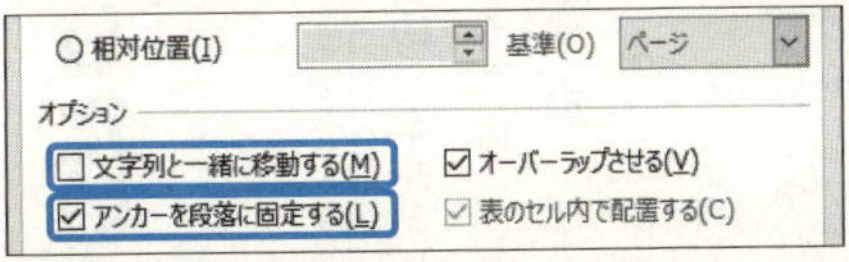

3 ［位置］タブを開きます。［文字列と一緒に移動する］をクリックして□にします。［アンカーを段落に固定する］をクリックして☑にします。［OK］をクリックします。これでアンカーがページの先頭に固定されます。

画像・表

背景に入れた透かし文字を編集したい

仕上がりキレイ

文書の背景には「極秘」「緊急」「サンプル」などの文字を入れられます。これを「透かし」と呼びます。透かしの文字は文書の扱いを示すのに役立ちます。

透かしはヘッダー（フッター）と関連付けられており、全ページに入ります。また、透かしの文字は背景に入っていますが、ヘッダー（フッター）を表示すれば、文字サイズや色を変更するなどの編集ができます。

ヘッダーを表示して透かし文字を選択する

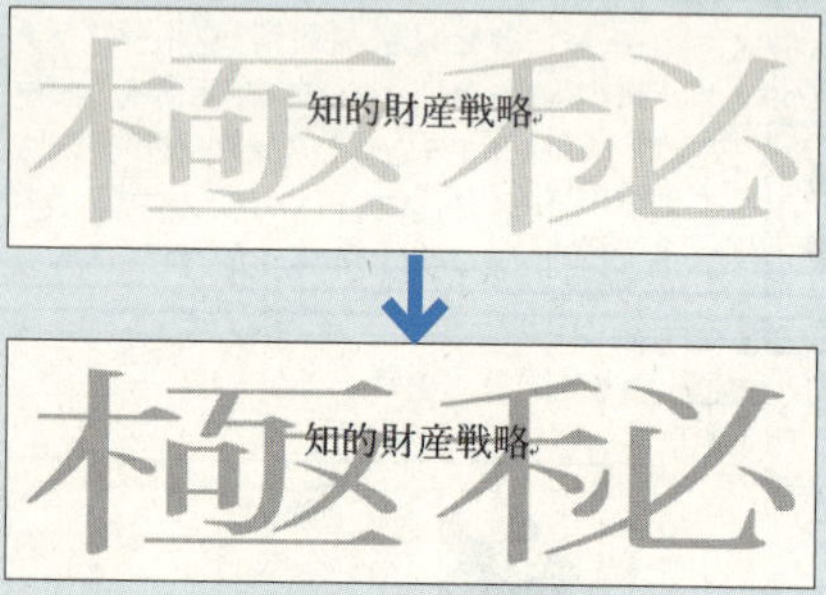

「極秘」という透かし文字に色を付けました。

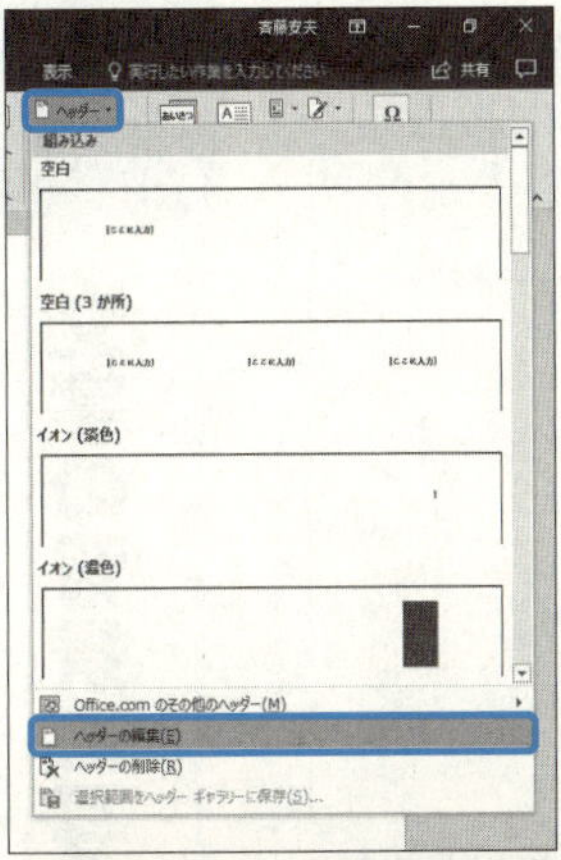

1 透かしの文字は、[デザイン](2010は[ページレイアウト])タブ→[ページの背景]グループ→[透かし]で入れられます。編集するには、[挿入]タブを開き、[ヘッダーとフッター]グループ→[ヘッダー]→[ヘッダーの編集]を選択します。

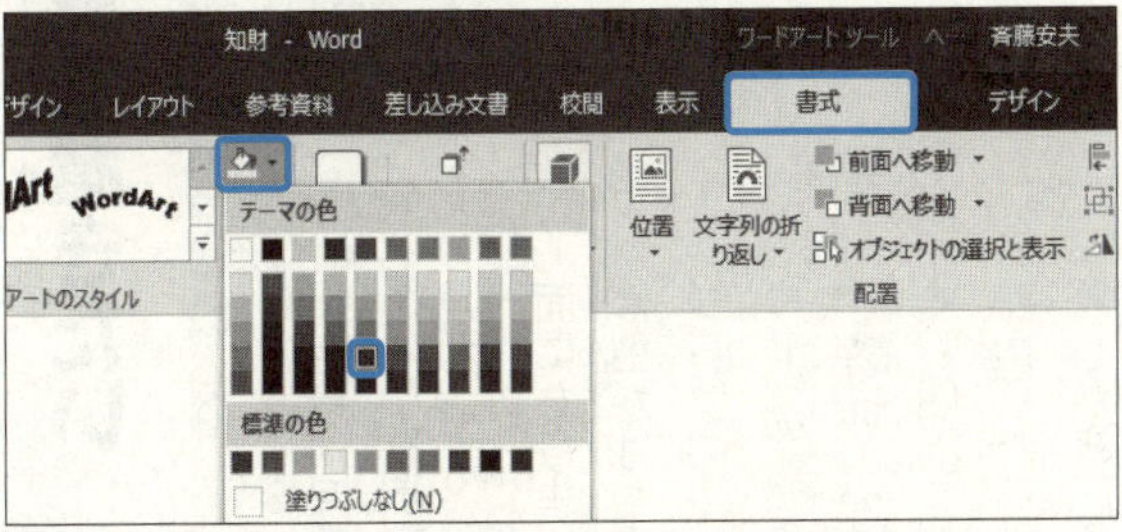

2 透かしの文字にポインターを合わせ、になったらクリックします。[ワードアートツール]の[書式]タブを開きます。[文字の塗りつぶし]のをクリックして、色を選びます。文字の色が変わります。

3 [ヘッダー/フッターツール]の[デザイン]タブを開き、[ヘッダーとフッターを閉じる]をクリックします。透かしの文字が背景になります。

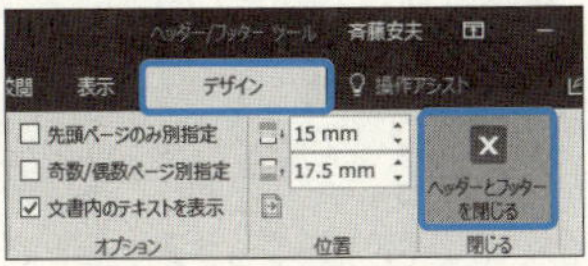

画像・表

文字の背景に写真を置きたい

仕上がりキレイ

写真を［背面］に配置して［ウォッシュアウト］にする

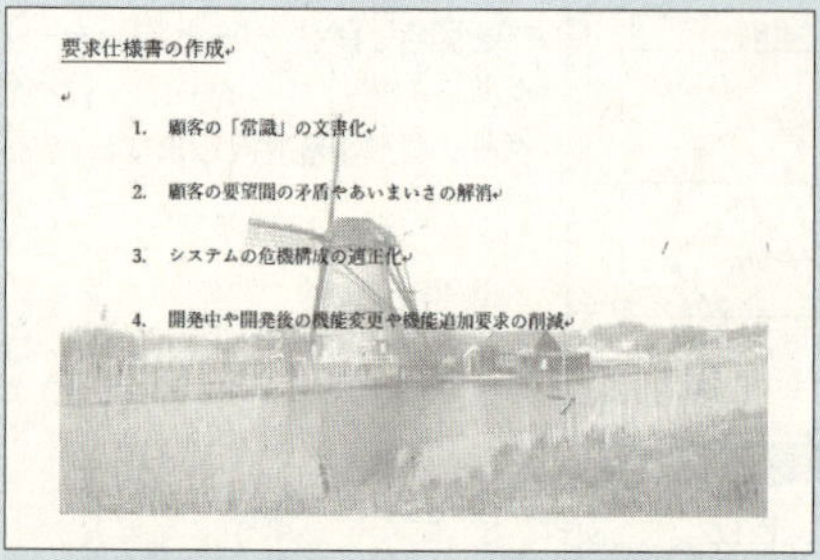
要求仕様書の作成

1. 顧客の「常識」の文書化
2. 顧客の要望間の矛盾やあいまいさの解消
3. システムの危機構成の適正化
4. 開発中や開発後の機能変更や機能追加要求の削減

文書の背景に写真を入れました。文字が読みやすいように色を薄くしています。

背景に写真を入れると印象的な文書になります。写真は、［文字列の折り返し］で［背面］を選ぶと文字の背面になります。しかし、このままでは色がはっきりしていて文字が読みづらいので、写真に［ウォッシュアウト］の設定をして色を薄くします。

背面の写真は自由に移動できます。四隅をドラッグすればサイズも変えられるので、全体のバランスを見ながら配置してください。

1 文書に写真を挿入し、クリックして選択します。右に表示される→[背面]をクリックします。×をクリックして閉じます。2010では[図ツール]の[書式]タブを開き、[配置]グループ→[文字列の折り返し]→[背面]を選択します。

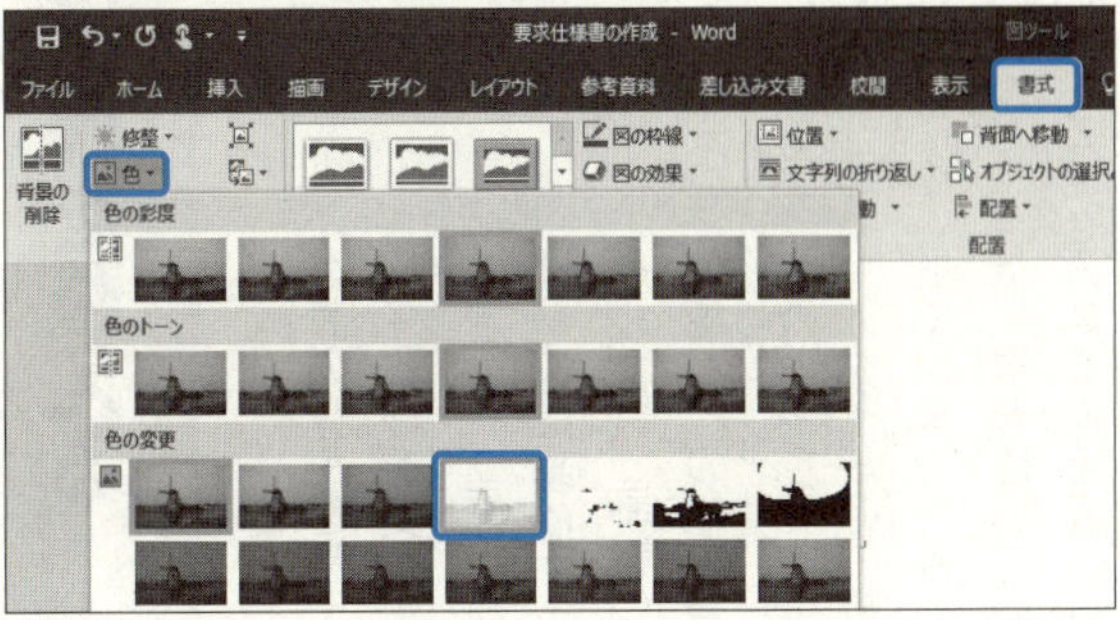

2 写真を選択した状態で[図]ツールの[書式]タブを開き、[調整]グループ→[色]→[ウォッシュアウト]をクリックすると、写真の色が薄くなります。
写真の選択を解除していたら、写真にポインターを合わせ になったらクリックすると選べます。 にならない場合はポインターを写真の上で動かしてみてください。

画像・表

「スタイル」で一気に表を整える

時間短縮
効率UP!

[表のスタイル]から選ぶだけ 誰でもきれいな表が作れる

評価比較	X社	Y社
技術力	A	B
業務要求の満足度	B	B
機能要求の満足度	B	A

評価比較	X社	Y社
技術力	A	B
業務要求の満足度	B	B
機能要求の満足度	B	A

スタイルの一覧から選ぶだけで、複数の書式を一発で設定できます。

表の体裁を整えるのに色を付けたり、罫線を変えたりする必要はありません。［表のスタイル］を利用すれば一気に装飾できます。［表のスタイル］は、罫線の種類や太さ、セルの色などの組み合わせで、美しい色のデザインが特徴です。

スタイルの一覧で使いたいものにポインターを合わせると、適用された状態を確認できて、思いどおりのスタイルを選べる点も便利です。

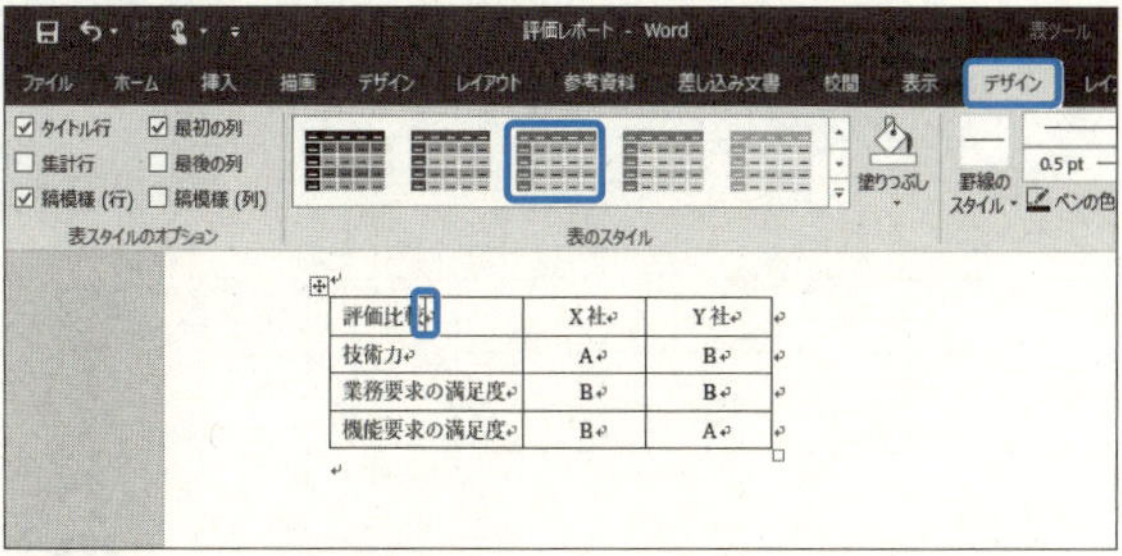

1 表をクリックして、[表ツール]の[デザイン]タブを開きます。[表のスタイル]グループのスタイルをスクロールして、利用するスタイルを選びます。スクロール矢印の下にある[その他]をクリックすると、スタイルを一覧で見ることもできます。

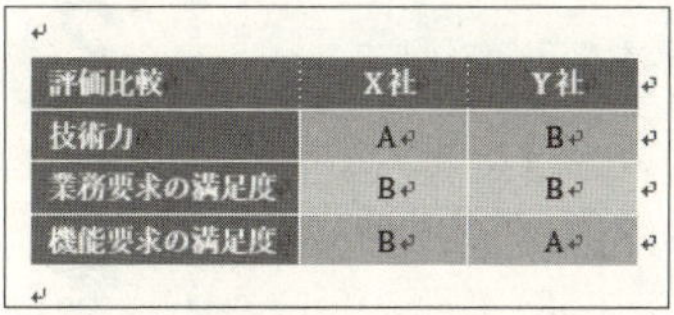

2 表が装飾されます。**1** を繰り返すと別のスタイルにできます。

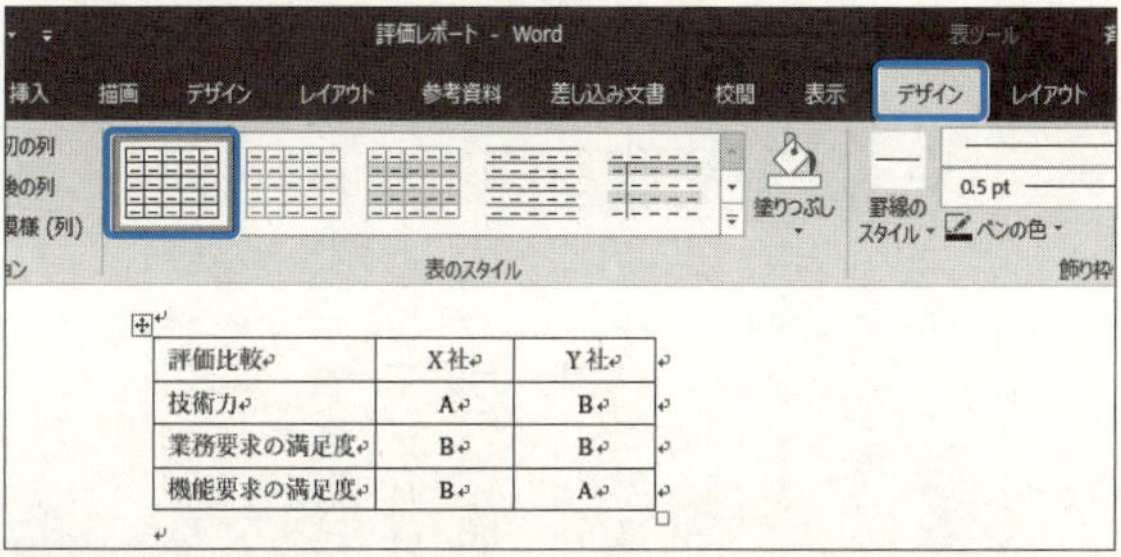

! スタイルの先頭にある[表(格子)]を選ぶと、縦横の罫線だけの表に戻せます。

画像・表

ワードの表からグラフを作る

これは便利！

[挿入]→[グラフ]で グラフ機能を起動する

	4月	5月	6月
東 店	100	150	120
西 店	250	230	190
南 店	150	180	220

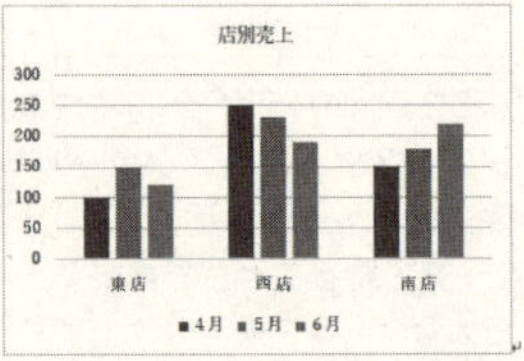

ワードでもエクセルのようにグラフを作れます。

ワードで作成した表を元にグラフを作ることができます。これは、ワードからエクセルのグラフ機能を利用するものです。

　エクセルのグラフとの違いは、ワードの表をコピーして、グラフの元データとなるワークシートに貼り付ける操作が必要なことです。また、データの編集をグラフに反映させたければ、ワードの表ではなくワークシートで編集します。

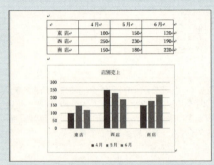

1 グラフにする表を作成します。表を選択して右クリックし、[コピー]を選びます。次にグラフを挿入する位置をクリックして、[挿入]タブを開きます。[図]グループ→[グラフ]をクリックします。

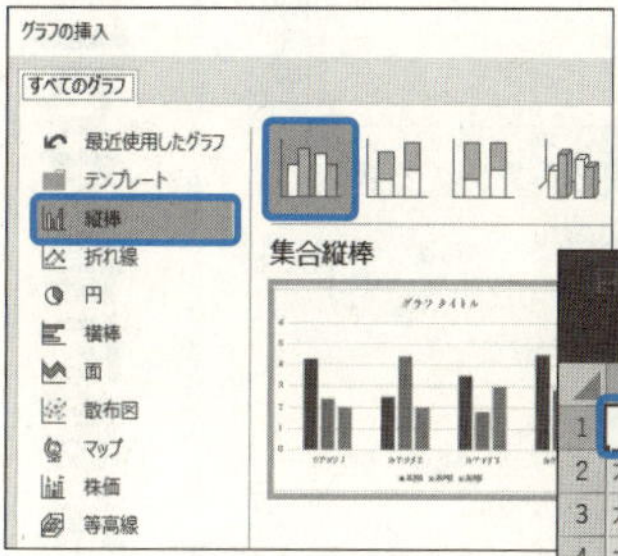

2 グラフの種類と形式を選んで[OK]をクリックします。

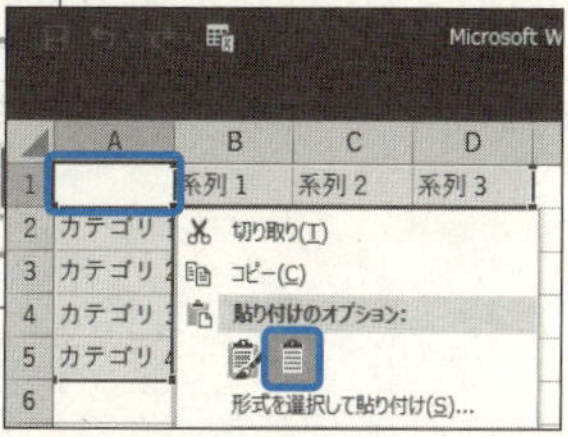

3 仮のデータが入ったワークシートが表示されます。左上端のセル(「A1」)を右クリックし、[貼り付けのオプション]の[貼り付け先の書式に合わせる]をクリックしてデータを貼り付けます。不要なデータが残ったら行(列)ごと削除してください。

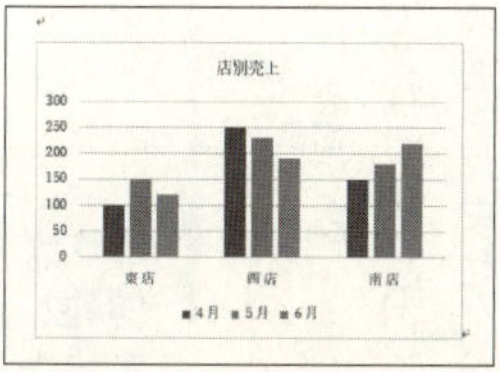

4 グラフができます。ワークシートは閉じてかまいません。データを編集する場合は、グラフをクリックして[グラフツール]の[デザイン]タブを開き、[データの編集]をクリックします。

共同作業

「コメント」で文書に意見を残す

[新しいコメント]で余白に意見を書く

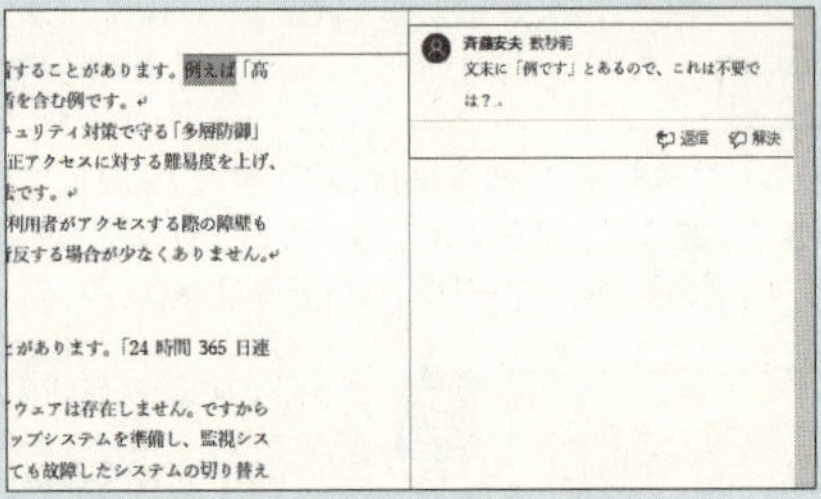
することがあります。例えば「高
を含む例です。
ュリティ対策で守る「多層防御」
正アクセスに対する難易度を上げ、
です。
利用者がアクセスする際の障壁も
反する場合が少なくありません。
があります。「24 時間 365 日連
ウェアは存在しません。ですから
ップシステムを準備し、監視シス
ても故障したシステムの切り替え
斉藤安夫 数秒前
文末に「例です」とあるので、これは不要では?
返信
解決

「コメント」を使うと、文書に自分の意見や提案などを入れられます。

コメントは、文書に意見を残す機能です。余白に表示される吹き出しを使うので、文章は変更されません。文章を修正するのではなく、意見を述べたり、気付いたことを書きとめておきたいときに利用します。

また、コメントには挿入者や挿入日時も記録されるので、文書を回覧しながら複数人で意見を述べるのにも適しています。

これは便利！

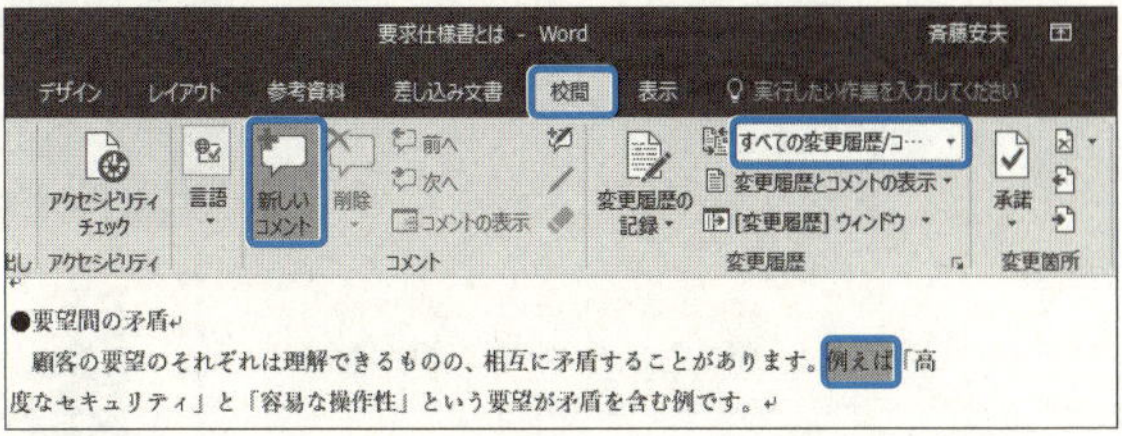

1 [校閲]タブを開きます。[変更履歴]グループ→[変更内容の表示]で[すべての変更履歴／コメント](2010では[最終版：変更箇所／コメントの表示])を選択します。コメントを付ける文字を選択し、[コメント]グループ→[新しいコメント]または[コメントの挿入]をクリックします。

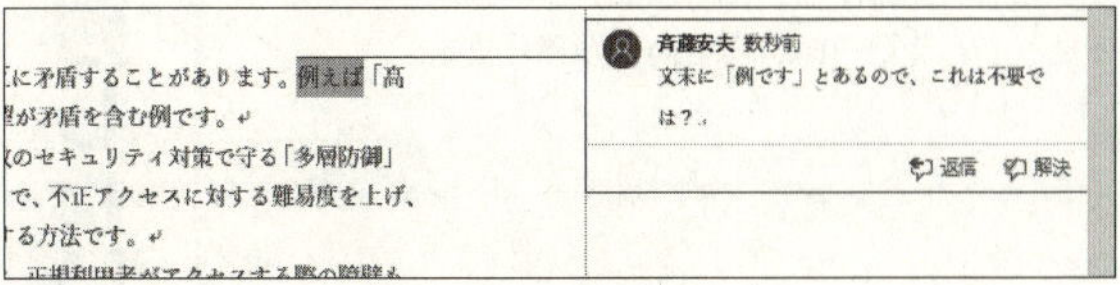

2 コメントの吹き出しが挿入されるので、入力します。吹き出しの外をクリックすると確定します。コメントが付いた文字にポインターを合わせると挿入日時などがわかります。挿入者名にはオフィスのユーザー名が使われます。

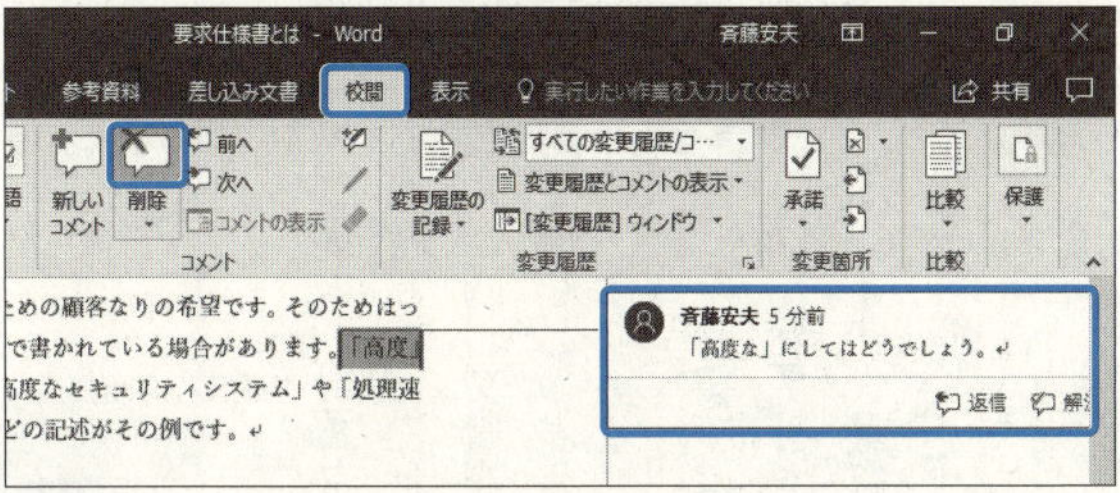

! コメントをクリックし、[校閲]タブを開いて、[コメント]グループ→[削除]をクリックするとコメントを削除できます。

共同作業

変更の履歴を残したい

これは便利！

[変更履歴の記録]をオンにして編集内容を残す

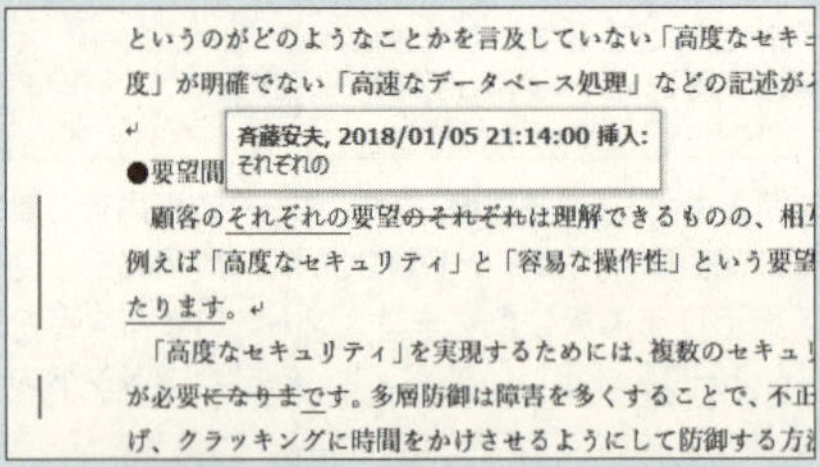

というのがどのようなことかを言及していない「高度なセキ
度」が明確でない「高速なデータベース処理」などの記述が
斉藤安夫, 2018/01/05 21:14:00 挿入:
それぞれの
●要望
顧客のそれぞれの要望のそれぞれは理解できるものの、相
例えば「高度なセキュリティ」と「容易な操作性」という要
たります。
「高度なセキュリティ」を実現するためには、複数のセキュ
が必要になりまです。多層防御は障害を多くすることで、不
げ、クラッキングに時間をかけさせるようにして防御する方

変更履歴を記録すると、変更箇所が強調表示され、変更者名、変更日時、変更内容が残ります。

「変更履歴」は、加筆、訂正などの履歴を保存する機能です。これを利用すると、複数人が同じ文書を編集するときに、誰が何をどのように変えたかがわかります。

　変更履歴を記録した文書では、変更を反映するまでは、変更したデータがすべて残っています。最終的に[削除を反映]などを行い、不要なデータを削除してください。

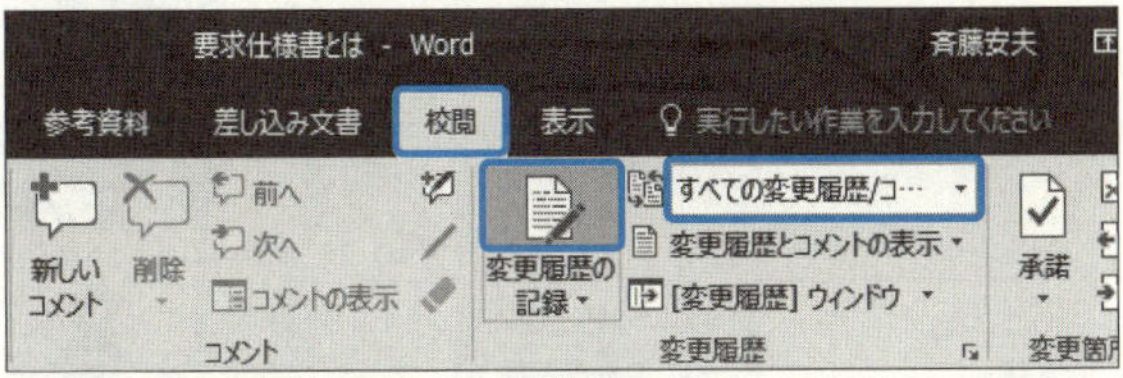

1 [校閲] タブを開きます。[変更履歴] グループ→[変更内容の表示] で [すべての変更履歴／コメント] (2010では [最終版：変更箇所／コメントの表示]) を選択します。[変更履歴] グループ→[変更履歴の記録] をクリックします。 この操作を繰り返すと変更履歴の記録を終了できます。

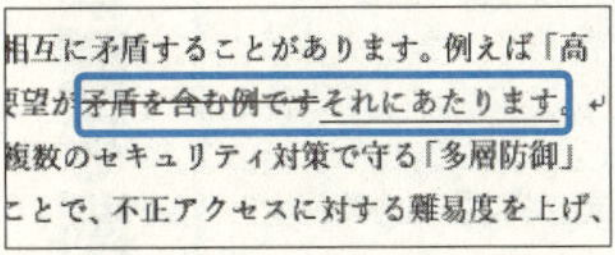

2 文書を変更すると、変更箇所が記録されます。書式の場合は、変更内容が吹き出しになって表示されます。

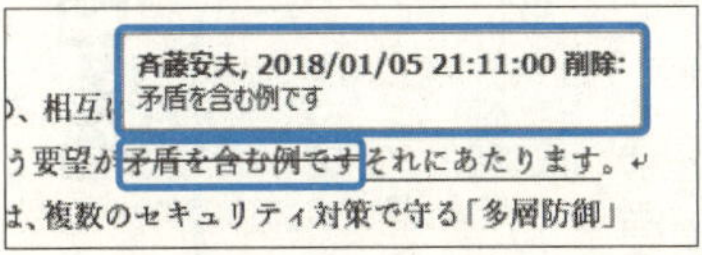

3 変更箇所にポインターを合わせると、変更者や変更日時などがわかります。

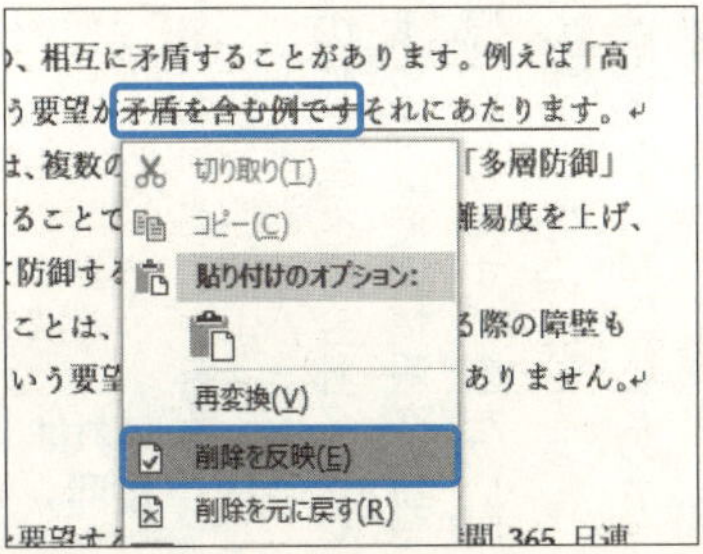

4 変更箇所を右クリックし、[削除を反映] を選択します。変更が反映され、強調表示がなくなります。変更したくないときは、[削除を元に戻す] を選んでください。「削除」の部分は変更に応じて変わります。

共同作業

文書の個人情報を削除する

これは便利！

ファイルの作成者名や会社名などは、場合によっては個人情報や企業情報の流出源になります。また、自宅のパソコンで文書を作成すると、作成者名も自宅のものになるので、ビジネス上都合がよくありません。ファイルを第三者に渡す際は、相手に応じて個人情報などを削除しておくと安心です。配布先によっては、コメントやヘッダー・フッターなどへの配慮も必要です。

配信前に文書の個人情報を調べて一気に削除

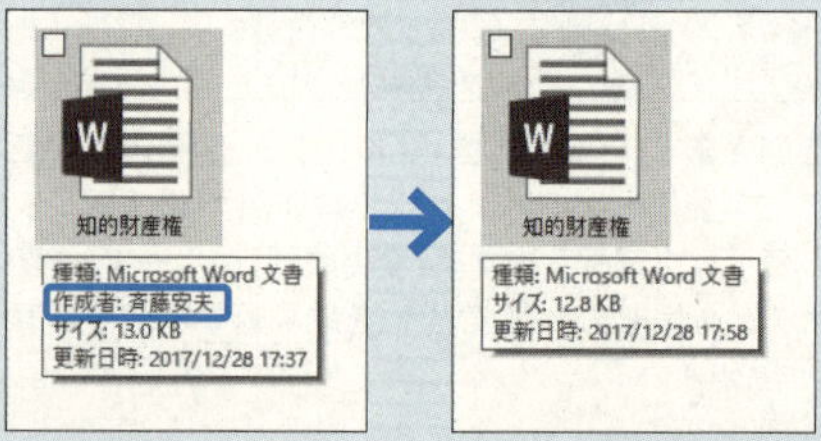

個人情報を削除すれば、作成者名が表示されなくなります。

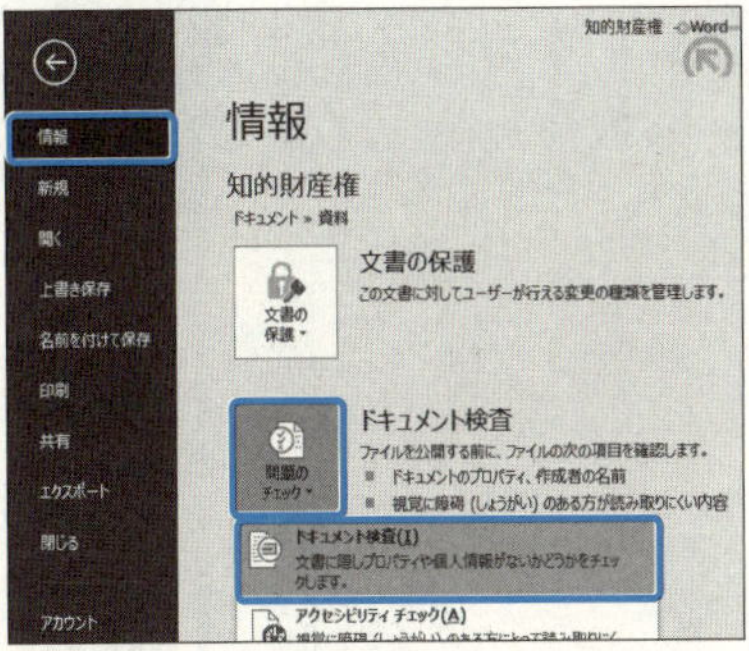

1 個人情報を削除する前に文書を保存します。[ファイル] タブを開き、[情報]をクリックします。[問題のチェック]→[ドキュメント検査]をクリックします。

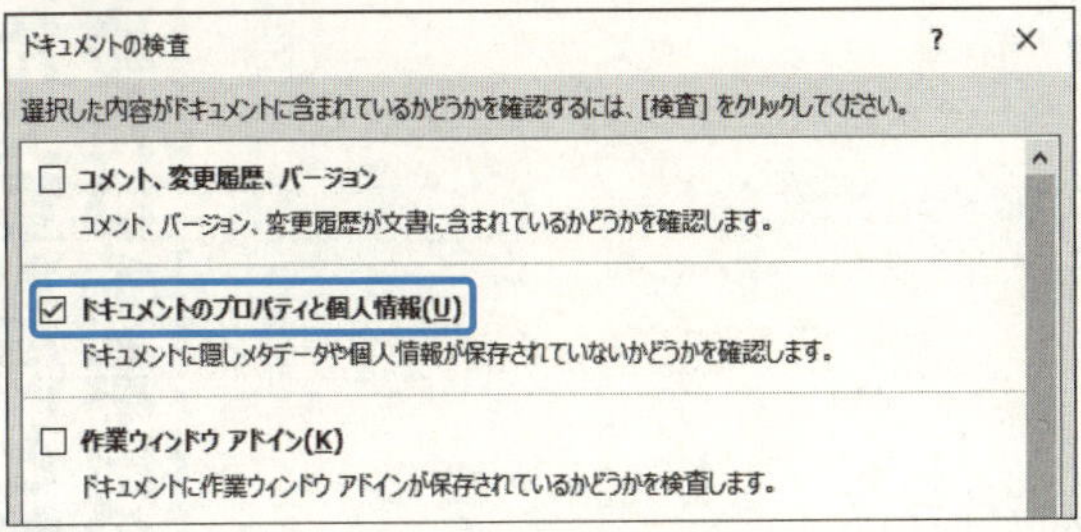

2 検査が必要な項目だけを☑にし、[検査] をクリックします。ここで[コメント、変更履歴——] を選ぶとコメントが、[ヘッダー、フッター、透かし] を選ぶとヘッダーやフッターなどがあるかどうかを調べられます。

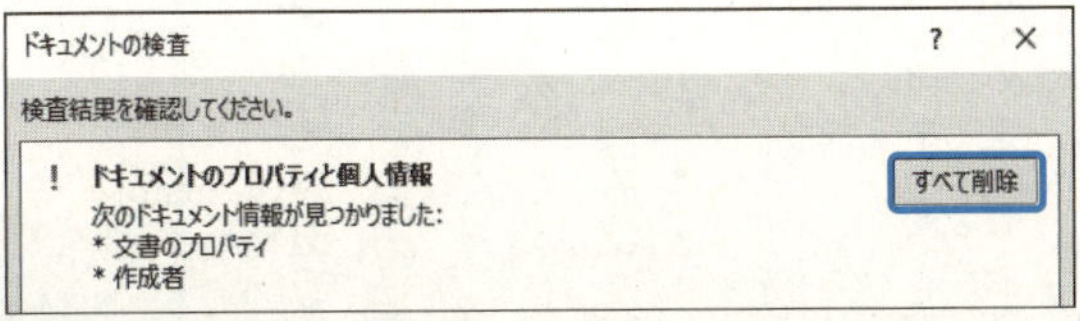

3 検査結果が表示されるので、[すべて削除] をクリックします。[閉じる]をクリックして変更を保存します。

印刷

数行はみ出た文章を何とかしてページに収めたい①余白の調整

トラブル退治

余白を狭くしてページに収める

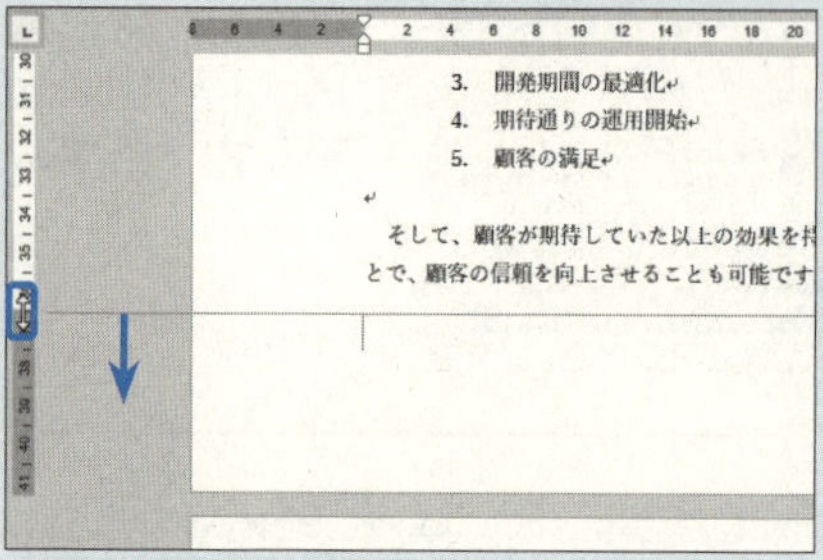
3. 開発期間の最適化
4. 期待通りの運用開始
5. 顧客の満足
そして、顧客が期待していた以上の効果を
とで、顧客の信頼を向上させることも可能です

余白はドラッグで変えられます。

次のページに数行はみ出てしまった文章をページに収める方法の1つは、余白を減らすことです。上下あるいは左右の余白を狭くすれば入力領域が広がるので、はみ出た文章をページに収められます。

余白の調整は、ルーラーを表示して余白との境の線をドラッグするだけで行えます。レイアウトを確認しながら手軽に余白を変えられるおすすめのテクニックです。

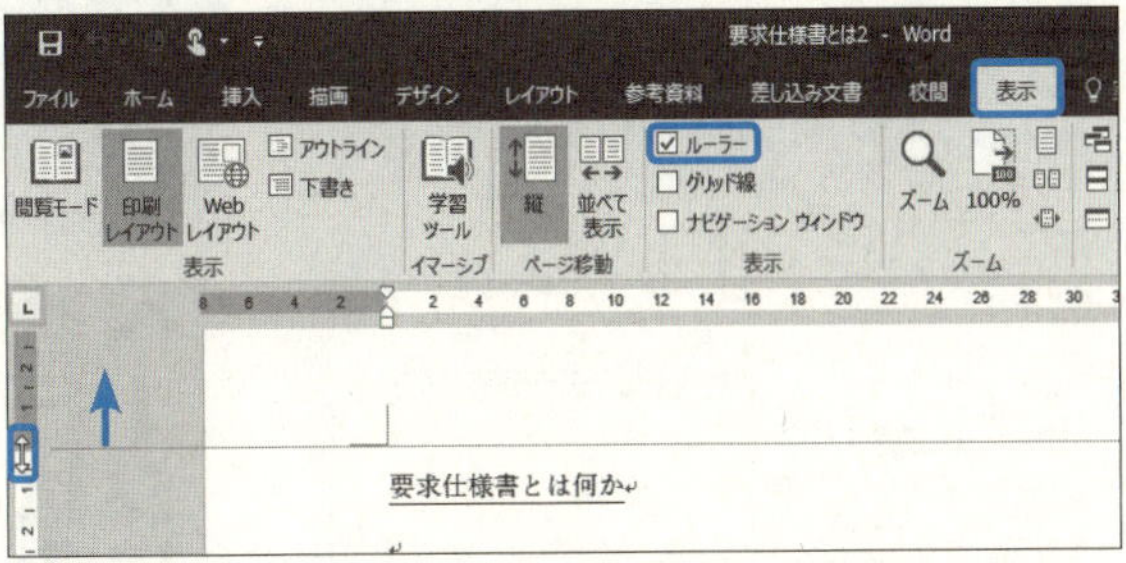

1 [表示]タブを開きます。[表示]グループ→[ルーラー]をクリックして☑にし、ルーラーを表示します。垂直ルーラーの上余白との境をドラッグすると上余白が変わります。

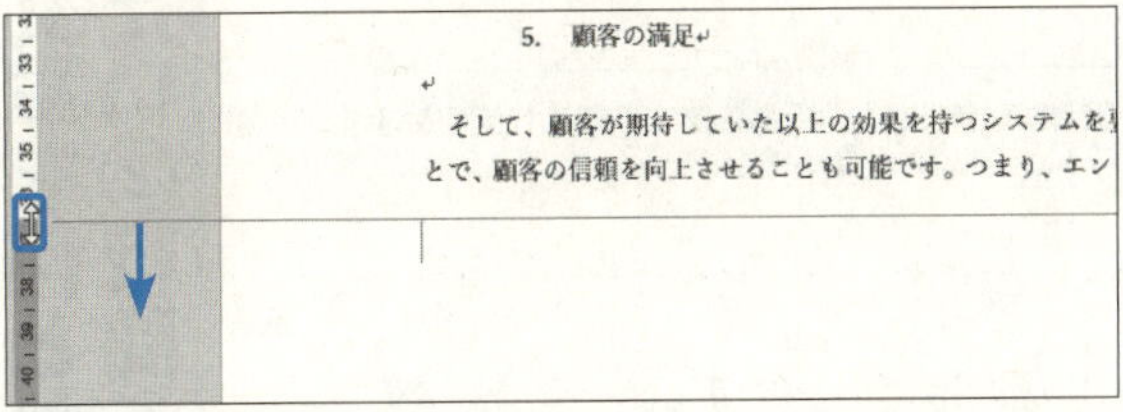

2 垂直ルーラーの下余白との境をドラッグすると、下余白が変わります。画面を見ながら調整して、はみ出しを解消します。

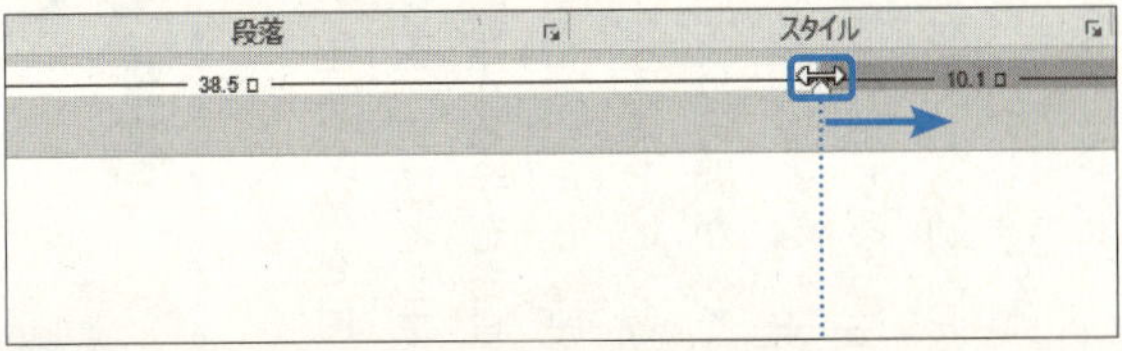

! 左右にある余白との境界線をドラッグすると、左余白、右余白を変えられます。図は[Alt]キーを押しながらドラッグして、文字数などを確認しながら余白を決めているところです。

印刷

数行はみ出た文章を何とかしてページに収めたい②行間を狭くする

トラブル退治

文書全体の行間を「1行」より狭くして解消

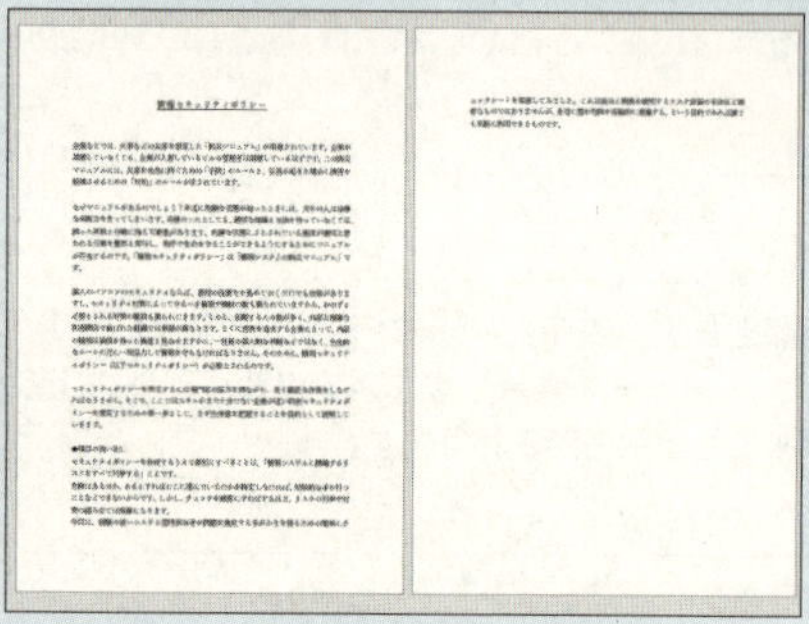

3行はみ出ました。行間を狭くしてこれを収めます。

数行はみ出た文章を何とかしてページに収める方法として、行間を狭くして調整する手もあります。行間を「固定値」とし、既定より狭い行間を指定するという操作をします。これにより行間が狭く、文字サイズとも連動しなくなります。

はみ出しを解消する方法は、このほか余白を狭くしたり（Ｐ２６６参照）、1ページ分圧縮する方法もあります（Ｐ２７０参照）。

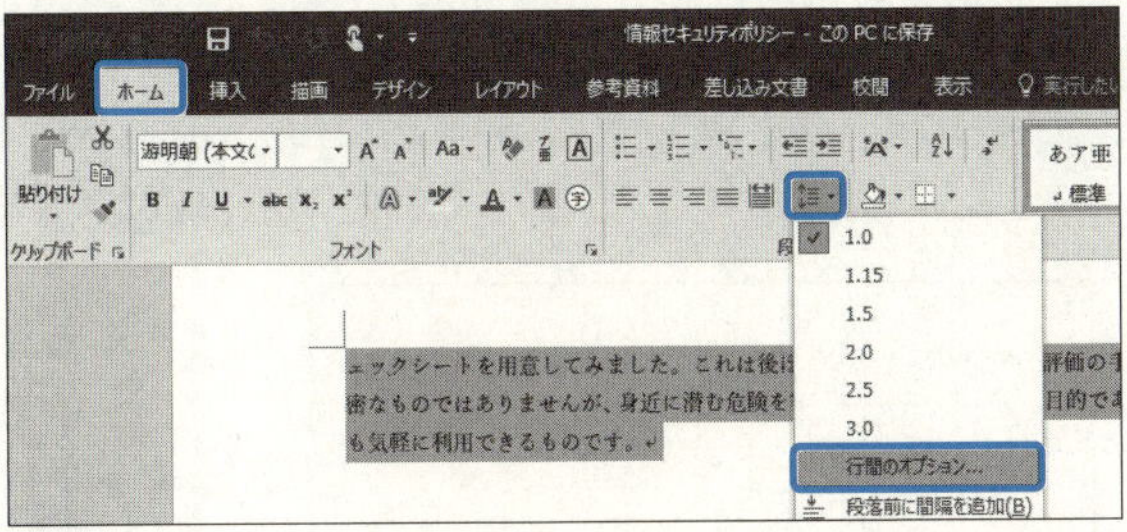

1 [Ctrl] キーを押したまま [A] キーを押して、文書全体を選択します。[ホーム] タブを開き、[段落] グループ→[行間]→[行間のオプション] を選択します。

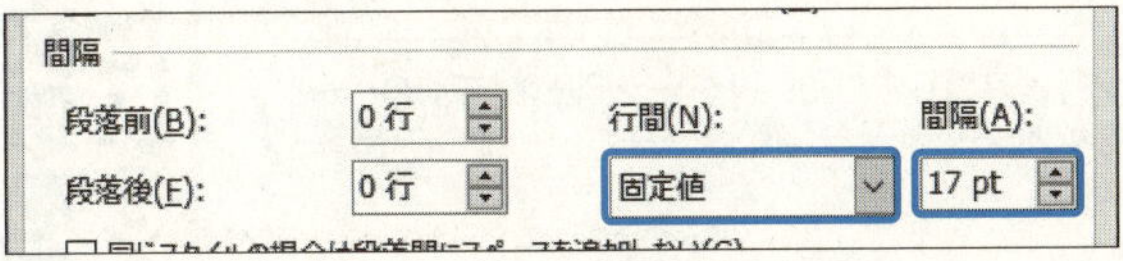

2 [行間] 欄のをクリックし、[固定値] を選びます。これにより文字サイズを変えても行間が指定した値になります。[間隔] 欄で行間を指定します。既定の行間は約18ポイントなので、それより小さくします。[OK]をクリックします。

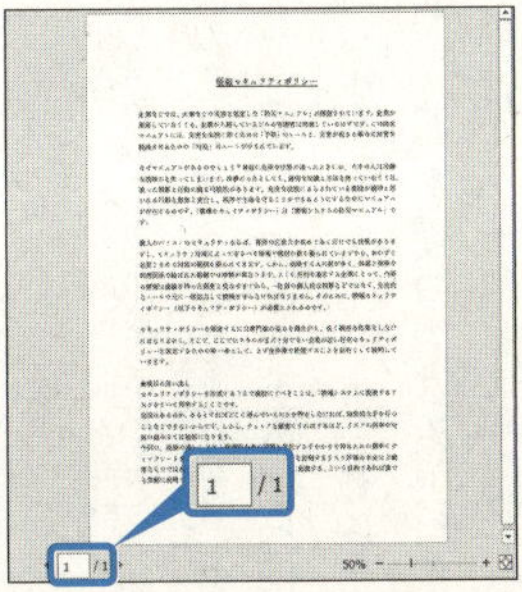

3 はみ出しが解消できます。

印刷

数行はみ出た文章を何とかしてページに収めたい③1ページ分圧縮

トラブル退治

[1ページ分圧縮]機能ではみ出しを前のページに収める

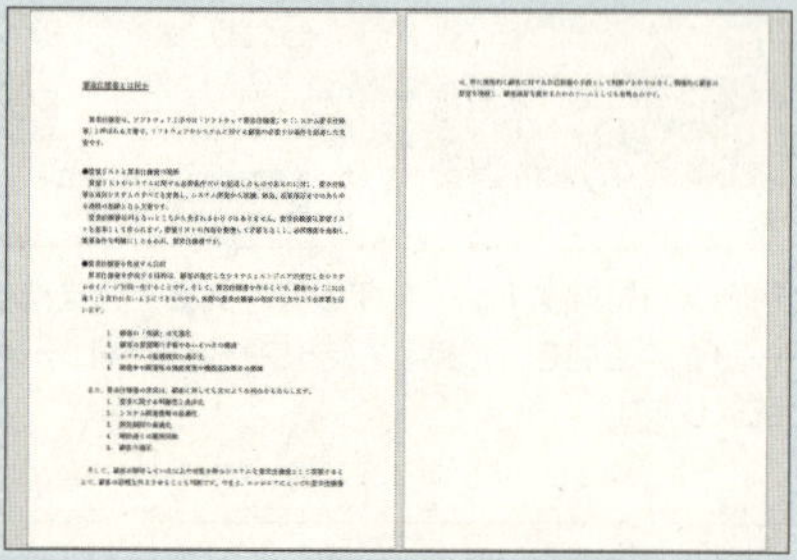

2行はみ出しました。[1ページ分圧縮]で前のページに収めます。

数行のはみ出しを収めたいときに便利なのが［1ページ分圧縮］です。これは、フォントを小さくするなどして文書のページ数を1ページ減らす機能です。これを使ってはみ出しを収めて印刷したあとは、［Ｃｔｒｌ］＋［Ｚ］キーを押せば元に戻せます。［1ページ分圧縮］は、［クイックアクセスツールバー］にボタンを追加して利用します。1度追加したボタンは、いつでも使えます。

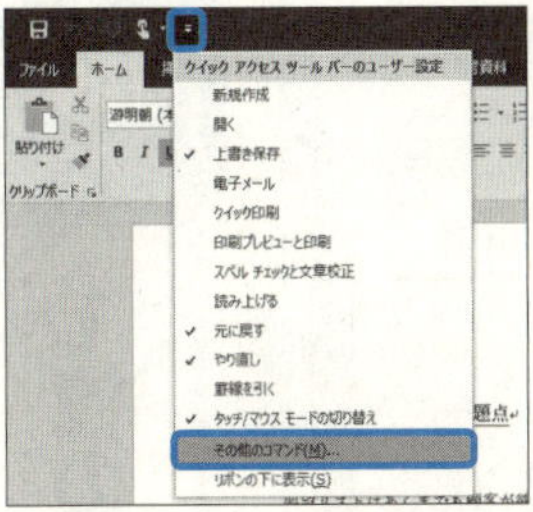

1 クイックアクセスツールバーにボタンを追加します。[クイックアクセスツールバーのユーザー設定]をクリックし、[その他のコマンド]を選択します。

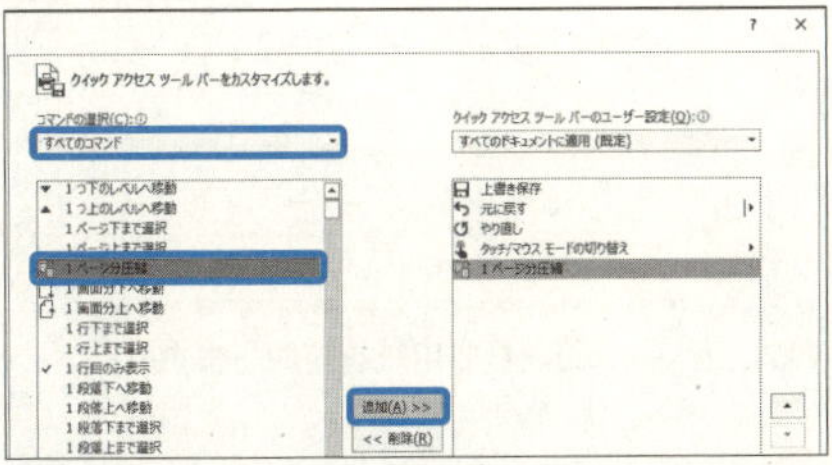

2 [コマンドの選択]欄で[すべてのコマンド]を選びます。左の欄で[1ページ分圧縮]を選択し、[追加]をクリックします。[OK]をクリックします。

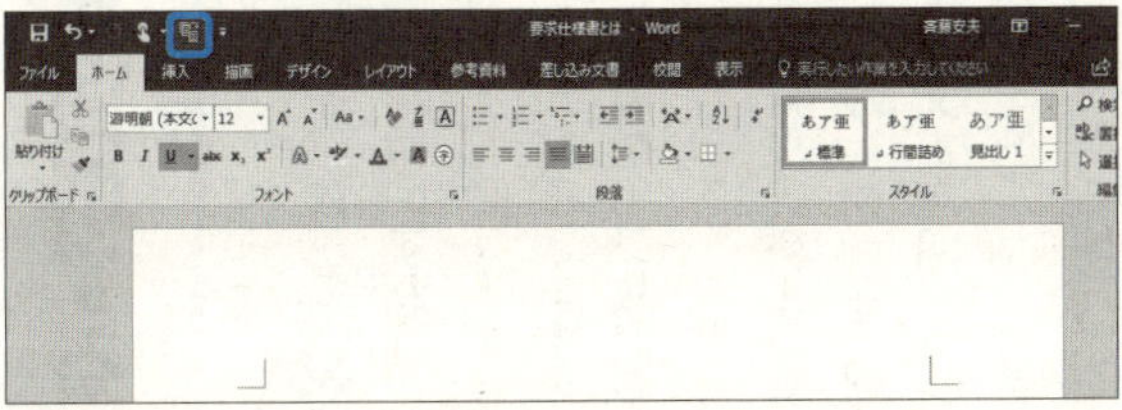

3 はみ出しを収めたい文書を開きます。クイックアクセスツールバーの[1ページ分圧縮]をクリックします。文書の最後のページが前のページに収まるように調節されます。「これ以上ページを圧縮することはできません。」と表示されたら、はみ出しが多すぎてこの機能が使えません。フォントを小さくしたり余白を狭くするなどを試してください。

印刷

1枚の用紙に複数ページを印刷する

これは便利！

[印刷]の設定で [2枚／ページ]を選ぶ

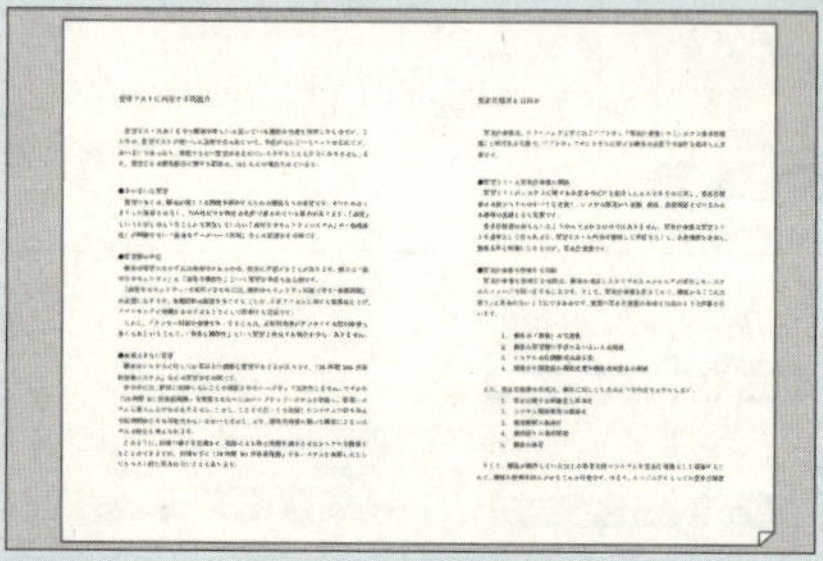

1枚に2ページ印刷して用紙を節約します。

ページ数が多い文書は1枚に複数ページ印刷すれば、用紙の節約になります。ワードでは1枚に16ページまで印刷できます。しかし、1枚あたりのページ数が多いと縮小率も高くなります。文書が読みづらくならない程度のページ数にしましょう。

1枚に印刷するページ数の設定は、文書を閉じると元に戻ります。次に印刷するときも同じように設定してください。

1 ［ファイル］タブを開き、［印刷］をクリックします。［1ページ／枚］をクリックして１枚に何ページ印刷するかを指定します。

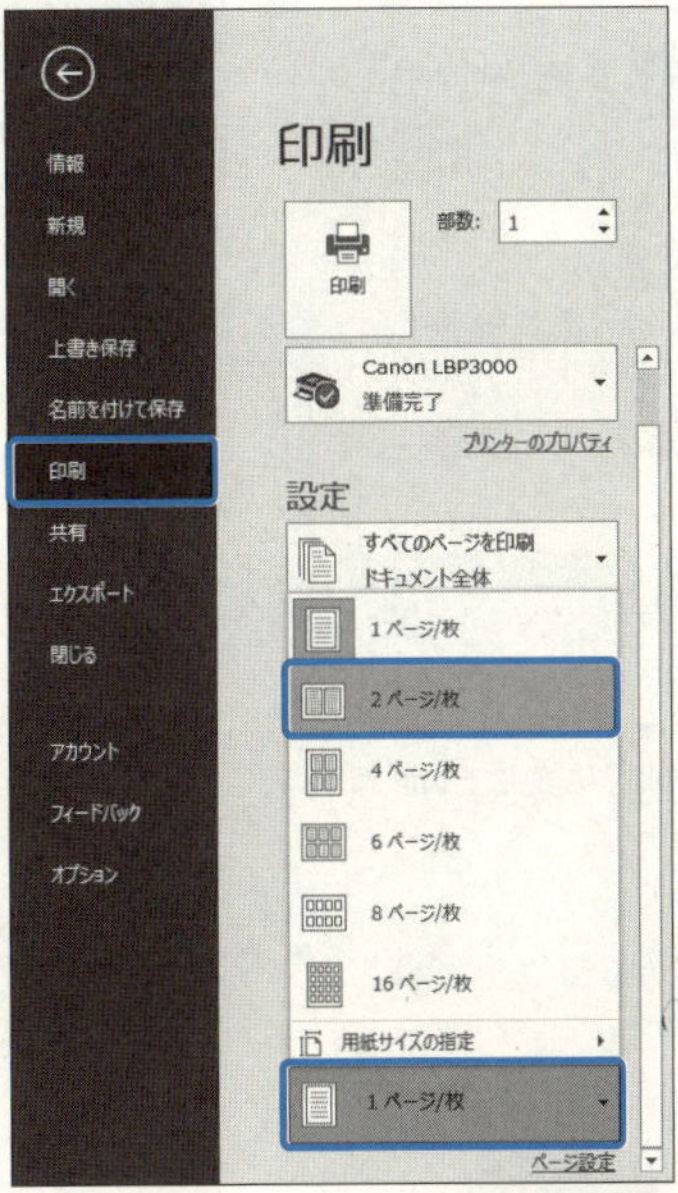

2 ［印刷］をクリックすると1枚に複数ページ印刷されます。

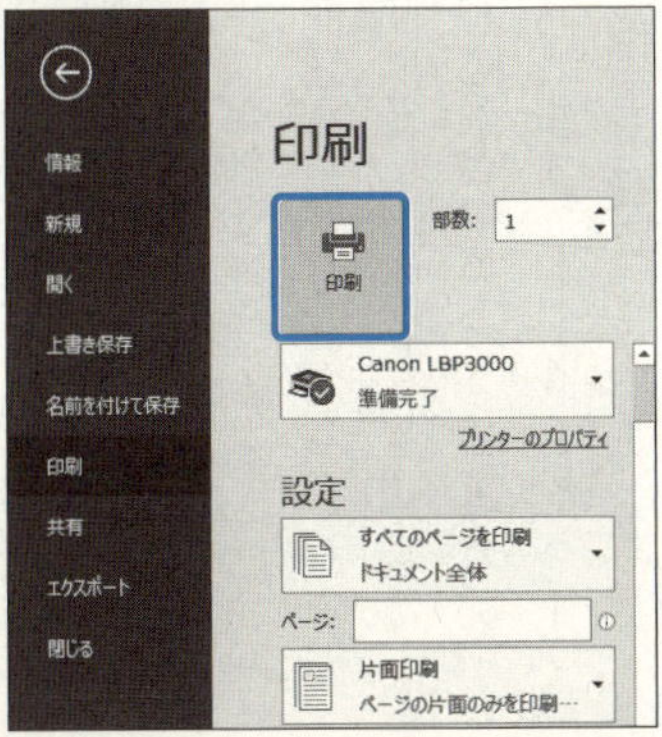

印刷

両面印刷機能のないプリンターで両面印刷する

これは便利!

両面印刷機能のないプリンターでも手作業で用紙を入れ替えれば両面印刷ができます。この方法では先に奇数ページが連続して印刷され、用紙を裏返すと偶数ページが印刷されます。用紙を裏返すときには、向きを間違えないようにしてください。

印刷後に用紙をとじる場合は、とじしろをとっておくと、きれいにとじられます。とじしろは「ページ設定」画面で設定できます。

[手動で両面印刷]を実行する

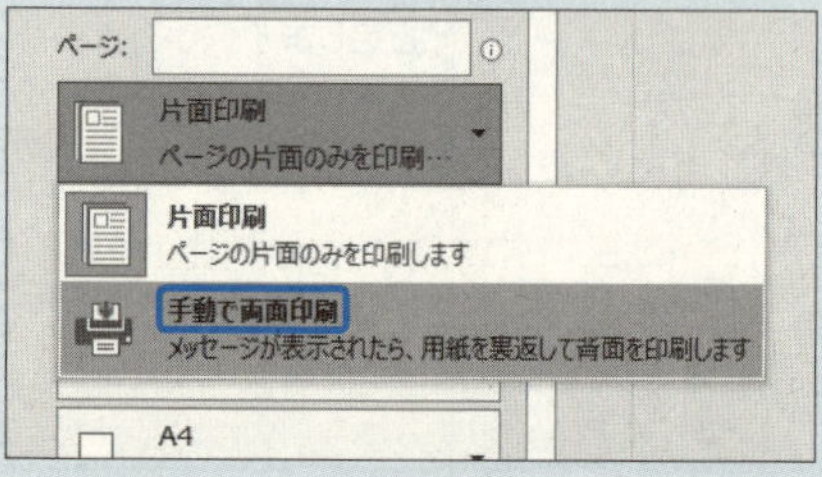

[片面印刷]を[手動で両面印刷]に変えて両面印刷します。

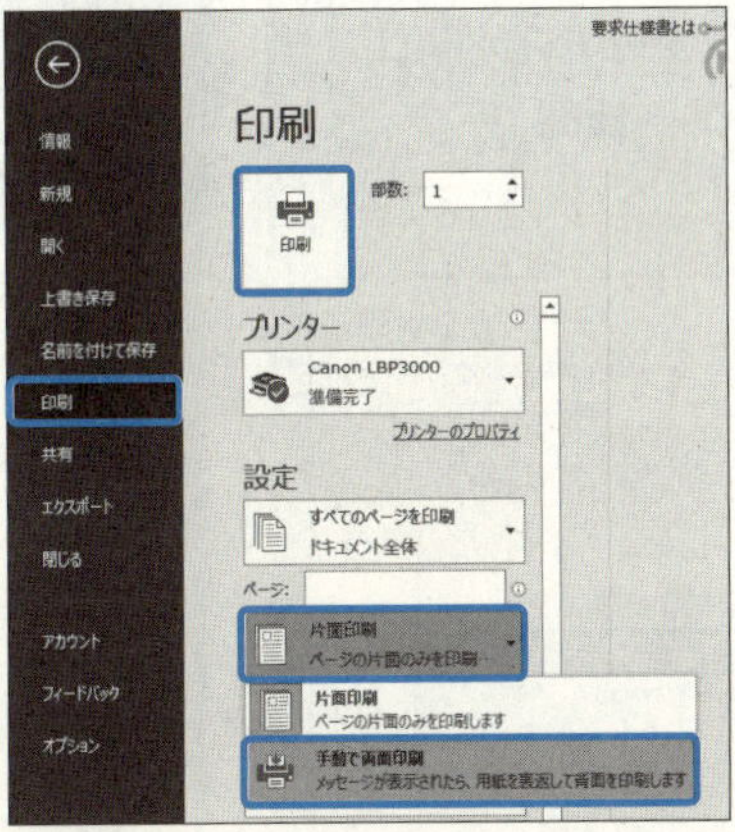

1 ［ファイル］タブを開き、［印刷］をクリックします。［片面印刷］をクリックして［手動で両面印刷］を選択します。［印刷］をクリックすると奇数ページの印刷が行われます。

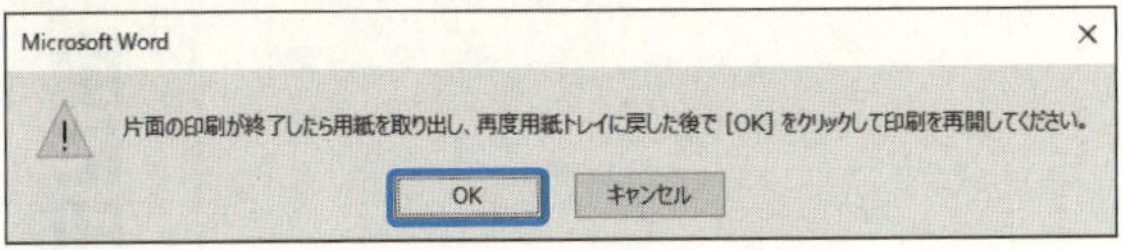

2 メッセージが表示されたら用紙を入れ替えます。向きに注意してください。［OK］をクリックすると、偶数ページが印刷されます。

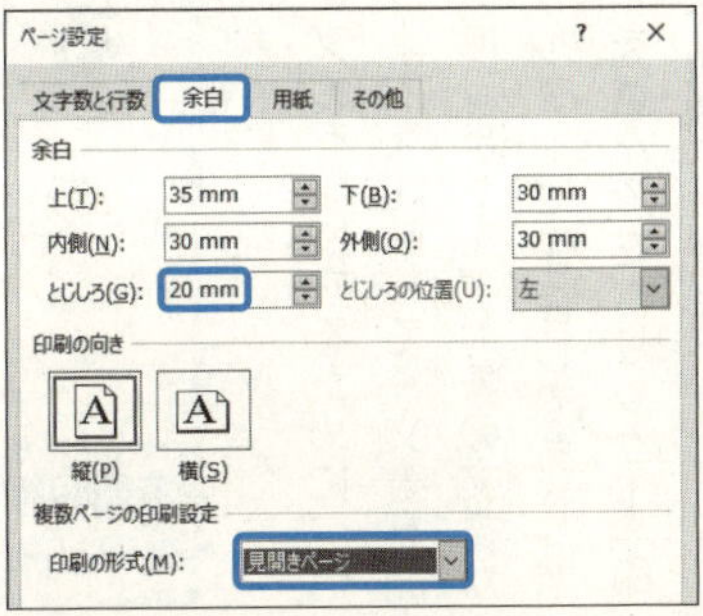

! とじしろを付ける場合は、［印刷］画面の下部にある［ページ設定］の文字をクリックしてください。［ページ設定］画面で［余白］タブを開き、［とじしろ］欄にサイズを入力します。［印刷の形式］欄では［見開きページ］を選びます。

印刷

複数ファイルを一度に印刷する

時間短縮
効率UP!

フォルダー内のファイルを選択し、右クリック→[印刷]

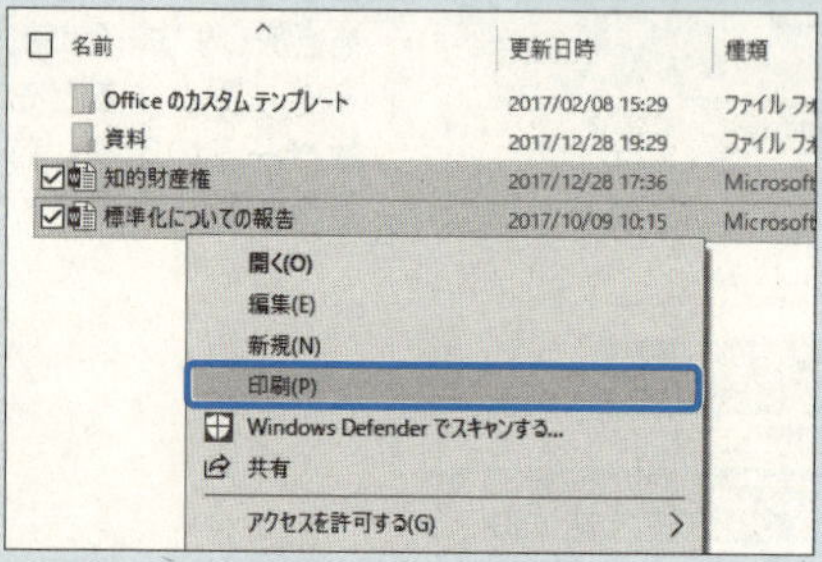

印刷したいファイルを事前に選択するのがポイントです。

複数の文書を印刷するために、いちいちワードを起動して、文書を開く必要はありません。対象の文書が同じフォルダーに保存してあれば、ファイルを選んで右クリック→「印刷」だけで印刷できます。

この方法では、印刷の設定は確認できません。以前に印刷した文書や設定が確かな文書の印刷に向いています。同じことはエクセルのブックでも行えます。

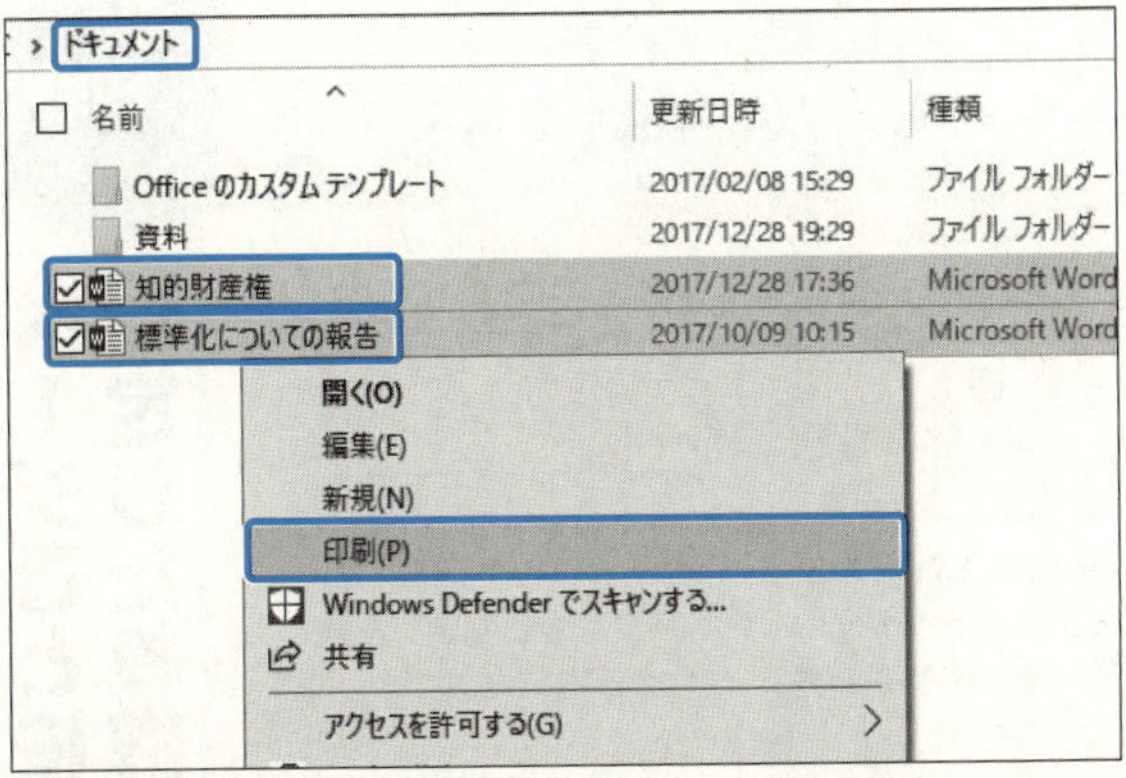

1 印刷する文書を保存したフォルダーを開きます。[Ctrl] キーを押したまま対象とする文書をクリックして選択します。選択したファイルで右クリック→[印刷] を選択します。ワードが起動し、自動的に文書が開いて印刷されます。印刷終了後、文書は閉じられ、ワードも終了します。

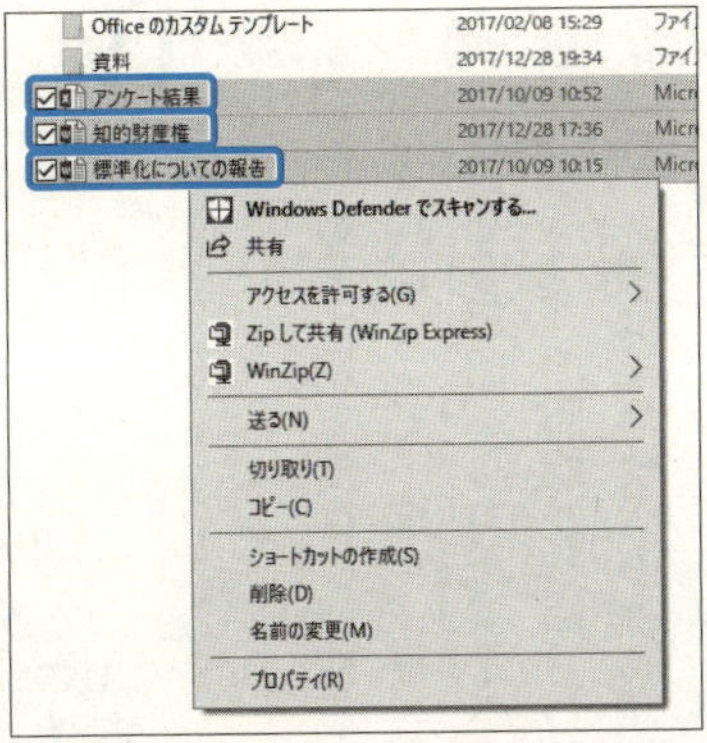

! 右クリックして表示された項目に[印刷] がなければ印刷できません。複数のファイルを選択して印刷する方法は、ワードでもエクセルでも行えますが、形式が異なるファイルを一度に印刷することはできません。

印刷

ページごとに指定した枚数を印刷したい

これは便利！

複数部数の印刷方法は、初期設定で「部単位」になっています。8ページの文書を5部印刷したら、1ページから8ページの印刷が5回行われるのです。印刷後の仕訳の手間が省ける方法です。しかし、いつも部単位が便利とは限りません。差し替え資料のようなページを印刷するときは、ページごとに印刷したいものです。このようなときは「ページ単位で印刷」にします。

[印刷]画面で [ページ単位で印刷]を選ぶ

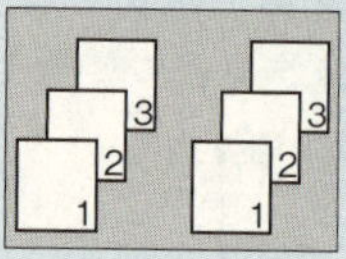

[部単位で印刷]は、文書をワンセットずつ繰り返し印刷する方法です。

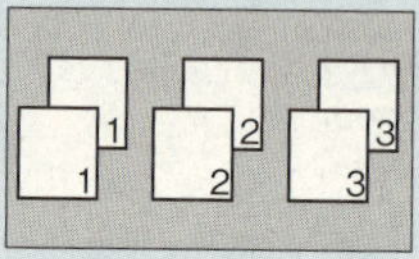

[ページ単位で印刷]は、ページごとに指定した枚数を印刷する方法です。

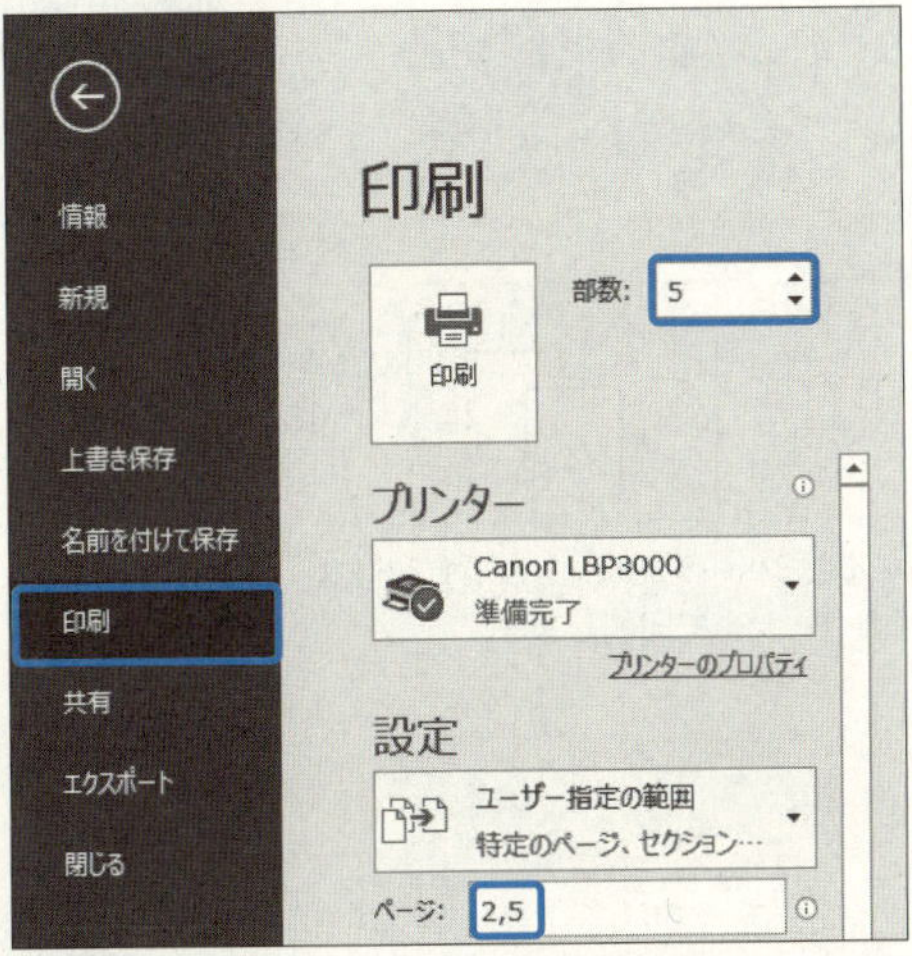

1 ［ファイル］タブを開き、［印刷］をクリックします。［部数］欄に印刷部数を入力します。

必要に応じて［ページ］欄に印刷するページを入力します。印刷ページの指定方法はP280も参考にしてください。

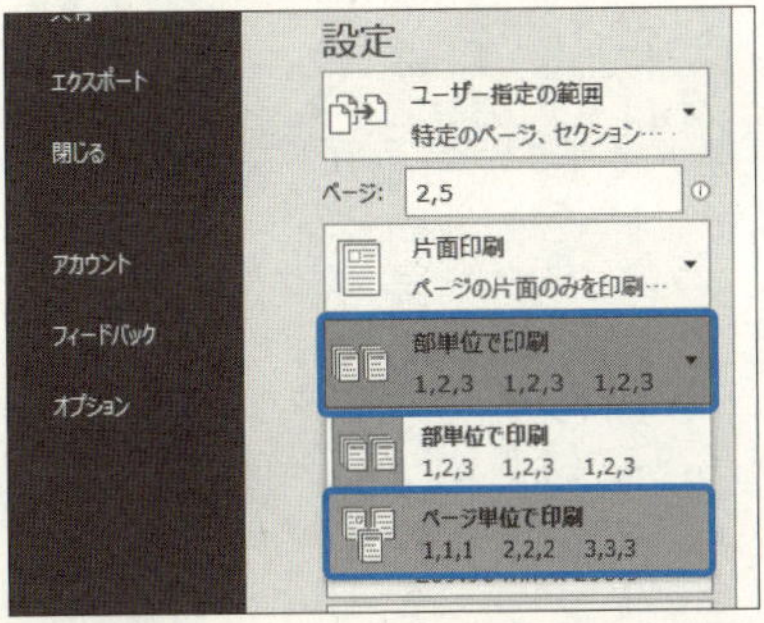

2 ［部単位で印刷］をクリックして、［ページ単位で印刷］を選択します。［印刷］をクリックすると、ページ単位で印刷されます。

印刷

途中のページだけ印刷したい

これは便利！

文書の中で必要なページだけ印刷するには、［印刷］画面でページを指定します。

「3ページ目と5ページ目」のようにするにはページ番号を「,」（カンマ）で区切ります。「3ページから5ページまで」のように連続したページは「-」（ハイフン）でつなぎます。2つの方法を組み合わせて、「5ページおよび7ページから9ページまで」のようにも指定できます。

個別のページは「,」で区切る 連続ページは「-」でつなぐ

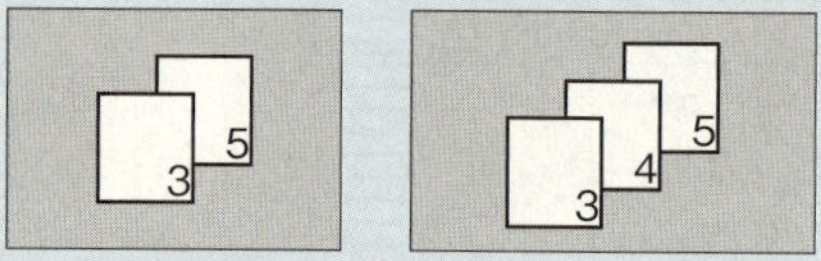

「3,5」と指定すると3ページと5ページ、「3-5」なら3ページから5ページまで印刷します。

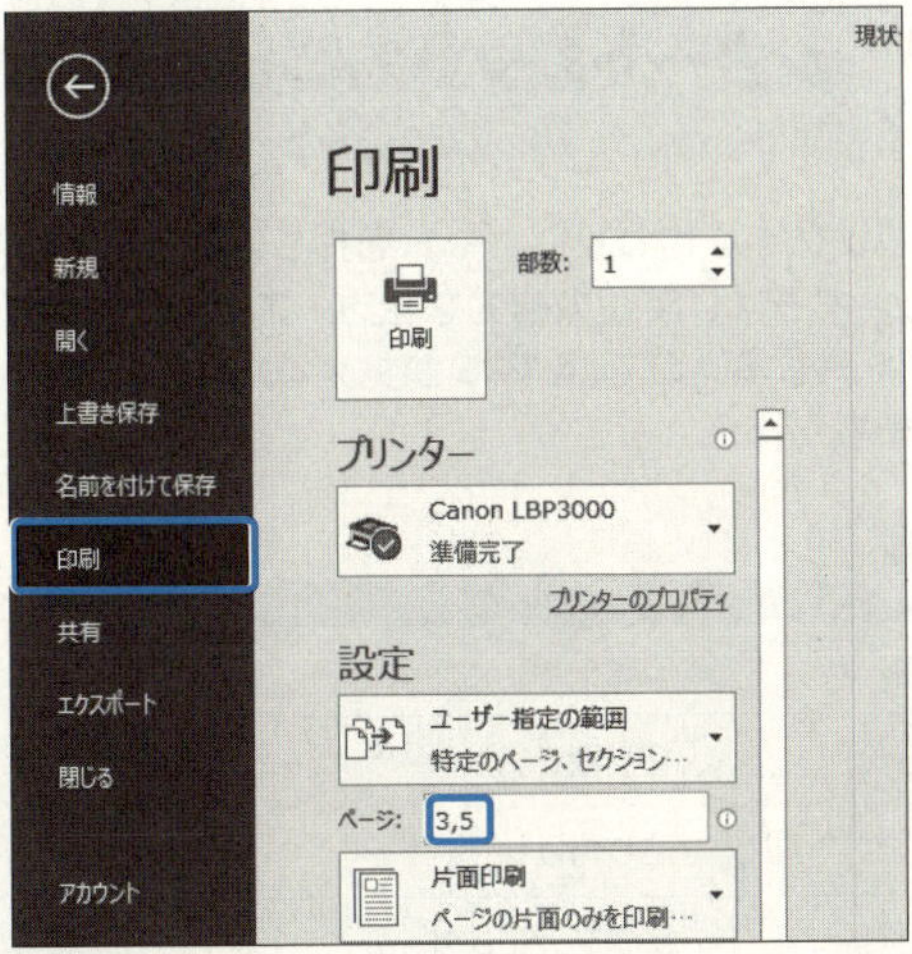

1 [ファイル]タブを開き、[印刷]をクリックします。[ページ]欄に印刷するページを入力します。ページは「,」で区切ります。図では3と5ページを印刷するよう指定しています。

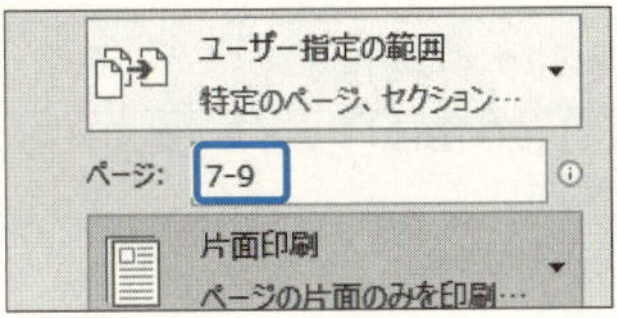

2 連続したページは「-」でつなぎます。図では7から9ページまでを印刷するように指定しています。

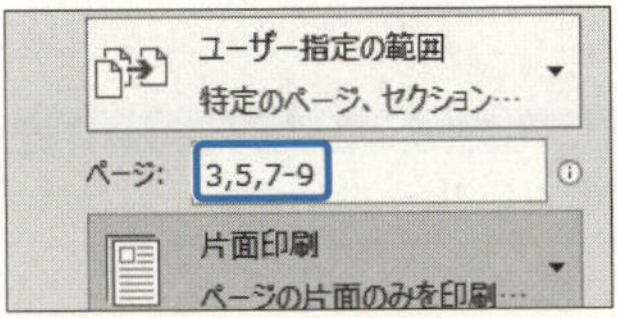

3 離れたページと連続したページを同時に指定することもできます。印刷するページや範囲は「,」で区切ります。

お役立ち順！ ショートカット効率UP!術

ボタンをクリックする代わりに、キーを押して操作を行うショートカットキーは、時短の強力な味方。エクセルとワードで共通のキーも多いので、いくつか覚えるだけで作業効率が上がります。

共通編

ショートカット	操作
[Ctrl]＋[C]	コピー
[Ctrl]＋[X]	切り取り
[Ctrl]＋[V]	貼り付け
[Ctrl]＋[Z]	操作を元に戻す
[Ctrl]＋[Y]	直前の操作を繰り返す
[Ctrl]＋[S]	上書き保存
[F12]	[名前を付けて保存]画面の表示
[Ctrl]＋[N]	新しいファイルを作る
[Ctrl]＋[O]	[開く]（2010は[ファイルを開く]）画面の表示
[Ctrl]＋[P]	[印刷]画面の表示
[Ctrl]＋[B]	太字にする／解除する

エクセル編

ショートカット	操作
[Ctrl]＋[D]	上のセルをコピーする
[Ctrl]＋[R]	左のセルをコピーする

[F2]	セルを編集状態にする
[Ctrl]+[スペース]	列を選択する
[Ctrl]+[A]	表全体の選択／ワークシート全体の選択
[Ctrl]+[1]	[セルの書式設定]画面の表示
[Ctrl]+[F]	[検索と置換]画面の[検索]を開く
[Ctrl]+[Shift]+[1]	桁区切りを付ける
[Ctrl]+[Shift]+[5]	パーセンテージ表示にする
[Ctrl]+[;]	今日の日付を入力
[F11]	標準グラフ(棒グラフ)を作る
[Ctrl]+[Home]	ワークシートの先頭に移動する

ワード編

ショートカット	操作
[Ctrl]+[Shift]+[C]	書式のコピー
[Ctrl]+[Shift]+[V]	書式の貼り付け
[Shift]+[F5]	前回の編集位置に移動する
[Shift]+[Enter]	段落内で改行する
[Ctrl]+[A]	文書全体を選択する
[Ctrl]+[[]	文字のサイズを1ポイント小さくする
[Ctrl]+[]]	文字のサイズを1ポイント大きくする
[Ctrl]+[E]	中央揃えにする／解除する
[Ctrl]+[R]	右揃えにする／解除する
[Ctrl]+[Enter]	改ページする

知りたいことから引ける!

索引 エクセル編

知りたいことから引ける！

索引

ワード編

著者紹介

ワイツープロジェクト
Y2 Project

■ 岡田泰子
Yasuko Okada

ワイツープロジェクトで書籍執筆およびユーザーモデル（ペルソナ）開発、コンサルティングを担当。著書に『通勤電車で学ぶエクセルの基本技&便利技』『その仕事、3秒で完了! パソコンの神ワザ200』（ともに宝島社）、訳書に『ペルソナ戦略』（ダイヤモンド社）など。

■ 秋本芳伸
Yoshinobu Akimoto

工学博士。ワイツープロジェクトにおいて、システムコンサルティングおよびコンピュータ関連書籍の執筆を担当。『基礎から学ぶシステム仕様書』『90分で学べるRFPの作り方』（ともに日経BP社）をはじめ著書、訳書多数。

●本書は2010年9月7日に発売された『エクセル＆ワード すぐに使える便利技「ぜんぶ」！』(宝島SUGOI文庫)を増補改訂したものです。

宝島
SUGOI
文庫

500円で覚えるエクセル&ワード
超お得ワザ全部!
（ごひゃくえんでおぼえるえくせる あんど わーど　ちょうおとくわざぜんぶ!）

2018年3月20日　第1刷発行
2020年6月19日　第2刷発行

著　者　ワイツープロジェクト
発行人　蓮見清一
発行所　株式会社 宝島社
〒102-8388　東京都千代田区一番町25番地
電話：営業 03（3234）4621／編集：03（3239）0928
https://tkj.jp
印刷・製本　図書印刷株式会社

ISBN978-4-8002-8192-0